本书是国家社科基金青年项目“邻避冲突及其治理模式研究”（12CGL080）的最终研究成果；受中国博士后基金面上资助项目“邻避冲突治理研究：政策工具的视阈”（2014M561785）、中国博士后基金特别资助项目“邻避冲突治理政策工具治理绩效及其影响因素研究”（2015T80631）、浙江省社科联课题“邻避冲突及其治理模式研究”（2012B001）资助。

邻比冲突及其治理模式研究

NIMBY CONFLICT AND ITS GOVERNANCE MODELS

陈宝胜◎著

中国社会科学出版社

图书在版编目(CIP)数据

邻比冲突及其治理模式研究／陈宝胜著．—北京：中国社会科学出版社，2018.5

ISBN 978-7-5203-2683-4

Ⅰ.①邻… Ⅱ.①陈… Ⅲ.①群体性-突发事件-公共管理-研究-中国 Ⅳ.①D631.43

中国版本图书馆CIP数据核字(2018)第120888号

出 版 人 赵剑英
责任编辑 梁剑琴
责任校对 郝阳洋
责任印制 李寡寡

出 版 中国社会科学出版社
社 址 北京鼓楼西大街甲158号
邮 编 100720
网 址 http：//www.csspw.cn
发 行 部 010-84083685
门 市 部 010-84029450
经 销 新华书店及其他书店

印刷装订 北京君升印刷有限公司
版 次 2018年5月第1版
印 次 2018年5月第1次印刷

开 本 710×1000 1/16
印 张 25.25
插 页 2
字 数 412千字
定 价 98.00元

目　　录

第一章

邻比冲突：研究现状与基本理论界定

公共政策过程中广泛存在一种社会利益冲突现象：有利于区域整体公共利益的公共政策需要区域内部分人群做出某种利益牺牲，换言之，有利于促进社会系统整体公共利益的公共政策要由系统内部分人群承担公共政策执行的主要负外部性成本，因而会受到利益受损群体的反对而引发社会利益冲突，导致该项公共政策的制定和执行面临诸多阻滞。参照道格拉斯·诺斯的国家悖论概念，可以将公共政策过程中的这种利益冲突现象称为“公共利益悖论”。公共利益悖论现象在公共政策过程中广泛存在，是造成很多公共政策制定和执行困境的重要原因。如何协调和治理这种公共利益悖论现象对公共政策的制定和执行至关重要，对改革时代的众多改革政策的制定和执行而言尤其如此。

在实际公共政策过程中，邻比冲突是一种最为典型的公共利益悖论现象。近年来，公民权利意识的成长、现代民主政治空间的拓展、环境保护运动的兴起和现代科技知识的发展等，使我国邻比冲突日益频繁，[①] 公民邻比抗争所涉及的邻避设施对象范围不断扩展，典型邻比冲突案例的冲突形式日趋激烈。[②] 以 PX 项目设址[③]冲突为例，从福建省厦门市民反对 PX

---

① 陈宝胜：《邻避冲突基本理论的反思与重构》，《西南民族大学学报》（人文社会科学版）2013 年第 6 期。

② 陈宝胜：《公共政策过程中的邻避冲突及其治理》，《学海》2012 年第 5 期。

③ “设址”翻译自英文单词“siting”。英文中，学者通常用“siting NIMBY facilities”来指称邻避设施的选址、建设之意，为使表达简略且全面，本文将“siting”译作“设址”，既包含“选址、建设”之意，也包含邻比冲突过程中公民邻避抗争对象的“运营”状态，因为根据邻比冲突的实际情况，公民邻避抗争的对象往往包括那些正在运营的设施，有的甚至是建成运营多年的设施，所以本书认为“siting NIMBY facilities”，不应仅指邻避设施的选址，还应包括已经进入建设阶段的设施，以及已经建成运营的设施。故本书用“邻避设施设址”对应西方学者所用“siting NIMBY facilities”之说法，但实际上比西方学者这一说法的“邻避设施选址、建设”的本意更为全面，指的是“邻避设施的选址、建设或运营”。

项目事件开始，辽宁大连、浙江宁波、广东茂名、云南昆明、上海闵行等地，先后爆发了因反对 PX 项目设址所引发的邻避型群体性事件；而在城市垃圾处理设施设址中，北京六里屯垃圾处理场、广西灌阳垃圾填埋场、江苏南京江北垃圾处理场、广东番禺垃圾焚烧发电厂、浙江余杭中泰垃圾焚烧发电厂，等等，全国各地垃圾处理设施设址几乎都不同程度地遭到了周边居民的抵制，因反对垃圾处理设施设址引发的邻比冲突事件此起彼伏。此外，四川什邡宏达钼铜项目群体性事件、福建永泰高压电塔建设冲突、南京汉口路西延工程争议、浙江温州黄龙公墓建设冲突等，不断发生的邻比冲突案例显示，我国反对各类邻避设施设址的邻比冲突已经变成一种“新常态”。

频发的邻比冲突不仅使一些关系国计民生的必要型邻避设施设址受到阻滞，也对地方政府治理能力、经济社会发展与和谐社会建设形成挑战，如何正确对待邻比冲突，如何预防与治理邻比冲突给经济社会发展可能带来的负面影响，已经成为公共管理理论研究者和实务实践者必须重视的理论与实践问题。开展邻比冲突及其治理研究，不仅对邻比冲突治理本身具有重要理论和实践意义，对社会冲突的理论研究和治理实践，以及对公共利益悖论式公共政策的制定和执行，特别是对改革时代的改革政策的制定和执行等，都具有启示和借鉴意义。

第一节　国内外邻比冲突及其治理研究现状

邻比冲突的理论研究发端于西方，因各类铁路、公路、水上运输设施对周边环境、风景等的负外部影响遭到周边居民反对而引起学者关注。随着各类现代化工设施、垃圾处理设施、核工业设施的大规模兴起，西方国家环境保护意识也逐渐兴起，随之而来的是抵制和反对各类现代工业设施建设的邻比冲突运动进入多发期，邻比冲突及其治理也因而成为西方学者关注的重要研究主题。我国邻比冲突相关理论研究起步较晚，台湾学者丘昌泰、汤京平等是最早关注邻比冲突相关理论研究的中国学者。近年来，我国日益频发的邻比冲突引起关注，相关研究逐渐增多。本节对国内外邻比冲突相关理论研究现状做出梳理分析，说明邻比冲突相关理论研究的现有研究进展和研究基础，也借以说明本书的研究意义和创新之处。

一　国外研究现状

西方学界关于邻避设施负外部性影响及其治理的理论探讨要早于邻比冲突及其治理的理论研究。早期讨论邻避设施负外部性影响的文献随着铁路设施的兴起而兴起，在高速公路、轮船运输等交通设施大规模发展后，逐步扩展至讨论几乎所有交通设施的负外部性影响及其治理问题。在化工设施、垃圾处理设施、核电设施等现代化设施大规模发展后，此类设施设址所引发的冲突及其治理问题引起学者广泛关注并最终演变成系统的"邻比冲突"问题研究。根据国外邻比冲突研究的主题和发展程度，可以将其分为萌芽、成形与繁荣三个阶段。

邻比冲突研究的萌芽阶段。萌芽阶段的邻比冲突研究总体而言缺乏系统性，相关讨论只是散见于各种文章乃至诗歌之中，[①] 伴随着早期铁路设施的建设而出现，讨论主题主要针对早期铁路设施建设对沿线风景与环境的影响与治理。早在 19 世纪中叶，美国学者霍尔布鲁克就开始批评铁路"向美丽的乡村散发着混合了火、烟、煤尘以及灰尘等有害物质的恶魔般的毒药"[②]，有研究认为铁路设施给沿线居民带来了额外的烟尘和噪声，因而影响和降低沿线地区的风景和财产价值。[③] 面对各种质疑和批评铁路设施建设的声音，英国政府于 1846 年指定一个议会皇家委员会讨论和研究"为了给公众带来这些额外的便利或利益而将铁路扩展到大都市中心，是否计算了由此带来的财产价值牺牲、重要道路中断以及对早已计划改善的诸多方案的干扰"[④]。而铁路设计和建设者则开始采用富于艺术设计的建筑风格等多种方法来改善铁路建筑物的审美效果，甚至通过改变火车引擎外观设计等使其变得更加美观，借以提高公众对铁路设施的接受度。[⑤]

---

① Siddall, W. R., "No Nook Secure: Transportation and Environmental Quality", *Comparative Studies in Society and History*, Vol. 16, No. 1, 1974, pp. 2-23.

② Holbrook, S., *The Story of American Railroads*, New York: Crown Publishers, 1947, p. 41.

③ Dyos, H. J., "Railways and Housing in Victorian London", *Journal of Transport History*, Vol. 2, No. 1, 1955, pp. 11-21, 90-100.

④ Siddall, W. R., "No Nook Secure: Transportation and Environmental Quality", *Comparative Studies in Society and History*, Vol. 16, No. 1, 1974, pp. 2-23.

⑤ Haresnape, B., *Railway Design since 1830*, London: Ian Allan Ltd, Vol. 1, 1968, pp. 9-10.

美国纽约和巴尔的摩两市则在19世纪末就开始研究如何消除铁路设施给沿线环境和人民生活带来的负外部性影响，人们最终开发出了相对安静和不排放烟雾的电车和地铁。即便如此，仍有人坚决反对兴建铁路设施。约翰·拉斯金就撰文指出，“花任何钱来使它更美观都是愚蠢的……把它们从你能发现的最丑陋的乡村带走，承认它们是可怜而可悲的事物，不要为了安全和速度在它们身上花费任何东西”①。随着公路、河运、航空机场等公共交通设施的大规模发展，到20世纪五六十年代，公共交通设施环境影响及其治理的研究文献逐渐增多，相关研究主题涉及公民对待公共交通设施建设的态度、公共交通设施建设涉及的伦理问题、公共交通设施对沿线风景和环境的影响问题以及如何应对和治理公共交通设施建设引发的各种争议与冲突问题等。② 邻比冲突的理论研究至此逐步走出萌芽阶段而逐渐成形。

邻比冲突研究的成形阶段。社会经济事业的不断发展使各种具有某种负外部性影响的生产和生活服务设施持续增加，在公民权利意识和环境保护意识不断发展的现实背景下，这些具有负外部性影响的设施设址也使邻比冲突进入多发期，与其相对应，邻比冲突的理论研究也得到极大发展并逐渐开始成形。成形阶段的研究文献广泛关注如核电设施、垃圾处理设施、电力设施、医院、监狱、戒毒所等各种邻避设施设址所带来的环境影响及其引发的冲突问题，文献对引发争议的设施的称谓也多种多样，如臭名昭著设施（notorious facilities）、有毒设施（noxious facilities）、争议性设施（controversial facilities、contentious facilities）、危害性设施（hazardous facilities）等；研究主题也广泛涉及邻避设施设址与邻比冲突治理相关的经济、政治和伦理问题。研究认为，邻比冲突反映了主观评价、价值、人类目标和愿望之间的冲突，邻避设施设址存在族际不正义、

① Ruskin, J., *Seven Lamps of Architecture. London*, London: Smith, Elder, and Co., 1849, p. 111.

② See Ryan, C. R., et al., “An Evaluation of the Feasibility of Social Diagnostic Techniques in the Transportation Planning Process”, *Highway Research Record*, No. 470, 1972, pp. 8-23; Burkhardt, J. E., “Community Reactions to Anticipated Highways: Fears and Actual Effects”, *Highway Research Record*, No. 470, 1973, pp. 22-31; Mumphrey, A. J. & Wolpert, J., “Equity Considerations and Concession in the Siting of Public Facilities”, *Economic Geography*, Vol. 49, No. 2, 1973, pp. 109-121; Siddall, W. R., “No Nook Secure: Transportation and Environmental Quality”, *Comparative Studies in Society and History*, Vol. 16, No. 1, 1974, pp. 2-23.

群体不正义，[①] 其蕴含的诸多经济、政治、伦理问题意味着不能仅仅局限或依赖于技术“专家”来做出邻避设施设址决策，需要从经济、政治、伦理等多种角度，如经济补偿[②]、信息公开[③]、设施选址过程中的公民参与[④]、设施选址的公平和正义伦理[⑤]，等等，才能有效应对和治理邻比冲突。[⑥]

邻比冲突研究的繁荣阶段。环保意识的持续发展，人类对能源、垃圾处理、公共交通、市政、通信、化工等现代化设施需求的增加，邻避设施设址的非公正性等，使各种设施设址引发的邻比冲突进入频发期，成为具

① Mumphrey, A. J. & Wolpert, J., "Equity Considerations and Concession in the Siting of Public Facilities", *Economic Geography*, Vol. 49, No. 2, 1973, pp. 109–121.

② Williamson, O. E., "Administrative Decision Making and Pricing: Externality and Compensation Analysis Applied", *The Analysis of Public Output*, Edited by J. Margolis, New York: National Bureau of Economic Research, 1970, pp. 115–138.

③ Arrow, K., "Social Responsibility and Economic Efficiency", *Public Policy*, Vol. 21, 1973, pp. 303–317.

④ Fielding, G. J., "Transport Impanct Research: Problems of Location Decisions at the Community Level", *Annals of Regional Science*, Vol. 4, No. 2, 1970, pp. 117–126; Mumphrey, A. J. & Wolpert, J., "Equity Considerations and Concession in the Siting of Public Facilities", *Economic Geography*, Vol. 49, No. 2, 1973, pp. 109–121; Siddall, W. R., "No Nook Secure: Transportation and Environmental Quality", *Comparative Studies in Society and History*, Vol. 16, No. 1, 1974, pp. 2–23; Wheeler, J. O., "Locational Dimensions of Urban Highway Impact: An Empirical Analysis", *Geografiska Annaler (Series B, Human Geography)*, Vol. 58, No. 2, 1976, pp. 67–78.

⑤ Mumphrey, A. J. & Wolpert, J., "Equity Considerations and Concession in the Siting of Public Facilities", *Economic Geography*, Vol. 49, No. 2, 1973, pp. 109–121.

⑥ Craik, K. H., "Transportation and the Person", *High Speed Ground Transportation*, Vol. 3, No. 1, 1969, pp. 86–91; Pendakur, V. S. & Brown, G. R., "Accessibility and Environmental Quality", *Highway Research Record*, No. 277, 1969, p. 40; Colcord, F. C., "Transportation and the Political Culture", *Highway Reseach Record*, No. 356, 1971, pp. 32–42; Rothman, R., "Access Versus Environment?", *Traffic Quarterly*, Vol. 27, No. 1, 1973, pp. 111–132; McConkey, D. D., "Ecology's Impact on Transportation", *High Speed Ground Transportation*, Vol. 7, No. 1, 1973, pp. 17–24; Ruckelshaus, W. D., "Transportation and Environmental Protection", *Traffic Quarterly*, Vol. 27, No. 1, 1973, pp. 173–181; Witheford, D. K., "Engineers, Urban Freeways, and the Public", *Traffic Quarterly*, Vol. 27, No. 1, 1973, pp. 145–158; Siddall, W. R., "No Nook Secure: Transportation and Environmental Quality", *Comparative Studies in Society and History*, Vol. 16, No. 1, 1974, pp. 2–23; Austin, C. M., "The Evaluation of Urban Public Facility Location: An Alternative to Benefit-Cost Analysis", *Geographical Analysis*, Vol. 6, No. 4, 1974, pp. 135–145.

有广泛影响的公共管理问题，邻比冲突及其治理研究也成为学界研究的热门话题。1977 年，欧海尔（O'Hare）在 *Public Policy* 上发表“NOT ON MY BLOCK YOU DON'T：Facility Siting and the Strategic Importance of Compensation”一文[①]，首次提出“not on my block”的说法，1980 年，英国记者李武兹在 *The Christian Science Monitor* 上发表“Hazardous Waste”一文，正式提出“not in my backyard”的概念，[②] 并因英国环境事务大臣尼古拉斯 ·雷德利（Nicholas Ridley）的使用而被公众所接受。其后，邻比冲突相关理论研究文献逐渐呈现使用“NIMBY”的趋势，在“NIMBY”概念框架下研究邻比冲突及其治理问题的文献快速增加，[③] 邻比冲突成为公共政策、公共管理和政治学研究领域的重要研究对象，[④] 研究议题亦广泛涉及邻比冲突的成因与本质、邻避设施设址与邻比冲突治理相关的政治伦理问题、邻比冲突治理机制的使用及其有效性问题等，邻比冲突相关理论研究进入“丛林”化的繁荣阶段。

综观国外邻比冲突现有文献，其研究议题主要包括以下四个方面。

---

① O'Hare, M.,“NOT ON MY BLOCK YOU DON'T：Facility Siting and the Strategic Importance of Compensation”, *Public Policy*, Vol. 25, No. 4, 1977, pp. 407-458.

② Livezey, E.,“Hazardous Waste”, *The Christian Science Monitor*, 1980-11-06.

③ 参见陈宝胜《国外邻比冲突研究的历史、现状与启示》，《安徽师范大学学报》2013 年第 2 期。

④ Marks G., & Von Winterfeldt, D.,“Not in My Back Yard：Influence of Motivational Concerns on Judgments about a Risky Technology”, *Journal of Applied Psychology*, Vol. 69, No. 3, 1984, pp. 409-415；Portney, K. E.,“Allaying the NIMBY Syndrome：The Potential for Compensation in Hazardous Waste Treatment Facility Siting”, *Hazardous Waste*, Vol. 1, No. 3, 1984, pp. 411-421；Kunreuther, H., Desvousges, W. H., & Slovic, P.,“Nevada's Predicament：Public Perceptions of Risk from the Proposed Nuclear Waste Repository”, *Environment*, Vol. 30, No. 8, 1988, pp. 17-33；Portney, K. E.,“The Role of Economic Factors in Lay Perceptions of Risk”, In Davis, C. E. & Lester, J. P., *Dimensions of hazardous waste politics and policy*, New York：Greenwood Press, 1988, pp. 55-63；Flynn, J., Burns, W., Mertz, C. K., & Slovic, P.,“Trust As a Determinant of Opposition to High-level Radioactive Waste Repository：Analysis of a Structural Model”, *Risk Analysis*, Vol. 12, No. 3, 1992, pp. 417 - 429；Benford, R. D., Moore, H. A., & Williams, J. A.,“In Whose Backyard?：Concern about Siting a Nuclear Facility”, *Sociological Inquiry*, Vol. 63, No. 1, 1993, pp. 30-48；Lober, D. J., & Green, D. P.,“NIMBY or NIABY：A logit Model of Opposition to Solid - waste Disposal Facility Siting”, *Journal of Environmental Management*, Vol. 40, No. 1, 1994, pp. 33-50.

（一）邻比冲突成因研究

邻比冲突成因是国外学者关注的重要研究议题，多数学者将邻比冲突归因于邻避设施的负外部性影响。如欧海尔、马赛尼、戴维斯等都认为，邻避设施对周边地区和居民存在负外部性影响，邻比抗争者出于担心邻避设施的负外部性影响会威胁与破坏其生活环境的风景、财产价值、身体健康与人身安全等原因，为了维护自身利益不受侵害而反对邻避设施设址。① 班奇拉奇和劳特拉、甘瑞和维恩特费尔德特等认为，当人们认为邻避设施与自己的家庭或工作场地距离太近，自己可能会面对邻避设施负外部性影响的威胁时，会出现情绪化的反应而引发邻比冲突。② 但亦有学者指出，邻避设施负外部性影响的存在并不一定会导致邻比冲突，公民感知风险的强度、邻避设施给周边带来的成本收益比等，才是影响公民对待邻避设施态度的关键变量，公民反对邻避设施设址的强度与感知风险成正比，与成本收益比净值成反比。③

邻避设施设址相关制度环境也被认为是导致邻比冲突的重要原因。米切尔和卡森的研究显示，邻避设施模棱两可的产权特性是导致邻避设施设址僵持不下的重要原因。④ 莱洛伊和南德尔、弗雷恩和斯

① O'Hare, M., "NOT ON MY BLOCK YOU DON'T: Facility Siting and the Strategic Importance of Compensation", *Public Policy*, Vol. 25, No. 4, 1977, pp. 407-458; Matheny, A. R., & Williams, B. A., "Knowledge vs. NIMBY: Assessing Florida's Strategy for Siting Hazardous Waste Disposal Facilities", *Policy Studies Journal*, Vol. 14, No. 1, 1985, pp. 70-80; Davis, C., "Public Involvement in Hazardous Waste Siting Decisions", *Polity*, Vol. 19, No. 2, 1986, pp. 296-304.

② Bachrach, K. & Zautra, A. J., "Coping with a Community Stressor: The Threat of a Hazardous Waste Facility", *Journal of Health and Social Behavior*, Vol. 26, No. 2, 1985, pp. 127-141; Gary, M. & von Winterfeldt, D., "Not in My Back Yard: Influence of Motivational Concerns on Judgments About a Risky Technology", *Journal of Applied Psychology*, Vol. 69, No. 3, 1984, pp. 408-415.

③ Morell, D. & Magorian, C., *Siting Hazardous Waste Facilities: Local Opposition and the Myth of Preemption*, Cambridge, MA: Ballinger, 1982; Flynn, J., Burns, W., Mertz, C. K., & Slovic, P., "Trust As a Determinant of Opposition to High-level Radioactive Waste Repository: Analysis of a Structural Model", *Risk Analysis*, Vol. 12, No. 3, 1992, pp. 417-429; Kraft, M. E. & Clary, B. B., "Citizen Participation and the NIMBY Syndrome: Public Response to Radioactive Waste Disposal", *The Western Political Quarterly*, Vol. 44, No. 2, 1991, pp. 299-328.

④ Mitchell, R. C. & Carson, R. T., "Property Rights, Protest, and the Siting of Hazardous Waste Facilities", *The American Economic Review*, Vol. 76, No. 2, 1986, pp. 285-290.

洛威克等的研究表明，邻避设施选址程序不合理是造成邻比冲突的关键原因。① 阿兰里奇的研究证明，公民社会发展水平是影响特定地区邻避设施能否成功设址的重要变量，邻避设施设址标的地区的公民社会发展水平与设施设址难度成正比。② 布劳德本特的研究则表明，社会、文化、政治—经济因素的交互作用对邻避设施设址和邻比冲突治理有重要影响。③

还有学者从公民对政府、技术、知识、信息的态度来探讨邻比冲突成因。莱特、曼兹曼尼安和茅瑞尔、威绍基和布莱曼、卡恩莱尤瑟等人的研究表明，公民对政府、科技、企业缺乏信任，公众对信息的恶意误传、所拥有的知识等，都是造成邻比冲突的重要原因。④ 罗格认为，公民对邻避设施设址项目投资者缺乏信任和信心，他们认定项目投资者通常只关心其自身投资利益而不会关心邻避设施对周边社区的负外部性影响，这导致他们不相信项目投资者对邻避设施风险的描述与保证。⑤ 贝拉等指出，因为不信任政府和企业对邻避设施安全性的承诺，导致邻避

---

① Leroy, D, H., & Nadler, T. S., "Negotiate Way out of Siting Dilemmas", *Forum For Applied Research and Public Policy*, Vol. 8, No. 1, 1993, pp. 102－107; Flynn, J., & Slovic, P., "Nuclear Wastes and Public Trusts", *Forum For Applied Research and Public Policy*, Vol. 8, No. 1, 1993, pp. 92－101.

② Alarich, D. P., "Controversial Facilities in Japan, 1955 － 1995", *The Singapore Economic Review*, Vol. 53, No. 1, 2008, pp. 145－172.

③ Broadbent, J., *Environmental Politics in Japan: Networks of Power and Pretest*, Cambridge: Cambridge University Press, 1998.

④ Wright, S. A., "Citizens' Information Levels and Grassroots Opposition to New Hazardous Waste Sites: Are NIMBYists Informed?", *Waste Management*, Vol. 13, No. 3, 1993, pp. 253－259; Mazmanian, D., & Morell, D., "The NIMBY Syndrome: Facility Siting and the Failure of Democratic Discourse", In Vig, N. J. & Kraft, M. E. (eds.), *Environmental Policy in the 1990s: Toward a New Agenda*, Washington D. C: CQ Press, 1990, pp. 233－247; Pijawka, K. D., & Mushkntel, A. H., "Public Opposition to the Siting of the High－level Nuclear Waste Repository: The Importance of Trust", *Policy Studies Review*, Vol. 10, No. 4, 1991/1992, pp. 180－194; Visocki, K., & Breman, S. S., "Regional Compacts and Waste Disposal.", *Forum For Applied Research and Public Policy*, Vol. 8, No. 3, 1993, pp. 86－91; Kunreuther, H., Fitzgerald, K., & Aarts, T. D., "Siting Noxious Facilities: A Test of The Facility Siting Credo", *Risk Analysis*, Vol. 13, No. 3, 1993, pp. 301－318.

⑤ Kasperson, R. E., "Six Propositions on Public Participation and Their Relevance for Risk Communication", *Risk Analysis* Vol. 6, No. 3, 1986, pp. 275－281.

设施设址标的地区的公民对邻避设施设址毫不妥协。① 斯洛威克的研究证明，居民知识局限性导致的认识错误使他们对邻避设施设址风险的感觉常常比专家高，从而产生“过激反应”。② 克拉夫特和克拉里的研究则表明邻比冲突是受五个自变量影响的复合函数：（1）对邻避设施设址项目投资者不信任；（2）邻避设施设址相关风险和问题的信息有限；（3）对待邻避设施设址问题、风险和成本的狭隘的地方性观点；（4）情绪化地评估邻避设施设址建议方案；（5）一般与特殊的危害。③ 米切尔和卡森认为，邻避设施给地方社区带来的感知成本很高、反对设施设址的成本较低、成功反对设施设址的可能性较高等，对公民反对邻避设施设址形成了激励。④

（二）邻比冲突本质研究

现有研究对邻比冲突本质的讨论存在两种截然不同的观点。

一种观点认为，邻比冲突是邻比抗争者自私自利的、非理性的情绪化反映。如克拉夫特和克拉里认为，“邻避是强烈的、有时是情绪化的、常常是固执的，地方反对那些居民认为会带来有害影响的设址建议”⑤。葛兰伯森、曼兹曼尼安和茅瑞尔等认为邻比冲突本质上是公民自私的、非理性的、增加社会成本的行为。⑥ 维特斯等认为，邻比冲突是一种“全面抗拒被认为有害于周边居民生存权与环境权的公共设施的消极态度，其重点

---

① Bella, D. A., Mosher, C. D. & Calvo, S. N., “Establishing Trust: Nuclear Waste Disposal”, *Journal of Professional Issues in Engineering*, Vol. 114, No. 1, 1988, pp. 40-50; Matheny, A. R. & Williams, B. A., “Knowledge vs. NIMBY: Assessing Florida's Strategy for Siting Hazardous Waste Disposal Facilities”, *Policy Studies Journal*, Vol. 14, No. 1, 1985, pp. 70-80.

② Slovic, P., “Perception of Risk”, *Science*, Vol. 236, No. 4799, 1987, pp. 280-285.

③ Kraft, M. E. & Clary, B. B., “Citizen Participation and the NIMBY Syndrome: Public Response to Radioactive Waste Disposal”, *The Western Political Quarterly*, Vol. 44, No. 2, 1991, pp. 299-328.

④ Mitchell, R. C. & Carson, R. T., “Property Rights, Protest, and the Siting of Hazardous Waste Facilities”, *The American Economic Review*, Vol. 76, No. 2, 1986, pp. 285-290.

⑤ Kraft, M. E. & Clary, B. B., “Citizen Participation and the NIMBY Syndrome: Public Response to Radioactive Waste Disposal”, *The Western Political Quarterly*, Vol. 44, No. 2, 1991, pp. 299-328.

⑥ Glaberson, W., “Coping in the Age of ‘Nimby’”, *New York Times*, Section 3, 1 June 1988; Mazmanian, D. & Morell, D., “The NIMBY Syndrome: Facility Siting and the Failure of Democratic Discourse”, In Vig, Norman J. & Kraft, Michael E. (eds), *Environmental Policy in the 1990s: Toward a New Agenda*, Washington, D. C: CQ Press, 1990, pp. 233-247.

是一项情绪化的反映”①。

关于邻比冲突本质的另一种观点认为，邻比冲突本质上是公民争取环境平等权的环境正义运动。菲奥瑞恩指出，公民反对邻避设施设址的邻比抗争行动可能是理性的，而且具有政治合法性；邻比抗争行动看起来有损但实际上有利于公共利益，邻比抗争是公民表达关注和影响政府政策的重要方式。② 在发表于1987年的《美国有毒废弃物与种族》报告中，美国基督联合会种族正义委员会用大量实证调查数据证明，美国有毒废弃物处理设施被大量设址于少数民族聚居地区。③ 布拉德等认为，美国华伦郡垃圾掩埋场设址冲突是美国环境正义运动的开始。④ 穆海和布莱恩特的实证研究表明，危害性设施多数被建于黑人或贫穷社区，确实存在环境不正义现象。⑤ 马格提的实证研究证明，政府利用边缘化社区缺少力量和能力、难以有效组织反对地方政府设址行动的弱势地位，而不合理的邻避设施设址于边缘化社区，这是造成邻避设施设址环境不正义的主要原因，邻比冲突的本质是公民争取环境平等权的环境正义运动。⑥ 早期环境正义研究主要关注环境政策、公民对环境议题的态度、环境品质的保护与发展等问题，⑦ 如弗斯特就研究了环境正义运动的形成方式、改革环境政策制定程

① Vittes, M. E., Pollock, Ⅲ, P.H.& Lilie, S.A., “Factors Contributing to NIMBY Attitudes”, *Waste Management*, Vol. 13, 1993, pp. 125–129.

② Fiorion, D. J., “Environmental Risk and Democratic Process: A Critical Review”, *Columbia Journal of Environmental Law*, Vol. 14, No. 2, 1989, pp. 501–547; Fiorion, D. J., “Technical and Democratic Values in Risk Analysis”, *Risk Analysis*, Vol. 9, No. 3, 1989, pp. 293–299; Matheny, A. R. & Williams, B. A., “Knowledge vs. NIMBY: Assessing Florida's Strategy for Siting Hazardous Waste Disposal Facilities”, *Policy Studies Journal*, Vol. 14, No. 1, 1985, pp. 70–80.

③ United Church of Christ, *Toxic Wastes and Race in the United States: A National Report on the Racial and Socioeconomic Characteristics of Communities Surrounding Hazardous Waste Sites*, New York: Public Data Access, Inc., 1987.

④ Bullard, R. D., *Environmental Justice for All. Unequal Protection: Environmental Justice and Communities of Color*, San Francisco: Sierra Club Books, 1994, pp. 5–6.

⑤ Mohai, P. & Bryant, B., “Demographic Studies Reveal a Pattern of Environmental Injustice”, In *Environmental Justice*, Edited by Petrikin, J. S., San Diego, CA: Greenhaven Press, 1995, pp. 10–23.

⑥ McGurty, E. M., “From NIMBY to Civil Rights: The Origins of the Environmental Justice Movement”, *Environmental History*, Vol. 2, No. 3, 1997, pp. 301–323.

⑦ Dunlap, R. & Catton, W., “Environmental Sociology”, *Annual Review of Sociology*, Vol. 5, No. 1, 1979, pp. 243–273.

序的效能以及草根阶层努力获得环境正义的策略和可能性等。①

（三）公民邻比抗争强度影响因素研究

公民邻比抗争强度影响因素是邻比冲突研究的重要主题。统计学上的独立变量如年龄、性别、教育程度、收入高低、心理观念等，都被证明是影响公民邻比抗争强度的重要变量。② 莱特的实证研究显示，公民对政府的信任程度、知识和公民社会发展水平等，都会影响邻比抗争的强度。③ 卡斯普森的研究亦证明公民对项目投资者的信任水平决定了公民反对邻避设施建设的强度。④ 公民对邻避设施的感知风险强度、与邻避设施距离的远近以及邻避设施增加的就业机会和额外税收收益水平等，同样被证明对公民对待邻避设施的态度有重要影响；研究认为，公民邻比抗争强度与公民对邻避设施的感知风险程度成正比，与公民和邻避设施的距离、邻避设施增加的就业机会和额外税收收益成反比。⑤

（四）邻比冲突治理机制及其有效性研究

早期邻比冲突治理研究文献主要讨论通过技术努力或转移危害以降低邻避设施负外部性影响的方法与可能。⑥ 统计数据表明，美国过半的州政府都希望通过垃圾分类和循环利用减少垃圾处理量，有的州还希望通过将

---

① Foster, S., "Justice from the Ground up: Distributive Inequities, Grassroots Resistance, and the Transformative Politics of the Environmental Justice Movement", *California Law Review*, Vol. 86, No. 4, 1998, pp. 775-841.

② Wildavsky, A., & Dake, K., "Theories of Risk Perception: Who Fears What and Why?", *Daedalus*, Vol. 119, No. 4, 1990, pp. 41-60.

③ Wright, S. A., "Citizens' Information Levels and Grassroots Opposition to New Hazardous Waste Sites: Are NIMBYists Informed? ", *Waste Management*, Vol. 13, No. 3, 1993, pp. 253-259.

④ Kasperson, R. E., "Six Propositions on Public Participation and Their Relevance for Risk Communication", *Risk Analysis*, Vol. 6, No. 3, 1986, pp. 275-281.

⑤ Kraft, M. E. & Clary, B. B., "Citizen Participation and the NIMBY Syndrome: Public Response to Radioactive Waste Disposal", *The Western Political Quarterly*, Vol. 44, No. 2, 1991, pp. 299-328; Marks G., & von Winterfeldt, D., "Not in My Back Yard: Influence of Motivational Concerns on Judgments About a Risky Technology", *Journal of Applied Psychology*, Vol. 69, No. 3, 1984, pp. 409-415; Morell, D. & Magorian, C., *Siting Hazardous Waste Facilities: Local Opposition and the Myth of Preemption*, Cambridge, MA: Ballinger, 1982.

⑥ Haresnape, B., *Railway Design since* 1830, London: Ian Allan Ltd., Vol. 1, 1968, pp. 9-10.

垃圾出口到处理成本较低的州或国家进行掩埋。① 但尼乔尔斯的研究表明，循环利用只能减少25%—40%的垃圾量，因而并不能有效减少对垃圾掩埋空间的需求，循环利用等技术手段并不能真正达到有效治理垃圾处理设施设址冲突的目的。② 在技术路径难以奏效、垃圾出口也逐渐遭到被出口国抵制的情况下，理论界和实务界开始寻求通过政治或经济路径治理邻避设施设址冲突问题。

公民参与机制及其有效性研究。戴维斯认为，治理危害性废弃物设址争议需要将公民参与和技术努力相结合，在决策过程中向公民提供信息和允许公民参与。③ 克拉夫特和克拉里认为，人们是否接受某个邻避设施设址的意愿受几个关键变量的影响：向其所提供的参与的本质和参与程度、所掌握的设施危害与可能解决危害的知识、对政府机构的信任与能力认同程度、对设址特点与危害影响技术指标的评估等。④ 虽有研究认为公民参与能促进官僚机构对公众关切的回应性和冲突治理、有利于提升行政决定的合法性和设施设址政策执行成功率，但也有研究证明，受公众缺乏专业知识，公民参与会额外增加政策制定过程的复杂性、降低政策制定效率，参与者未必会采取对公共利益负责任的行为等因素的影响，⑤ 邻避设施设址过程中的公民参与常常会导致持续的反对和政治僵局，⑥ 威尔里奇因而认为邻避设施设址只需考虑联邦机构的评价而不用对公民意见做出反应。⑦

① Pomper, D., "Recycling Philadelphia v. New Jersey: The Dormant Commerce Clause, Postindustrial 'Natural' Resources, and the Solid Waste Crisis", *University of Pennsylvania Law Review*, Vol. 137, No. 4, 1989, pp. 1309-1349.

② Nichols, A. B., "Nation Copes with Garbage's Rising Tide", *Water Pollution Control Federation*, Vol. 60, No. 5, 1988, pp. 597-601.

③ Davis, C., "Public Involvement in Hazardous Waste Siting Decisions", *Polity*, Vol. 19, No. 2, 1986, pp. 296-304.

④ Kraft, M. E. & Clary, B. B., "Citizen Participation and the NIMBY Syndrome: Public Response to Radioactive Waste Disposal", *The Western Political Quarterly*, Vol. 44, No. 2, 1991, pp. 299-328.

⑤ Ibid.

⑥ Morell, D. & Magorian, C., *Siting Hazardous Waste Facilities: Local Opposition and the Myth of Preemption*, Cambridge, MA: Ballinger, 1982.

⑦ Willrich, M., "The Energy - Environment Conflict: Siting Electric Power Facilities", *Virginia Law Review*, Vol. 58, No. 2, 1972, pp. 257-336.

经济补偿机制及其有效性研究。莱斯比瑞尔认为，议价和补偿是管理有毒设施设址冲突的关键。① 欧海尔等认为，要有效治理邻比冲突，设施设址获益者应该给受设施设址负外部性影响的周边居民做出经济补偿以鼓励其接受邻避设施设址。② 米切尔和卡森系统研究了经济补偿理论，③ 米莱哈特和尼曼、金肯斯等主张应根据公共财政预算或开发商的支付能力来确定补偿标准④，弗雷拉和甘拉吉则探讨了社区居民对待经济补偿的态度问题⑤。卡斯普森的研究表明补偿金容易被视作贿赂手段而导致更为强烈的反对。⑥ 卡恩莱尤瑟的研究表明，虽然经济补偿机制在很多邻避设施设址案例中都达到了预期效果，但它对放射性核废料处置设施之类的高风险设施设址的促进作用很小。⑦ 弗瑞等的实证研究甚至证明居民对邻避设施设址的支持度会因提供补偿金而下降（但补偿金被提到很

---

① Lesbirel, S. H., *NIMBY Politics in Japan: Energy Siting and The Management of Environmental Conflict*, Ithaca and London: Cornell University Press, 1998.

② O'Hare, M., "NOT ON MY BLOCK YOU DON'T: Facility Siting and the Strategic Importance of Compensation", *Public Policy*, Vol. 25, No. 4, 1977, pp. 407-458; Kunreuther, H., Kleindofer, P., & Knez. P. J., "A Compensation Mechanlism for Siting Noxious Facilities: Theory and Experimental Design", *Journal of Environmental Economics and Management*, Vol. 14, No. 1, 1987, pp. 371-383; Groothuis, P. A., Groothuis, J. D. & Whitehead J. C., "Green vs. Green: Measuring the Compensation Required to Site Electrical Generation Windmills in a Viewshed", *Energy Policy*, Vol. 36, No. 4, 2008, pp. 1545-1550.

③ Mitchell, R. C. & Carson, R. T., "Property Rights, Protest, and the Siting of Hazardous Waste Facilities", *The American Economic Review*, Vol. 76, No. 2, 1986, pp. 285-290.

④ Minehart, D. & Neeman, Z., "Effective Siting of Waste Treatment Facilities", *Journal of Environmental Economics and Management*, Vol. 43, No. 2, 2002, pp. 303-324; Jenkins, R. R., Maguire, K. B. & Morgan, C. L., "Host Community Compensation and Municipal Solid Waste Landfills", *Land Economic*, Vol. 80, No. 4, 2004, pp. 513-528.

⑤ Ferreira, S. & Gallagher, L., "Protest Responses and Community Attitudes toward Accepting Compensation to Host Waste Disposal Infrastructure", *Land Use Policy*, Vol. 27, No. 2, 2010, pp. 638-652.

⑥ Kasperson, R., Goldin, D. & Tules, S., "Social Distrust as A Factor in Siting Hazardous Facilities and Communicating Risk", *The Journal of Social Issues*, Vol. 48, No. 4, 1992, pp. 161-187.

⑦ Kunreuther, H., Fitzgerald, K. & Aarts, T., "Siting Hazardous Facilities: A Test of the Facility Siting Credo", *Risk Analysis*, Vol. 13, No. 3, 1993, pp. 301-318.

高时，居民对邻避设施设址的支持度会大幅提升）。① 卡恩莱尤瑟和伊斯特林的实证研究也显示，因为补偿意味着居民接受贿赂而同意设施设址，所以特殊情况下反而会导致更为激烈的反抗。② 但费尔德等认为，生命威胁、孩子健康风险等无法用经济来补偿，只是通过经济补偿和减少损失来让社区接受邻避设施设址是不够的，决策者应优先回应与满足社区的需要，并保证使社区能够始终保持设施设址前的良好状况，否则公民有权持续反对设施设址。③

邻避设施设址程序制度化机制研究。欧海尔等关注邻避设施设址过程中的选址程序，④ 昆路德和克雷恩多佛认为最低出价拍卖程序是治理邻避设施设址问题的工具；⑤ 米切尔和卡森则认为承认地方社区的产权、采用公民投票的政治市场等，能够消解邻避设施设址僵局；⑥ 而威尔里奇则强调邻避设施设址程序制度化对邻比冲突治理的重要性，⑦ 雷博还主张通过邻避设施设址对话机制、高额补偿激励机制、安全保险机制、反对剥夺的保护机制等，使邻避设施设址地区的公民不用单独承担设施设址的负外部性影响。⑧

---

① Frey, B. S., Oberholzer-Gee, F. & Eichenberger, R., "The Old Lady Visit Your Backyard: A Tale of Morals and Markets", *The Journal of Political Economy*, Vol. 4, No. 1996, pp. 1297-1313.

② Kunreuther, H. & Easterling, D., "The Role of Compensation in Siting Hazardous Facilities", In Daigee Shaw (eds.), *Comparative Analysis of Siting Experience in Asia*, Taipei: Academia Sinica, 1996.

③ Field, P., Raiffa, H. & Susskind, L., "Risk and Justice: Rethinking the Concept of Compensation", *Annals of the American Academy of Political and Social Science*, Vol. 545, Issue 1, 1996, pp. 156-164.

④ O'Hare, M., "NOT ON MY BLOCK YOU DON'T: Facility Siting and the Strategic Importance of Compensation", *Public Policy*, Vol. 25, No. 4, 1977, pp. 407-458.

⑤ Kunreuther, H. & Kleindorfer, P., "A Sealed-Bid Auction Mechanism for Siting Noxious Facilities", *The American Economic Review*, Vol. 76, No. 2, 1986, pp. 295-299.

⑥ Mitchell, R. C. & Carson, R. T., "Property Rights, Protest, and the Siting of Hazardous Waste Facilities", *The American Economic Review*, Vol. 76, No. 2, 1986, pp. 285-290.

⑦ Willrich, M., "The Energy-Environment Conflict: Siting Electric Power Facilities", *Virginia Law Review*, Vol. 58, No. 2, 1972, pp. 257-336.

⑧ Rabe, Barry G., *Beyond NIMBY: Hazardous Waste Siting in Canada and the United States*, Washington, D. C.: The Brookings Institution, 1994.

二　国内研究现状

（一）台湾邻比冲突研究现状

我国台湾学界对邻比冲突的研究要早于大陆学界，学者广泛讨论了工业园区①、垃圾处理设施②、交通设施③、能源设施④等各种邻避设施设址冲突与治理相关理论和实践问题。研究成果广泛涉及环境正义⑤、公共政策⑥、

① 丘昌泰：《剖析我国公害纠纷问题》，台北淑馨出版社 1995 年版；丘昌泰：《台湾环境管制政策》，台北淑馨出版社 1995 年版；丘昌泰：《建构利害关系人取向的环境风险政策》，台北时英出版社 1996 年版；朱斌好、汪铭生：《台湾公害纠纷机制未来发展方向》，《中山管理评论》1999 年第 1 期；汤京平：《邻避性环境冲突管理的制度策略：以理性选择与交易成本理论分析六轻建厂及拜耳投资案》，《政治科学论丛》1999 年第 6 期。

② 曾宪郎：《生活素质与公共政策的评估：以高雄焚化炉的兴建为例》，《台湾经济金融月刊》1995 年第 12 期；李永展：《邻避设施对社区环境品质之影响：以台北市三个垃圾焚化厂为例》，《国立政治大学学报》1996 年第 5 期；何纪芳、李永展：《都市服务设施接收意愿与影响因子之探讨》，《建筑学报》1996 年第 12 期；侯锦雄：《由居民态度观点探讨不宁适设施的环境冲突：以台中市垃圾焚化厂设置过程为例》，《中国园艺》1997 年第 3 期。

③ 林茂成：《邻避型设施区位选择与处理模式之探讨：以都会捷运系统为例》（上、下），《现代营建》2001 年第 5、7 期。

④ 陈明健：《经济发展与环保问题：以发电厂的区位选择为例》，《农业与经济》1991 年第 6 期；简龙凤：《林口发电厂污染事件冲突管理过程探讨》，《计划经济》1992 年第 6 期；吴再益、林唐裕：《当前民营电厂兴建遭遇之问题与因应对策》，《经济情势与评论》1996 年第 8 期；李国雄、冯国豪：《输电线路及变电所遭遇抗争解决之研究》，《台电工程月刊》2001 年第 4 期。

⑤ 纪骏杰、萧新煌：《当前台湾环境正义的社会基础》，《国家政策季刊》2003 年第 3 期；彭春翎：《从新竹科学园区焚化炉事件浅谈邻避现象与环境正义》，《应用伦理研究通讯》2006 年第 37 期；叶颖超：《环境正义的实践：大林焚化炉抗争个案分析》，硕士学位论文，台北南华大学，2002 年；李永展：《邻避效应前瞻》，《环境资讯电子报》，http：//e-info. org. tw/news/Taiwan/special/2002/tasp2002-10. htm，2001 年 10 月 28 日。

⑥ 丘昌泰：《剖析我国公害纠纷问题》，台北淑馨出版社 1995 年版；丘昌泰：《台湾环境管制政策》，台北淑馨出版社 1995 年版；丘昌泰：《建构利害关系人取向的环境风险政策》，台北时英出版社 1996 年版；丘昌泰：《以社区主义破解公害纠纷的困境》，《台湾环境保护》1998 年第 9 期；丘昌泰：《公害社区风险沟通之问题与对策》，《法商学报》1999 年第 34 期；丘昌泰：《社区主义在环保政策过程中的困境与实践》，台湾"行政院"国科会专题研究成果报告，1999 年；丘昌泰、陈钦春：《台湾实践社区主义的瓶颈与愿景：从抗争型到自觉型社区》，《行政暨政策学报》2001 年第 3 期。

环境经济[1]、环境风险管理[2]、空间规划[3]、冲突管理[4]、社区治理[5]等各种研究议题，近年研究还在逐步深入之中。如丘昌泰就从历史发展的角度对台湾环保抗争运动做出阶段划分，并深入分析了不同阶段的主要特点、回馈激励机制、公民选票、信任和黑白道介入等问题；[6] 彭春翎则研究了邻比冲突对残障人士人权的影响问题。[7]

邻比冲突成因同样是台湾邻比冲突研究的重要议题。许雅斐、叶颖超从权力布局与地方抗争关系的视角研究了台湾邻比冲突过程中各方利益主体的行动基础。[8] 黄锦堂等的研究表明，台湾邻避设施设址冲突问题主要源于台湾邻避设施设址环评程序过于粗糙，而且环评信息中缺少地区详细信息导致决策者缺乏决策信息依据，正是环境影响评估政策不足、政府决

---

① 曾明逊、谢潮仪：《住户逃避邻避设施之自我防卫支出：以垃圾处理场为实证对象》，《都市与计划》1995 年第 2 期；解宏宾等：《邻避设施外溢效果隐含市场之研究》，《国防管理学院学报》1995 年第 9 期；萧代基：《污染性设施之设置与民众信心之建立》，《台湾经济预测与政策》1996 年第 7 期。

② 曾明逊：《邻避设施管理策略》，《现代地政》1995 年第 9、10、11、12 期；陈锡镇：《解决邻避设施设置管理问题之新议：创意思考之实例与应用》（上），《人与地》1996 年第 8 期；陈锡镇：《解决邻避设施设置管理问题之新议：创意思考之实例与应用》（下），《人与地》1998 年第 9 期；丘昌泰：《建构利害关系人取向的环境风险政策》，台北时英出版社 1996 年版。

③ 洪鸿智：《空间冲突管理：策略规划方法之应用》，《法商学报》1995 年第 31 期；李永展、翁久惠：《邻避设施对主观环境生活品质影响之探讨：以居民对垃圾焚化厂之认知态度为例》，《经社法制论丛》1995 年第 16 期；李永展：《邻避设施对社区环境品质之影响：以台北市三个垃圾焚化厂为例》，《国立政治大学学报》1996 年第 5 期；李永展、陈柏廷：《从环境认知的观点探讨邻避设施的再利用》，《国立台湾大学建筑与城乡研究学报》1996 年第 8 期；李永展、林启贤：《邻避型公共设施之环境态度与更新接受意愿之研究：以台北市为例》，《都市与计划》1998 年第 9 期；李永展、何纪芳：《环境正义与设施选址之探讨》，《规划学报》1999 年第 12 期。

④ 侯锦雄：《由居民态度观点探讨不宁适设施的环境冲突：以台中市垃圾焚化厂设置过程为例》，《中国园艺》1997 年第 3 期；朱斌妤、汪铭生：《台湾公害纠纷机制未来发展方向》，《中山管理评论》1999 年第 1 期。

⑤ 丘昌泰：《邻避情结与社区治理》，台北韦伯文化国际出版有限公司 2007 年版。

⑥ 丘昌泰：《从“邻避情结”到“迎臂效应”：台湾环保抗争的问题与出路》，《政治科学论坛》2002 年第 17 期。

⑦ 彭春翎：《从中坜北帝国事件浅谈邻避现象与身心障碍者人权》，《应用伦理研究通讯》2007 年第 43 期。

⑧ 许雅斐、叶颖超：《抗争下的环境“异议”：大林反焚化炉事件分析》，《政策研究学报》2005 年第 5 期。

策不透明和决策标准不清晰等原因，导致政府决策难以得到公民信任而引起邻避设施设址争议。① 柯宇芳的研究则表明邻避设施设址对周边居民生活品质的影响、邻避设施设址带来的健康和财产问题、环境补偿机制缺陷、以专家为中心的公民参与、政府与社会之间的信任差距以及地方政治等，是导致台湾邻比冲突的重要原因。②

关于邻比冲突治理的研究是台湾学者重点关注的问题。学者广泛探讨了台湾邻比冲突治理过程中的经济补偿与回馈③、公民参与④、制度建设⑤等问题。对邻比冲突治理中的经济补偿与回馈机制，萧代基和黄德秀基于经济学的外部性理论认为，应该实现邻避设施设址外部性成本的内部化，邻避设施经营者应该给设施周边居民以经济补偿，适当经济补偿有利于增加对邻避设施设址的接收度，提高邻避设施设址成功率。⑥ 丘昌泰则强调回馈机制对邻比冲突治理的促进作用，他认为环保回馈是治理邻避设施设址冲突的关键。⑦ 但也有台湾学者质疑经济补偿机制的有效性，如陈锡镇认为虽然外部性成本理论上可以实现内部化，但因为忽略了邻避设施外部性成本发生的历史以及社会本质问题，很多外部性问题根本无法由市场机制来解决，补偿机制并不能真正解决邻比冲突问题；⑧ 丘昌泰和苏瑞祥也指出补偿机制已经成为破坏台湾环境保护政策的最大问题，虽然补偿或许

① 黄锦堂：《由德国法之比较论我国邻避性设施设立许可程序之变革》，研究报告，台湾大学政治学系，2004 年。

② 柯宇芳：《论一般废弃物处理政策冲突问题》，硕士学位论文，台湾大学，2007 年。

③ 萧代基、黄德秀：《补偿对邻避现象的影响——以乌坵低放射性废料场址为例》，研究报告，台湾中华经济研究院，2007 年；林文渊：《国内都市垃圾焚化厂回馈金制度之探讨——以鹿草焚化厂为例》，硕士学位论文，台湾南华大学，2005 年。

④ 陈俊宏：《邻避症候群、专家政治与民主审议》，《东吴政治学报》1999 年第 10 期；汤京平：《邻避性环境冲突管理的制度策略：以理性选择与交易成本理论分析六轻建厂及拜耳投资案》，《政治科学论丛》1999 年第 6 期。

⑤ 汤京平：《邻避性环境冲突管理的制度与策略：以理性选择与交易成本理论分析六轻建厂及拜耳投资案》，《政治科学论丛》1999 年第 10 期。

⑥ 萧代基、黄德秀：《补偿对邻避现象的影响——以乌坵低放射性废料场址为例》，研究报告，台湾中华经济研究院，2007 年。

⑦ 丘昌泰：《从“邻避情结”到“迎臂效应”：台湾环保抗争的问题与出路》，《政治科学论坛》2002 年第 17 期。

⑧ 陈锡镇：《解决邻避设施设置管理问题之新议：创意思考之实例与应用》，《人与地》1998 年第 9 期。

有利于缓解公民反对邻避设施设址的邻避情结。[①] 对邻比冲突治理中的公民参与问题，柯宇芳强调公民参与对邻比冲突治理、保障地方环境品质的重要意义，认为在作为环境污染源的邻避设施负外部性影响没有得到治理、环境保障和邻比冲突治理制度体制不健全、公民环境权益得不到保障的情况下，地方社区居民采取邻比抗争行动是检视邻避设施设址政策问题、监督政府邻避设施设址决策行为、保护公民日常生活权益和环境正义的必要手段。[②] 丘昌泰提出通过发展社区非营利组织、鼓励建立社区参与制度、制订“迷你社区”建设计划、加强政府政策营销与对话能力建设、出台公民知情权法案等措施来治理邻比冲突。[③] 汤京平和翁伟达则以公民集体行动与地方政治动员的有效性为视角，认为只有将邻比抗争主题提升到公益（如环境正义）和理性诉求的高度，邻比抗争行动者才能有效维系内部动力和吸纳外部资源投入，而政府在邻比冲突治理中应该注意防止因激化对立情绪而加剧冲突进而强化邻比抗争团体的内聚力，要及时掌握抗争行动领导者与地方主要政治人物参与抗争行动的动机和利益诉求，因为他们才是化解公民邻比抗争行动的关键。[④] 关于邻比冲突治理制度问题，汤京平主张通过成熟的制度和灵活的策略来提升邻比冲突治理中的政治参与和对话，认为这可以有效治理邻比冲突。[⑤] 黄廷宜在对台湾高科技政策制定和执行过程中的风险沟通问题作出实证研究的基础上，主张通过增强政府决策机制透明度、为公民提供实质性参与的制度设计、提升高科技性邻避设施设址风险沟通的民主内涵来促进邻比冲突治理。[⑥] 汤京平、陈金哲还认为通过民营化的制度设计以降低邻避设施设址过程中的政治争端、建立避免中央集权的制度规则、加强地方主动寻求合作伙伴的制度引

---

① 丘昌泰、苏瑞祥：《破解选票政治、回馈情结与公共政策的三角难题：以环保政策为观察焦点》，《法商学报》1999 年第 35 期。

② 柯宇芳：《论一般废弃物处理政策冲突问题》，硕士学位论文，台湾大学，2007 年。

③ 丘昌泰：《从“邻避情结”到“迎臂效应”：台湾环保抗争的问题与出路》，《政治科学论坛》2002 年第 17 期。

④ 汤京平、翁伟达：《解构邻避运动——国道建设的抗争与地方政治动员》，《公共行政学报》2005 年第 14 期。

⑤ 汤京平：《邻避性环境冲突管理的制度与策略：以理性选择与交易成本理论分析六轻建厂及拜耳投资案》，《政治科学论丛》1999 年第 10 期。

⑥ 黄廷宜：《高科技政策中的风险沟通》，硕士学位论文，台湾世新大学，2007 年。

领、建立利于谋求协商双方共同利益的制度原则等，有助于避免邻比冲突。[①]

（二）大陆邻比冲突研究现状

大陆学界邻比冲突理论研究方兴未艾。何艳玲的《“邻比冲突”及其解决：基于一次城市集体抗争的分析》是大陆邻比冲突研究的开篇之作，该文在分析邻比冲突成因与特点的基础上，主张通过确立邻避设施设址中的政府中立角色、建立邻避设施设址的协商对话渠道、构建面向弱势群体的吸纳机制等措施以治理邻比冲突。乔艳洁等认为重塑公共政策的公共性、增强公共政策过程中的公民参与度、加强邻避设施设址公共政策过程中的程序公正建设、加大邻避设施设址公共政策的宣传力度，可以提升邻避设施设址政策的政治合法性，有助于邻比冲突的化解和治理。金通认为破解垃圾处理设施设址中的邻比冲突主要在于如何消解垃圾处理设施周边居民和整个社会边际成本与收益的差异问题。何艳玲的研究还表明中国式邻比冲突存在抗议层级螺旋上升、行动议题无法拓展、冲突双方难以达成妥协的特点，她主张应该建立制度化的冲突缓解机制来治理邻比冲突。李晓晖、杨海寰等则主张邻比冲突治理应该要优化邻避设施设址规划、综合运用政策和技术手段、建立公众参与的灵活互动规划建设模式、降低设施负外部性影响。此外，胡峰、郑卫等研究了邻避设施设址规划，[②] 陶鹏和童星建构邻避型群体性事件的治理框架，分析了邻比冲突的配套治理机制问题。近年来，陈宝胜、张乐、赵小燕、梁新、胡象明、康伟、王佃利等开始关注邻比冲突理论研究，公开出版了系列论文，在推进我国邻比冲突相关理论研究方面做了大量工作。但整体而言，大陆学者邻比冲突理论研究的系统性、本土化、创新性和深入程度还存在不足，尤其是关于邻比冲突及其治理的基础理论和治理模式的实证研究成果还有待加强。

三　国内外研究现状的综合评价

从以上可以看出，国内外现有邻比冲突及其治理研究已经建立了基本

---

① 汤京平、陈金哲：《新公共管理与邻避政治：以嘉义县市跨域合作为例》，《政治科学论丛》2005 年第 23 期。

② 郑卫：《邻避设施规划之困境——上海磁悬浮事件的个案分析》，《城市规划》2011 年第 2 期。

的理论分析框架，学者从不同角度对邻比冲突相关基本理论和实践问题做出了很多基础理论建构和尝试性探索工作，为进一步开展邻比冲突及其治理的理论研究提供了较为丰富的研究成果和扎实的理论研究基础，主要表现在以下三个方面。

一是为深入开展邻比冲突及其治理的理论研究提供了丰富的文献案例资料。西方学者邻比冲突相关研究文献秉持其实证研究和定量研究传统，积累了大量针对特定邻避设施设址冲突案例的个案研究成果，这些案例和定量研究成果为深入推进邻比冲突及其治理的理论研究提供了丰富的经验研究案例和研究资料，也为深入推进邻比冲突及其治理模式的理论研究提供了比较案例研究基础。

二是为深入推进邻比冲突及其治理的理论研究打下了扎实的理论基础。国内外现有邻比冲突理论研究成果在典型案例实证研究、定量分析和规范分析的基础上，广泛探讨了邻比冲突的成因、本质、影响及其治理等问题，就邻避设施设址的决策程序设计、经济补偿机制、公民参与机制等相关治理机制问题提出了大量具有理论深度的创新性观点，还有学者通过实证研究和定量分析研究方法对公民邻比抗争强度的影响因素、邻避设施设址过程中的环境正义伦理、邻比冲突治理的公民参与机制、经济补偿机制的必要性、有效性和伦理冲突等理论和实践问题，开展了深入的理论研究，为进一步推进邻比冲突及其治理相关理论研究提供了理论基础。

三是为推进邻比冲突及其治理理论研究的中国化奠定了研究基础。我国台湾学者针对台湾邻比冲突及其治理问题的理论研究在引介西方邻比冲突理论研究成果的基础上，较为清晰完整地呈现了台湾邻比冲突现状及其治理的实践特色，为邻比冲突及其治理研究的中国化提供了颇具创新特色的理论探索，还为开展邻比冲突治理的社区自主治理模式、审议民主模式等提供了经验材料和理论基础。大陆学者近年关于邻比冲突的大量研究也已经初步描绘出了中国式邻比冲突的现状和理论研究图景。大陆和台湾学者的共同努力已经为推进邻比冲突理论研究的中国化奠定了初步基础，未来当能共同构建出中国式邻比冲突及其治理研究的理论框架。

但现有研究存在以下缺陷。

一是现有理论研究的系统性不足。从现有研究成果来看，除美国学者的少数几本专著外，国内外现有研究文献基本都是期刊文章，且包括几本专著在内的现有研究成果基本都是单一典型案例的实证考察或针对特定问题的分散研究，缺少邻比冲突治理模式、运行机制、运行绩效的系统分析以及不同国家或地区邻比冲突表现形式、治理机制的比较研究，这既为开展邻比冲突及其治理的系统研究留下了研究空间，也对开展邻比冲突及其治理的系统研究提出了任务和要求。

二是邻比冲突相关基本理论界定还有待进一步深入。现有关于邻比冲突概念、成因与本质等基本理论命题的论断还存在较大争议和模糊之处，关于经济补偿、公民参与等邻比冲突治理机制及其有效性的争论亦在持续之中，邻避设施设址、经济补偿机制的公正性和伦理问题亦有待进一步厘清，邻比冲突强度影响因素的理论研究也有待进一步拓展和深化，不同邻比冲突治理工具的使用及其比较研究还有待关注。

三是邻比冲突的理论研究有待加强。近年来，邻比冲突日益频繁，形式异常激烈，使某些对公共利益不可或缺的邻避设施设址受阻，对经济社会发展及和谐社会建设形成巨大挑战，但近年政府强制型邻比冲突治理模式的治理手段单一、治理效果不彰。与此相映照，学界邻比冲突及其治理的理论研究严重滞后于治理实践的现实需要，国外学界更基本未见关于我国邻比冲突及其治理的理论研究成果，开展邻比冲突及其治理相关问题的理论研究，为治理我国日益频繁的邻比冲突提供理论支撑必要且迫切。

第二节　邻比冲突相关基本概念界定

“邻比冲突”概念来自西方，英文原文是“not in my backyard phenomenon”或“not in my backyard syndrome”，美国学界和实务界根据“not in my backyard”首字母的缩略语“NIMBY”，又将其称作“NIMBY phenomenon”或“NIMBY syndrome”。我国台湾学者根据“NIMBY”缩略语的读音将其译作“邻避现象”或“邻避综合征”。在台湾相关学术研究文献中，“邻避现象”“邻避情结”“邻避症候群”“邻比冲突”等都是未作细致区分的常用概念。然而，就这几个词的实质意义及它们对邻比冲突理论研究和治理实践的实质意义而言，“邻避设施”（NIMBY facility）、“邻避现象”（NIMBY phenomenon）、“邻比冲突”（phenomenon conflict）、“邻避情结”（phenomenon attitudes）等又是内涵存在较大区别却又有内在逻辑关联的一组概念，厘清这几个词的内涵及其内在逻辑关系，是开展邻比冲突理论研究的基础。

一 “邻比”与“邻避”的内涵辨析

一般认为最早提出“邻避”一词的是迈克尔·欧海尔（Michael O'Hare），但实际上欧海尔1977年发表在*Public Policy*上的“NOT ON MY BLOCK YOU DON'T：Facility Siting and the Strategic Importance of Compensation”一文中，只是提出了“not on my block”的说法，他用“not on my block”来指称公民反对将邻避设施建在自己所在街区这一社会现象。[①] 英国记者李武兹1980年在*The Christian Science Monitor*上发表的“Hazardous Waste”一文中，才正式提出了“not in my backyard”的概念。[②] 其后，“not in my backyard”因英国环境事务大臣尼古拉斯·雷德利（Nicholas Ridley）的使用而得到广泛认同，相关研究文献逐渐出现趋同使用“Not in my backyard”及其缩略语“NIMBY”的趋势。我国台湾学者在引进和使用这一学术概念时，综合其意义及缩略语的读音，将其译作“邻避”，并将英文词组“not in my backyard syndrome”和“not in my backyard phenomenon”译作“邻避症候群”和“邻避现象”，因此，在台湾学者的研究文献中，因公民反对在自家附近建设或运营对周边地区存在某种负外部性影响的设施所引发的社会利益冲突现象，通常被称作“邻避现象”或“邻避症候群”。何艳玲是大陆最早对邻比冲突问题开展理论研究的学者之一，她在《“邻避冲突”及其解决：基于一次城市集体抗争的分析》一文中，用“邻避冲突”这一概念来统称“在自利动机和社区保护意识高涨下所产生的各类环境冲突”。但张康之教授认为，因为“邻避”有“避开邻近地区”的意思，而一旦邻避设施避开邻近地区则不会引发冲突，但从直观意义上来说，“邻避冲突”却有“避开邻近地区而引发的冲突”之意，因此，“邻避冲突”的说法容易产生歧义，不能很好地反映出公民因反对在自家附近设置邻避设施而引发社会利益冲突的本意。受此启发，本书将“NIMBY conflict”译作“邻比冲突”，即在研究的主要概念上使用“邻比冲突”来替代国内学界沿用的“邻避冲突”这一传统译法，采用这一译法主要出于以下考量。

---

① O'Hare，M.，“NOT ON MY BLOCK YOU DON'T：Facility Siting and the Strategic Importance of Compensation”，*Public Policy*，Vol. 25，No. 4，1977，pp. 407-458.

② Livezey，E.，“Hazardous Waste”，*The Christian Science Monitor*，1980-11-06.

一是虽然国内外相关研究文献对公民反对在自家附近或自己所处社区周边建设或运营对周边可能存在某种负外部性影响的设施这一社会现象的指称复杂多样，如“BANANA：build absolutely nothing at all near anybody”“BIYBYTIM：better in your backyard than in mine”“LULUs：Locally unwanted land uses”“NIABY：not in anybody's backyard”“NOPE：not on planet earth”“BOTMF：better on the moon facilities”等，但随着“not in my backyard”这一说法出现后，目前学术研究文献已经出现趋同使用“not in my backyard”及其缩略语“NIMBY”作为指称这一社会现象的学术概念的趋势，而我国台湾学者和大陆学者在关注和研究这一学术领域时，也主要采用了“NIMBY：not in my backyard”这一说法。此外，“not in my backyard”的本意及其缩略语“NIMBY”的汉语谐音“邻避”或“邻比”，都比较传神地显示了“反对在自家附近或自己社区周边地区建设或运营对周边可能存在某种负外部性影响的设施”或“避开邻近地区”“比邻而居”的意思。因此，本书也采用“not in my backyard”及其缩略语“NIMBY”来指称“反对在自家附近或自己社区周边地区建设或运营对周边可能存在某种负外部性影响的设施”这一社会现象。

二是学术理论研究的国际化是中国学术理论研究的应然走向，而学术概念的国际化是中国学术与国际学术对话、构建中国学术理论框架的前提和基础，学术概念的国际化有助于国内学术研究和国际学术研究接轨，有利于国内学术研究和国际同类学术研究的交流与对话，可以在提高中国学术研究水平的同时，使中国学者的学术研究被国际学界认可和接受，并逐步建立中国学者的国际学术地位。在国际相关学术研究已经趋同化使用“not in my backyard”及其缩略语“NIMBY”的学术背景下，本书应该遵照国际趋势采用这一缩略语。

三是将“NIMBY”这一缩略语翻译成“邻避”有其优点和缺陷。“邻避”读音与“NIMBY”相近，遵循了读音上对翻译之“信”的要求，然而直观而言，“邻避冲突”有“因避开邻近地区而引发冲突”或“要求避开邻近地区而引发冲突”的歧义，使用“邻避冲突”这一概念来指称公民“反对在自家附近或自己社区周边地区建设或运营对周边可能存在某种负外部性影响的设施”这一社会现象，并不能很好地反映出因“对周边地区可能存在某种负外部性影响的设施比邻而居”而引发社会冲突的本意，容易引起混淆和误解。

四是用“邻比冲突”对应英文原文“not in my backyard”及其缩略语“NIMBY”更能体现翻译之“信、达、雅”的基本要求。首先，“邻比冲突”的“邻比”与英文原文“NIMBY”的读音非常相近，在读音上基本能达到翻译之“信”的基本要求。其次，“比”有靠近和紧挨之意，周制“五户为一比”，中文古今用语中都有“比邻”“比邻而居”之说，将“比邻”二字顺序调换作“邻比”，其字面意思易于理解，且“邻比冲突”能较好地反映出因“邻避设施”与“邻比抗争主体”比邻而居并引发社会利益冲突之意，在意义上能满足翻译对原词意义之“信、达”的基本要求。最后，“邻比”一词有古语“比邻”之意，比较形象生动地传达了原文缩略语“NIMBY”的语言风格且有学术意蕴，符合翻译之“雅”的基本要求，又能避免“邻避冲突”可能产生歧义的缺点。

综合以上因素，本书在主要概念的使用上采用“邻比冲突”的说法，但在其他相关概念上则使用“邻避设施”“邻避情结”“邻比抗争”，这是因为与“邻比冲突”强调“因比邻而居而引发冲突”之意不同。从直观意义上来说，“邻避设施”“邻避情结”这两个概念都强调“避开”之意。首先，“邻避设施”的“邻避”更能反映出邻比冲突过程中公民希望这类设施避开邻近地区的本意，若用“邻比设施”则过于泛化且背离本书的研究语境，因为并非所有“比邻而居的设施”都会引发邻比冲突，而且“比邻而居”的设施是常态，使用“邻比设施”则不能反映出公民希望其“避开”之意。其次，“邻避情结”的“邻避”强调的是公民希望各类“邻避设施”避开自家周边地区的情结，而若用“邻比情结”则可能会有完全相反的意思，即可能会被误解为“希望比邻而居的情结”。然而，对指称公民反对邻避设施建于自家附近的“邻比抗争”和“邻比抗争行动”而言，其意则在于强调“因邻避设施比邻而居而导致的抗争行动”“反对比邻而居的抗争行动”或“公民反对各类邻避设施与自己比邻而居而采取的抗争行动”之意，若采用“邻避抗争”或“邻避抗争行动”则可能有“反对避开邻近地区的抗争”或“反对避开邻近地区的抗争行动”的歧义，因此，采用“邻比抗争”和“邻比抗争行动”显然比采用“邻避抗争”和“邻避抗争行动”更为妥帖。概言之，本书在主要核心概念的使用上，主要采用“邻比冲突”“邻避设施”“邻避情结”“邻比抗争”“邻比抗争行动”是为了更好地反映各个概念的本意，也是为了遵循翻译之“信、达、雅”的基本要求，更是为了使本书在学术概念的使用上更加严谨与准确。

二　邻避设施

在西方学者的研究文献中，“邻避设施”概念有多个同名词，主要有：noxious facilities（有害设施）、hazardous facilities（危害性设施）、risky facilities（风险设施）、notorious facilities（臭名昭著设施）、controversial facilities 或 contentious facilities（争议性设施）、LULUs facilities（locally unwanted land uses facilities：地方不欲的土地利用型设施）、NOTE facilities（not over there either facilities：不要设置在那里的设施）、NIMTOF facilities（not in my term of office facilities：不要在我办公室附近的设施）、BIYBYTIM facilities（better in your backyard than in mine facilities：最好建在你家后院而不是我家后院的设施）、NIABY facilities（not in anybody's backyard facilities：不要建在任何人后院的设施）、BANANA facilities（build absolutely nothing at all near anybody facilities：绝对不要建在任何人附近的设施）、NOPE facilities（not on planet earth facilities：不要在地球上的设施）、BOTM facilities（better on the moon facilities：最好建在月亮上的设施）。随着“not in my backyard”这一概念被提出后，西方学术研究文献逐渐呈现趋同使用“NIMBY facilities”（not in my backyard facilities）的趋势。我国台湾地区学者对“邻避设施”概念的使用也各不相同，主要有“污染性设施”“不宁适设施”“嫌恶性设施”“邻避设施”等。目前，大陆学界基本上都采用“邻避设施”这一说法，但也有学者采用“风险性设施”的说法，还有学者根据具体设施类型如垃圾处理设施、核设施等概念来开展相关研究。

如同“邻避设施”概念复杂多样一般，学界和实务界对邻避设施概念内涵的界定也不尽相同。包普尔认为，为了经济发展和人类生活环境的需要，现代社会需要建立起各种公共设施，但这些设施在给人们带来福祉的同时，也对周边存在一定的负外部性影响。这种负外部性影响因设施本身的不同而不同，当一个设施的负外部性影响对人们的生活环境、经济财富、身体健康乃至生命安全带来威胁时，地方居民或社区就会反对在当地建设该类设施，这类设施便是“地方不欲的土地利用型设施”（locally unwanted land uses facilities，LULUs facilities）。[①] 包普尔的界定比较全面地描述了邻避设施概念的主要内涵，但失之烦琐且外延过窄。

将邻避设施的类型范围界定为“公共设施”显然不能涵盖邻避设施的实际外延范围。实际邻比冲突案例中，很多遭到公民反对的邻避设施都是私人投资兴办的营利性设施而非公共设施，将邻避设施界定为公共设施显然存在定义范围不当的问题。弗瑞等认为，邻避设施是“一个公共善（public good）和个人恶（individual bad）的混合体，因此，导致了社区强烈地反对将它建造在他们的周边地区”[②]。这一定义简明地指出了邻避设施所具有的一个重要特征：具有公共善和个人恶，因而招致设施周边社区的反对。但弗瑞对邻避设施的“公共善”和“个人恶”在公民之间的比例分配以及“公共善”“个人恶”本身内涵的界定和相互之间的比例净值的界定等都显得过于笼统（如“善”为百分之九十九而“恶”微不足道还是“恶”为百分之九十九而“善”微不足道，或者“善”“恶”对不同群体的度和量分配的不同），如一个对周边地区利明显大于弊，尤其是弊不涉及周边地区根本核心利益的时候，周边地区一般对设施还是持欢迎态度的，此类设施便不属于邻避设施的范畴。因此，弗瑞等人的定义虽然简洁明了，但并没有准确地界定出邻避设施的基本内涵和外延，也不利于深入理解和研究邻比冲突及其治理问题。[③]

我国台湾学者对邻避设施概念的界定也存在较大分歧。李永展认为：“邻避设施虽是地方不愿意接受的设施，但却是达成社会公共福利所不可或缺的。例如殡仪馆是为了提供丧葬设备及丧葬服务，社区停车塔是为了解决都市停车问题，而垃圾焚化厂则是为了避免垃圾掩埋场饱和所导致的环境危害等。”[④] 丁秋霞认为：“邻避设施指地方上不愿意接受的设施，但

① Popper，F. J.，“Siting LULUs”，*Planning*，Vol. 47，No. 4，1981，pp. 12-15.

② Frey，B. S.，Oberhoizer-Gee，F. & Eichenberger，R.，“The Old Lady Visits Your Backyard: A Tale of Morals & Markets”，*Journal of Political Economy*，Vol. 104，No. 2，1996，pp. 1297-1313.

③ 本书认为，所谓邻避设施的“公共善”和“个人恶”，实际上指的是邻避设施所产生的公共利益及其负外部性影响。这种公共利益和负外部性影响之间的不合理分配导致了公民对待设施的反对态度，而公共利益和负外部性影响之间的净值则应该是影响邻避设施设址及邻比冲突治理的关键变量，因此，清晰界定邻避设施的公共利益和负外部性影响之间的分配关系及净值比例对邻比冲突的理论研究和治理实践至关重要。

④ 李永展：《邻避症候群之解析》，《都市计划书》1997 年第 1 期。

却是达成公共福利所不可或缺的。"[①] 黄德秀认为："邻避设施为具有增进全民福祉，却由当地居民承受设施建造及营运时所带来外部成本，而有不受欢迎的特质。"[②] 而林俊夫则认为："邻避型公共设施为具有增进经济繁荣、社会进步、生活便利的设施，却由当地居民承受设施建造时及营运时所带来负面效果，而有不受当地社区居民欢迎的特质。"[③] 陈锡镇认为邻避设施是"以服务广大地区民众或为某种特定之经济与政策目标，为多数民众带来利益，但可能对附近居民产生健康与生命财产显见或潜在威胁之设施"[④]。萧代基和黄德秀则认为邻避设施是"具有增进全民福祉，却由当地居民承受设施建造及营运时所带来的外部成本，而有不受欢迎的特质之设施，邻避设施的范围包括核电厂、核废料贮存场、医院、监狱、焚化炉及掩埋场，等等"[⑤]。

总体而言，不同学者对邻避设施的概念界定都有一个共同点，即认为邻避设施对大范围地区乃至整个社会的公共利益有利，但要由设址周边居民承担设施设址的负外部性成本。对这一共同点的把握在很大程度上阐明了邻避设施的基本内在特征。然而，综观现有概念，界定存在四个显而易见的缺陷。

首先，将邻避设施的必要性界定为是对公共利益不可或缺的公共设施，这种带有明显倾向性的范围界定可能会导致三个值得警惕的关键问题：一是并非所有遭遇邻比抗争的邻避设施都是达成公共福利所"不可或缺"的设施，如化工设施、核设施设址可能会为地方政府带来巨大税收收益或给设址周边地区居民带来就业机会等其他利益，但这些化工设施未必一定是区域或社会整体公共利益绝对"不可或缺"的设施；二是即便某些设施是"不可或缺"的，这种不可或缺性由谁、通过什么样的方式界定等，都是值得深思的问题，如果设施的"不可或缺性"仅由开发

① 丁秋霞：《邻避设施之外部性回馈原则之探讨》，硕士学位论文，台湾淡江大学，1998年。

② 黄德秀：《补偿对邻避现象的影响》，硕士学位论文，台湾台北大学，2001年。

③ 林俊夫：《邻避设施与社区发展互动关系之探讨》，硕士学位论文，台湾铭传大学，2002年。

④ 陈锡镇：《解决邻避设施设置管理问题之新议：创意思考之实例与应用》（上），《人与地》1996年第8期。

⑤ 萧代基、黄德秀：《补偿对邻避现象的影响》，研究报告，台湾中华经济研究院，2007年。

商或政府单方面界定而缺少公民的普遍公共参与和透明而公开的科学论证，其对公共利益的“不可或缺性”必然会受到公民质疑，存在引发冲突的可能；三是把邻避设施界定为达成公共利益“不可或缺”的设施，实际上是为某些邻避设施的强制设址预设了一个似是而非的“合法性”前提，可能会将邻比冲突治理引入误区，这对邻比冲突治理、公民权利保护、环境保护与社会公平正义而言，都是非常危险的，因为“对公共利益不可或缺”是对运用强制措施侵犯公民权和忽视环境保护行为的“合法性”“合理性”辩护。

其次，邻避设施设址的公共利益受益范围具有不确定性。从实践来看，即便邻避设施设址确实对公共利益有利，但这种设址收益所覆盖的对象可能是全社会所有公民，也可能是仅比设施设址周边地区相对较大的区域整体或人群，还可能是被政府或开发商扩大化的“公共利益”，其实际受益者仅是政府或开发商。

再次，虽然大多数邻避设施设址确实具有增进整体公共利益却需要部分居民承担设施设址的负外部性成本这一特性，但很多受到居民抗争的邻避设施的负外部性影响在理论上和实践中都没有得到确证，其负外部性影响存在与否、程度大小等，无论在科学上还是在实践中都可能存在一定争议，而有些邻避设施的负外部性影响也只是一种可能性而不是确定性，如多数核电站设址的负外部性影响都只是“可能性”。

最后，邻避设施设址提供的公共利益并非都是公民的福祉。邻避设施设址有时确实能给区域内公民带来直接或间接利益，但邻避设施设址同样需要周边地区居民付出一定的负外部性成本，有些设施设址潜在负外部性成本巨大、有些设施对周边地区和居民的负外部性影响无法用数字来衡量且难以逆转，如生活环境的破坏、身体健康乃至生命安全的威胁，此时如果将设施设址所提供的收益与所造成的负外部性成本相比，其净收益可能为零甚至为负。“批评者无可非议地担心，根据所有的被忽视的建设成本，很多这类设施事实上是没有收益可言的，因为地方破坏性被忽视了。”[①] 因此，用“福利”或“福祉”来界定邻避设施设址所能提供的利益显然有失偏颇，而用“公共效用”来界定邻避设施所提供的公共利益

① O'Hare, M., "NOT ON MY BLOCK YOU DON'T: Facility Siting and the Strategic Importance of Compensation", *Public Policy*, Vol. 25, No. 4, 1977, pp. 407-458.

则可能更为中性，也更能体现邻避型设施所能提供的“公共利益”的实际意义。

综上所述，本书认为，邻避设施是指对一定区域整体存在某种公共效用，但潜在负外部性影响却集中于设施周边社区，由周边地区居民额外承担其负外部性成本，因而遭到周边居民反对的设施。这一定义具有如下内涵。

第一，邻避设施对特定区域范围具有某种公共效用。这里所说的特定区域可能是一个国家，也可能是一个省、市或社区，具体要视设施所提供的公共效用的覆盖范围而定。用“公共效用”来界定邻避设施设址所能提供的“公共利益”，除前文述及的原因外，还存在另外一层原因：政府、邻避设施投资者、社会、公民等多元利益主体对邻避设施设址的公共利益存在认同差异。这种对邻避设施公共利益的认同差异可能源于不同社会主体知识、认识和思想方面的差异，也可能是某一方利益主体出于某种利益目标的故意所造成的表面差异——可能是邻比抗争主体为了获取更多的利益，增加自身利益博弈能力和博弈筹码而故意不认同邻避设施的公共利益；也有可能是地方政府或其领导者从其自身施政理念、发展地方经济等观念出发，认为推动特定邻避设施设址对地方经济社会发展和公共利益有利，但公民、社会未必认同政府和设施设址倡导者宣称的设施设址的公共效用；还有可能是政府甚至政府内个别人为了政绩或经济利益的驱动，或者甚至出于寻租和腐败的原因，而推动建设一些污染严重或潜在危害巨大的政绩项目，这些政绩项目在一定时期内、一定程度上可能确实会给地方带来某种经济或政治利益，对地方政治经济社会发展存在某种短期作用，但这些设施设址未必真是社会发展和公众生活之必需，其所能带来的经济或政治利益一般也很难真正惠及普通公众和设施设址标的地区周边居民。换言之，邻避设施设址的公共利益实际上可能是被夸大或被公共化的团体利益、企业利益乃至个人利益，而并非真正意义上的公共利益。因此，本书认为用“公共效用”来指称邻避设施设址的“公共利益”更为中性而合理。

第二，部分邻避设施负外部性影响的存在性存在争议。桑德曼的实证研究发现，除了通常关心的健康风险之外，邻避设施设址的负外部性影响还包括以下这些方面：“①财产价值的下降；②只要一个设施被设址以后，社区阻止其他不想要的土地利用的能力就会下降；③因为噪声、交通拥堵、气味等类似影响造成的生活品质的下降；④社区形象的下降；⑤社区服务和社区预算的额外增加；⑥设施令人讨厌的审美品质的影响。”① 然而，在现实邻比冲突治理中，邻避设施是否存在负外部性影响以及负外部性影响的大小常常是设施设址倡议者和反对者之间争议的关键所在。多数情况下，政府官员、开发商、技术专家、公民之间对邻避设施负外部性影响的认识常常存在很大差异：政府和开发商为了能顺利推进设施设址，可能会偏向于将设施的负外部性影响说得较低，而反对设施设址的邻比抗争者则会因维护自身利益而倾向于夸大邻避设施的负外部性影响，以此增加反对邻避设施设址、与政府和开发商讨价还价的利益博弈筹码。此外，现实冲突中某些设施是否存在负外部性影响确实难以界定，如社区精神健康治疗中心；还有些遭到公民反对的设施的负外部性影响也只是一种潜在的可能风险，如核电站；如果设施运营管理得当，这些邻避设施负外部性影响发生的概率较低，但如果发生风险事件，核设施之类的危害性后果又可能是灾难性的。基于以上理由，本书在界定邻避设施概念时用“潜在负外部性影响”的表述。

第三，邻避设施设址的成本效用分配不均衡。邻避设施能够带来的公共效用一般惠及整个地区或更大范围内的公民而不会被设施周边群众所独占，有些邻避设施的公共效用甚至可能被整个社会所有成员所共享，这是因为邻避设施的公共效用存在公共性的原因。然而，邻避设施在给区域整体带来公共效用的同时，其负外部性影响主要集中于设施周边地区，如：垃圾焚化炉排放的废气、垃圾掩埋场散发的气味等会影响其设施周边的空气环境，而化工厂排放的废液、废渣则会污染周边地区的水源和土地，核电站的放射性危害以及可能发生核事故的破坏性危害也首先影响其周边地区，各种燃油、燃气储存设施可能的危害也主要集中于设施邻近区域。这些具有潜在负外部性影响的邻避设施都会对周边居民的生活环境、财产价值、身体健康乃至生命安全构成威胁，而且常常使其周边居民生活于对设施负外部性影响的恐惧之中。可见邻避设施具有一个显著特征：其公共效用名义上为区域范围内全体成员所共享，但可能的负外部性影响却集中于设施周边地区。“邻避设施的利益通常被广泛地分配，但大多数成本却倾

① Sandman, P. M., “Getting to Maybe: Some Communications Aspects of Siting Hazardous Waste Facilities”, *Seton Hall Legis*, Vol. 9, No. 2, 1986, pp. 442-465.

向于地方化。”[①] 邻避设施的这种负外部性成本总是集中于设施周边社区，而不会因其公共效用为区域整体共享而平均分摊于每个设施设址受益者，离设施距离越近的社区所受的负外部性影响通常越大，所承担的负外部性成本也越高。[②]

第四，邻避设施周边地区的居民通常对设施设址持反对态度。邻避设施公共效用分散而负外部性成本集中的特征，使设施设址标的社区通常会反对设施设址，设施潜在风险越大、公民反对设施设址的可能性和强度通常也越大。此外，设施的危害程度通常与离设施的距离成反比，离设施的距离越近，潜在风险与危害越大，离设施越远，可能的风险与危害越小，因此，与设施距离越近的公民，对设施的反对程度通常也越高。同时，设施的风险越高、危害越大，给设施设址周边地区带来的潜在负外部性成本也必然越高，尤其是当感知风险威胁到周边居民乃至其子孙后代的生存环境、身体健康和生命安全时，他们对设施设址的反对将最为激烈与持久。[③] 这是因为邻避设施的负外部性影响通常只有通过空间区位的移动才能避免：或者设施更换设址地址，或者设施设址周边居民搬离，[④] 而邻避设施通常被设址于贫穷、落后或有色人种等弱势人群社区的特性决定了设施设址标的地区居民很难搬离。

第五，邻避设施并不局限于“新建”或“公共设施”。根据前文关于邻避设施特征的论述可以看出，公民邻比抗争的设施对象并不只是局限于新设址设施或公共设施，伴随着社会政治、经济和技术的发展，某些在建或已经建成运营的设施，都可能会因其存在的负外部性影响逐渐被周边公

① Armour, A. M., “The Siting of Locally Unwanted Land Uses: towards a Cooperative Approach”, *Progress in Planning*, Vol. 35, No. 1, 1991, pp. 1-74.

② 正因为邻避设施存在这种公共效用分散而负外部性成本集中的趋势，反对邻避设施的社会动员常常比支持设施的社会动员更为容易，关于这个问题，后文将详细论述。

③ 实际上，影响公民反对设施激烈程度的因素有很多，如：公民对设施风险与危害的认知程度（反对设施的激烈程度、设施的风险、公民对设施风险的认知呈多维影响关系，这种认知程度与设施的危害有时正相关，有时不必然相关，如当公民对核设施的风险毫无认知时，他们可能不会反对设施设址，但核设施的潜在风险与危害也许很高；而某设施的潜在风险或许很低乃至没有风险，但居民对设施的风险认识不清，可能会认为风险很高，这时他们对设施的反对也会很激烈）、公民对设施公共效用的认知程度、公民对政府的信任程度、公民的公共精神状态，等等。

④ 曾明逊：《不宁适设施对住宅价格影响之研究》，硕士学位论文，台湾中兴大学，1992年。

民体认而招致周边地区公民的反对而“成为”邻避设施。此外，虽然邻避设施一般存在某种公共效用，但并非所有受到公民反对的设施都是“公共设施”。受地方政府政绩利益和经济发展需要的利益驱动，很多受到公民反对的邻避设施设址项目都是政府“招商引资”项目，而在我国现实市场管理体制中，即便是企业自主投资项目的邻避设施也需要得到政府的批准或许可，政府还会获得项目投资的税费收入，从这些意义上来说，几乎所有的邻避设施都具有某种“公共性”：能够增加政府财政收入、为社会提供就业岗位、提高周边居民经济收入和生活水平、满足特定社会公共产品或公共服务供给的需要、有利于经济社会发展，等等，但这并不意味着它们都是“公共设施”。

第六，邻避设施负外部性影响源于科技发展的局限性。科学技术是推动人类文明进步的重要推动力，但也是一把双刃剑。科技发展存在较大的局限性和不确定性，一种能够给人类带来特定效用的技术也可能会给人类带来某种负面影响，如现代通信设备极大提高了人类的通信便利却也会存在电磁辐射，现代交通设施极大提高了人们的出行便利和出行效率，还会给周边居民带来经济利益，但交通设施也存在噪声扰民现象。因此，邻避设施负外部性影响的产生在很大程度上源于现代科技发展的局限性，或者说科技发展的程度还不能使其有效克服科技进步所伴生的技术负外部性。如现代科技的发展使人类得以学会开发利用核能源，但却不能有效消除核辐射对人类的危害，也不能有效保证核设施的绝对安全性；垃圾焚烧处置技术造就了垃圾焚烧发电产业，使人类得以实现垃圾再利用，但垃圾焚烧发电过程中却难免会产生危害人类健康的二噁英。

三 邻避情结

在台湾学者邻比冲突相关理论研究中，邻避情结是一个重要概念。台湾学者对邻避情结概念的使用存在两种基本情况：一是将邻避情结视作邻比冲突的同义词。汤京平和翁伟达认为，所谓邻避情结或邻避症候群（not in my backyard syndrome）是指随着环境意识高涨，居民相信其有权利抗拒危害地方环境的设施进驻其邻近地区，因此透过体制内或体制外的手段使标的设施的设置产生实际上的困难。① 二是将邻避情结视作邻避设

① 汤京平、翁伟达：《解构邻避运动》，《公共行政学报》2005年第14期。

施和邻比冲突之间的关联概念，认为邻避情结是公民对待邻避设施的态度。这两种对邻避情结的概念界定都有一定偏颇之处，实际上，邻避情结与邻避设施和邻比冲突这两个概念有很强的关联性，但并非是和邻比冲突相同的概念，也不能简单解释为公民对待邻避设施的态度，邻避情结是处于邻避设施和邻比冲突之间的关联概念，通常因邻避设施而产生，是进一步引发邻比冲突的关键性心理动因，为便于更清晰地认识邻比冲突，促进邻比冲突及其治理的理论研究，有必要对邻避情结进行明确界定。

"情结"在英语中对应的单词是"complex"，据此，"邻避情结"英文对应词应是"NIMBY complex"，然而，在可及的英文研究文献中并没有检索到这一说法，但关键词检索发现，"NIMBY attitudes"是英文邻比冲突相关研究文献中的常用语，因此，"NIMBY attitudes"可能是我国台湾学者所谓"邻避情结"一词的由来，但其汉语译作"邻避态度"似乎更为恰当。根据维特斯等人的观点，所谓邻避态度（NIMBY attitudes）是一种"不要在我家后院"的主张，它主要包括三层意思：①它是一种全面性拒绝被认为有害于生存权与环境权的公共设施的态度；②它主要是环境主义者的主张，强调以环境价值作为衡量是否兴建公共设施的标准；③邻避态度的发展不须有任何技术面的、经济面的或者行政面的理性知识，其重点是一项情绪性的反应。① 克里斯特斯·罗格拉弗斯和琼·马丁尼兹·安里尔则认为："邻避态度（NIMBY attitudes）反映了一种对待有利于社会的开发项目，如再生能源利用设施等的个人主义的、自私的观点。"② L. 斯乔伯格和德洛茨·斯乔伯格认为："邻避态度不是简单地反对，而是自私地反对：一种让其他人面对风险而自己获益的愿望。"③ 亨特和莱顿也认为"邻避态度是一种自利的、意识形态的或政治的倾向"④。从上述定义可以看出，西方学者所谓的"邻避态度"（NIMBY attitudes）

① Vittes, M. E., Pollock, Ⅲ, P.H.& Lilie, S.A., "Factors Contributing to NIMBY Attitudes", *Waste Management*, Vol. 13, No. 2, 1993, pp. 125-129.

② Zografos, C. & Martinez-Alier, J., "The Politics of Landscape Value: A Case Study of Wind Farm Conflict in Rural Catalonia", *Environment and Planning* A, Vol. 41, No. 7, 2009, pp. 1726-1744.

③ Sjöberg, L. & Drottz- Sjöberg, B. M., "Fairness, Risk and Risk Tolerance in the Siting of A Nuclear Waste Repository", *Journal of Risk Res.*, Vol. 4, No. 1, 2001, pp. 75-101.

④ Hunter, S. & Leyden, K., "Beyond NIMBY: Explaining Opposition to Hazardous Waste Facilities", *Policy Studies Journal*, Vol. 23, No. 4, 1995, pp. 601-619.

是指人们对待邻避设施的态度、主张、反应、观点、愿望或倾向。对照我国台湾学者对“邻避情结”的定义可以发现，西方学者所谓的“邻避态度”（NIMBY attitudes）和台湾学者所称的“邻避情结”二者所指内涵基本相同，如李永展就认为“邻避情结是一种个人或社区反对某种设施或土地使用所表现出来的态度”①。因此，本书认为，台湾学者所使用的“邻避情结”一词应该可以对应于西方学者常用的“邻避态度”（NIMBY attitudes）一词。

要对邻避情结的定义做出准确界定，首先要明确“情结”的内涵。“情结”实际上是一个心理学术语，虽然不同心理学家对情结有不同的定义，但认为情结这种心理活动对人的行为非常重要是心理学界的共识。《现代汉语词典》对情结的解释是“心中的感情纠葛；深藏心底的感情”。心理学家荣格认为情结是由有关观念、情感、意象等形成的综合体，在他看来，情结一般是由创伤造成的，每种情结又都根深蒂固地源于一种原型。② 由此我们可以认为，邻避设施带给设施周边地区危害的“创伤”是形成公民邻避情结的重要原因，虽然这些创伤通常未必为大多数公民所亲身经历，但无论是邻避设施危害的历史记忆（如切尔诺贝利核电站事故对切尔诺贝利地区所造成的灾难），还是现实见证（如天津港爆炸事件、漳州 PX 项目爆炸事件、各种化工厂对周边环境的破坏等），都给社会公众留下了难以消解的创伤“原型”，它们使邻避设施在公民心中的观念、情感、意象等形成了一个复杂的综合体，从而产生反对设施设址的邻避情结。因此，可以将邻避情结定义为：邻避情结是公民因担心邻避设施的潜在危害会对其构成一定负面影响而需要其承担某种额外负外部性成本所产生的，对邻避设施的复杂的嫌恶意象、矛盾情感和反对观念的综合心理倾向，它是产生公民邻比抗争行为的直接心理动因。

四　邻比冲突

邻避设施负外部性影响的存在使公民产生担心邻避设施设址影响的邻

---

① 李永展：《邻避设施冲突管理之研究》，《台湾大学建筑与城乡研究学报》1998 年第 9 期。

② ［美］莫瑞·斯坦因：《荣格心灵地图》，朱侃如译，台湾立绪文化事业有限公司 1989 年版，第 63 页。

避情结，进而采取反对邻避设施设址的邻比抗争行为而引发邻比冲突。从现有研究文献来看，学者关于邻比冲突的定义大致有以下几个视角。

（一）基于公民对待邻避设施的态度视角的界定

这种视角一般将邻避设施视作对公共利益所不可或缺的设施，因此对反对邻避设施设址的邻比抗争活动持否定态度，认为邻比冲突是邻比抗争主体枉顾公共利益的非理性的情绪化反应，更有甚者把邻比冲突批评为公民缺乏公共精神的自私自利行为。如戴维斯和雷斯特认为："邻避指的是地方居民强烈地、有时是情绪化地、常常是固执地反对那些他们认为将会导致负面影响的拟议设施设址。"① 克拉夫特和克拉里指出："邻避（NIMBY）是强烈的、有时是情绪化的、常常是固执地，地方反对那些居民认为会带来有害影响的设址建议。"② 亨特和莱顿认为："邻避（NIMBY）被当成一个包罗万象的概念来指称那些对设施的反对，或者更糟糕的是，用来暗示公民不合理地或非理性地、自私或狭隘地反对设施的理由。"③

对公民反对邻避设施设址的邻比抗争行动持批评态度，把邻比冲突界定为公民无视公共利益的非理性的自私自利行为，这种界定存在明显的偏颇之处，它忽视了部分邻避设施确实存在的负面影响，也否认了公民有保障和维护自己权利的表达自由和政治参与权利，更忽视了邻避设施设址存在的环境正义伦理问题。不可否认，在公民邻比抗争所针对的邻避设施中，确实有部分邻避设施对周边地区的环境、公民财产和身体健康与生命安全存在某种负外部性影响，而公民有维护和保障自身财产、身体健康等的权利和自由，同时公民还有参与公共政策过程的政治参与权利，此外，公民有平等享受清洁自然环境的权利，为了公共利益将局部地区公民置于邻避设施设址所导致的健康影响甚至生命威胁的环境之中，这违背了环境正义原则。④ 而将引起公民邻比抗争的设施都视作实现公共利益所不可或缺的设施，这显然有无限扩大公共利益范畴之嫌：并非所有邻避设施都是

---

① Davis, C. & Lester, J., (ed.), *Dimensions of Hazardous Waste Politics and Policy*, New York: Greenwood Press, 1988, p. 34.

② Kraft, M. & Clary, B., "Citizen Participation and the Nimby Syndrome: Public Response to Radioactive Waste Disposal", *The Western Political Quarterly*, Vol. 44, No. 2, 1991, pp. 299-328.

③ Hunter, S. & Leyden, K., "Beyond NIMBY: Explaining Opposition to Hazardous Waste Facilities", *Policy Studies Journal*, Vol. 23, No. 4, 1995, pp. 601-619.

④ 关于环境正义问题，在讨论邻比冲突的本质时将详加论述。

公共利益所“不可或缺”的设施。公民邻比抗争行动仅是反对设施的负外部性影响而不是简单地反对公共利益，如果在讨论邻比冲突相关问题之前，首先站在公共利益的道德制高点对公民的邻比抗争行为做出道德审判，为邻比冲突相关理论研究和实践治理悬设一个公共利益的道德评价标准，这种做法本身便是不道德的（尤其是当邻避设施设址的“公共利益”存在不确定性时，更是如此）。因此，将邻比冲突简单地视作邻比抗争主体的固执的情绪化反应或自私自利行为显然并不是客观公正和理性的态度。邻避设施设址冲突涉及复杂的社会政治、经济和伦理问题，是一种复杂的社会利益矛盾冲突现象。

（二）基于邻比冲突产生原因视角的界定

与从公民对待邻避设施设址态度视角所做的概念界定不同，这种界定方式试图从邻比冲突产生原因的角度来界定邻比冲突的概念。如我国台湾学者黄仲毅就根据邻比冲突的产生原因对邻比冲突做出概念界定，他认为：“政府为了保障民众活动的便利和良好的生活环境，必须在某些地方设置若干的公共设施以应民众所需，但并非所有设施都受民众欢迎，某些设施由于会产生负面影响，故其设施虽能为广大地区民众带来利益，却受到当地居民的排斥，此种现象称为邻避或露露。”① 而汤京平则认为：“所谓邻避情结或邻避症候群是指随着环境意识高涨，居民相信其有权利抗拒危害地方环境的设施进驻其邻近地区，因此透过体制内或体制外的手段使标的设施的设置产生实际上的困难。”② 这实际上指出了邻比冲突的社会背景和产生原因：没有环保意识和公民权利意识的发展，现代邻比冲突不可能产生。

无独有偶，美国学者沃尔辛科也是从产生原因角度对邻比冲突概念进行界定的学者，他认为：“建立各种设施以满足人们不同方面的生活需要已是一种必然，而在众多的设施中，有一部分设施在给人们带来利益和福祉的同时，还会产生一些负面影响，如核能发电厂可能有核辐射的危险；化工厂可能会产生有毒物质污染环境，还有可能会发生化学物质泄露等事故；飞机场会给周边居民带来飞机的轰鸣噪声；公路、铁路上来往的车流可能会造成持续的噪声，并会扬尘，间或还会危及公路两边居民生命及财

① 黄仲毅：《居民对于邻避设施认知与态度之研究》，硕士学位论文，台湾中国文化大学，1998 年。

② 汤京平、翁伟达：《解构邻避运动》，《公共行政学报》2005 第 14 期。

产安全；垃圾掩埋或焚化厂会给周边居民带来极大不便，还有可能会产生大量危险的有毒物质，如二噁英……随着人们对技术负面知识的增长和自身权益意识的增强，产生负面影响越多或越大的设施，其选址、建设和运营也越来越引起人们的反对与抗争，这种现象一般被称为‘邻避’（not in my backyard，NIMBY）。”① 沃尔辛科的定义实际上指出了产生邻比冲突的三个重要原因：一是邻避设施存在某种负外部影响是产生邻比冲突的直接原因；二是公民所掌握的相关技术负面知识的增长是导致公民邻比抗争行为的知识基础；三是公民维护自身权益意识的增强是产生邻比冲突的社会思想基础。

从产生原因角度对邻比冲突进行定义界定的还有赫曼逊，他认为："邻避被描述成反对那些人们相信总的来说对社会有利的东西：人们并不希望没有这些东西，如铁路和康复中心。这种公共利益会带来一些风险，即其利益分散于大范围人群，但成本（或风险）却集中于那些邻近设施的少数人。对于每个地方社区来说，最好的结果就是他们不要接受这些设施而让其他人接受它。”② 赫曼逊的定义不仅指出了邻比冲突产生于邻避设施的负外部性影响，还进一步指出了邻避设施设址存在成本收益分配不均衡这一基本特征。

从产生原因视角出发对邻比冲突概念做出界定，比从公民对待邻避设施的态度出发对邻比冲突所做的概念界定更为理性和合理，它在一定程度上指出了导致邻比冲突产生的内外原因，使人们能够从产生原因的角度把握邻比冲突的内在本质，有助于为邻比冲突治理提出针对性的治理策略。

（三）基于现象描述方式所做的界定

如果说从公民对待邻避设施的态度出发所做的概念界定揭示了"How"——公民如何对待邻避设施的问题、从产生原因角度所做的界定揭示了"Why"——邻比冲突何以产生的问题，那么采用现象描述的方式对邻比冲突所做的概念界定则是揭示了"What"——邻比冲突是什么的问题。运用现象描述的方式对邻比冲突进行概念界定为大多数学者所采

---

① Wolsink, M., "Entanglement of Interests and Motives: Assumptions behind the NIMBY-theory on Facility Siting", *Urban Studies*, Vol. 31, No. 6, 1994, pp. 851-866.

② Hermansson, H., "The Ethics of NIMBY Conflicts", *Ethical Theory and Moral Praticec*, Vol. 10, No. 1, 2007, pp. 23-34.

用。学者在具体描述邻比冲突“是什么”的同时，一般也说明邻比冲突的产生原因和公民对待邻避设施的态度等，但其原因说明和态度介绍都是现象描述的一部分，正因如此，它对邻比冲突的产生原因和公民对待邻比冲突的态度都流于表面化而不够深入。现象描述的概念界定方法一般能使读者比较直观地了解概念内容，但它要么比较烦琐，要么比较简单直白，难以触及邻比冲突问题的深层次的内在本质。采用现象描述的方式对邻比冲突进行概念界定的主要有以下几方面。

亨特和莱顿认为：“在最基础的层面来说，邻避指的是公众想要技术带来的利益但是不愿承担设施在他们中间（或后院）设址而产生的成本。”① 范·德·霍斯特也认为：“某种服务在原则上是对大多数人有利的，但提议中的提供这些服务的设施在实践上常常遭到地方居民的强烈反对。”② 伯林汉姆则认为：“邻避是用来描述新开发设施的反对者的，这些反对者认为某个设施是必需的，但是却反对将它建设在他们本地。”③ 苏托拉认为：“邻避综合征（NIMBY syndrome）是我们都想要某种土地开发利用，如垃圾掩埋场等带来的利益，但却不想将它们设置在我们的邻里。”④ 这些学者都用较为简洁的语言描述了邻比冲突的产生原因和公民对待邻避设施的态度。

狄尔从两个层面来对邻比冲突进行描述，他认为：“用一般语言来说，邻避（NIMBY）指的是想要保护他们的环境的居民的动机。用更正式的语言来说，邻避指的是社区居民面对一个在他们邻里不受欢迎的开发项目时的保护主义者态度和所采取的反对策略……居民通常都承认这些‘有害’设施是必要的，但是不要设置在他们家附近，因而产生了‘不要

① Hunter, S. & Leyden, K., “Beyond NIMBY: Explaining Opposition to Hazardous Waste Facilities”, *Policy Studies Journal*, Vol. 23, No. 4, 1995, pp. 601-619.

② Horst, V., “NIMBY or Not? Exploring the Relevance of Location and the Politics of Voiced Opinions in Renewable Energy Siting Controversies”, *Energy Policy*, Vol. 35, No. 5, 2007, pp. 2705-2714.

③ Burningham, K., “Using the Language of NIMBY: a Topic for Research, not an Activity for Researchers”, *Local Environment*, Vol. 5, No. 1, 2000, pp. 55-67.

④ Csutora, M., “The Mismanagement of Environmental Conflicts”, *Annals of the American Academy of Political and Social Science*, Vol. 552, No. 52, 1997, pp. 52-64.

在我家后院’的概念。”[①] 他既指出了公民对待邻避设施的态度，也指出了邻比冲突的产生原因。虽然将邻比冲突描述为公民反对邻避设施的动机、态度和策略，显得过于烦琐而有失偏颇，但也代表了对邻比冲突进行观察的独特视角。我国台湾学者陈俊宏也用现象描述的方式来界定邻比冲突的概念，但他更倾向于将邻比冲突描述成一种公民反对邻避设施的民主运动，他认为，邻比冲突“主要是描述一种反对国家强制执行某些对社会整体而言是必要的政策，但是在地方上，却强烈反对将当地作为政策目标的草根运动”[②]。

（四）本书对邻比冲突概念的界定

不同视角的概念界定方法从不同侧面揭示了邻比冲突的一些本质特点，参照不同视角的邻比冲突概念界定方法，结合本书对邻比冲突发展的历史考察，本书认为邻比冲突是现代科技知识、公民权利意识、环境保护意识、民主政治空间等共同发展作用的结果，是现代公共管理和公共政策过程中经常出现的公共利益悖论现象的集中体现,[③] 它既是经济人理性在公共政策领域的显现，也是现代民主政治和公民权利意识发展的生动写照。在对邻比冲突进行概念界定时，必须要厘清邻比冲突发生发展的社会政治经济背景，采用客观、公正、理性的态度，既要揭示邻比冲突产生的原因和可能结果，又要揭示邻比冲突的内在本质，同时还要注意简洁性。基于此，本书对邻比冲突的界定是：邻比冲突是指在一定社会政治经济技术发展背景下，某些成本效用分配不均衡的设施设址可能会遭到周边居民的反对与抗争而引发的社会利益冲突。这个定义包括以下六个内涵。

一是邻比冲突是社会政治、经济、科技知识发展的产物。邻比冲突具有社会历史性，是社会政治、经济、科技知识等多元变量共同发展、综合作用下的复合函数。首先，公民权利意识和民主政治的发展是邻比冲突产生的政治基础。没有公民权利意识的觉醒与成长，邻比抗争行为也就失去了主体性基础；没有政治民主进程的发展和公民参与意识的提高，邻比抗争行为也没有发生的外部政治空间。其次，经济社会发展是邻比冲突产生

① Dear, M., “Understanding and Overcoming the NIMBY Syndrome”, *Journal of the American Planning Association*, Vol. 58, No. 3, 1992, pp. 288–300.

② 陈俊宏：《“宁避”（NIMBY）症候群，专家政治与民主审议》，《东吴政治学报》1999年第10期。

③ 关于公共利益悖论，本书在论述邻比冲突的本质及余论部分将有详细阐述。

的社会背景。经济社会发展使社会对各种私人产品和公共产品的需求不断增加，政府有回应社会对公私产品的需求而向社会提供更多供给公私产品的基础设施的压力和动力，企业也会因谋求新的发展空间和经济利益而建设各类生产和生活服务设施，但受技术发展水平的限制，部分公共基础设施或企业生产服务设施难免会存在某种负外部性影响，在社会环境保护意识极大发展、环境保护运动蓬勃兴起的现实背景下，邻比冲突难以避免。最后，科技知识发展的局限性是邻比冲突产生的客观原因。现代科技知识发展一方面催生了各类现代生产生活服务设施，另一方面也提高了认识各类生产生活服务设施负外部性影响的能力，使人们得以更加全面深刻地认识各种生产生活服务设施可能存在的负外部性影响，二者的共同作用为邻比冲突的产生提供了主客观条件。

二是邻避设施成本效用分配不均衡是邻比冲突生成的关键原因。如前所述，邻避设施具有成本效用分配不均衡的特性，其公共效用（财政税收收入的增加、就业岗位的提供等）常常为区域整体内所有成员所共享，但负外部性影响却集中于设施周边地区，需要周边地区居民承担一定的负外部性成本，如生活环境和风景的破坏、财产价值的贬损、身体健康乃至生命安全的威胁等。相较其他同等享受设施公共效用的公民而言，邻避设施设址周边地区居民所承担的设施负外部性影响是一种额外成本。邻避设施设址这种负外部性成本集中于设施设址周边地区而效用却为社会成员共享的成本效用分配不均衡的特性，是导致邻避设施设址周边地区居民反对设施设址、引发邻比冲突的关键原因。

三是公民邻比抗争的对象仅是“自家后院”具有负外部性影响的设施。邻避设施成本效用分配不均衡的特性导致公民产生邻避情结而引发邻比抗争，但公民的邻比抗争通常并非是盲目地反对设施所能提供的所有公共效用，实际上，公民一般都希望设施能成功设址以获得设施设址所能提供的公共效用，但前提是“只要这个设施的设址是在别的地方、由别人来承担设施相关的风险”①。也就是说，邻比冲突过程中的邻比抗争主体一般只是反对邻避设施设址在“自家后院”，而并不反对邻避设施在别人家的后院建设或运营，他们一般也不反对没有负外部性影响的设施，而对

① Hermansson, H., “The Ethics of NIMBY Conflicts”, *Ethical Theory and Moral Practice*, Vol. 10, No. 1, 2007, pp. 23-34.

那些没有负外部性影响却又能够为他们带来利益的设施一般更是持欢迎态度。

四是邻比冲突阻滞邻避设施设址并影响其预期公共效用的实现。反对邻避设施设址的邻比抗争行动会阻滞设施设址进程，轻者延误工程建设工期，重者会导致终止设施设址，两者都会影响设施预期功能的实现，使邻避设施设址的预期“公共效用”受损。根据美国环保局的报告，在1980年到1987年的7年时间里，全美范围内计划修建的81座有毒废弃物处理场中，只有6座顺利完成建设并投入运营，其主要原因就在于公民的邻比抗争。[①] 可见，邻比冲突在很大程度上阻滞了邻避设施的建设和运营，影响了邻避设施预期公共效用的实现。此外，国内外邻比冲突典型案例表明，如果应对不当，反对邻避设址设址的邻比抗争行动最终可能会演变成政府和社会之间的激烈冲突，影响社会和谐与稳定，削弱政府合法性。

五是邻比冲突包括显性邻比冲突和潜在邻比冲突。科技局限性的存在、公民权利意识的缺乏和组织抗争能力不足等原因，都导致一些成功设址或拟建的公私设施的负外部性影响暂时没有被认识，或者即便其负外部性影响已经被认识，但设施周边地区还没有形成反对设施设址的一致意识和集体行动，然而，只要这些设施存在负外部性影响，未来就可能会被公众感知并引发邻比冲突。换言之，不论设施是否已经实际引起邻比抗争，也不论设施是否成功设址，只要设施具有某种负外部性影响和成本效用分配不均衡的特征，就有潜在引发邻比冲突的可能，我们可以将这种暂时没有遭到周边居民反对但未来可能会引起邻比冲突的情况称作潜在邻比冲突。因此，本书所指邻比冲突既包括已经实际引发冲突的显性邻比冲突，也包括暂未引发冲突但因设施可能具有某种负外部性影响，未来也许会引起周边居民反对的潜在邻比冲突。

六是邻比冲突有助于促进社会政治发展和技术进步。冲突理论认为，冲突虽然有破坏性影响，但如果处理得当，它常常也是建设性的，是推动社会发展进步的动力。公民反对邻避设施设址的邻比抗争行动虽然可能会阻滞邻避设施设址，进而影响邻避设施公共效用的实现，但邻

---

① Hunter, S. & Leyden, K., “Beyond NIMBY: Explaining Opposition to Hazardous Waste Facilities”, *Policy Studies Journal*, Vol. 23, No. 4, 1995, pp. 601-619.

比冲突是社会政治经济技术发展的必然产物，它一方面体现了公民权利意识的发展和社会政治文明进步的程度，另一方面也有利于促进社会政治文明的发展与科学技术知识的进步，因此，对待邻比冲突要持客观中性的态度而不必畏之如虎。没有公民权利意识的觉醒与兴起，便没有反对邻避设施设址的主体基础。同样，一个专制横行的社会不会有发生邻比冲突的政治空间和社会环境，没有现代政治生活的民主化与政治文明的发展进步，便没有产生公民邻比抗争行动的政治空间，就此而言，邻比冲突的出现是社会政治文明进步的重要表现。公民邻比抗争的政治参与既有利于促进政府决策的科学化和民主化，又有利于培养公民的民主精神、参与意识和参与能力，某些必要型设施设址过程中的公民参与还有利于培养公民为公共利益做出牺牲的公共精神。此外，公民邻比抗争行动还可以推动政府和开发商开发技术以减少或消除邻避设施的负外部性影响，促进社会科技进步。

五 其他相关概念界说

在邻避设施、邻避情结、邻比冲突等重要概念之外，本书相关的重要概念还有：负外部性影响、邻比抗争行动、治理和治理模式等。

（一）负外部性影响

外部性是经济学用来指称未被包括在市场价格中的生产或消费行为所产生的某些外在影响。[①] 当这些外在影响表现为给他人带来额外利益损失或成本时即是负外部性；反之，如果这些影响表现为给他人带来收益且无须其支付成本时即为正外部性。邻避设施设址通常会导致周边地区："①财产价值的下降；②只要一个设施被设置以后，社区阻止其他不想要的土地利用的能力就会下降；③因为噪声、交通拥堵、气味等类似影响造成的生活品质的下降；④社区形象的下降；⑤社区服务和社区预算的额外增加；⑥设施令人讨厌的审美品质的影响。"[②] 这些都是邻避设施给周边地区带来的成本或利益损失，属于负外部性范畴，故本书将邻避设施给周

① ［美］萨缪尔森、诺德豪斯：《经济学》，萧琛主译，人民邮电出版社 2004 年版，第 129 页。

② Sandman, P. M., "Getting to Maybe: Some Communications aspects of Siting Hazardous Waste Facilities", *Seton Hall Legis*, Vol. 9, No. 2, 1986, pp. 442-465.

边地区带来的这些潜在或显性不良影响称作邻避设施的负外部性影响。

（二）邻比抗争行动

邻比抗争行动又称作邻比抗争行为，指的是公民反对邻避设施设址的抗争行动。[①] 邻比抗争行动是邻避情结作用的结果。从实际表现来看，公民邻比抗争行动形式多样，从一般正式渠道的合法利益表达，到“非理性的”“情绪化的”乃至非法的非正式政治参与，都可能是公民邻比抗争行动的具体表现。邻比抗争行动通常表现为激烈程度螺旋上升的递进式公民参与行为。邻避设施、邻避情结、邻比抗争行动、邻比冲突之间的逻辑关系见图 1–1。

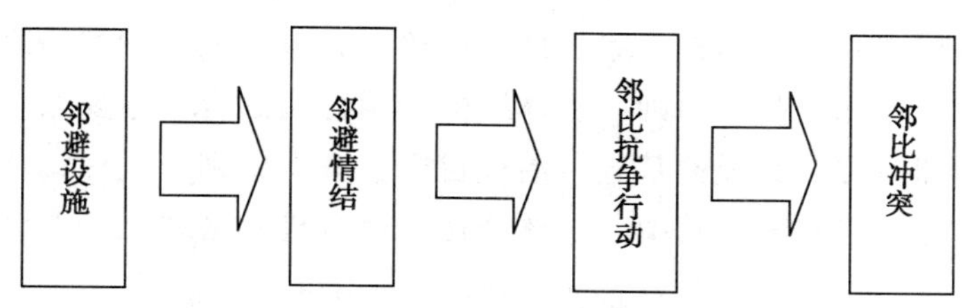

图 1–1　邻比冲突研究基本概念之间的逻辑关系

（三）治理

本书使用的“治理”概念包含两层意思，一是使用“治理”的动词意义，即通过一定的行为方式、运行机制或整体模式来管理和调节各方主体的利益和行为，化解邻比冲突。二是使用“治理”的名词意义，即指通过管理和调节手段达到某种“好”或“善”的状态。治理具有以下明显特征：“①治理认为政府并不是唯一的权利中心，各种机构（包括社会的、私人的）只要得到公众的认可，就可以在不同层面和范围内成为社会权力的中心。……②治理在强调国家和社会合作的过程中，模糊了公私机构之间的界限和责任、不再坚持国家职能的专属性和排他性，而强调国家与社会组织间的相互依存和互动关系。③治理强调管理对象的组织性和自主性。④治理理论强调政府在完成社会职能时，除了采用原来的手段之外，还有责任采用新的方法和措施，以不断地提

① 邻比抗争行动因邻避设施与公民比邻而居而引发，“邻比”是公民采取抗争行动的诱因，故本书使用“邻比抗争”这一说法，其字面意思即“因邻比而引发的抗争”。

高管理的效率。”①

（四）治理模式

亚历山大认为，每个模式都描述了一个不断出现的问题，然后描述了该问题的解决方案的核心。模式是解决某类问题的方法论，它是解决问题的经验总结，把解决某类问题的方法总结抽象到理论高度，形成解决某一类问题的详细方案，就是解决该类问题的模式。② 在企业管理领域，管理模式指的是在管理人性假设基础上设计出的一整套具体的管理理念、管理内容、管理工具、管理程序、管理制度和管理方法论体系并将其反复运用于企业，使企业在运行过程中自觉加以遵守的管理规则。③ 据此，本书所称邻比冲突治理模式指的是邻比冲突治理的方法论，是治理邻比冲突实践方案的理论抽象，它包括邻比冲突治理的理论基础、治理目标、基本原则、主体结构和运行机制等基本要素。不同邻比冲突治理模式，其理论基础、治理目标、基本原则、主体结构、运行机制等存在一定差异，其中，主体结构、运行机制是邻比冲突治理模式的核心。

第三节　邻比冲突的特征与类型

特征是一事物区别于另一事物的基础。正确认识邻比冲突的特征是开展邻比冲突及其治理研究的前提和基础。邻避设施是具有复杂外延的复合概念。不同类型邻避设施设址所引发的邻比冲突，所需采用的治理手段和治理机制必然存在差异。因此，要有效治理邻比冲突，就必须对邻避设施的类型做出界定和区分。根据邻避设施的具体类型，运用有针对性的治理机制和政策工具，对邻比冲突采取类型化的治理路径，是实现邻比冲突治理的应然之道。本节主要目标是厘清邻比冲突的特征和类型，为进一步开展邻比冲突的本质和治理研究提供理论基础。

---

① 黄健荣等：《公共管理新论》，社会科学文献出版社 2005 年版，第 279 页。

② 参见王翔《设计模式》，电子工业出版社 2009 年版，第 76 页。

③ 孙琦：《GE 管理模式》，中国人民大学出版社 2005 年版，第 38 页。

一　邻比冲突的特征

李永展等认为，邻比冲突（邻避现象）有四个特征：（1）邻避设施所产生的效益为全体社会共享，但外部效果却由附近民众承担。（2）居民对邻避设施的认知与接受度受其居住地点与设施距离远近的影响。（3）对具有污染性的邻避设施如能妥善处理，发生意外的概率相当低，但若不幸发生事故，则后果非常严重。（4）邻避设施的兴建往往涉及专家科技知识与民众普通常识之间的价值冲突。① 丘昌泰则认为邻比冲突（邻避现象）的特征有：（1）邻避设施所产生的效益为全体社会所共享，但负外部效果却由附近民众承担。（2）邻避情结是很复杂的因素结构，有理性的一面，也有非理性的一面，但多数台湾地区学者都认为邻避现象是一种为反对而反对的消极、非理性的态度。（3）邻避情结之所以是理性的，主要支持的理由是：政府是否刻意关闭了民众参与决策的管道？民众的抗争理由是否单纯是为了环境权与生存权？若是以自利、自私的观点为出发点的环保回馈，就不能视为理性的邻避行为。（4）邻避设施之兴建往往涉及科技专家、政府官员与社区民众之间的价值与目标冲突。②

以上观点在一定程度上指出了邻比冲突的某些特征，但又存在一些差异与缺陷。邻避设施的公共效用为区域整体甚至全社会所共享，但负外部性影响却由周边社区承担，这是邻避设施的特征而非邻比冲突本身的特征；居民对邻避设施的态度与感受虽然在一定程度上受到与设施距离远近的影响，但居民对设施的认知却与设施距离的远近未必相关。仅以个别案例认为邻比冲突是非理性的、为反对而反对的消极态度，将其视作邻比冲突的整体特征，显然并不能代表邻比冲突的全景特征与内在本质。要正确认识一个事物的特征，必须从此事物区别于其他事物的根本特点出发，而不能以个别要素的特征或带有地方性色彩的特性来代表事物整体或一般性特征。作为一种社会利益冲突现象的邻比冲突，其具有以下六个方面的典

① 李永展、翁久惠：《邻避设施对主观环境生活品质影响之探讨：以居民对垃圾焚化炉之认知与态度为例》，《经济法制论丛》1995 年第 16 期；李永展、陈柏廷：《从环境认知的观点探讨邻避设施的再利用》，《国立台湾大学建筑与城乡研究学报》1996 年第 8 期。

② 丘昌泰：《邻避情结与社区治理》，台北韦伯文化国际出版有限公司 2007 版，第 10—11 页。

型特征。

（一）邻比冲突源于邻避设施的成本效用分配不均衡

通常情形下，一个设施的成本效用分配主要存在四种情况：第一种情况是成本、效用均非常集中地分配于少数人甚至个人；第二种情况是成本、效用都相对分散、大致均衡地分配给所有受众；第三种情况是成本分散而效用集中，即成本为大众承担，而效用主要为部分人群享用；第四种情况是成本集中而效用分散，即成本主要由部分人群承担，而效用为大众共享。前两种情况下，设施的成本效用分配基本处于均衡状态；后两种情况下，设施的成本效用分配都处于不均衡状态。邻避设施的成本和效用分配实际上包括狭义和广义两种，其狭义上的成本效用分配指的是设施直接建设和运营成本与效用的分配，广义上的成本效用分配指的是设施公共效用及其负外部性成本的分配。一般而言，邻避设施直接建设运营成本效用主要集中于设施运营企业，这属于设施成本效用分配的第一种情况，但其公共效用则为区域整体乃至全体社会成员所共享、负外部性成本却由设施周边地区居民承担，这属于设施成本效用分配的第四种情况，即公共效用分散、负外部性成本却相对集中，从这个意义上来说，邻避设施具有成本效用分配不均衡的特性，这是邻避设施的关键特征，也是邻避设施的建设和运营会招致设址标的地区周边居民质疑和反对的直接原因。鉴于本书研究对象的特点，若无特殊说明，本书所指称的邻避设施成本效用分配不均衡的特性，指的是设施广义上的成本效用分配情况，即设施公共效用为区域整体乃至全体成员所共享，但负外部性成本却集中于设施周边地区的特性。

（二）邻比抗争对象范围广泛

邻比冲突之所以应该引起关注，其首要原因是面临公民邻比抗争的对象范围呈日益广泛之势。日益频繁的邻比冲突已经并必将对社会公共利益和社会稳定构成一定负面影响。随着公民意识和科技知识的增长，不同领域不同类型的公私设施，只要其具有邻避设施成本效用不均衡的特征，都可能会成为公民邻比抗争的对象。无论是世界范围内的邻比抗争运动还是中国本土的邻比抗争实际，公民邻比抗争对象的范围都非常广泛，而且正呈越来越为广泛之势：从精神病院与社区康复中心等日常医疗或社区服务设施，到机场、铁路、车站等大型公共交通设施；从社区变压器、输变电线路，到核电厂等现代化能源设施；从广播电视发射塔，到各种现代通信设施；从垃圾掩埋场、垃圾焚烧发电厂等城市垃圾处理设施，到化工厂等现代化工产品生产设施；等等，都不同程度地遭到了设施周边社区与公民的反对。一些人们过去处之泰然甚至趋之若鹜的设施都开始进入了公民邻比抗争的视野，成为邻比抗争的对象。这一方面是由于现代技术发展使人们重新认识了这些设施一些原本没有被认识到的负外部性影响，另一方面也是现代公民权利意识和设施风险知识增长的结果。范围日益广泛的邻比抗争对象已经并且必将更多地对公共利益和社会秩序造成不利影响。邻比抗争对象范围广泛是当前我国邻比冲突的重要特征。

（三）邻比抗争的利益诉求主要是设施的停建或迁址

邻比冲突实际上是一种特殊的社会利益冲突现象，反对邻避设施设址的邻比抗争行动因而离不开具体的利益诉求，然而，公民邻比抗争的利益诉求与一般社会利益冲突的公民利益诉求存在本质不同。整体而言，公民邻比抗争的利益诉求一般相对单一，即主张邻避设施“不要在我家后院”设址。虽然在当前中国的邻比抗争实践中，存在要求医疗赔偿、解决就业岗位或要求给予货币补偿等经济要求，有的甚至单纯以经济要求为目的，在很大程度上表现为“为反对而反对”的非理性现象，但在西方发达国家，更为成熟的邻比抗争利益诉求常常是要求停止邻避设施设址或异地设址。邻比抗争行动的这种利益诉求目标与西方国家的公民意识发展程度有关，他们对公民权利及长期利益有更为清醒的认知。在西方，邻比抗争主体的经济利益诉求或政府和企业所使用的经济补偿机制常常被批评为是换取设施设址周边居民同意接受设施设址的贿赂手段，[①] 因而遭到广泛的批

① 经济补偿常常被批评为是一种贿赂，它利用了设施周边地区处于弱势地位的居民对改善自身经济地位的渴望心理，因而被批评为是一种环境不正义的邻比冲突治理措施，关于邻比冲突治理中的经济补偿被视作贿赂问题以及设施设址的环境正义问题，参见 Frey，B.，Oberholzer－Gee，F.，Eichenberger，R.，“The Old Lady Visits Your Backyard：A Tale of Morals and Markets”，*The Journal of Political Economy*，Vol. 104，No. 6，1996，pp. 1297－1313；Hamilton，J.，“Testing for Environmental Racism：Prejudice，Profits，Political Power?”，*Journal of Policy Analysis and Management*，Vol.14，No.1，1995，pp. 107－132；Hartley，T.，“Environmental Justice：An Environmental Civil Rights Value Acceptable to All World Views”，*Environmental Ethics*，Vol.17，No.3，1995，pp. 227－289；Field，P.，Raiffa，H. & Susskind，L.，“Risk and Justice：Rethinking the Concept of Compensation”，*Annals of the American Academy of Political and Science*，Vol. 545，Issue 1，1996，pp. 156－164。

评和质疑。实证研究也表明，在公共精神发达的地方，补偿等经济手段常常对公民的公共精神形成挤出效应，反而会降低周边居民对设施的接受度。① 另外，当前中国式邻比抗争利益诉求多样的现状可以理解为特定社会阶段公民邻比抗争的不彻底性，这一方面是公民面对强势集团的无奈之举，另一方面也是公民权利意识还没有得到充分发展、对某些设施的负外部性影响的认识还不够深刻的结果，某些情况下还有可能是为公共利益而做出利益牺牲的公共精神使然。

（四）反对设施的抗争动员较易形成

邻避设施负外部性影响集中而效用分散的特性使公众对其利益分配的感知比负外部性成本的感知要更加模糊，导致负外部性影响感知成本较高的受害者比感知收益不清晰的设施设址公共效用受益者更具有组织优势，使反对邻避设施设址的邻比抗争动员要易于支持邻避设施设址的社会动员。②

通常而言，反对邻避设施设址的政治动员较易形成。首先，邻避设施的负外部性影响主要集中于设施设址周边地区。公民反对邻避设施的动力主要是三个要素激励的结果：（1）邻避设施给地方社区所带来的成本很高；（2）反对的成本较低；（3）反对成功的可能性较高。③ 邻避设施的成本集中于设施周边地区，而收益分配的范围却远大于地方区域。邻避设施的负外部性影响主要有：（1）财产价值的下降；（2）只要一个设施被设置以后，社区阻止其他不想要的土地利用的能力就会下降；（3）因为

① See Frey, B., Oberholzer-Gee, F., Eichenberger, R., "The Old Lady Visits Your Backyard: A Tale of Morals and Markets", *The Journal of Political Economy*, Vol. 104, No. 6, 1996, pp. 1297-1313; Kunreuther, H., Fitzgerald, K. & Aarts, T. D., "Siting Noxious Facilities: A Test of The Facility Siting Credo", *Risk Analysis*, Vol. 13, No. 3, 1993, pp. 301-318; Lober, D. J. & Green, D. P., "NIMBY or NIABY: A Logit Model of Opposition to Solid-Waste-Disposal Facility Siting", *Environmental Management*, Vol. 40, No. 1, 1994, pp. 33-50; Dunlap, Riley E. & Baxter, Rodney K., "Public Reaction to Siting a High-Level Nuclear Waste Repository at Hanford: A Survey of Local Area Residents", Report prepared by the Social and Economic Sciences Research Center, Pullman: Washington State University, 1988.

② O'Hare, M., "Not on My Block You Don't: Facility Siting and the Strategic Importance of Compensation", *Public Policy*, Vol. 25, No. 4, 1977, pp. 407-458.

③ Mitchell, R. C. & Carson, R. T., "Property Rights, Protest, and the Siting of Hazardous Waste Facilities", *The American Economic Review*, Vol. 76, No. 2, 1986, pp. 285-290.

噪声、交通拥堵、气味等类似影响造成的生活品质的下降；（4）社区形象的下降；（5）社区服务和社区预算的额外增加；（6）设施令人讨厌的审美品质的影响。[①] 邻避设施设址的负外部性影响一般具有如下特点：非志愿性（未经社区同意而强加给社区）、致命的危害、难以忘却（是新闻报道感兴趣的主题）、不易受个人控制、持续性（有可能会影响子孙后代）、不公平（大多数收益被那些远离设施危害影响的地理区域所获得）。[②] 在这些潜在或现实危害的威胁下，公民当然极易形成反对设施设址的动力。如果设施确实存在某种负外部性影响，除非这种负外部性影响所带来的额外成本能够通过经济或其他方式进行补偿而且周边居民也确实得到了补偿，否则设施设址周边居民对设施负外部性影响的认识越清晰，他们反对设施设址的抗争意识通常就越激烈，反对邻避设施设址的抗争动员也就越易形成。其次，反对设施设址的成本较低。对设施反对者个人来说，参与反对设施的成本主要包括参与反对活动的时间和所需花费的经济成本。其中，时间包括说服人员参加、筹集反对活动资金、组织维护等所花费的时间以及开展反对活动如写信、诉讼、组织和参加集会等所花费的时间等。虽然反对活动组织者所花费的时间可能甚巨，但大多数参加者所花费的时间很少，而且参与反对活动的费用与感知的负面影响及可能获得的补偿相比，更是不成比例。最后，参加者从反对活动中获益的可能性很大。活动的积极组织者和参加者会从反对活动中获得成就感和实际利益，他们在希望成功反对设施设址的同时，还有通过组织和参加反对活动证明自我价值的动力，而普通参加者通常会相信他们有实现目标的机会，邻比冲突典型案例表明，组织和参与反对设施设址的邻比抗争行动获得成功和收益的可能性较大。以上因素的共同作用使邻避设施的反对者极易形成邻比抗争行动的政治动员。

与反对邻避设施设址的政治动员极易形成相比，组织支持设施设址的政治动员难度较大。首先，公众对设施公共效用的感知并不真切。因为邻避设施的利益为大范围群众所共享，他们对设施公共效用的感受并不真

---

① Sandman, P. M., "Getting to Maybe: Some Communications Aspects of Siting Hazardous Waste Facilities", *Seton Hall Legis*, Vol. 9, No. 2, 1986, pp. 442–465.

② Slovic, P., Fischhoff, B. & Lichtenstein, S., "Facts Versus Fears: Understanding Perceived Risk", In R. C. Schwing and W. A. Alberts, Jr., eds., *Societal Risk Assessment: How Safe Is Safe Enough*, New York: Plenum, 1980.

切，有些公民对设施的正面效用可能毫无认识甚至存在质疑（事实上，很多设施的公共效用可能确实不能惠及一般公众）。其次，支持设施的政治动员成本较高。因为邻避设施公共效用为大范围群众所共享，支持设施设址的政治动员对象分布区域广泛且人数众多，而且多数设施设址公共效用受益者通常对自己收益的感知并不清晰，要在大范围人群中形成支持设施设址的政治动员，其成本必然高昂。最后，多数设施设址的潜在支持者存在“搭便车”现象。邻避设施设址的公共效用为公众所共享，对远离设施而分享收益的公众来说，一方面他们对设施设址收益的感知并不真切，另一方面，支持设施设址的成本又相对较高，因此远离设施的人群在支持设施设址的政治动员中便极易出现“搭便车”行为。此外，他们还容易对设施设址周边地区居民产生同情心理而支持设施设址周边人群反对设施设址，因为他们自己也不希望在自家附近出现类似设施。因此，支持设施设址的群众性政治动员往往难以形成。

（五）邻比冲突过程中存在多重知识信息不对称现象

邻比冲突的另一个重要特征是冲突过程中存在多重知识信息不对称现象。

首先，邻避设施选址决策过程信息不对称。邻避设施选址决策过程中，政府和开发商通常是设施选址决策过程的主导者，他们是设施设址决策信息、设施运行信息及设施潜在负外部性影响信息的实际掌握者。为了减小设施设址阻力，降低设施设址成本，政府和开发商有刻意隐瞒设施设址决策信息、设施运行信息和负外部性影响信息的利益动机。从实际邻比冲突案例来看，政府和开发商都有隐瞒设施设址真实负面影响的行为，他们总是倾向于将设施设址的负外部性影响说得较低，而将其所能带来的公共效用说得较高。而邻比抗争主体由于专业知识水平、获取信息渠道缺乏等原因，对具有相当专业知识的设施负外部性信息或“新事物”的知识和信息必然相对贫乏。

其次，邻避设施运行及其负面影响与治理的信息不对称。作为设施的具体经营者，邻避设施开发商对设施的实际运行状态及危害情况最为清晰，根据法律法规、政府、社会的要求，设施开发商一般应该采取措施以消除或降低设施的负外部性影响，如化工生产企业有采取措施进行污水、废气治理以减少污染物排放的责任，垃圾掩埋或焚烧厂有降低废气排放尤其是二噁英排放量、防止废液渗透危害水源和土地环境的义务，但降低和治理这些负外部性影响的治理成本一般较高，企业有出于节约成本而采取机会主义行为的动机。此时企业和政府与社会之间关于设施负外部性影响治理的信息不对称，政府和社会要有效监管企业的自利行为存在较大难度。

最后，公民邻比抗争的真实意图存在信息不对称。尽管一般来说，公民邻比抗争的诉求比较单一，主要是要求设施停建或迁址，但就实际情况来看，仍然存在“为了抗争而抗争的情况”，少数公民参与邻比抗争行动只是为了以设施的负外部性影响为借口而获得某种利益，虽然这不是邻比抗争的常态现象，但也值得关注。

（六）邻比冲突呈阶梯发展

就现有案例的实际情况来看，公民邻比抗争的形式一般呈阶梯性发展趋势，在最初发展阶段，邻比抗争的形式一般较为温和，基本都是通过正常渠道合理表达诉求，但如政府应对不当，往往容易导致事态升级，公民的邻比抗争也会逐渐由正常渠道的诉求表达发展成非正常形式的抗争行动，如集体上访、越级上访，最终甚至会发展成暴力冲突事件。以安徽省舒城县南港垃圾填埋场设址冲突为例，当舒城县政府决定在南港建垃圾填埋场的消息公开后，南港镇群众认为垃圾填埋场建于自来水厂上游可能会对全镇人民的饮用水造成污染，于是便向南港镇政府、舒城县政府提出质疑，但南港镇政府和舒城县政府认为垃圾填埋场不会污染水源并坚持推动垃圾场建设，而对群众的质疑没有及时给予积极回应。在此情况下，南港群众开始向媒体求助，但县政府派人在各交通要道堵截媒体记者。其后，部分群众再次到县政府上访，但县政府组织警察强制驱散上访人员。政府的不当反应最后激怒了当地群众，他们走上了206国道南港段站成人墙，希望通过堵路的方式引起安徽省政府的关注。堵路事件发生后，南港县政府派出200多名警察强制疏散人群，事件最终演变成警民冲突，导致多人受伤。可见事态的发展是一个渐进发展的过程。

二　邻比冲突的类型界分

对邻比冲突的类型划分既是深入认识邻比冲突的需要，也是研究和探讨邻比冲突治理的基础。不同类型的邻避设施设址导致的邻比冲突，其表现形式和内在特征各不相同，需要采取的治理措施及利益补偿也存在很大差异，这就需要根据邻比冲突的不同形式对其采用不同的类型化治理路径，因此有必要对邻比冲突进行类型划分。由于邻比冲突产生于邻避设施的负外部性影响，具有不同负外部性影响的邻避设施导致邻比冲突的表现形式、利益影响以及抗争强度各不相同，邻避设施的特点与类型决定了邻比冲突的特点与类型，在对邻比冲突进行类型划分之前，有必要先对邻避设施进行类型划分，再根据邻避设施的类型划分邻比冲突的类型，进而根据邻避设施和邻比冲突的类型对邻比冲突进行类型化治理，这是本书的分类逻辑和邻比冲突治理思路。

（一）邻避设施的类型划分

邻避设施是引起邻比冲突的根源所在，不同的邻避设施所引起的利益影响内容、程度和范围各不相同，因而引发邻比冲突的利益诉求也存在很大差异，所需采取的治理路径选择也存在很大不同。有必要先对邻避设施的类型进行划分，并根据邻避设施的类型对邻比冲突进行类型划分，这是根据邻避设施类型对邻比冲突进行类型化治理的基础。邻避设施复杂多样，可以从不同的角度，根据不同的标准，对邻避设施进行分类，其中根据邻避设施现存状态、必要性程度、负外部性影响对象等为标准对邻避设施进行的类型划分，对邻避设施设址及邻比冲突治理具有重要意义。

在现实邻避设施设址中，可能遭到公民邻比抗争的设施范围广泛，但就邻避设施的现存状态来说，不同存在状态的邻避设施所引起的利益影响显然不同：有些邻避设施可能是准备建设的设施，有些可能是正在建设的设施，而有些则可能是已经建成运营的设施。不同存在状态的设施，其所需要采用的治理方式、涉及的利益影响和利益诉求以及环境正义伦理影响等实际问题，显然不尽相同，如已经建成运行的邻避设施，其负外部性影响可能已经是既成事实，并且容易为公众所感知，而拟建设施的负外部性影响则仅仅处于潜在状态，这导致不同设施引起的邻比冲突所需采取的补偿措施、社会对公民邻比抗争的态度、公民自身邻比抗争的态度都存在很大不同。因此，依据设施现存状态对邻避设施进行类型界分是对邻避设施进行分类的重要路径。依据邻避设施的现存状态，可以将邻避设施分为：拟建设施、在建设施、建成运营设施。拟建设施即正处于筹划、决策或选址阶段，还没有正式确定设址地点，没有正式开工建设的邻避设施。在建设施即经过筹划、决策和选址，已经确定设址地点，正准备开工建设或已经开工建设的邻避设施。建成运营设施即设施建设基础工作已经完成，处于正式运行状态或正准备投入运行的设施。

建设具有负外部性影响的邻避设施，其“合法性”在于设施所能提供的公共利益，因此设施对公共利益的必要性程度事实上构成了邻避设施建设必要性的决定性因素。如果设施对公共利益毫无必要或必要性很小，而且负外部性影响巨大，设施建设的公共利益净余额很小或为负，则设施所引起的邻比冲突治理将极为简单，只要终止设施设址即可。因此，根据邻避设施的必要性程度对邻避设施的分类，进而以此为标准对邻比冲突进行分类至关重要。根据设施对公共利益的必要性程度，可以将邻避设施分为：强必要型邻避设施、弱必要型邻避设施。强必要型邻避设施即对公共利益不可或缺的设施，此类设施为公共生活和公共利益不可或缺且一般也难以通过其他途径寻求获得替代性产品或服务，如城市垃圾处理设施，必要的供电、供水设施，监狱、医疗服务设施、通信服务设施，等等。弱必要型邻避设施即设施能够提供必不可少的公共效用，但这种公共效用有时可以通过其他途径获得，或者可以为其所提供的公共效用寻求替代性产品或服务。如某些化工原料生产设施，虽然化工原料对二农业生产必不可少或具有巨大的社会经济价值和公共效用，但这些化工原料可以通过外贸进口；又如核电站提供的电力可以通过发展太阳能等清洁安全的能源设施来替代提供。弱必要型邻避设施包括鸡肋型邻避设施和垃圾型邻避设施。鸡肋型邻避设施即对局部地区或部分人群有一定公共效用，但对整个社会的公共效用并不明显或“产能过剩”且负面影响严重的设施，如一些产能低、污染严重、能耗严重的钢铁企业、造纸厂、水泥厂等，从可持续发展角度来说，此类邻避设施一般可以转移或终止建设和运营。垃圾型邻避设施指对企业和社会都基本不存在经济价值和社会效益，或者经济价值和社会效益较小，但却存在一定负外部性影响甚至负外部性影响巨大的设施。

如果设施仅仅是经济财产层面的影响，实际治理只需考虑对经济财产进行足额甚至超额补偿，邻比冲突即可实现治理。但实际并非如此，邻避设施的负外部性影响对象不同，对周边社区所形成的实际利益影响和权利损害的内容与强度也存在很大不同，因而其所招致的邻比抗争强度与补偿措施等所面临的争议等，都存在很大不同。根据邻避设施的负外部性影响对象对邻避设施进行的分类并据此对邻比冲突进行的分类，涉及邻比冲突治理的具体治理机制和治理手段以及环境伦理正义等问题的考量，因此根据邻避设施的负外部性影响对象对邻避设施及邻比冲突进行分类对邻比冲突治理有重要影响。根据设施负外部性影响的对象，可以将邻避设施分为多种类型，如健康危害型邻避设施、财产贬损型邻避设施、风景影响型邻避设施等。健康危害型设施即邻避设施的负外部性影响会对周边居民的身体健康产生危害，有时甚至会威胁周边居民的生命安全。有些健康危害型邻避设施的健康危害可能不仅会对一代人构成影响，有时甚至会对几代人的身体健康或生命安全存在威胁，如核辐射。财产贬损型邻避设施指的是邻避设施的负外部性影响，主要表现为导致周边居民财产价值的下降，如精神病医院的不良声誉可能会导致周边社区的房地产价值下降。财产价值的下降常常是邻避设施各种负外部性影响的“副产品”，如健康危害型邻避设施周边的房地产价值通常会有所下降。风景影响型邻避设施指的是设施的建设会对周边地区自然风景造成影响，如早期铁路设施建设。很多现代设施的负外部性影响都会导致周边环境的破坏而影响自然风景的美观。

从邻比冲突发生的实际现状来看，政府、企业、专家、设施周边社区居民和社会对邻避设施负外部性影响的认知认同度，对是否会发生实际邻比冲突以及各方对设施建设的支持和反对态度有重要影响，这进而影响他们在邻比冲突过程中的态度和行为，因此，根据邻避设施负外部性影响的确定性程度对邻避设施及邻比冲突进行分类，是影响邻比冲突治理的又一重要因素。根据邻避设施负外部性影响的确定性程度可以将其分为：危害确定型邻避设施、危害不明型邻避设施。危害确定型邻避设施是设施的负外部性影响已经为现代科学技术或实践所证明，确实具有某种危害影响的设施；危害不明型邻避设施即负外部性影响未经证明，实践中关于设施负外部性影响是否存在或负外部性影响的大小等，依然存在一定争议的邻避设施。

还可以根据其他不同标准对邻避设施进行分类，如可以根据邻避设施所涉及的功能领域将其分为经济生产设施、生活服务设施、能源供应设施、公益服务设施等；所谓经济生产设施指的是为国民经济和人民生活生产各种消费产品的生产性设施，如食品生产、机器制造、原材料生产等各种生产性设施；生活服务设施指的是为人民生活提供各种服务性产品的设施，如通信服务设施、交通设施、餐饮娱乐设施、医院、学校等设施；能源供应设施指的是为国民经济生产和日常生活等，提供各种能源的生产和配套设施，如发电厂、输变电线路、输变电站、液化气站、液化气管道等等；公益服务设施指的是各种能够增进公共利益，为公共利益提供服务的设施，如公园、公共电视台、广播电视塔等。此外，还可以根据提供主体将邻避设施分为政府供给型邻避设施、市场供给型邻避设施、社会供给型邻避设施；根据设施产品性质将邻避设施分为纯公共产品性邻避设施、准公共产品性邻避设施、私人产品性邻避设施；根据设施所涉及的行业领域将邻避设施分为邻避性能源设施、邻避性交通通信设施、邻避性医疗服务设施、邻避性垃圾处理设施、邻避性化工设施等。以上这些分类方法对邻比冲突及其治理研究都有一定参照意义。

（二）以邻避设施类型对邻比冲突的类型界分

不同类型邻避设施设址所造成的邻比冲突，其利益冲突内容、邻比抗争强度、治理机制及治理路径等，亦存在很大不同，邻比冲突治理应该根据邻避设施及邻比冲突的类型进行类型化治理，这是实现邻比冲突有效治理的前提与基础。邻避设施类型不同决定了邻比冲突的类型也不尽相同，根据邻避设施类型对邻比冲突进行类型界分，有助于通过邻避设施的不同确定不同的类型化治理路径和治理机制。根据邻避设施类型对邻比冲突进行类型划分，是最重要的邻比冲突类型划分方式，它对实现邻比冲突的类型化治理具有重要意义，是进一步研究多元协作型邻比冲突治理模式的类型化治理方式及其治理机制运用的基础。

根据邻避设施的现存状态，可以将邻避设施分为：拟建设施、在建设施、建成运营设施。与此相对，可以将邻比冲突分为拟建设施邻比冲突、在建设施邻比冲突和建成运营设施邻比冲突。拟建设施邻比冲突即针对处于筹划、决策或选址阶段，还没有正式确定设址地点，没有正式开工建设的邻避设施所引起的邻比冲突。在建设施邻比冲突即针对经过筹划、决策和选址，已经确定设址地点，正准备开工建设或已经开工建设的邻避设施所形成的邻比冲突。建成运营设施邻比冲突即针对基本建设工作已经完成，处于正式运行或正准备投入运行的邻避设施所形成的邻比冲突。

根据设施对公共利益的必要性程度，可以将邻避设施分为：必要型邻避设施、或要型邻避设施、鸡肋型邻避设施、垃圾型邻避设施。据此可以将邻比冲突分为三种类型：不可避免型邻比冲突、选择型邻比冲突、可避免型邻比冲突。不可避免型邻比冲突即公民邻比抗争的对象是必要型邻避设施。由于必要型邻避设施对公共利益的不可或缺性，此类设施设址引起的邻比冲突不可避免，它是因社会公共利益需要而必然要面对的邻比冲突。选择型邻比冲突即公民邻比抗争的对象是或要型邻避设施的邻比冲突。由于或要型设施本身的特点，当设施设址的公共效用难以通过其他途径获得，或者寻求其他替代产品或服务的成本过高，抑或在现有条件下不可能获得其他替代产品或服务时，此类邻避设施设址引起的邻比冲突实际上等同于必要型邻比冲突；反之，如果能够通过其他途径或方式寻求替代效用、产品或服务，此类邻比冲突又可视作可避免型邻比冲突。可避免型邻比冲突是鸡肋型邻避设施或垃圾型邻避设址所引起的邻比冲突，此类邻比冲突因为邻避设施本身的特性一般都可以避免。

根据设施负外部性影响对象，可以将邻避设施分为多种类型，如健康危害型邻避设施、财产贬损型邻避设施、风景影响型邻避设施等。据此可以将邻比冲突分为健康危害型邻比冲突、财产贬损型邻比冲突、风景影响型邻比冲突等。健康危害型邻比冲突即针对具有健康危害的邻避设施所产生的邻比冲突。健康危害型邻比冲突涉及邻比抗争主体的根本利益，有些健康危害型邻避设施的健康危害可能不仅会对一代人构成影响，有时甚至会对几代人的身体健康或生命安全存在威胁，如核辐射。因而健康危害型邻比冲突的强度最大。财产贬损型邻比冲突即针对具有财产损害的邻避设施所产生的邻比冲突。财产价值的下降常常是邻避设施各种负外部性影响的“副产品”，如健康危害型设施周边的房地产价值通常会有所下降。风景影响型设施指的是设施的建设会对周边地区自然风景造成影响，如早期铁路设施建设。很多现代设施的负外部性影响都会导致周边环境的破坏而影响自然风景的美观。

此外，可以根据邻避设施的其他类型划分方法来界定邻比冲突的类型。根据邻避设施提供主体可以将邻比冲突分为政府诱发型邻比冲突、市场诱发型邻比冲突、社会诱发型邻比冲突；根据设施产品性质可以将邻比冲突分为纯公共产品型邻比冲突、准公共产品型邻比冲突、私人产品型邻比冲突；根据设施所涉及领域的功能将邻比冲突分为能源设施类邻比冲突、交通通信设施类邻比冲突、医疗服务设施类邻比冲突、垃圾处理设施类邻比冲突、化工设施类邻比冲突，等等。

还可根据邻比冲突的实际爆发状态将邻比冲突分为潜在型邻比冲突、爆发型邻比冲突、治理型邻比冲突。潜在型邻比冲突是设施具有邻避性特性，但因为各种原因（如公民权利意识的发展程度不够、设施负外部性影响还没有显现、对设施负外部性影响的认知不足等）还没有引起公民质疑和反对，但随时都有爆发可能的邻比冲突。爆发型邻比冲突指的是邻避设施设址引起的邻比冲突正在进行，需要立刻进行治理的邻比冲突。治理型邻比冲突指的是邻比冲突已经发生并得到治理，暂时处于稳定状态的邻比冲突。这些分类对邻比冲突及其治理研究都有一定参照意义，在此不一一赘述。

（三）邻比冲突的类型界分对邻比冲突治理的意义

对邻比冲突进行类型界分是进一步开展邻比冲突治理的基础，邻避设施及邻比冲突具体类型不同，所涉及的利益关系也存在很大不同，实际邻比冲突治理过程中所应秉持的治理原则、目标和具体治理机制必然存在很大差异。根据邻避设施和邻比冲突的类型对邻比冲突进行有针对性的类型化治理，这是开展邻比冲突治理实践的需要，也是现代公共管理和公共政策发展的必然趋势。邻比冲突的类型决定于邻避设施的类型，不同类型的邻避设施导致邻比冲突的类型存在很大差异，邻比冲突治理必须先考虑邻避设施的类型，这是本书开展邻比冲突治理的出发点，也是研究首先对邻避设施进行分类，进而根据邻避设施类型对邻比冲突进行类型界分的内在逻辑。

第四节 邻比冲突的本质透视

关于邻比冲突的本质，理论界并没有一致的结论。将邻比冲突视为自私自利的、非理性的、增加社会成本的情绪化反应，是站在道德审判的角度，以“超然”的态度为公民邻比抗争行为悬设一个道德标准，它本身就是非理性和非道德的。从环境正义理论来看，公民对邻避设施负外部性影响的关切是合理的，邻比冲突的本质是公民维护自身生活环境、争取平等生活环境权的环境正义运动。从公共管理和公共政策过程来看，邻比冲突是公共管理和公共政策过程中广泛存在的整体公共利益和局部利益冲突的必然结果，其本质是公共政策负外部性导致的公共利益悖论现象的典型体现。

一 非理性的道德审判：“情绪化反应”观再审视

关于邻比冲突的本质，一种典型观点认为，公民反对设施的邻比抗争运动是一种非理性的、自私自利的、固执的情绪化反应。如克拉夫特和克拉里认为：“邻避是强烈的、有时是情绪化的、常常是固执地，地方反对那些居民认为会带来有害影响的设址建议。”① 亨特和莱顿指出：“邻避被当成一个包罗万象的概念来指称那些对设施的反对，或者更糟糕的是，用来暗示公民不合理的或非理性的、自私或狭隘地反对设施的理由。”② 维特斯、鲍罗克和李烈认为，所谓邻避态度是一种“不要在我家后院”的主张，它主要包括以下几层意思：①它是一种全面性拒绝被认为有害于周边居民生存权与环境权的公共设施的消极态度；②它主要是环境主义者的主张，强调以环境价值作为衡量是否兴建公共设施的标准；③邻避态度的发展不须有任何技术面的、经济面的或行政面的理性知识，它的重点是一项情绪化的反应。③

我国台湾学者丘昌泰认为早期邻比抗争运动的对象主要以反对污染性设施为主，但由于环保意识的高涨，越来越多的非污染性设施正在逐渐成为公民邻比抗争行动所指向的对象，邻比冲突越来越带有非理性的情绪化反应倾向，主要理由是：政府已制定了民众参与公共设施选址和运营的决策程序，民众参与渠道已经不是问题，关键在于民众是否真的在意决策参与价值；邻避设施对环境权、健康权、生存权等权利损害的救济与保障渠道已经比较完善，关键在于权益受损时的补偿方式与额度。他认为当民众基于邻避情结所发动的环保抗争如果逾越了环境权与生存权的基本诉求，甚至带有索取个人利益的自私行动，变成“要糖吃的小孩就有糖吃”式的赚取外快的手段时，就变成了非理性的情绪化反应。④

总体而言，将邻比冲突视作公民对待邻避设施的情绪化反应，主要基于以下理由：一是邻避设施是公共利益或社会整体发展所不可或缺的必要设施。很多遭到公民反对的邻避设施，如城市垃圾处理设施、现代输变电能源设施、城市交通设施、医院等，对城市居民生活和社会公共利益而言必不可少。二是邻比冲突对公共利益构成影响。它使很多必要项目的设址变得非常困难甚至不太可能，既阻滞和延迟了地方经济的发展，又阻滞和

① Kraft, M. & Clary, B., “Citizen Participation and the Nimby Syndrome: Public Response to Radioactive Waste Disposal”, *The Western Political Quarterly*, Vol. 44, No. 2, 1991, pp. 299-328.

② Hunter, S. & Leyden, K., “Beyond NIMBY: Explaining Opposition to Hazardous Waste Facilities”, *Policy Studies Journal*, Vol. 23, No. 4, 1995, pp. 601-619.

③ Vittes, M. E., Pollock, Ⅲ, P. H. & Lilie, S. A., “Factors Contributing to NIMBY Attitudes”, *Waste Management*, Vol. 13, No. 2, 1993, pp. 125-129.

④ 丘昌泰：《邻避情结与社区治理》，台北韦伯文化国际出版有限公司2007年版，第9页。

延迟了发展更为先进的技术以降低或消除设施负外部性影响和促进公共利益的努力。三是邻比抗争主体对设施危害的认识存在偏见。在很多邻比冲突案例中，专家、政府、开发商一般都认为设施的负外部性影响可以控制、很小甚至并不存在，但公民对设施负外部性影响的认识常常与专家和政府的态度或认识存在差距，公民并不能提供设施负外部性影响的实际证据，他们固执地反对设施的建设和运营是没有道理的。四是很多邻比抗争行动都是为了获得更多金钱补偿回馈或其他利益。

虽然将邻比冲突定义为一种自私自利的情绪化反应，但亨特和莱顿在对美国普特南郡的邻比抗争行动进行实证研究后指出：公众反对邻避设施的邻比抗争行动远比理性行动者模式或邻避标签所暗示的内容更为复杂，邻比冲突的本质并非所谓自私自利的情绪化反应。[①] 如前所述，将邻避设施界定为是公共利益不可或缺的公共设施，这会导致一个危险的倾向，它为强制建设或运营某些设施预设了“合法性”前提，可能会将邻比冲突治理引入误区。至于在讨论邻比冲突相关问题之前，以超然物外的态度为邻比冲突悬设一个道德标准，站在所谓公共利益的角度，对邻比冲突进行道德审判，将其斥责为“非理性的”或“自私自利的”情绪化反应，这本身便是非理性的和不道德的观点与做法。而以邻比抗争主体与政府和开发商之间对邻避设施的负外部性影响存在差距为理由，认为邻比抗争主体存在偏见，并认为他们的邻比抗争行为是情绪化的反应，这更是逻辑混乱。克拉夫特和克拉里的实证研究表明，那些强烈反对设施设址的公民是相当节制且见多识广的，他们都懂得与设施设址有关的大量技术问题，尽管少数人地方倾向明显，但大多数被调查对象都没有狭隘的地方思想。[②] 我国台湾学者吴泉源也认为，将邻比冲突批评成“会吵的孩子有糖吃”“自私”“不理性”等，隐藏着三个看起来有理，但实际并不符合逻辑的假设：一是“会吵的孩子有糖吃”的批评蕴含了邻避设施的兴建势在必行，而民众也知道反对无效的假设，因此，民众的反对是为了让政府付出“买路费”；二是“自私”的批评已经先认定邻避设施是为了社会必需的

① Hunter, S. & Leyden, K., "Beyond NIMBY: Explaining Opposition to Hazardous Waste Facilities", *Policy Studies Journal*, Vol. 23, No. 4, 1995, pp. 601-619.

② Kraft, M. E. & Clary, B. B., "Citizen Participation and the Nimby Syndrome: Public Response to Radioactive Waste Disposal", *The Western Political Quarterly*, Vol. 44, No. 2, 1991, pp. 299-328.

公共利益而兴建，为了个人“小我”反对设施的兴建或运营就是“自私”；三是“非理性”的说法是在知识的判断上预先设定了接受邻避设施才是“理性”的，反对就是“非理性”的。[①]

情绪心理学认为，情绪化反应是指个人因受某种原因的刺激，导致喜怒哀乐等情绪失控而出现的过激行为。当个人情感受到伤害时，很容易出现情绪化反应。[②] 情绪化反应可能是短暂强烈刺激的结果，也可能会因对人或事物持有偏见而形成，情绪化反应一般表现为缺乏实事求是的诚意，容易发生极端行为。情绪化反应具有以下特点：（1）无理智性。行为缺乏独立性和理性思考，容易盲从或冲动。（2）情境性。容易受某种情境，尤其是切身利益所刺激，一旦爆发可能比较强烈，但持续时间较短。（3）不稳定性。行为比较多变，常常给人以不可捉摸的感觉。（4）攻击性。很容易因所受到的情绪刺激而产生攻击行为。因为情绪化行为具有以上特点，所以当它一旦成为一种社会心理行为时，就比较难以控制，有时容易成为某个社会事件的起因，给社会造成重大损失。[③] 根据情绪心理学关于情绪化反应的理论观点，邻比冲突显然并不具备情绪化反应的基本特征。

首先，虽然部分邻比抗争行动者存在一定的从众现象，但大多数人反对邻避设施的原因都是因为设施可能的负外部性影响，虽然不一定具有所谓的科学知识，但他们对设施危害的直观经验、维护自身权利的权利意识都非常清晰。

其次，受切身利益，尤其是维护自身生活环境权和生命健康权的驱动，公民邻比抗争行动的热情一般都有很大持续性，有的甚至长达几十年之久，如日本成田机场附近居民反对机场建设的邻比抗争行动先后持续了将近40年。此外，公民维护自身权利的抗争行动在阿玛蒂亚·森那里可以找到理论合法性。森在考察亚非广泛出现的饥荒问题时，用权利来为人们在饥荒时取得粮食的非正常方法提供辩护。他认为，权利暗示着人民得

① 吴泉源：《邻比冲突的社会学研究：以焚化炉为例》，研究报告，台湾清华大学社会学研究所，2003年。

② 人的情绪有积极和消极之分，一般意义上的情绪化反应主要指消极情绪的后果。

③ 雍自成：《大学生的情绪化行为及其初探》，《扬州大学学报》（高教研究版）1999年第3期。

到基本粮食供应的所有形形色色的手段。①

最后，从多数典型案例的实际抗争过程来看，公民邻比抗争行动的行为较为稳定而理性，公民邻比抗争之初并不具备攻击性。邻比抗争行动实际上是一种极为复杂的民众直接行动形式，它有清晰的目标，多数时候组织良好且秩序井然，只要他们的诉求能够得到合理的回应。结合其他相关理论与现实问题，如综合考量环境正义、公共利益悖论等问题，那么邻比冲突实际上具有充分的合法性和道德基础。与现实中的其他类型的剥夺与抗争相似，邻比冲突实际上是公民对自身平等生活环境权、财产权、健康权乃至生命权的维护，在财产、生活环境、身体健康乃至生命安全受到威胁时，公民有采取直接行动以维护这些基本权利的权利，它不应该被视为自私自利的、非理性的情绪化反应，而被不合理地送上道德审判庭。

二　环境正义运动：政治与环境伦理视阈的理论考察

1982 年，美国北卡罗来纳州华伦郡居民举行大规模游行示威，反对州政府选择将该郡贫穷的、主要是非洲裔美国人聚居的农村作为一个危害性多氯联苯废弃物掩埋场的场址。反对掩埋场建设的示威者试图阻止掩埋场施工，因而爆发警民冲突，造成 500 多人被捕。这场冲突极大地唤起了美国社会对合理利用社区土地、防治各种设施污染及公平享用自然资源等问题的关注，是引发美国社会关于环境正义问题讨论的"窗口事件"。

布拉德在 1984 年指出，美国休斯敦市的八座焚化炉中，有六座都位于非洲裔美国人为主的社区，一座位于拉丁裔美国人为主的社区，而该市全市五个垃圾掩埋场则全部位于非洲裔美国人为主的社区之中。② 1987 年，美国联合基督教会种族正义委员会（United Church of Christ Commission for Racial Justice）出版了一份以"美国有毒废弃物与种族"（"Toxic Waste and Race in the United States"）为题的研究报告，该研究报告发现：有 3/5 的非洲裔美国人和西班牙人住在带有没有控制的毒性废弃物掩埋场社区中，总计有超过一千五百万的非洲裔美国人和八百万的西

① Sen, A., *Poverty and Femines*, Oxford press, 1981, p. 154；参见［英］爱德华·汤普森《共有的习惯》，沈汉、王加丰译，上海人民出版社 2002 年版，第 302 页。

② Bullard, R. D., "Unplanned Environs: The Price of Unplanned Growth in Boomtown Houston", *California Sociologist*, No. 7, 1984, pp. 85-101.

班牙裔美国人，另有约七十万的本土美国人和二百万的亚裔和太平洋岛屿美国人，住在带有没有控制的毒性废弃物掩埋场社区中。① 布拉德 1990 年的研究显示，20 世纪 80 年代末期，美国南方全部有毒废弃物处理总量中，有 63%是在黑人社区处理的，而黑人只占南方总人口数的 20%；美国全国五个最大的商业毒性废弃物处理场中，有三个坐落于黑人以及西班牙裔为主的社区。② 由此，环境正义论者已经令人信服地证明，邻避设施正不成比例地从白人社区转移或集中于贫穷和有色人种地区。③ 1991 年 10 月，在美国联合基督教会种族正义委员会的资助下，全美第一次有色人种环境峰会（The First National People of Color Environmental Leadership Summit）在华盛顿召开，此次大会制定了 17 项“环境正义原则”，标志着环境正义运动走向成熟。④

环境正义运动的基本主张是：社会大众都应享有社会资源的公平分配及永续利用以提升人民的生活品质的权利；而且每个人、每个社会群体对干净的土地、空气、水和其他自然环境都拥有平等享用的权利；任何少数民族及弱势团体都应有免于遭受环境迫害的自由。⑤ 与传统环保观念不同，环境正义运动从政治与环境伦理的视域出发，探讨主流环保主义者所没有关心的弱势群体的生存环境正义问题，关注各类具有负外部性影响的设施设址与社会公众反对设施的抗争运动之间的冲突，反对利用经济发展或公共利益的名义牺牲少数人的生活环境，希望实现没有“环境歧视”的“环境正义”。

在环境正义运动者看来，将各种存在负外部性影响的邻避设施置于少数或弱势群体社区，可以最小化反对阻力，提高邻避设施的选址效率，降

① Johnson, P. & Mushak, B., “Environmental Equity: A New Coalition for Justice”, *Environmental Health Perspectives*, Vol. 101, No. 6, 1993, pp. 478–483.

② Bullard, R., *Dumping in Dixie: Race, Class, and Environmental Quality*, Boulder: Westview, 1990；参见纪俊杰、萧新煌《当前台湾环境正义的社会基础》，《国家政策季刊》2003 年第 3 期。

③ Field, P., Raiffa, H. & Susskind, L., “Risk and Justice: Rethinking the Concept of Compensation”, *Annals of American Academy of Political and Social Science*, Vol. 545, 1996, pp. 156–164.

④ Johnson, P. & Mushak, B., “Environmental Equity: A New Coalition for Justice”, *Environmental Health Perspectives*, Vol. 101, No. 6, 1993, pp. 478–483.

⑤ 纪俊杰：《环境正义：环境社会学的规范性关怀》，载《第一届环境价值与环境教育学术研讨会论文集》，台湾成功大学，1997 年，第 71—94 页。

低政府或设施运营企业的补偿成本，因为少数或弱势群体地区人群在政治上、经济上都处于相对弱势地位，他们难以组织有效的抗争动员，即便存在反对的声音，也由于其相对贫穷的经济地位、知识的缺乏、对设施危害性严重程度认识的不足、对自身权利或长远利益的认识不清晰、组织化程度和政治地位低等原因，容易被低廉的经济补偿所收买或分化，或者被强势集团的强力政治所屏蔽或弹压，从而直接导致各种具有环境危害的邻避设施被不合理、不公平地设置于少数人群或弱势群体社区，使他们的生活环境不断恶化。这主要是因为社会政治经济结构不均衡所导致的不良结果，是强势利益集团借由其所掌握的政治、经济甚至暴力优势，掠夺与侵犯弱势团体的土地资源和生存环境，因而在政治环境伦理上是一种不正义、不道德的环境不正义现象。如哈特利认为，邻避设施被置于政治上或经济上处于弱势地位的少数民族或经济条件较差的社区，因而其负外部性成本需要处于弱势地位的少数民族承担，这是环境不正义的重要表现。①

彭国栋认为："人类不分世代、种族、文化、性别或经济、社会地位等均可同等地享有安全、健康以及永续性环境之权利，而且任何人无权破坏或妨碍这种环境权利。这里的环境包括生物性、物理性、社会性、政治性、美学性及经济性环境。环境正义主要在探讨如何有效地保护这些环境权利之平等，以维护个人及团体之尊严，尊重其特殊性与不同需求，达到自我实现并提升个人及社区之能力。"② 布拉德指出政府应该采取五个步骤以确保环境正义的实践：一是制定国家法律，规定任何不成比例地威胁少数地区的企业为不合法。二是环境危害应该降低到最小并在危害发生前就要采取预防措施。三是变受害者污染环境举证责任为受控者环境污染举证责任。四是企业设施设置是否存在歧视意图的举证难以成立，因此应该免除社会对此进行举证的压力。五是应该移除现存环境不正义的设施。③

因此，当面对不正义的土地利用或危害性邻避设施设址等环境不正义

① Hartley, T. W., "Environment Justice: An Environmental, Civil Rights Value Acceptable to All World Views", *Environmental Ethics*, Vol. 17, No. 3, 1995, pp. 277-289.

② 彭国栋：《浅谈环境正义》，《自然保育季刊》1999 年第 28 期。

③ Bullard, R. D., "Decision Making", In Westra, L. & Wenz, P. (eds.), *Faces of Environmental Racism: Confronting Issues of Global Justice*, London: Rowman and Littlefield, 1995, pp. 3-28; 参见黄之栋、黄瑞祺《正义的本土化：台湾对欧美环境正义理论的继受及其所面临之困难》，《应用伦理评论》2009 年第 4 期。

问题时，处于不利地位的弱势群体有权要求参与其决策过程，有权充分发出表达自己意见的声音，也有权采取行动要求政府和设施运营企业采取相应措施以维护平等的环境权利和环境正义，国家和社会也应该承认他们采取行动的权利，因为邻避设施所带来的利益为大众分享，或被强势利益集团和负外部性影响生产者所占有，但其负外部性影响却集中于设施周边地区的弱势群体，而不是由利益共享者或负外部性影响制造者所承担，这是典型的环境不正义现象；而且即便设施设址标的地区的弱势人群基于眼前的经济利益或其他原因，已经接受了邻避设施设址，它仍然是环境不正义现象的体现，公民同样有对其采取行动的权利。

综上，学者认为，从政治和环境伦理视域来看，邻比冲突的本质是少数人群和弱势群体反对邻避设施设址广泛存在的环境不正义现象、争取和维护自身公平享用平等生活环境权的环境正义运动。

三 公共利益悖论：利益分析视角的邻比冲突本质重构

从政治和环境伦理角度出发，承认邻比冲突的本质是公民争取公平生活环境权的环境正义运动，它揭示了邻比冲突的政治伦理意蕴，有助于转变邻比冲突的治理理念和治理方式，但它并没有揭示出邻比冲突的经济利益本质。马克思指出："'思想'一旦离开'利益'，就一定会使自己出丑。"① 经济利益是人们从事社会政治活动的动力，利益分析方法是马克思主义的重要方法，离开了利益关系的现实考量，任何社会思想和社会现象本质的讨论都是肤浅的。经济基础决定上层建筑，政治和环境伦理都建立于一定的经济利益基础之上，就邻比冲突本质分析而言，必须从经济利益出发厘清邻比冲突背后的深层次利益关系，才能揭示邻比冲突的经济利益本质。

所谓利益，边沁认为："凡与某一个人的功利或利益一致的事物，即为有助于增加该个人幸福总量的事物，凡与某一共同体的功利或利益一致的事物，即为有助于增加组成该共同体的诸个人的幸福总量的事物。"②与此相对，所谓公共利益即是一定的社会群体存在和发展所必需的，并能

① 《马克思恩格斯全集》（第2卷），人民出版社1957年版，第103页。

② ［英］边沁：《立法论》，丁露等译，中国人民公安大学出版社2004年版，第3页。

为他们中不确定多数人所认可和享有的内容广泛的价值体。[①] 简而言之，利益是对群体或个人存在某种效用的事物，而公共利益则是对一定社会群体具有某种效用的事物。利益主体不同，其利益范围和内容也存在一定差异，当有差别的利益发生矛盾时往往会形成利益冲突。当不同利益主体因某种利益目标结合在一起后，便会形成一个有共同利益关系的利益集团，集团内就会因而形成与整体利益目标一致的公共利益。依此类推，相对较小的利益集团集合在一起后，便形成一个具有新的整体公共利益的较大利益集团。利益集团层级不同，其公共利益的内容和形式也存在一定差异，不同层级的利益主体之间因而就存在发生利益矛盾和利益冲突的可能。

戴维·伊斯顿认为："公共政策是对社会价值的权威性分配。"[②] 任何一项公共政策都必然涉及不同利益主体的利益，公共政策的制定和执行通常会在不同利益主体之间形成新的利益分配格局，因而常常会产生新的利益矛盾。如果将一项新政策出台前相对稳定的利益分配格局称为利益均衡状态，那么一项新的公共政策往往会打破既有利益均衡，导致利益冲突，直至新的利益分配格局被固化而呈现为新的利益均衡状态。在公共政策的实践中，这种打破既有利益均衡而导致利益冲突的现象广泛存在。

在诸多公共政策利益冲突现象中，有这样一种令人困惑却又难以避免的政策利益冲突现象：可以促进整体公共利益的公共政策，其制定和执行总是会面对重重阻力，有的甚至根本不能进入正式政策议程。导致这种现象的主要原因在于某些利益集团的阻挠，因为该项政策可能触动甚至完全剥夺了这些利益集团的某种既得利益。换言之，公共政策过程中存在这样一种利益冲突现象：有助于促进整体公共利益的公共政策，需要局部人群做出一定程度的利益牺牲，此时就会产生公共利益矛盾，尤其是当前一项公共利益对整体利益集团十分必要，或者说不可或缺，而后一项公共利益损失对局部人群又非常关键乃至触及局部人群的根本利益时，这种利益冲突的表现和后果就更为激烈、更为难以消解。此时，该项公共政策的价值正当性和合法性虽然未必会遭到广泛质疑，但在很大程度上依然会面临利

① 王太高：《公共利益范畴研究》，《南京社会科学》2005 年第 7 期。

② ［美］戴维·伊斯顿：《政治体系——政治学状况研究》，马清槐译，商务印书馆 1993 年版，第 122 页。

益受损群体的强烈抵制，导致这类政策的制定和执行进入进退两难的困境：不制定和执行，公共利益无法实现，对国民经济和人民的生活秩序和根本利益构成影响；制定和执行，又侵犯了部分利益群体的根本利益，损害社会公平和正义；而且，在利益受损者的强力抵制下，其制定和执行的成本必然高昂。参照诺斯悖论的概念，本书将此种公共政策利益冲突现象称作“公共利益悖论”。简言之，公共政策过程中的“公共利益悖论”即增进整体公共利益的公共政策损害了局部群体的公共利益，需要局部群体承担政策的主要负外部性成本。

随着现代经济生活和科学技术的不断发展进步，社会物质文明和精神文明需求也在不断增长，这极大地刺激了各种生产和生活服务设施的增长，但各种生产和生活服务设施的成本收益分配并不相同。不同的生产生活服务设施，因其成本收益分配的不同，造成社会对其支持和反对的程度也不尽相同。按照成本收益的集中和分散程度，可以将各类设施分为四类（见图 1-2）：成本集中—收益集中、成本集中—收益分散、成本分散—收益集中、成本分散—收益分散。成本—收益分布不同的设施，其可能面临的社会支持或反对也相对不同。

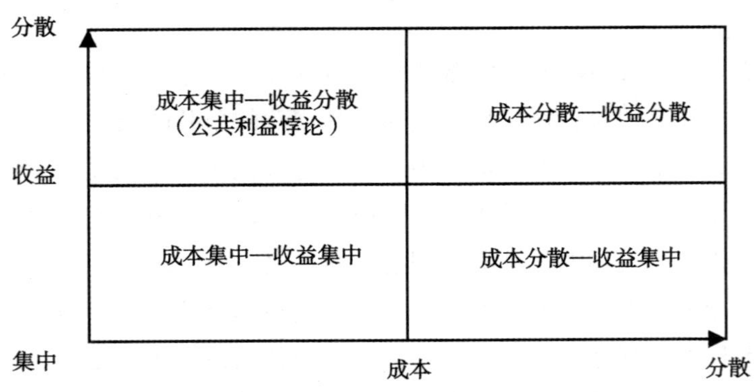

图 1-2　生产和生活服务设施成本—收益分布情况

成本集中—收益集。从图 1-2 可以看出，当设施的成本与收益均相对集中于一定利益群体时，此时设施可能引起的利益冲突为两种情况：一种情况是，设施的成本和收益相对集中于同一特定群体，另一种情况是设施的成本和收益分别集中于不同的特定利益群体。当设施成本和收益相对集中于同一利益群体时，应该由该特定利益群体根据自身成本收益的计算，来确定设施设址建设与否，它显然不是本书所讨论邻比冲突问题的范畴。同样，当设施成本和收益分别集中于不同的利益群体时，特定群体的利益所得以另一特定群体的利益损失为代价，这种利益冲突显然具有对抗性和不公平性，如果不能给予利益受损群体合理的利益补偿，并以合法合理的方式征得利益受损群体的同意，设施设址显然会遭到巨大阻力，一般不会成功。而且以牺牲某一特定群体的利益为代价来谋取另一特定群体的利益，这显然并不符合邻避设施与邻比冲突的定义和特征。从邻避设施的特性来说，这类设施并不属于邻避设施，因而并不属于本书所讨论的邻避设施和邻比冲突所涵盖的范畴，同样也不属于公共利益悖论问题所讨论的范畴。

成本分散—收益分散。成本分散—收益分散的设施同样存在两种利益分布情况：一是设施成本收益均分散于一个大范围的政策区域人群；二是设施成本收益分散于社会区域范围内不同的利益人群。它其实与成本集中—收益集中型设施所引起的利益关系大致相同，只是政策所覆盖的人群大小不同而已，同样也不是本书所要讨论的邻比冲突和邻避设施的研究对象，也不属于“公共利益悖论”问题所讨论的范畴。

成本分散—收益集中。当设施的成本分散而收益集中时，由于设施收益集中于部分利益群体，他们对设施收益有较为深切的感受和认知，因而容易形成支持设施建设和运营的政治动员；与此相对，由于设施的成本分散于广大社会公众，因而每个人所感知的成本相对较小，造成设施成本承担者对自己所承担的成本认知和感受并不强烈，由于经济人理性所造成的“搭便车”行为，要形成反对设施建设或运营的政治动员难度相对较大、成本较高。成本分散—收益集中的设施建设或类似公共政策因而一般不会招致太大阻力，除非这种政策有过于突出的不公正问题。因此成本分散—收益集中型设施也不是邻比冲突与邻避设施所要讨论的范畴，不属于本书所讨论的公共利益悖论问题的范畴。

成本集中—收益分散。成本集中于特定利益群体，而收益却为群体内大多数乃至全部利益群体所共享，这是成本集中—收益分散类设施的典型特征。这类设施建设和运营的成本集中于群体内的特定利益群体，而收益却为群体类成员所共享，由于设施建设和运营的成本集中于特定群体，他们对所承担的成本尤其是额外负担的负外部性成本感受真切和深刻，因而容易形成反对设施设址的利益动力和政治动员。与此相对，由于设施收益为群体内大多数成员所共享，他们对设施的收益往往感受不够真切或认知、认同度不高。由于受经济人理性的影响，他们在形成支持设施设址的政治动员时，常常容易产生“搭便车”行为，因而导致难以形成支持设施设址的参与意识和政治动员。此外，由于对设施负外部性成本的认知较为真切，社会往往会对不合理地承担了设施建设和运营成本的群体产生认同和同情，尤其是当利益受损群体是弱势群体时更是如此。因此，成本集中—收益分散的设施常常容易导致维护利益受损群体利益、反对设施设址的政治动员和抗争运动，从而形成局部公共利益和整体公共利益之间的冲突与对抗的公共利益悖论现象。

作为一种特殊的公共政策现象，邻避设施设址具有成本集中—收益分散型设施的典型特征。[①] 邻避设施存在成本收益分配不均衡的特性，设施的公共效用一般呈分散性分布于整个地区或更大范围内的公民而不会为设施周边群众所独占，有些设施的公共效用甚至为整个社会所有成员所共享，如设施带来的税收收益、经济增长、产品服务等都能为所有社会成员所共享，只要是区域范围的社会成员，都可以享受税收收益增长带来的公共产品和公共服务投入增加的收益，如基础教育、公共交通、公共医疗、公共绿地、城市建设等改善所带来的好处。但这种收益一般而言是长期累积的过程，个体社会成员对这种收益的认知和感受常常并不真切与直接。与此相对，设施可能的负外部性成本却不因设施公共效用的分散化而分摊给每个受益者，其负外部性影响，如空气污染、水质污染、噪声影响、辐射危害等，一般都集中于设施周边社区和公民，离设施距离越近，其所受的负面影响越大，为设施所承担的潜在负外部性成本通常也越高，某些设施的负外部性影响有时甚至以周边居民的根本利益，如身体健康乃至生命安全为代价。由此可见，邻避设施设置和运行能够给区域整体带来一定的

---

① 邻避设施设址的直接收益一般为设施运营企业或政府所有，但却由设施周边承担其负外部性成本，从这个角度来看，邻避设施具有成本分散、收益集中的特性。进一步分析可以发现，如果把邻避设施设址的税收、就业岗位、产品和服务等公共收益视作设施设址收益，但设施设址的直接成本却又集中于设施运营企业，此时若忽略设施的负外部性影响，则邻避设施又具有成本集中、收益分散的特点。因此，邻避设施设址事实上具有多重成本收益分配比较的问题，但整体而言，其广义上的收益为区域全体社会成员所共享，而负外部性成本却集中于设施设址标的地区，具有成本集中而收益分散的特性，尤其是当设施是公共设施时更是如此。

公共效用，但却需要周边社区和居民承担其负外部性影响造成的负外部性成本，这是公共政策过程中公共利益悖论现象的集中体现。从利益分析视角来说，邻比冲突的本质是公共政策过程中的公共利益悖论问题的典型反映。

第二章

中国式邻比冲突：历史与现状分析

自改革开放以来，中国经济社会事业发展迅速，各类生产和生活服务设施持续增加，与之相伴生的还包括日益严重的环境破坏、公民权利意识的觉醒和环境保护意识的增强，这些因素的综合作用导致中国的邻比冲突日益频繁，公民邻比抗争的设施对象范围不断扩大，邻比冲突形式日趋激烈。频发的邻比冲突虽然对促进邻避设施负外部性影响治理和合理设址、维护公民尤其是弱势群体利益、培养公民参与意识和参与能力、提高各级政府的决策能力和社会治理能力、促进社会政治发展和政府治理理念与治理方式转变、促进社会可持续发展等方面都有积极作用，但部分邻比冲突也对社会公共利益发展形成阻滞，少数邻比冲突案例甚至导致政府、企业与邻比抗争主体之间的激烈对抗，影响社会和谐稳定，部分不合理的邻避设施设址还严重影响周边社区居民的身体健康和生命财产安全，对经济社会发展、和谐社会建设、政府治理能力等形成挑战，已经成为当代中国经济社会可持续发展和国家治理必须面对的重要问题。对中国式邻比冲突的历史、现状和社会影响开展实证考察，有助于了解和把握中国式邻比冲突的内在特质及其生成的历史制度背景，进而采取针对性治理措施。本章对中国式邻比冲突的历史、现状及其影响开展实证考察，为进一步分析中国式邻比冲突的本质、开展邻比冲突治理研究提供实证基础。

第一节　中国式邻比冲突发展的历史叙事

为对我国邻比冲突发展的历史作出考察，本书以《中国环境报》为例，通过《中国环境报》所报道的各类“邻比冲突”事件对改革开放后的邻比冲突发展历史进行“管中窥豹”式的实证研究。《中国环境报》创报于1984年，为便于研究，本书从1984年开始，隔三年抽取一年的《中国环境报》，即抽取1984年、1987年、1990年、1993年、1996年、1999年、2002年、2005年、2008年、2011年、2014年共11年的《中国环境报》为研究样本。发生于2007年的厦门PX项目事件是中国反对邻避设施设址并成功阻止设施建设的标志性事件，对中国邻比冲突发展与治理具有重要历史意义，本书因而将2007年作为中国邻比冲突历史演进的分界线，故增选2007年的《中国环境报》为研究样本。虽然《中国环境报》对各类邻比冲突事件的报道未必能真实地反映中国邻比冲突发展的确切历史和现状，但“管中窥豹，略见一斑”，通过《中国环境报》报道的邻比冲突案例可大致了解中国邻比冲突的历史概况。虽然在统计过程中，我们已经尽可能做到详尽，但12年期间的报纸统计量较大，且报纸所报道内容比较繁杂，统计过程中难免会存在一定疏漏，但整体来说应该能比较近似地反映报道案例情况。根据对《中国环境报》的统计研究，结合历史经验的综合考察，本书认为，新中国成立后的中国邻比冲突发展历史大致可以分为四个阶段：（1）综合因素影响下的非理性迎臂现象阶段（1949—1983年）；（2）噪声刺激下的邻比冲突萌芽阶段（1984—1989年）；（3）环保意识兴起后的邻比冲突形成阶段（1990—2006年）；（4）综合因素作用下的邻比冲突全面爆发阶段（2007—2009年）。[①]

一　综合因素影响下的非理性迎臂现象阶段

中国真正意义的邻比冲突始于20世纪80年代之后。改革开放初期或更早的时间内，基本没有出现邻比冲突的政治土壤。中华人民共和国成立之初，在革命战争年代的政治动员和建设社会主义的政治动员的双重影响下，人民建设社会主义的热情高涨，而长期国家主义和集体至上的思想教育也使公民缺乏自我权利意识，二者的共同作用使中国社会对一些存在负外部性影响的设施表现出极高的容忍度，人们即便对某个设施存在某种邻避情绪也不会或不敢直接显露出来。此时的经济技术发展水平也使各种设

① 邻比冲突发展的各个历史阶段之间实际上存在交叉重叠之处，但不同阶段的关键表征存在一定差异，本书对中国邻比冲突历史阶段作出界分，只是希望能对中国邻比冲突的发展趋势做出一般性描述，而不是做完整而准确的中国邻比冲突发展历史研究，完整而准确的中国邻比冲突发展历史研究可能是另一项专业的研究工作。

施负外部性影响的表现程度相对较低。此后，在“文化大革命”的政治环境和现实背景中，即便人们对某种设施存在一定的“邻避情结”也不可能表露出来，更不可能出现反对邻避设施的邻比抗争行动。根据本书调查了解，从中华人民共和国成立到改革开放之初的1984年，[①] 各地实际上广泛存在非理性的迎臂现象。[②] 可以将中华人民共和国成立到1984年这一时期划分为两个阶段：中华人民共和国成立到1978年、1978—1984年，这两个时期都是非理性迎臂现象特征比较明显的时期，这主要是由于以下原因。

首先，革命战争年代政治动员和中华人民共和国成立初期社会主义建设热情空前高涨。1949年，经过长期落后屈辱和战争洗礼的中国人民终于实现了民族独立。中华人民共和国成立后，在中国共产党的号召下，全国各地建设社会主义的热情空前高涨，这既是长期落后民族摆脱落后、消除屈辱、奋发自强意识使然，也是中国共产党高超的政治动员能力作用的结果。建设社会主义的热情和民族崛起的自豪感，使社会对国家建设的各种邻避设施的负外部性影响具有极高的容忍度。另外，在当时的政治话语背景和社会心理状态下，欢迎在“自家后院”建设各种邻避设施的迎臂态度几乎变成一种必需的社会现象。

其次，环保意识和设施负外部性影响认识的不足。从中华人民共和国成立之初到改革开放之前，中国社会的环保意识还没有兴起，这从当时各种工业设施的黑烟囱被作为现代化建设成就的象征可见一斑。与此同时，社会经济发展刚刚起步的中国，各种新闻媒体还不发达，社会对各类邻避设施负外部性影响的认识也严重不足。一方面，工业化刚刚起步，各种邻避设施的负外部性累积程度较低，其危害性影响还没有直接显现，社会还缺少对邻避设施负外部性影响的经验认识；另一方面，科技知识和教育发展程度都严重不足，社会传播工具也不发达，社会还未能正确认识各种邻避设施的负外部性影响，因而未能形成普遍的邻避情结和邻避意识。实际

---

① 将1984年作为分界线，是因为1984年是《中国环境报》的创刊年，虽然非理性迎臂现象在此后的很长一段时间内都广泛存在，但1984年对中国社会的环境保护运动有特殊重要的意义。

② 西方学者用“yes in my backyard”来与“not in my backyard”对应，意指对邻避设施的欢迎态度，即欢迎在“自家后院”建设各种邻避设施，我国台湾学者丘昌泰将其称为“迎臂现象”。

上，对邻避设施负外部性影响的认识和环保意识的兴起是互相推动的结果，它们的共同作用才有可能导致邻比抗争行动的普遍发生。

再次，政治空间的不足决定了这一段时期不可能出现邻比冲突。众所周知，新中国成立后的很长一段时间内，任何对现代化建设成果的“不敬”或反对言论，都有可能会被上升到政治层面而给当事人带来灾难，这种政治文化在很长时间内都对中国公民构成了巨大影响。在这样的政治环境中，反对邻避设施负外部性影响的邻避情结即便已经产生，也只能是公民私底下小心翼翼地自我发泄，不可能真正成长或表现为实际的邻比抗争行为，而在表面上，人们只能对各种设施持欢迎态度，从而表现为一种非理性的迎臂现象。

最后，长期贫穷状态下对经济利益渴望的驱动。不可否认，中华人民共和国成立后的很长一段时间内，中国社会是贫穷的，社会对金钱的渴望非常强烈而又被长期克制。改革开放极大地释放了中国人渴望经济利益的冲动，此时，各种工厂设施对社会来说意味着财富或获取财富的便利，人们希望从各种设施的建设和运营中得到一定利益，尤其当各种工业设施建在“自家附近”时，其正外部性通常意味着能给周边地区带来就业机会等现实经济利益。在社会环保知识匮乏，人们对邻避设施负外部性影响认识不足的情况下，经济利益的驱动使人们对各种工业设施建设基本持欢迎的态度。

二　噪声刺激下的邻比冲突萌芽阶段

中华人民共和国成立后百废待兴，各种新建的工厂设施事实上大多数都有意无意地避开了人群集中的市区而选择在远离市区的城郊设址，因此，各类工业设施对周边地区的负外部性影响是一个逐渐显现的过程。随着城市的发展和人口的增长，也由于早期“迎臂现象”的影响（人们为了获得经济利益或便于工作和生活而主动在各类工厂设施附近建造住宅），原先远离居民的各类工厂逐渐被居民所包围，工厂设施的生产噪声及粉尘等对周边居民生活的影响逐渐显现。此外，早先白天生产的机械噪声因为居民大多外出或正在工作，对居民的影响并不明显，但随着改革开放的发展，各类工业机械的利用率也在不断提高，夜晚生产的机械噪声极大地影响了周边居民的睡眠，于是针对工厂机械噪声的“邻避情结”逐渐开始显现和增强。

邻比冲突的生成需要一定的社会公民文化基础和政治空间。中国社会历来缺少公民对政府行为说“不”的传统。中国公民缺乏主动维护自身权利的意识自觉和行为传统，尤其当权利侵犯者是政府或具有政府背景的国家工业设施时更是如此，这从新中国第一例民告官案发生于1988年可见一斑。[①] 随着改革开放的发展和信息传播速度的加快，也由于“文化大革命”后“拨乱反正”工作的成效以及政治环境的逐渐开放，到20世纪80年代中期，公民维护自身权利的权利意识逐渐觉醒，受各类工业设施噪声困扰的公民开始逐渐向工厂或政府提出治理噪声的诉求。

《中国环境报》1984年报道的各类噪声污染案例共有78例，其中多为街头音响噪声或城市交通噪声，但真正涉及公民反对邻避设施噪声的“邻避案例”仅12起。从实际报道的案例来看，12个案例都是个别群众反对住宅附近纺织厂、机械厂、锅炉房、制砖厂、车站等设施噪声的案例，“邻避”诉求也主要表现为减少或降低噪声污染的噪声治理，基本未见要求赔偿或要求设施迁址的邻避诉求。在表达反对噪声的诉求中，除了个别案例出现了居民与噪声污染源工厂之间发生“争执”的情况外，其他反对噪声的诉求行为都相对温和。此外，各个案例都是对既有设施噪声的被动反应，即对既有设施多年噪声影响的被动反对，根本未见主动反对新建或拟建设施潜在噪声影响的案例。《中国环境报》1984年报道的公民反对各种设施污染的诉求还有13起，其中包括三起举报炼钢厂乱倒炉渣的投诉案例、四起举报炼钢厂和水泥厂粉尘污染的案例、三起举报造纸厂乱排废水的案例，其他两起为举报砖厂粉尘污染，一起为反应养殖场臭气的案例。13起举报案例中，公民除了写举报信检举之外，基本未见直接与工厂交涉或反对设施运行的情况，其举报诉求也基本都是要求污染企业进行污染治理，未见要求赔偿、停产或迁址的诉求案例，表明这些案例都不同于现代一般意义上的邻比冲突案例。

《中国环境报》1987年报道的各类“邻避案例”共27起，其中11起是反对噪声扰民的案例，其诉求亦主要表现为要求噪声源产生单位减少或降低噪声；其中有一起为写信投诉住宅附近娱乐舞厅噪声扰民的案例，另有一起写信反映公路交通车辆噪声的案例。其他16例则主要为反对工厂

---

① 1988年8月，浙江省温州市苍南县农民包郑照因不满县政府下发的《关于强行拆除包郑照违章房屋的决定》，将苍南县政府告上法院，这被认为是新中国首例“民告官”案。

废水污染水源、粉尘污染、金属冶炼厂污染水源、养猪场和化工厂臭味污染空气的举报或投诉的案例。27 起案例中，除两起案例出现到水源污染厂家闹事，要求赔偿鱼塘养鱼损失的情况外，其他案例中反对设施的诉求依然比较温和传统，基本都是通过写信的方式反映情况，而且诉求依然维持在要求污染治理层面。

以上可见，萌芽阶段的邻比冲突的主要表现是：一是基本都是反对正在运营中的各类工业设施，而且设施的反对对象主要是集体或国家工厂，这应与当时私人企业的发展程度不够有关。二是“邻避”反对的负外部性对象主要是噪声影响或废水或粉尘污染，这应该主要是因为社会对各类工业设施的其他负外部性影响认识不足或设施的其他负外部性影响的显现还不明显。三是各种“邻比抗争”的表达通常主要表现为人民来信的方式，而且缺乏组织性，基本是个别居民或几户居民的联合来信或联合行动，但联系比较松散，方式比较传统。四是诉求比较简单。公民反对设施的“邻避”要求基本都止于要求污染源进行各种污染治理，如减少或降低噪声，调整生产时间等，或者是减少污染排放，不能污染水源等。从案例诉求统计来看，除非有直接经济损失，甚少有要求给予经济赔偿或关停设施或设施迁址的诉求。五是地域范围较窄。主要是城市或城郊居民的邻比抗争，甚少有农民表达邻比抗争诉求的现象。

三　环保意识兴起后的邻比冲突形成阶段

1990 年 3 月，中共中央出台的《中共中央关于加强党同人民群众联系的决定》指出：“鼓励群众反映真实情况。对正确的意见要虚心接受和采纳，能解决的问题要及时解决，对不同的意见要认真考虑，做不到的要据实说明，对不正确的意见也要作出解释并加以引导。不允许对群众的意见采取听而不闻、视而不见、文过饰非、敷衍塞责等错误态度，更不允许压制批评、打击报复。”① 该决定为社会提出各种利益诉求和意见建议提供了中央层面的政策保障。公民意识和参与意识的发展以及中央层面的政策保障二者的共同作用也许是导致 1990 年各类邻避案例大量发生的重要原因。

① 《中共中央关于加强党同人民群众联系的决定》，1990 年 3 月 12 日中国共产党第十三届中央委员会第六次全体会议通过。

《中国环境报》1990年报道的各类邻比冲突案例达32起，涉及设施类型范围大为增加，包括：（1）重工业设施，如水泥厂、工业垃圾处理厂、硫磺窑、纺织厂、金汞矿厂、电缆厂等；（2）化工设施，如硫酸化工厂、农药厂、化肥厂等；（3）生活服务设施，如医院、公路客运中心、菜市场、酒店、碾米厂、磨面厂等；（4）其他如煤炭中转站、砖厂、油库等。公民反对设施的负外部性影响也广泛包括粉尘、噪声、废水、废气、化工品污染、空气污染、医用垃圾等各种类型。公民表达诉求的方式虽然依然保留了写信、上访、投诉等传统诉求表达方式，但已经出现极大变化，直接与企业进行对话交流成为一种主要的诉求表达方式，部分案例甚至出现了暴力行为，如挡车、断路、封锁企业大门、投掷石块抗议等，还有部分抗争案例出现了通过诉讼或人大代表提案的方式表达诉求的情况。与此同时，公民邻比抗争的诉求也出现了很大变化，由传统单一负外部性影响治理的诉求目标发展为负外部性影响治理、赔偿损失、停产、迁址等各种要求，但主要表现为要求赔偿损失，有的甚至出现了“敲竹杠”的现象。

此后的1993年、1996年、1999年、2002年、2005年，《中国环境报》报道的邻避案例分别为37、39、42、45、50起，呈逐年增加之势。公民邻比抗争的设施类型也进一步扩展，包括：（1）重工业设施，如钢铁厂、金矿、制药厂、窑厂、炼油厂等；（2）轻工业设施，如造纸厂、纸盒厂、糖厂、制鞋厂等；（3）生活服务设施，如商场、锅炉、茶水站、卡拉OK歌厅、酒吧等；（4）商业服务设施，如板材市场等；（5）农畜牧设施，如畜牧养殖场等；（6）通信、电力设施，如手机信号发射塔（辐射）、电力输变电设施（辐射）、公路（噪声）等；（7）垃圾处理设施，如垃圾焚烧站、废品回收站等；此外还有如水坝保护区等设施。公民的邻比抗争表达方式也发生了极大转变，除了传统写信、上访等方式外，向环保部门投诉或向法院提起诉讼成为重要的诉求表达方式。邻比抗争方式开始逐渐走向“组织化”和长期化，主要表现为设施周边地区居民集体行动，推选代表和政府与企业进行协商、谈判，如果诉求不能得到满足，其邻比抗争行动也不再局限于传统写人民来信式的“隐蔽”方式，而是表现为积极参与的长期行为；当诉求得不到积极回应或满意的结果时，公民还逐渐开始走向暴力行动。公民邻比抗争的诉求目标也更为清晰，主要表现为治理污染、损失赔偿以及停止设施运营或将设施迁址，这些都表明公民邻比抗争行动开始逐步走向成熟。

成形期的邻比冲突主要表现为以下几个特点：一是邻比抗争对象非常广泛。二是邻比抗争呈现“组织化”的博弈趋势。三是邻比抗争诉求逐渐呈现理性化。从追求“补偿”的经济利益发展到要求设施停建和迁址，开始呈现出真正意义上的“邻比冲突”特质。四是非政府组织逐渐介入。这一时期，各种非政府组织开始得到极大发展并介入反对邻避设施设址的邻比抗争行动之中。非政府组织的介入主要以保护环境为目标，一般是反对各种负外部性环境影响较大的设施的建设和运营。组织化的非政府组织的介入增大了反对设施设址成功的概率，对公民邻比抗争行动起到了极大推动作用。五是公民邻比抗争方式呈渐进发展趋势。公民邻比抗争活动从单一信访式个人举报逐渐发展到直接与企业或政府谈判交涉、从个人行为发展到“组织化”的博弈，并进而发展到通过诉讼维权甚至暴力冲突，邻比抗争形式不断发展和升级。六是邻比抗争对象基本是建成运营设施。从实际报道的案例来看，除了部分反对工程建设噪声扰民的案例外，这一阶段公民邻比抗争的设施对象主要是正在运营中的设施，基本未出现反对拟建设施设址的案例。

四 综合因素作用下的邻比冲突全面爆发阶段

《中国环境报》2007 年报道的邻比冲突事件共 61 起，是 2005 年的 1.22 倍。报道案例显示的公民邻比抗争设施对象包括：（1）重工业设施，如钢铁公司、水泥公司、造船厂、炼铅厂、工程材料公司、砖厂等；（2）轻工业设施，如纸业有限公司、小造纸厂、个体木材加工厂、淀粉厂等、糖厂、卷烟厂、酒厂、食品公司等；（3）化工工业设施，如生物科技公司、化工厂、制药厂、化工园区等；（4）道路交通设施，如地铁、公路拓宽工程、环城公路等；（5）输变电等能源设施，如电厂、输电线路、垃圾发电厂、石油公司油库等；（6）生产、生活服务设施，如医院、酒店、加油站、污水处理厂、垃圾中转站、垃圾处理场、复印彩印公司、养猪养鸡场、锅炉、农机公司、拟建水库、美容美发店等。可见，从大型工业设施到日常美容美发和酒店服务等各类设施，都已经成为公民邻比抗争的对象，邻比抗争对象越来越为广泛。邻比抗争诉求的负外部性影响内容也由传统噪声、粉尘、空气污染、水污染等，逐步拓展到设施辐射、光线采光等“现代”内容，尤其是强调健康危害的负外部性影响大量增加。

邻比抗争诉求虽然依然包括负外部性影响的治理和赔偿，但已经更多地表现为要求设施停产或迁址，“邻避特色”更加明显。邻比抗争形式也包括日常信访、举报投诉、有组织性群体上访以及暴力冲突等，通过诉讼渠道的邻比抗争诉求表达方式大量增加。此外，邻比冲突事件发生的地域范围也包括山东、山西、北京、江苏、浙江、广东、云南、陕西、安徽、广西、福建、内蒙古、青海、黑龙江、河北、湖北、海南、贵州等几乎全国所有省市，涉及地域范围广泛。《中国环境报》2008 年、2009 年报道的邻比冲突事件分别为 64、66 起。这两年的邻比冲突事件中，健康危害类邻比抗争事件共 21 起、要求停产或迁址的邻比抗争诉求共 15 起，针对拟建项目的邻比抗争共 14 起，而通过诉讼渠道表达诉求的邻比冲突事件高达 41 起，占全部冲突事件总数的 31.54%，接近两年报道的邻比冲突事件总数的 1/3，这表明中国式公民邻比抗争行动正逐渐走向理性和成熟。

2007 年对中国邻比抗争行动具有特殊重要的意义。这一年发生了“里程碑”式的厦门 PX 项目抗争事件。这次事件中，专家和草根群众互动，公民邻比抗争主体传统邻比抗争方法、“散步”式诉求表达和现代新媒体舆论压力并用，最终促使地方政府出现观念和行为转型，积极与邻比抗争主体展开交流互动，最终决定终止项目建设，这对公民维护自身权益的邻比抗争行动，以及政府治理和应对公民邻比抗争行为的理念和方式，都有重要启示意义。2009 年的番禺垃圾焚烧发电厂冲突事件则是厦门 PX 项目事件的良好注脚，它再一次体现了公民理性抗争和政府积极回应的良好互动对解决邻比冲突类社会争议问题和促进政府科学决策的重要意义。这两起针对在建和拟建设施的邻比抗争事件充满了现代民主社会公民表达意愿和诉求的民主气息，达到了中国式邻比冲突及其治理发展的新高度，在很大程度上表明了中国式邻比冲突及其治理的可能发展方向。

全面爆发阶段的邻比冲突主要有以下几个特点：一是公民反对邻避设施的地域范围广泛。不管是先进发达地区还是相对落后的西部地区等都不同程度地爆发了邻比冲突事件。二是邻比抗争的邻避设施对象类型更为广泛。从传统反对建成运营设施逐渐发展到反对在建和拟建设施。三是邻比抗争诉求表达方式更为成熟多样。除了利用传统信访之类的诉求表达方式外，诉讼成为常见的诉求表达方式；在常态诉求表达不能达成目标的情况下，公民还开始尝试使用其他方式来表达诉求，并能有效地使用现代媒体和传播工具等作为表达诉求的渠道和工具，动员各种可以利用的资源来增强诉求表达的影响和话语力量。人大代表、政协委员、专家等也开始在邻比冲突事件中显示了重要的功能作用。四是邻比抗争诉求的“邻避”特色更加明晰。从公民邻比抗争的诉求来看，补偿或负外部性影响治理不再是公民邻比抗争诉求的主要目标，反对邻避设施的建设或运营，要求邻避设施停止运行或迁址成为公民邻比抗争行动的主要诉求目标，公民邻比抗争诉求的“邻避”特色更加明显。

第二节　中国式邻比冲突的现实表征

统计数据显示，2007 年 6 月 5 日报道厦门 PX 项目事件之后，《中国环境报》当年报道的邻比冲突事件大幅增加。自 6 月 6 日到当年 12 月 31 日报道的邻比冲突案例达 48 件，是 6 月 5 日之前报道的邻比冲突案例数量的 3.7 倍，而 2007 年全年报道的邻比冲突案例数量也是 2005 年全年报道的邻比冲突案例数量的 1.22 倍，表明我国邻比冲突事件进入高发期。从实际邻比冲突案例来看，在要求经济补偿等传统邻比抗争诉求之外，公民邻比抗争诉求开始更多地表现为要求设施停止运营或迁址，“邻避”特色更为明显。根据《中国环境报》报道的邻比冲突案例，目前邻比冲突案例具有明显的中国特色，中国式邻比冲突的现实表征主要有：邻比冲突日益频繁、邻比冲突过程中的参与主体复杂多元、公民邻比抗争设施对象范围广泛、邻比抗争诉求多样、邻比冲突形式日益激烈，邻比冲突与迎臂现象共存。

一　邻比冲突日益频繁

从图 2-1 可以看出，近年来中国邻比冲突事件呈逐年上升趋势。以 2009 年为例，《中国环境报》全年报道的邻比冲突案例达 66 起，平均每月报道的邻比冲突案例为 5.5 起；年邻比冲突案例总数是 1984 年的 2.64 倍。从涉及的地域范围来看，公民邻比抗争活动几乎已经遍及全国各地，而邻比抗争的设施对象也几乎涉及社会经济生活的各个领域和各个部门的生产、生活服务设施。近年具有全国影响乃至世界影响的邻比冲突案例就有多起，如厦门 PX 项目设址冲突、广东番禺垃圾焚烧发电厂设址冲突、山东东明化工厂污染冲突、北京六里屯垃圾焚烧发电厂设址冲突、江苏启东王子纸业事件、浙江宁波 PX 项目事件、上海闵行 PX 项目事件、浙江余杭中泰垃圾焚烧发电厂设址事件、福建永泰电塔设址冲突、江苏连云港核废料厂设址冲突等，都是具有广泛影响的邻比冲突事件。可见中国邻比冲突事件呈日益频繁之势，几乎所有垃圾焚发电厂、PX 项目、化工设施、核电设施等设址都面临公民邻比抗争的困境。

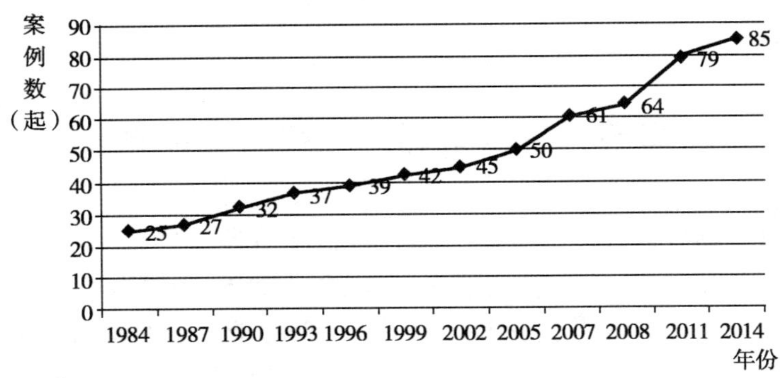

图 2-1 《中国环境报》1984—2014 年报道的邻比冲突案例数量变化情况

二 邻比冲突过程中的参与主体复杂多元

根据对《中国环境报》报道案例的统计，早期中国式邻比冲突的参与主体主要是邻避设施设址周边的居民，他们往往采用信访的方式向政府表达对邻避设施负外部性影响的反对与抗议，因此，信访人、邻避设施经营者、各级政府，这三者通常是我国早期邻比冲突过程中的主要参与主体。然而，随着邻比冲突的进一步发展，尤其是随着公民意识的进一步成长，民主政治空间的进一步扩张，中国式邻比冲突过程中的参与主体发生了较大变化，由早期信访人、邻避设施经营者、各级政府这三个冲突博弈主体的“铁三角”，转而成为复杂多元主体参与和交互作用的多元利益博弈过程。统计资料显示，在近年邻比冲突过程中，媒体、环保组织等第三部门也成为邻比冲突过程中的重要参与主体。随着技术发展和政府公信力的消退，专业技术专家越来越多地受到政府和开发商的重视，被作为增强政府公信力、提升邻避设施设址合法性的知识支持，开始在邻避设施设址中显露作用，而典型案例的实证调查发现，受房地产利益的影响，在近年的邻比冲突过程中，开发商也是一个重要参与主体。在某些邻比冲突事件爆发成重大群体性事件后，有时甚至还掺杂有某些境外势力或媒体参与的影子，邻比冲突已经成为复杂多元主体交互影响的互动博弈过程。

三　邻比抗争设施对象范围广泛

《中国环境报》报道的邻比冲突案例中，引发公民邻比抗争的邻避设施对象所涉领域非常广泛，包括：（1）重工业设施，如钢铁公司、造船厂、农机公司、炼铅厂、水泥厂、砖厂、工程材料公司、锡矿、金矿、硫黄矿等；（2）轻工业设施，如纸业有限公司、糖厂、食品公司、小造纸厂、淀粉厂、个体木材加工厂、卷烟厂、酒厂、啤酒厂、柠檬公司、粮食加工厂等；（3）化工工业设施，如生物科技公司、化工厂、制药厂等；（4）公共交通设施，如铁路设施、地铁、高速公路、公路拓宽工程、公交公司、环城公路等；（5）输变电等能源设施，如水电站、电厂、核电厂、高压线、变电所、变压器、石油公司油库、化工园区等；（6）生产生活服务设施，如加油站、煤气站、酒店、饭店、酒吧、污水处理厂、洗水厂、复印彩印公司、美容美发店、锅炉、水库、水坝等；（7）医疗服务设施，如医院、精神病院等；（8）垃圾处理设施，如垃圾场、垃圾处理场、垃圾掩埋场、垃圾中转站、垃圾发电厂、核废料掩埋场等；（9）通信服务设施，如电视信号发射塔、手机信号辐射塔、手机信号接收塔等；（10）其他设施，如监狱、游民收容所、火葬场、焚化炉、工业园区、养猪养鸡场、奶牛场等。可见，公民邻比抗争的设施对象几乎涵盖了社会经济活动和日常生活服务等各个领域的几乎所有设施类型，不管其负外部性影响是贬损周边地区房地产财产价值的财产贬损型邻避设施，还是负外部性影响是危害健康的健康危害型邻避设施，抑或是破坏风景的风景影响型邻避设施，也不管其负外部性影响是经过确证的危害确定型邻避设施，还是负外部性影响未经确认的危害不确定型邻避设施。而就设施存在状态而言，无论是建成运营设施，还是拟建设施或在建设施，都可能是公民邻比抗争的对象，体现了公民邻比抗争对象的广泛性。

四　邻比抗争诉求多样

从对《中国环境报》报道的相关案例的统计可以看出，虽然公民邻比抗争诉求有呈现要求设施停建或迁址的发展趋势，尤其是近年一些典型邻比冲突案例中，公民邻比抗争的诉求都是要求停止设施的建设或运营，但总的来说，公民的邻比抗争诉求仍然具有多样性。《中国环境报》报道的邻比冲突案例显示，早期邻比抗争诉求相对单一，一般都是通过举报或投诉的方式要求企业或负外部性影响制造者治理邻避设施的负外部性影响，如减少和降低污染排放、消除或降低设施噪声等。随着邻避设施负外部性影响的累积，其后果逐渐显现，如环境污染对水、土壤、空气的损害以及周边居民身体健康的影响等，日渐被公民所认识，也持续地刺激和促进了公民邻避意识和自身权利意识的发展，公民的邻比抗争诉求因而逐渐由早期污染治理发展为要求给予设施负外部性影响给他们带来的损害以赔偿。从报道案例来看，邻比冲突过程中的负外部性影响损害赔偿诉求较多，不少案例甚至在一定程度上表现为“敲竹杠”式的经济利益诉求，这是中国式邻比冲突利益诉求的重要特色，也是中国式邻比冲突与西方国家邻比冲突不同之处的重要表征。随着邻避设施负外部性影响的进一步显现，尤其是少数邻避设施负外部性影响对周边居民身体健康的损害和生命安全的威胁被认知，公民邻比抗争的诉求亦进一步发展，他们不再局限于负外部性影响的治理或赔偿，而是进一步发展为要求政府和企业对自身所受损害进行治疗与补偿，并开始强调要求终止设施的建设或运营，而且终止设施设址的诉求逐渐成为主要且相对坚定的诉求。即便如此，但整体而言，根据《中国环境报》的报道，当前中国式公民邻比抗争诉求的内容主要包括：负外部性影响治理、损害赔偿、关停、迁址、解决就业、治疗疾病等，邻比抗争诉求目标呈现多样性。

五 邻比冲突形式日益激烈

从公民邻比抗争诉求表达方式的激烈程度来看，公民的邻比抗争诉求一般因循渐进发展的路径。根据对《中国环境报》报道案例的历史考察，从历时向度来看，早期邻比抗争诉求一般都是采用通信举报和反映问题的形式，而随着时间的推移，逐渐发展到与企业直接对话、上访等形式，到20世纪90年代之后，尤其是近年，堵企业大门、游行、诉讼等表达方式更加普遍；从单个案例的抗争形式演变来看，一般也都是经历写信举报、写人民来信反映问题、与企业直接交流、到政府部门投诉、诉讼、“散步”、暴力打砸等多个形式，呈现为“合法诉求—集体表达—集聚抗争—

打砸犯罪”的阶段性发展特征。在正常诉求途径得不到积极回应的情况下，公民通常会寻求通过上访、诉讼等方式解决问题，但如果政府或企业依然不做出积极回应而导致问题久拖不决，那么公民一般会采用两种方式，一是忍气吞声或者干脆自己寻求远离设施以躲避危害，① 二是进一步采取激烈措施，如越级上访、集体上访、闹访等，有的甚至会演变为谩骂、人身攻击等暴力事件，严重时甚至会演变为企业和邻比抗争主体之间、政府和邻比抗争主体之间、企业与政府之间的暴力对抗，有的还可能会造成流血冲突。②

六　邻比冲突与迎臂现象并存

在全国范围内的邻比抗争运动不断发展的同时，积极欢迎甚至争取各类具有巨大经济利益的公共生产或生活服务设施落户本地的迎臂现象也时有发生。如全国各地就积极争取有利于 GDP 提速、能够带动就业、投入较少而获益更多、政绩高、风险低的高铁经过本地；③ 富士康深圳工业园区欲内迁就引起重庆、武汉、廊坊、郑州、驻马店、天津和淮安等内地城市争抢；④ 而被认为清洁环保的风电开发项目同样受到了各地的争抢与欢迎。⑤ 可见，在邻比冲突日益频发的同时，全国各地争抢有利于本地经济社会发展而负外部性影响又相对较小，甚至没有负外部性影响的设施的迎臂现象亦广泛存在。不仅如此，实际上，面对经济利益诱惑，不仅负外部性影响较小的生产生活服务设施受到各地争抢，即便如核电项目这类具有

① 陈华世：《化工厂不走，我走》，《中国环境报》2009 年 12 月 11 日第 3 版。

② 李克诚：《安徽舒城取水口上游建垃圾场引数百人围堵政府》，《东方早报》2010 年 7 月 27 日；《安徽六安市舒城县南港镇发生严重警民冲突流血事件》，http：//www. tianya. cn/new/TechForum/Content. asp? idArticle = 111882 & idItem = 828 & idWriter = 42246531 & Key = 592114969 & flag = 1。

③ 参见《红利显现　各地争抢高铁过路》，《东方时空》2015 年 1 月 27 日，http：//v. ifeng. com/news/mainland/201501/01d9f5fe - 1244 - 4482 - 8aae - c5f011713498. shtml? autoPlay = true&lan = cn。

④ 参见何为乐《富士康内迁引各地争抢》，新浪网，2010 年 7 月 23 日，http：//tech. sina. com. cn/it/2010-07-23/15054464544. shtml。

⑤ 参见《国内资本各地开始争抢风电开发》，《时代周报》2014 年 7 月 3 日，http：//www. escn. com. cn/news/show-148402. html。

巨大潜在负外部性影响的邻避设施，也在各地争抢之列。[①] 这种对潜在负外部性影响巨大的邻避设施的非理性迎臂现象，一方面是经济落后地区受发展经济愿望驱动的影响，另一方面也是地方政府强力推动的结果。在发展经济的冲动和政绩考核的双重驱动下，一些地方政府对邻避设施设址，尤其是一些具有重大经济利益的邻避设施，一般都具有强烈的热情，一些地方政府甚至会利用先进地区产业调整的“契机”，大力引进先进地区或西方发达国家淘汰或转移的高污染或环境破坏型产业。[②] 这既可能是发展经济的渴望和不合理的政绩考核机制推动的结果，在当前监督机制不健全的情况下，还可能受官商勾结或灰色利益链条背后寻租或腐败的影响。

第三节　中国式邻比冲突的社会影响分析

“邻避情结不仅只是附近居民与邻避设施之间的生活圈与兴建之议题，更影响整体社会人民生计、国家经济发展、生活环境保护等多方重要因素。”[③] 日益频发的邻比冲突已经对中国社会的政治、经济和社会发展造成了一定影响。从辩证唯物主义看来，这种影响表现在两个方面：一方面，它所造成的冲突与危害以及邻避设施设址的负外部性影响，已经给中国政治、经济和社会事业的发展造成一定阻滞，给人民群众的身体健康、生命财产安全等带来一定损失；另一方面，邻比冲突也在事实上有利于促进中国环保事业的发展和技术进步、有利于提高中国公民的政治参与意识和参与能力、有利于推动政府决策的科学化和民主化、能够促进中国政治民主化和政治文明建设。本节从正反两方面分析邻比冲突的社会影响，为进一步认识邻比冲突的本质，提出针对性治理措施奠定基础。

---

① 参见张玮《各地争抢核电投资“盛宴”》，《今日工程机械》2008 年第 11 期；杨仕省《4800 亿内陆核电蓄势多地争项目　今年高层八次表态》，《华夏时报》2014 年 7 月 23 日，http：//finance. sina. com. cn/chanjing/cyxw/20140723/235719799141. shtml。

② 冯怡驹：《抓住珠三角产业转移契机　新丰县创新思路促招商》，http：//www. southcn. com/news/dishi/shaoguan/jingji/200606290818. htm；傅大伟：《蚌埠抓住契机　来深承接产业转移》，http：//news. sznews. com/content/2008－09/11/content_ 3246055. htm。

③ 刘彦麟：《核四与四周居民之邻避情结历程》，硕士学位论文，台湾世新大学，2007 年。

一　政治层面的影响

从环境政治伦理来看，邻比冲突是公民争取公平生存环境权的环境正义运动，因此邻比冲突实际上是一种社会政治现象，所以西方学者又将其称为“邻避政治”（NIMBY politics）。作为一种社会政治现象的邻比冲突，对当前中国的政治现状和政治发展具有正反两个方面的重要影响。

（一）邻比冲突对中国政治发展的推动作用

邻比冲突可以促进社会政治发展。邻比冲突有助于政府转变治理理念，促进政府树立科学决策、民主决策的民主观念，促进社会政治制度的改革和完善。约翰·博施泰特在对英格兰和威尔士的粮食骚乱进行研究后认为：“他们在合法与非法的界限上发挥自己的力量，即使受到限制，也是一种真正的政治力量的运用……骚乱是一种历史动力的组成要素。”① 哈贝马斯也强调社会冲突与抗争对现代政治发展的意义，他为当代社会运动与抗争形式提供辩护，认为诸如环保抗争运动的抗争形式，已经将对抗扩展到文化领域的集体权力关系，新的社会运动隐含着进步的解放潜能。他指出大多数新兴社会运动可能是防御性的，如保护环境、城市、邻里、传统价值等，但这些抗争运动者事实上挑战了国家、资本家、科技、专家等对社会日常生活的支配与控制地位，它会促进既定政治制度的改革与完善，有助于建立一个围绕社群、民主参与和自我理解的现代社会政治结构。② 作为一种社会政治现象，邻比冲突已经并必将对中国社会的政治发展起到积极的推动作用。

邻比冲突有助于促进政府治理理念和治理方式的转变。根据对典型案例的实证考察可以发现，不断发生的抗争运动促使各地政府在邻避设施建设决策中引入了听证会等公民参与形式，以期通过公民参与的方式取得社会对邻避设施设址的认同和支持。部分邻比冲突典型案例中，政府已经逐步转变观念，开始理性对待公民邻比抗争的声音，对公民邻比抗争行动做出较为积极的回应，如在广东番禺垃圾焚烧发电厂选址冲突中，当地政府

① Bohstedt, J., *Riots and Community Politics in England and Wales, 1790-1810*, Cambridge, Mass., 1983, pp. 54, 202, 220-221.

② 参见许雅斐、叶颖超《抗争下的环境“异议”：大林反焚化炉事件分析》，《政策研究学报》2005年第5期。

已经能够与邻比抗争主体实现较为积极的理性互动。在番禺垃圾焚烧发电厂选址冲突发展过程中，当地政府在垃圾焚烧发电厂选址决策之初，采用了传统“暗箱式”决策方式，但随着事态的发展和演变，他们逐渐改变了封锁消息、强硬应对的非理性决策方式和强制性政策执行行为，在整个事件的后续发展过程中，积极公开相关信息，组织召开听证会、新闻发布会，并及时和居民进行交流和沟通，最终使一场可能发生的冲突事件和谐地落下帷幕。虽然垃圾焚烧发电厂建设决策最终被终止，垃圾焚烧发电厂设址冲突并没有达到较为圆满解决的程度，但这正是政府决策更为理性化、民主化、更为尊重民意的重要表现。在更早些时候发生的厦门 PX 项目事件过程中，政府对 PX 项目设址决策的态度以及化解危机的危机决策方法最终都发生了重大转变，从一开始的态度强硬、坚决推进设施设址，逐渐转变为理性、民主地倾听与回应民意，为类似事件的处理提供了良好典范。以上都是邻比抗争运动对政治文明的发展具有促进作用的重要体现。因为整个危机事件处理过程中的政府和社会之间的互动与交流方式的转变，以及最终事件处理的理性化与民主化，厦门 PX 项目事件被百度百科评价为“有望成为中国民主进程中的一个里程碑”，从另一个方面证明了邻比冲突对中国民主政治的发展具有重要促进作用。

邻比冲突有助于培养公民意识，提高公民参与能力。民主是习得的过程，公民的民主精神和民主能力，只有在不断的民主参与训练中，才能得到培养和提升。通过邻比抗争行动的公民参与、公民与政府、社会组织、企业之间的互动交流和博弈，可以增强公民对社区的认同意识，增进公民对公共事务和公共利益的了解与认知，有助于培养具有现代公民意识和公共精神的公民。邻比抗争行动及政府为改进邻避设施设址决策所提供的各种形式的公民参与，都为公民实际参与公共事务过程提供了实践学习平台，公民参与的实践必然有助于提高公民的公共参与意识和公共参与能力，对培养具有现代民主精神和实践能力的公民具有重要意义。各种邻比抗争活动使民众的公民参与意识、参与精神和参与能力都得到了锻炼和提高，这从厦门 PX 项目和广东番禺垃圾焚烧发电厂的邻比抗争活动及其发展过程可以得到验证。

邻比冲突有助于提高政府决策能力。邻比冲突在培养和提高公民参与意识、参与精神和参与能力的同时，对政府科学决策和民主决策能力的提高亦有很大推动作用。公民邻比抗争活动已经并且必将进一步提高地方政府决策的科学化和民主化水平，面对可能的邻比抗争或正在进行的比抗争活动，地方政府在邻避设施设址或邻比冲突治理中必然要尽可能遵循科学的决策程序，进行更多的科学论证以保证决策的科学化。为了减少邻比抗争的阻力，各级地方政府已经开始在邻避设施设址决策中引入了公民参与和环评程序。《中华人民共和国环境影响评价法》的颁布实施、决策听证程序等在很大程度上都是公民邻比抗争活动推动的结果，而近年来从中央到地方都积极推动实施的重大决策社会稳定风险评估，可以说在很大程度上正是邻比冲突推动的结果。可见，邻比冲突有助于推动政府民主决策和理性决策，提高公共决策的科学化、效率和水平。

（二）邻比冲突的政治负效应分析

转型期的中国社会，各种深层次的社会矛盾凸显，对中国政府的公共管理和公共政策能力形成巨大挑战，需要政府有相当大的社会控制艺术和公共管理能力才能妥善应对。如果治理不善而引发社会动荡，则极有可能会断送多年改革发展带来的成果。邻比冲突显然是对稳定和谐的政治秩序和政治局面形成负面影响的不稳定因素。自改革开放以来，中国的政治发展已经取得了巨大进步，政府的治理观念和政治思维也早已发生了巨大转变与进步，但基层政府关于“稳定”观念的整体政治思维依然没有发生实质性改变，在绝大部分基层政府的思想意识中，“稳定”便意味着社会的强力控制和铁板一块，容不得“不和谐”的因素。在这种狭隘的、静态的“稳定”观的影响下，公民邻比抗争行动一般会被视作“不稳定”因素，更有甚者会被视作对政府和执政党权威的挑战。事实上，也确实有很多邻比冲突案例中的公民邻比抗争行动最终都演变成暴力冲突乃至恶性流血事件，给社会的和谐稳定带来负面影响。

受经济发展优先的政绩观和“稳定压倒一切”的静态稳定观的双重扭曲，邻比冲突往往会由公民维护自身权利的正当、正常的利益诉求与表达，演变为真正影响社会稳定的邻避型群体性事件，这是因为，受经济发展优先观的影响，在各地政府还缺乏环境保护意识和公民权利意识的现实背景下，发展经济的冲动常常会促使地方政府引进具有负外部性影响的经济建设项目，而部分邻避设施，如城市垃圾处理设施又确实为城市公共生活所不可或缺，为了完成诸多邻避设施设址，受狭隘静态稳定观的影响，地方政府在进行邻避设施设址决策之初，通常都会采用隐瞒信息的方式来降低社会的反对以达到“维持稳定”和有效决策的目的。而当政策公开之时，政策的邻避特色又决定了它必然会遭到社会的抵制和反抗，此时政府对各种邻避声音予以压制和屏蔽是地方政府通常的策略性选择。但在诉求问题得不到实质性回应之时，政府对公民邻比抗争声音的压制势必会造成公民更大的反弹，引发更大规模的抗争事件。集体上访、阻断交通、围堵党政机关、静坐示威、“散步”乃至聚众闹事，此时就会成为公民进一步表达抗议声音的工具，并真正对社会政治秩序构成影响。在稳定压倒一切的静态稳定观的作用下，上级政府对政绩考核的压力往往会促使某些非理性的地方政府采用更为激烈的手段，对公民邻比抗争行为进行强力弹压，有的甚至会造成恶性流血事件，如浙江东阳、广西灌阳、广西灵川、安徽舒城等暴力冲突案基本都由此产生，从而真正成为影响社会政治稳定的邻避型群体性事件。

二　经济层面的影响

邻比冲突是公共政策过程中的公共利益悖论现象的集中体现，它体现了一个重要的经济问题：整体公共利益与局部公共利益的冲突。邻比冲突这种整体利益和局部公共利益的冲突现象既在一定程度上阻滞了经济社会事业的发展速度，又在很大程度上为经济社会事业的可持续发展提供了契机和保障，为深入理解公共政策现象，有效协调经济社会利益矛盾提供了重要启示。

（一）促进转变经济社会发展理念

邻避设施的负外部性影响对地方经济社会事业发展存在巨大影响。目前各种邻避设施，尤其是环境污染设施对地方环境的破坏已经达到了触目惊心的程度。以浙江省为例，自改革开放以来，浙江省 GDP 年均增长 13.1%，早已属于全国经济大省之列，但伴随经济快速发展的是高排放和高污染。据统计，2003 年浙江全省废水排放总量达 27.03 亿吨，工业废气排放总量达 10432 亿立方米，工业固体废物总量达 1976 万吨，分别比 1990 年增长 84.8%、3.0 倍和 1.3 倍。每产生 1 亿美元 GDP 的废水排放量是 28.8 万吨，产生 1 亿美元工业增加值的废气排放量是 2.38 亿立方米，产生 0.45 万吨工业固体废物，日益严重的环境污染已经严重威胁到地方经济社会事业的可持续发展。[①] 而邻比冲突的发生，事实上在很大程度上迫使各级政府必须正视各类经济社会发展设施对周边环境的破坏性影响，将注意力从单一追求经济短期增长的经济社会发展理念，转向既注重经济增长，还必须以人为本、注重经济社会可持续发展的经济发展理念。这从近年来我国各级政府开始逐渐重视环境保护，将环境保护作为政府绩效考核重要指标可见一斑，而“既要金山银山，更要绿水青山；绿水青山就是金山银山；绿水青山既是自然财富，又是社会财富、经济财富”，大力发展生态文明口号的提出，以及中国共产党第十九次全国代表大会报告中明确提出要坚持“以人民为中心”的发展思想，强调要“实行最严格的生态环境保护制度”，等等，都是我国政府正在逐渐转变经济社会发展理念、注重环境保护和可持续发展的证明与宣言。

（二）改善经济社会可持续发展能力

邻比冲突影响经济社会生活的另一个重要表现是有利于改善经济社会可持续发展能力。经济社会发展需要相应的环境支撑。从《中国环境报》报道的案例来看，几乎所有邻比抗争活动都有助于促进提升政府、企业、社会的环境保护意识，对整治治理邻避设施的负外部性影响有积极的推动作用（即便有部分可能是仅止于观念或口头承诺而无实际行动），面对公民的邻比抗争活动，政府基本都加强了对企业的监管力度，提高了对企业不规范或违法行为的处罚力度，虽然多数案例都采用罚款或责令整顿等治标不治本的短期行为，而且缺乏有效的长期监管措施，但总体而言，邻比冲突事实上有利于促使政府和社会重视环境保护与环境污染治理，使政府和社会注重提升环境污染防控和治理能力，加强邻避设施负外部性影响治理。以广东省为例，“十一五”期间广东处理污染企业 5 万多家，关停各类污染企业近 1.5 万家。[②] 同样，面对邻比冲突，企业要想继续在所在地顺利开展生产经营活动就必须加强管理，开发技术以减少污染物排放，降低对周边环境和居民的危害。因此，邻比冲突客观上对降低环境污染，促进环境保护、增强地方可持续发展能力等，有促进作用。

---

① 胡作华：《浙江 GDP 代价分析：耕地锐减　环境污染》，http：//www.xici.net/#d33332168.htm。

② 谢庆裕、黄辉诚：《十一五期间广东处理污染企业 5 万多家　关停近 1.5 万家》，http：//gd.people.com.cn/GB/123937/123963/13983632.html。

（三）阻滞短期经济发展

公民邻比抗争运动必然会对邻避设施的建设和运营造成一定的阻滞或延宕，在一定程度上影响各类生产、生活服务设施的建设和运营，降低新建邻避设施的选址效率，有的甚至使必要型设施不能成功设置或正常运营，对地方乃至宏观经济发展造成一定负面影响。从实际案例来看，目前多数城市垃圾处理设施的建设和运营都遭到了不同程度的质疑和反对；而公共交通设施建设也在不断遭到公民的邻比抗争，有的甚至造成人员伤亡，对公共交通等基础设施建设构成影响。如 2010 年 9 月，广西来宾市兴宾区良江镇的邻比冲突事件造成 2 人死亡和 34 人受伤，严重影响了工程进度。[①] 即便如厦门 PX 项目设址冲突这类被作为有效抗争和有效治理的邻比冲突事件，虽然最终设施迁址漳州，但即便不计其他经济损失，仅项目冲突过程中的 2007 年 6—9 月的 4 个月时间内，就给投资方造成高达 19 亿元的经济损失。[②] 如果该项目能正式投产，年产值可达 800 亿元，而 2007 年厦门市全市生产总值也不过只有 1375 亿元，可见项目对地方经济发展的重要作用。此外，由于我国 PX 进口量占全国消费量的一半，而在国际 PX 价格不断走高，国内兴建 PX 项目“既是市场的需求、产业结构的需求，也是发展的需要”的情况下，项目对中国国产化工原料的生产具有重要战略意义，因此国家发改委将厦门 PX 项目列入全国 PX 项目总体布局和建设规划，并将其纳入国家 PTA、PX“十一五”建设项目布局规划和地方“十一五”经济和社会发展规划的重点建设骨干项目，这样一个项目的夭折势必对地方经济发展和国家利益造成重要影响，而近年 PX 项目在全国各地都遭到了不同程度的抵制，对国家化工产业和 PX 项目整体布局与规划造成了负面影响。[③] 可见邻比抗争活动对地方经济乃至对国家经济发展和国家利益都可能构成一定负面影响，从《中国环境报》报道的案例来看，以设施对经济发展的必要性程度而言，有 45% 以上的案例都对地方经济或整体经济构成一定的负面影响。再以核电站建设为例，核电站对缓解我国日益紧张的能源供应的作用巨大，是国家重点发展的高科技能源项目，但目前我国几乎所有的核电站建设项目都不同程度地

① 谢奎：《广西来宾村民与高铁施工方发生冲突 2 死 34 伤》，http：//news. qq. com/a/20100907/001353. htm？pgv_ ref=aio。

② 薛子进：《维权之路有多长》，《法人》2008 年第 6 期。

③ 薛子进：《一个提案如何推倒了国家立项审批》，《法人》2008 年第 6 期。

遭到了设址标的地区居民的反对，对设施建设和发展的效率造成很大影响，进而影响国家的能源战略以及社会的能源供给和经济运行。

（四）影响地方“投资环境”和经济收入

邻比冲突必然会对高能耗、高污染型企业的建设和运营形成阻滞。为了满足社会降低设施负外部性影响的要求，企业需要开发技术、引进危害处理设备、增加危害处理人员，而对地方的经济补偿更是很多企业不可承受之重，公民的邻比抗争必然耗费企业大量的时间和资源，这些都会增加企业的建设和运营成本，降低企业利润，并间接削弱企业的市场竞争力。企业的逐利性决定了它们更愿意在建设和运营成本较低的地方进行投资，这能降低大量建设、生产、经营、补偿与回馈成本。因此，邻比冲突较为严重的地区既可能会形成排斥效应，使各种可能存在某种负外部性影响的设施难以在当地设址，又可能形成挤出效应，使企业向公民邻比抗争意识和邻比冲突并不显著的地区转移。企业的外迁一方面会对地方经济构成直接影响，另一方面还对地方的就业市场、上下游产业发展等造成不利影响，进而减少地方财政税收收入和居民收入，并最终影响地方经济社会事业发展。因此，邻比冲突较为严重的地方除非能够找到其他经济发展路径，否则就可能面临经济发展落后的局面，不利于地方长远利益。

（五）消耗社会资源

邻比冲突消耗大量社会资源。在邻比抗争行动的利益博弈中，邻比抗争主体、政府和企业都会陷入冲突的泥淖之中，需要花费大量资源和时间来应对。以2005年4月10日爆发的浙江东阳画水镇公民反对该镇化工园区污染的邻比冲突事件为例，据报道，此次冲突事件造成30多人受伤（其中5人重伤），数十辆汽车被砸毁，造成较为恶劣的经济社会影响。再以福建屏南化工厂邻比抗争行动为例，当地1721名村民耗时十年状告屏南县榕屏化工厂对当地的环境污染，在长达十年的邻避诉讼案中，各级政府、企业和邻比抗争主体都投入了数不清的时间和精力，三方在诉讼方面所花费的金钱和精力无法统计，但十年时间的诉讼费用、精神压力及其所造成的间接社会成本可想而知十分巨大。

三　社会层面的影响

广义而言，社会是指人类经济、政治、文化等各方面内容和要素的全部综合，人类一切活动都是广义社会系统的组成部分。狭义的社会是指与政治、经济相并列的社会关系、社会事业等方面的组合。此处所谓的社会是指狭义的社会概念，即与政治、经济相并列的宏观社会子系统的一个组成要素，尤其是指与邻比冲突直接或间接相关的社会事业、社会关系和社会伦理等。

（一）促进环境正义和社会事业发展

邻比冲突的政治伦理本质是针对环境不正义现象的环境正义运动，它有助于维护弱势群体的生存环境和基本权利，能够保障弱势群体享有公平的生活环境，促进社会环境正义的实现。邻比冲突还有利于减少环境危害，促进设施运营企业治理各种邻避设施的负外部性影响、降低设施负外部性影响对弱势群体的伤害，减少弱势群体堕入“伤害—弱势—伤害”的怪圈的可能性。邻比冲突能为受邻避设施负外部性影响的弱势群体争取补偿和回馈，并促进政府、企业和社会为受设施负外部性影响的弱势群体提供社会事业保障，这些都有助于维护和促进社会公平和正义。[①] 汤普森在考察 18 世纪发生在英国的粮食骚乱后认为，骚乱是一种历史动力的组成要素。他批评了认为骚乱是非理性行为的观点，认为“粮食骚动有其自身的政治性质；在这种政治中，骚乱可以看成一种理性的和有效的力量。如果不曾存在粮食骚动，那么这种煞费苦心的大杂烩似的保护网[②]可能决不会形成”[③]。

（二）邻比冲突有助于维护公民合法权益

从《中国环境报》报道的案例来看，几乎所有邻比冲突都有助于推动政府和企业对给周边社区造成的各种健康危害和其他负外部性影响进行治理和补偿，有利于维护公民的合法权益。统计显示，根据报道案例中公民对邻避设施负外部性影响的指责，绝大多数（85.73%）建成运行的邻避设施都对周边居民身体健康造成不同程度的负面影响，有些案例对儿童

① 虽然这种补偿和回馈本身便存在违背社会公正和道德伦理等问题，但总体来说，补偿比没有补偿显然要更为公平，而对于既成事实的危害，除了补偿外也难以寻求更为公平合理的措施。关于补偿或回馈问题的进一步讨论，详见本书第六章。更为详细的讨论涉及正义伦理等更为深刻的伦理哲学问题，可能需要专题政治伦理哲学的研究，已经超出了本书讨论的范围。

② 指英国在 18 世纪建立起来的各种保护贫穷人群粮食权利的措施，如《济贫法》的出台、慈善活动、补助金、限制酿麦芽酒、禁止使用发粉等措施。——引注

③ ［英］爱德华·汤普森：《共有的习惯》，沈汉、王加丰译，上海人民出版社 2002 年版，第 314 页。

的身心发展造成巨大伤害，如血铅对儿童身心健康的影响（0.03%），[①] 在河南济源克井、承留、思礼三镇 10 个村的 3108 名 14 岁以下儿童中，血铅值超标需要治疗的有 1008 人，占 32.4%；[②] 有的甚至危及周边社区一代甚至几代人的身体健康和生命安全（34.08%），如广州李坑垃圾焚烧发电厂等。部分不合理的邻避设施设址甚至危及上万乃至几十万人的身体健康，如辽宁庆阳特种化工有限公司的超标排放导致"方圆 36 平方公里范围内的 6 万多百姓饱受摧残，整个辽阳市也都受到影响"[③]；而江苏盐城的江苏绿丰生物药业有限公司等 34 家化工企业的污染直接影响了盐城市 20 万人的饮用水安全。[④] 邻避设施不合理设址产生的负外部性影响的严重程度可见一斑，也可见邻比冲突对维护公民合法权益的重要性。

（三）推动社会技术进步

邻比冲突对企业投资的挤出效应以社会整体投资环境不发生巨大改变为前提。邻避设施负外部性影响的根源在于科学技术的不确定性。随着社会公民意识和环保意识的进一步发展，公民维护自身环境权的邻比冲突事件必然大为增加，企业要想减少或消除设施设址可能面对的邻比冲突，则必须实施技术革新以减少或消除设施的负外部性影响。而当公民邻比抗争行动成为一种常态社会现象时，企业希望通过地区间流动以寻找以牺牲环境为代价的低成本投资地区将非常困难，它们唯有通过技术革新以治理或降低设施的负外部性影响，或者寻求技术革新以开发新的替代产品，或者通过发展技术对被邻避设施负外部性影响的环境进行治理，这将有利于推动生产技术和环保技术的进步，促进科学技术的进一步发展，有利于实现技术发展的人本化。

（四）影响社会事业发展的政治经济环境

邻比冲突在对社会政治、经济构成影响的同时，也对社会基础事业构成影响。从一般意义来说，政治是社会发展的重要保障，也是社会发展的动力之一，而经济为社会发展提供物质保障，是社会事业发展的物质基

① 闪朝晖：《铅毒如蝎　害人四百》，《中国环境报》2007 年 6 月 5 日第 3 版。

② 杜光利、万相辛：《"铅都"济源血铅之痛：搬工厂还是迁村庄》，http://health.sohu.com/20091112/n268149258.shtml。

③ 刘晓星：《桃花岛上花不开　污染困扰七十载》，《中国环境报》2007 年 8 月 14 日第 3 版。

④ 钱夙伟：《拆了化工厂就算没事了?》，《中国环境报》2009 年 4 月 29 日第 2 版。

础。邻比冲突会给和谐稳定的社会政治秩序带来一些不利影响，一旦这种影响突破一定限度，就会影响社会事业的发展。但从辩证唯物主义视域来看，一个良性发展的社会应该坚持动态的秩序观和稳定观，毫无变化和发展的“秩序”和“稳定”只能是缺乏活力的一潭死水，这不是马克思主义者应该坚持的态度，一个社会应该坚持动态基础上的秩序和稳定，唯其如此，社会才能保持新鲜与活力，实现不断进步。但如果一个社会的“动态”超出一定的限度也会破坏社会基本秩序，使社会事业的发展失去保障。如前所述，邻比冲突必然会对社会秩序和稳定构成一定影响，当这种影响处于可控范围之内的时候，它对社会政治、经济和社会事业的发展具有一定的促进作用。但如果应对不善，当邻比冲突所引起的“动态”超过一定范围，离开动态秩序和动态稳定的限度，引发大规模社会冲突或流血事件时，必然会给社会事业发展带来不利影响。

（五）增加地方公共物品供给压力

任何社会事业的发展都离不开经济实力的支撑与保障。邻比冲突阻滞地方经济社会发展，减少地方财税收入，影响地方就业市场、降低地方居民收入，并进而对地方社会事业的发展构成影响。首先，邻比冲突导致地方政府财政税收降低，并进而影响地方政府投资社会事业的能力和愿望。邻比冲突阻滞邻避设施设址，对地方污染性企业形成基础效应，这会给地方税收、就业和经济发展带来不利影响，进而影响地方财政税收收入，而财政税收收入下降必然会导致地方政府降低教育、医疗、养老、社会救济、道路交通、环境建设、路灯照明等社会公共福利事业投入，减少公共产品供给。其次，邻比冲突会降低社会公共产品供给能力。邻比冲突对企业产生排斥和挤出效应，增加企业的生产经营成本，这意味着当地企业整体经济实力的降低。虽然企业具有逐利性，但企业的成长必然会对社会事业的发展构成直接或间接影响：提高地方整体经济收入因而促进地方公共事业的发展、直接投资于地方社会公共事业、提供各种公私产品。一般而言，随着企业公共意识和社会责任感的增强，企业的公共产品供给意愿、供给能力和供给数量也会提高，但邻比冲突毫无疑问对此存在负面影响。最后，邻比冲突影响地方就业市场，降低居民经济收入，这也会对地方经济社会事业的发展构成影响。一方面，就业率和经济收入的下降有可能会影响社会稳定，给社会带来诸多不安全和不稳定因素；另一方面，就业率和经济收入的下降也会减少社会提供个人产品的能力，从而增加社会公共产品供给的压力。居民收入丰厚的家庭，其自身对教育、医疗、养老的投入能力必然增加，也就相应减轻政府对医疗、教育、养老乃至社会救济等诸多公共产品供给的压力。反之，政府提供这些公共产品的压力就会增加。

（六）影响地方居民生活品质

邻比冲突对地方居民生活品质的影响是双重的。一方面，邻比冲突会对社会整体生活品质构成负面影响。邻比冲突使各类具有社会公共性的邻避设施设址受到阻滞，自厦门 PX 事件之后，大连 PX 项目设址、宁波 PX 项目设址、闵行 PX 项目设址等一系列冲突事件表明，一些邻避设施设址已经完全陷入困境。与此同时，一些居民所需要的现代化私人产品的有效供给也受到较大影响，如人们因担心电视发射塔和手机通信发射塔的辐射会反对此类设施设址，这会降低社会提供类似产品和服务的能力，对社会信息需求和通信联系构成负面影响，进而影响人们的娱乐和通信生活，降低社会娱乐和通信生活品质。另一方面，邻比冲突会减轻设施对地方环境的危害，维护地方生活环境和财产价值，这有利于地方居民生活品质的维护、保持和改善。

鉴于邻比冲突存在广泛的负面影响，尤其是邻比冲突对政治经济和人民群众身体健康与生命财产可能造成的巨大损失，必须对邻比冲突加以合理引导和治理，在努力保证必要型设施有效设址以维护公共利益的同时，通过有效的政治协商和配套举措，尽可能减少或消除设施对居民身体健康和生命安全等根本权利的危害性影响，或者在道德伦理允许的范围内，在以不牺牲公民根本权利为代价的前提下，对利益受损群体给予合理补偿，这是开展邻比冲突治理的“合法性依据”，也是开展邻比冲突治理应该坚持的基本原则。

第四节　中国式邻比冲突生成的历史制度背景

厘清邻比冲突生成原因是进一步认识邻比冲突本质、开展邻比冲突治理的基础。邻避设施的负外部性影响是产生邻比冲突的直接原因，但设施负外部性影响的存在并不意味着邻比冲突必然发生。从对中国邻比冲突历史和现状的实证考察可以发现，中国邻比冲突既表现出国外一般邻比冲突所有的共性因素，也表现出了中国式邻比冲突所独有的个性特质。考察中国式邻比冲突的历史演进可以发现，中国式邻比冲突有其生成的历史制度背景：公民权利意识是形成邻比抗争的主体思想基础；绿色环保主义的兴起唤起了社会对生存环境的关注；现代科技知识的发展与传播构成了邻比冲突产生的社会背景和知识动力；现代民主政治的发展既是公民权利意识和绿色环保主义兴起的政治基础，也为邻比抗争运动提供了政治空间。

一 公民权利意识成长：邻比抗争行动的主体基础

公民的概念，最早可以追溯到古希腊。在古希腊城邦中，公民是一个有特殊政治权利的阶层，他们是享有参加公民大会、表达和投票、担任城邦官员等权利的自由民，即亚里士多德所谓的“参与法庭审判和行政统治的人”①。但在古希腊，占人口大多数的奴隶是被当作会说话的工具来对待的，享有公民权利的公民仅是一小部分贵族和自由民，而且在当时不合理的政治体制下，部分公民的境遇还会发生变化，严重时甚至还可能会失去公民身份，“随着商业和工业的发展，发生了财富积累和集中于少数人手中以及大批自由公民贫困化的现象，摆在自由公民面前的只有两条路：或者从事手工业去跟奴隶劳动竞争，而这被认为是可耻的、卑贱的职业，并且不会有什么成功；或者就变成穷光蛋”②。沦落为穷光蛋的公民最终极有可能会因生存问题而沦为债务奴隶。古希腊公民境遇的可能变迁表明，公民权利的实现和维护需要其具有维护自身权利的意识和能力。离开公民对自身权利的认识和维护，现有公民权利难以长久延续。如果整个公民社会不具备维持自身权利的意识和能力，其结果不仅意味着单个公民权利和地位的丧失，最终还极有可能会使整个阶层和社会沦为暴力统治集团的臣民，人类公共管理权力异化过程无可辩驳地诠释了这一命题。③

近代意义上的公民概念，源于资产阶级反对封建专制的资产阶级革命，是“天赋人权”“主权在民”“社会契约”等一系列资产阶级民主革命思想在资产阶级政治法律体系中的现实体现，资产阶级国家通过资本主义宪法和法律对公民身份加以确认。现代法学概念中的公民指的是具有某

① ［古希腊］亚里士多德：《政治学》，颜一、秦典华译，中国人民大学出版社 2003 年版，第 72 页。

② 《马克思恩格斯选集》第 4 卷，人民出版社 1972 年版，第 115 页。

③ 陈宝胜：《公共管理模式善变的系统动力学分析》，《安徽大学学报》2009 年第 4 期。

个国家国籍的人，《辞海》对公民的定义是："公民通常指具有一个国家的国籍，并根据该国的宪法和法律规定，享有权利并承担义务的人。"关于公民权利，康德等人主张"天赋人权"，美国《独立宣言》继承了康德等人的思想，坚持"人人生而平等"，公开宣称公民具有"生命权、自由权和追求幸福的权利"；法国《人权宣言》认为"天赋人权"包括四项内容：自由、财产、安全和反抗压迫。马歇尔则认为公民权利可以分为三个部分：民事权利、政治权利、社会权利。① 亚里士多德说："要真正配得上城邦这一名称而非徒有虚名，就必须关心德性问题，这是毋庸置疑的。"② 德性问题是公民应该具有的美德，是公共生活的必然要求，但对公民德性的要求并非是公民无原则地服从国家、政府或"上级"。公民不同于臣民。臣民没有个人主体意识和权利意识，只知匍匐在地、无原则、无思想地服从国家，服从政府，服从"上级"，服从统治者本人。臣民没有自我，更谈不上自我权利。臣民是专制制度的产物，又是专制制度的温床。臣民缺乏自我意识和权利意识，臣民唯一的原则是"服从"，植根于内心的无原则的服从即是臣民意识。现代公民的德性应是立基于对国家、社会、个人关系具有清醒认识基础之上的公民德性。

公民意识的成长是现代国家成长的基础。公民意识是一种现代社会意识，指的是公民对个人与国家、社会以及其他公民之间相互关系的理性认知。③ 雍自元、黄鲁滨认为，公民意识的内涵应该包括：身份意识、平等意识、权利意识、义务意识，其中权利意识是公民意识的核心，它又包括权利认知、权利实现、权利救济、依法行使权利意识等。④ 所谓权利认知意识是指公民对自身享有的权利及其价值、如何有效行使和捍卫自身合法权利等有充分的理解和认知；权利实现意识是指公民积极主张和行使而不是忽视或忘却自己的权利；权利救济意识是指公民在自身权利受到侵犯时的积极而主动地维护自身权利的意识；依法行使权利意识是指公民清醒地认识到权利的行使以不侵害国家、社会或他人的合法权利为前提。可以认为，所谓公民权利意识即指公民在正确认识国家、政府的本质和地位的基

① 参见蒋勤《马歇尔公民资格理论述评》，《社会》2003 年第 3 期。

② ［古希腊］亚里士多德：《政治学》，颜一、秦典华译，中国人民大学出版社 2003 年版，第 88 页。

③ 参见马瑞萍《改革开放以来我国公民意识研究述评》，《教学与研究》2008 年第10 期。

④ 雍自元、黄鲁滨：《论公民意识的内涵和特质》，《法学杂志》2010 年第 5 期。

础上，对自我权利的认知、主张和要求，以及实现和维护自身权利的意识、动机和行为。由此可以认为，公民权利意识应该包括：（1）对自身和他人自由、财产和安全权利的清醒认识；（2）依法追求、维护、捍卫自身权利，反抗压迫的意识和行为；（3）对他人合法权利的理解和尊重；（4）对自身所应承担义务的理解和认同。公民权利意识是现代社会必须具备的基本要素和重要特征。没有公民权利意识的成长，现代国家的成长便失去了根基，而具有权利意识的现代公民是构成现代国家发展和社会发展的重要推动力量。

公民权利意识是产生邻避行为的思想动力。“人进入社会不是要使自己具有的权利比以前更少，而是要让那些权利得到更好的保障。他的天赋权利是他的一切公民权利的基础。”① 邻避设施的负外部性影响主要包括：周边居民财产价值和反对其他邻避设施能力的下降，生活品质、生村环境和社区形象的负面影响、社区服务和社区预算的增加、身体健康的破坏等，这些负外部性影响都是对周边居民自由、财产、安全的侵犯，“天赋人权”决定了周边居民有反抗的权利。然而，如果公民缺乏公民权利意识，不管邻避设施对其周边居民权利侵犯到何种程度，他们也不会形成反对设施负外部性影响的邻比抗争行为：一是没有公民意识的公民不会有反对设施的思想意识：臣民的“德性”是对社会和国家的服从；二是即便他们事实上产生了反对设施的思想意识，也不会形成反对设施的有效政治动员：臣民意识决定了他们只能逆来顺受，而支持设施建设的政府、开发商或其他利益集团还有可能对臣民进行分化、收买、贿赂、欺骗甚至恐吓或弹压。公民权利意识匮乏的社会很难形成邻比抗争的有效政治动员和实际抗争行为。

具有公民权利意识的公民是邻比冲突的主体基础。在人类历史长河中，尤其是自工业革命之后，具有负外部性影响的设施数不胜数，但邻比冲突却直到20世纪四五十年代才在美国正式形成，邻比冲突的大规模爆发更是直到20世纪六七十年代才正式出现。② 翻开美国历史，可以发现在这一时期正是美国黑人民权运动风起云涌的年代，也是美国公民权利意

① ［美］托马斯·潘恩：《潘恩选集》，马清槐等译，商务印书馆1981年版，第142页。

② 关于“邻比冲突”的最早记录之一要数1819年美国克利夫兰市的公爵因计划修建的斯托克顿河达林顿之间的铁路经过了他的一个狐棚而反对议会的铁路建设提案并最终迫使铁路改线。邻比冲突爆发及邻比冲突的研究历史，参见本书第一章国外文献综述部分。

识极度张扬的时期。美国黑人民权运动进一步激发了美国社会的公民权利意识和平等意识，为20世纪60年代美国社会普遍高涨的民权运动揭开了序幕，这与邻避设施负外部性影响的现实效应以及同一时期高涨的环境保护运动一起成为邻比抗争运动的社会环境，反对邻避设施集中于黑人社区和弱势群体社区的邻比抗争运动因而大规模爆发。可以说，离开了公民权利意识的极大发展，美国社会便失去了邻比抗争运动爆发的公民主体基础。

中国邻比冲突的产生主要始于改革开放后的20世纪90年代，改革开放之初，“高高的黑烟囱”是现代化发展的重要标志，很多邻避性设施在当时都是现代化发展成果的象征，各类邻避设施经常面对的是非理性的迎臂现象而不是反对邻避设施的邻比抗争行动，这一方面是长期落后状态下对国家发展的愿景和满足社会需要的冲动共同作用的结果，另一方面也是源于中国社会对设施负外部影响的知识和实践经验的不足，更重要的原因则是源于中国社会公民权利意识的匮乏。五千年封建传统的中国，再加上中华人民共和国成立后国家意识和集体意识的强化，在很长一段时间内，中国社会事实上只有国家、集体利益而没有公民个人权利，社会公民权利意识严重不足。改革开放使中国的大门逐渐打开，随着经济社会的发展，思想意识的解放，公民权利意识也开始在中国社会植根发芽并日渐成长，到20世纪90年代，反对邻避设施的邻比冲突逐渐显现，这与改革开放和中国的经济、政治、社会发展为邻比抗争活动所提供的公民主体基础密不可分。

二　环境保护运动的兴起：邻比冲突产生的社会背景

邻比冲突在很大程度上源于人们对自身生存与生活环境的关注。只有当人们开始重视周边生活环境对自身的影响时，才会对具有负外部性影响的设施产生邻避情结。邻比冲突的产生和发展与环境保护运动的兴起息息相关。从广义来说，人类对自然环境的态度经历了四个历史阶段：一是“敬天畏神”的蒙昧阶段。在科技文明不发达的古代社会，自然环境的“天威难测”使人类在自然环境面前总有无能为力之感，因为无法解释种种复杂而神奇的自然现象，人类对自然的态度只能是传统蒙昧的“敬天畏神”。二是人类自发探索和尊重自然、与自然和谐相处的同时又适度改造自然的农业文明阶段。早在战国时期，孟子就阐述了“数罟不入洿池”

"斧斤以时入山林"的朴素环保思想，这表明人类在农业文明时代敬天畏神的同时，事实上已经开始探索和思考人与自然之间的关系。当然，为了使自然环境更适于人类生存发展，人类也在利用智慧和力量逐步改造自然，但由于农业社会生产力和技术发展水平的不足，这一阶段对自然的改造基本还维持在自然可以接受和自我修复的限度内。三是予取予求的破坏阶段。工业革命的发展极大地释放了人类的生产力，在资本主义对财富欲望的驱动下，以科学技术进步为动力，人类在恣意向自然索取各种资源的同时，还肆意向自然界排放各种污染物，人类对自然界予取予求的态度，极大地破坏了自然生态。四是尊重自然的环境保护阶段。工业社会的各种经济生活活动对原始生态环境的破坏日益严重，人们开始意识到保持自然环境对人类自身的重要作用，有识之士开始倡导环境保护，人类对自然的态度逐渐步入尊重自然、爱护自然的环境保护阶段。

尽管人类历史上保护环境的言论和实际行为源远流长，但现代意义上的环境保护运动兴起于美国。美国现代环保运动，是 19 世纪末期以来资源保护运动和荒野保护运动的发展和继续。[①] 工业革命之后，尤其是第一次世界大战之后，西方主要资本主义国家经济快速发展，工业化进程不断加快，人类对自然资源的开发利用和破坏也达到了前所未有的规模和程度，局部地区自然环境的破坏远远超过了环境的承受能力，自然环境已经无法自我更新与修复，这直接导致了 20 世纪中期一系列环境公害事件的发生，如 1930 年的马斯河谷事件、1943 年的洛杉矶烟雾事件、1948 年的多诺拉事件、1950 年开始的日本水俣事件，等等。日益频发的环境公害事件引起人们对环境的极大关注，各大新闻媒体纷纷报道环境公害事件，一些富有责任感的科学家开始关注环境问题。1949 年，美国著名科学家奥尔多·利奥波德出版了《沙乡年鉴》一书，该书是利奥波德生态学理论研究的科学总结，他在书中严肃批评了功利主义自然资源保护运动中出现的问题和流弊，从哲学、伦理学、美学及文化传统的角度深刻阐述了人与自然应该具备的关系，提出要尊重土地和热爱土地的土地伦理思想。作为现代生态思想的奠基性著作，该书因而被美国环境史学家苏珊·福莱特评价为"自然史文献中的一部经典，环境保护主义的圣经。……是利奥

① 高国荣：《美国现代环保运动的兴起及其影响》，《南京大学学报》2006 年第 4 期。

波德为一代人指出了一种新的自然观和一个用以透视人与自然关系的新视角”①。20世纪50年代末，美国生物学家蕾切尔·卡逊用四年时间对美国杀虫剂污染情况开展了大量调查和研究，于1962年出版了《寂静的春天》一书，该书被认为是人类首次关注环境问题的著作，它从环境污染对生态环境的影响角度出发，用全面深入的研究和令人信服的论证，阐述了人类同大气、海洋、河流、土壤、动植物之间的密切关系，揭示了人类活动和环境污染对生态系统的破坏性影响，她通过对比手法所描述的“寂静的春天”场景极大地唤醒了美国乃至世界人民的环境保护意识。前美国副总统戈尔曾这样评价《寂静的春天》：“如果没有这本书，环境运动也许会被延误很长时间，或者现在还没有开始。《寂静的春天》播下了新行动主义的种子，并且已经深深植根于广大人民群众中。……她的声音永远不会寂静，她惊醒的不但是我们国家，她惊醒的甚至是整个世界。”②

环境保护运动的兴起是产生邻比冲突的社会背景。众多公害事件的触目惊心和科学家的倡导推动形成合力，使美国社会的环境保护意识空前觉醒，特别是当各种公开报道的环境公害事件持续不断地震撼社会的神经时，越来越多的人开始担心自己会生活在不安全、不健康的环境之中，人们开始关注自己周边的生活环境，关注各种潜在危险，几乎所有现代新兴设施都被纳入公众有色眼镜的视野中，成为环境保护运动所关注的对象，“到战后，环境就已包括空气、水质、工作和居住场所的卫生状况、噪声等与日常生活息息相关的所有外部条件。……随着体验和接触自然等户外休闲活动的增加，自然的美学价值得到普遍的欣赏和认可。……公众健康状况的改善，也扩大和延伸了关于健康的观念，从强调降低死亡率转向强调降低发病率，健康与环境也被直接联系起来。环境中的有毒有害污染物及其轻重程度，对人体健康的短期和长期危害，已经引起了公众的忧虑”③。空前觉醒的环境保护意识、越来越严重的环境污染、政府环境保护工作的不力、民权运动激发的普遍公民权利意识，四者共同推动了一场席卷美国乃至世界的环境保护运动。从20世纪60年代开始，人们纷纷走上街头举行示威游行活动，要求政府采取有效措施治理和控制环境污染，

---

① ［美］奥尔多·利奥波德：《沙乡年鉴》，侯文蕙译，吉林人民出版社1997年版。

② ［美］蕾切尔·卡逊：《寂静的春天》，吕瑞兰、李长生译，吉林人民出版社1997年版，第10—12页。

③ 高国荣：《美国现代环保运动的兴起及其影响》，《南京大学学报》2006年第4期。

环境保护运动开始在全美乃至全市界范围内蓬勃兴起，这为人们关注自家附近邻避设施的负外部性影响提供了社会背景。伴随着美苏两国核竞赛和冷战对峙，各种核设施越来越多，而随着工业化进程的推进，核设施、化工设施等其他工业设施及其带来的固体垃圾也在不断增多，核设施、化工设施、放射性废弃物处理场、垃圾掩埋场等设施给周边地区所带来的危害让人胆战心惊，在环境意识空前觉醒、环保运动蓬勃兴起，设施负外部性影响的现实公害事件和理论知识愈益增多的情况下，反对在自家附近建设和运营各种邻避设施的邻比抗争运动开始风起云涌，环境保护运动的兴起为邻比冲突的发展提供了广阔的社会背景，美国社会的邻比冲突进入了空前爆发阶段。

中国环境保护运动的兴起是中国式邻比冲突产生的重要原因。中国社会历来有关注环境的传统，《诗经》《论语》《淮南子》等古代典籍中随处可见关于人与自然、人与环境的论述。及至现代，由于工业化的高速发展，环境污染所造成的生态危害已经严重影响了人们日常生活，给人们的身体健康和生命安全带来巨大危害，伴随着各种环境问题的不断出现，社会环境保护意识也在不断增加。与此同时，国际环境保护运动的兴起也对中国社会环境保护意识和环境保护运动的发展起到了极大的示范和推动作用，在内部环境问题和外部环境保护运动的双重作用下，中国社会的环境保护意识也在不断觉醒，环境保护运行逐渐兴起，成为推动中国邻比冲突爆发的重要原因。

三　现代科学技术知识的发展：邻比抗争的知识动力

科学技术是第一生产力，它是人类社会发展的重要动力，也是衡量人类社会发展程度的重要标志。在遥远的古代社会，人类的科学发展水平很低，科学的存在形式仅仅是直观观念和经验观察所得到的知识积累，技术也仅止于生产经验和劳动技能，直观观念和经验积累虽然也使古代科学知识取得了一定的成就，但总体来说发展缓慢。科学知识的快速发展始于资本主义生产方式的萌芽。文艺复兴运动极大地解放了受宗教神权长期禁锢的思想，为科学知识的繁荣提供了思想动力，从而催生了现代科技革命。以蒸汽机的发明为标志的第一次科技革命催生了西方工业革命的发生，它为资本主义生产方式的兴起奠定了基础，而资本主义的发展又为科学技术的发展提供了巨大动力和契机。电力的发明和广泛运用是人类历史上的第二次科技革命，它在为机器注入动力的同时，也为工业化和现代科技的进一步发展注入了动力，成为推动现代科技飞速发展的助推器。人类历史上的第三次科技革命出现于20世纪50年代，它以核技术、电子计算机和空间技术的发展和运用为标志。第三次科技革命彻底改变了人类社会的生产和生活方式，使人类第一次学会用机器运行代替脑力劳动，使生产自动化和自动控制走入人们的视野，极大地推动了现代工业的发展。计算机技术的出现还使人类从传统相对封闭与隔离状态开始走入“地球村”，互联网等现代通信和传播手段的运用极大地提高了知识和信息的传播速度，使人类进入知识和信息快速传播的时代。20世纪80年代开始出现的新材料、新能源、生物工程、海洋工程、现代等高科技技术的出现是人类历史上第四次科技革命的开始，它使人类社会开始向信息社会和知识经济时代过渡。

现代科技知识的发展是产生邻避设施的知识原因。现代科学技术的发展进步全方位地推动了人类社会的发展，改变了人类社会的劳动形式、生产方式、生活方式乃至社会结构和思维方式，为人类社会带来了巨大的物质和精神财富，极大地满足了人类社会的物质和精神需求。但现代科技是一把双刃剑，它在促进经济社会发展，造福人类社会的同时，也给人类社会的生存与发展带来了诸多不利影响，各种全球问题和环境危机不断出现，人口快速增长、资源枯竭、能源短缺、环境污染、生态失衡等现代危机问题在很大程度上都是现代科技发展负面作用的结果，正是科学技术在工业中的近乎急功近利的运用导致了这些问题的出现。“危险的来源不再是无知而是知识；不再是因为对自然缺乏控制而是控制得太完善了；不是那些脱离了人的把握的东西，而是工业时代建立起来的规范和体系。”①现代科学技术在为人类提供“征服自然”和“改造自然”的工具的同时，也成为自然界报复人类的工具——现代科学技术所造成的各种负外部性影响开始反噬、危害人类的生存环境、身体健康与生命安全，成为威胁人类社会的巨大风险源。以为人类服务为目的的科技理性变成了危害人类自身的科技非理性：现代科技知识的发展导致了现代邻避设施的大量出现。

现代科技知识的发展赋予了人类认识邻避设施负外部性影响的能力。面对日益严重的生态失衡和环境危害，人们开始全面反思科学技术与人类

① Beck，U.，*Risk Society*：*Towards a New Modernity*，London：Sage Publication，1992，p. 183.

发展的关系，审视现代科技所引发的技术风险和现实危害。在传统思维中，对科技的盲目崇拜使人们将科技置于至高无上的地位，凡是被冠以“科学”的东西往往都被认为是确定无疑的，但现实打破了这种乌托邦式的幻想：科学技术存在很大的风险性和不确定性。科学技术的风险性和不确定性源于人类认识能力的局限性和事物本身的辩证逻辑。虽然科学技术存在不同程度的局限性和危害，但消除科学技术再回到蒙昧的未开化年代显然并不现实，科学技术造成的问题只能寻求通过发展科学技术来解决，这有赖于利用现代科学技术手段来认识既有科学技术可能存在的负外部性影响、认识它们已经造成的实际危害、寻求解决这些负外部影响和实际危害的方法。实际上，对现代科技负外部性影响的认识源于现代科学技术知识的发展，没有现代科学技术知识的发展和支持，不可能对核设施、输变电线路、医用废料、垃圾掩埋场、垃圾焚烧厂、化工厂等邻避设施的负外部性影响有较为清晰的认识，现代科技知识为认识邻避设施的负外部性影响提供了知识基础。

现代科技知识是产生邻比冲突的知识动力。现代科技知识极大地丰富了信息传播方式，提高了信息传播速度和传播效率，成为邻比抗争者邻比抗争行为的知识动力。一方面，现代科学技术知识的发展增强了人类认识邻避设施负外部性影响的能力，积累了大量关于邻避设施负外部性影响的知识和信息，但这种认识并非一开始就能被社会公众所熟知和了解。藏在书斋和实验室里的科技知识并不能对公民邻比抗争行为产生任何实际影响，只有关于邻避设施负外部性影响的知识真正为社会所掌握，社会公众才有可能会产生邻比抗争行为。现代科学技术的发展改变了传统的信息传播方式，天涯若比邻式的网络媒体、移动信息终端等现代传播媒介，极大地提高了知识信息传播速度，使人类真正进入了信息裂变式传播和知识共享时代，搜索引擎的强大搜索功能，使人们几乎可以在瞬间找到相关邻避设施负外部性影响的必要信息，为设施周边地区居民了解设施的负外部性影响提供了便利，也为邻避情结和邻比抗争行为的产生提供了知识动力。需要指出的是，现代传播方式的发展，也极大地增加了信息传播管理的难度，这使得海量信息总是良莠不齐，其中不乏虚假、夸张信息，而对一般公众来说，要在海量信息中正确区分和识别信息的真伪存在很大难度。这种情况下，“宁可信其有不可信其无”的心理情境使那些虚假、夸张信息往往更容易被群众接受，进一步增强了公民邻避情结的强度，使邻比抗争行为更为剧烈。另一方面，现代传播工具的产生，也极大地提高了反对设施的邻比抗争动员的效率。网络、电视、移动电话、MSN、QQ、Skype、网络博客等现代交流、通信工具可以使各种邻避设施相关信息在公民中快速传播，使邻比抗争行动的政治动员更加高效，反对厦门 PX 项目的“散步”动员就是手机短信和 QQ 快速传播的结果。此外，网络等现代工具可以迅速放大反对设施的反对意见，对设施的倡议者、开发商以及政府形成强大的舆论压力，进而增加反对设施的邻比抗争行动的有效性，南京汉口路西延工程冲突、广东番禺垃圾焚烧发电厂设址事件等，都是此种情况的典型案例。

四　现代民主政治发展：邻比冲突形成的政治空间

从生物学视野来看，自然界中的各种生物组成了一个宏观生态系统，这个宏观生态系统中的各个子系统之间相互影响、相互制约，宏观系统中的每个子系统或个体的生存与发展都受到其所在的上一级系统直至整个宏观生态系统的影响，将这种观点用于分析政治生活便形成了政治生态学。政治生态学理论认为，如同自然生态系统一样，政治生活系统是由不同政治主体构成的有机整体，系统中每个政治主体都既受其他主体的影响，又受整体政治生态环境的制约，任何政治经济社会现象都具有其现实政治生态背景，是一定政治生态环境影响的产物。“凡是在人类建立了政治或社会组织单位的地方，他们都会试图防止不可控制的混乱现象。”① 公民反对邻避设施的邻比抗争行动会阻滞设施的建设和运营，影响设施公共效用的实现，严重情况下还会对公共生活、社会秩序构成影响，就一般意义来说，邻比冲突必然是政治系统要加以强力控制的对象，专制社会尤其如此。因此，邻比冲突的产生离不开宽容而民主的政治空间，在宏观政治生态环境中，影响邻比冲突生成的政治因素很多，但现代民主政治的发展为邻比冲突的形成和发展提供了现实政治空间。

汤普森在考察 18 世纪英国社会普遍发生的粮食骚乱时说：“如果不存在某种报偿和某种行动空间，骚动就不会这样普遍地出现，在这种空间中，直接行动成为一种保护方法，使穷人不被新近解放的农业利益集团的

① ［美］埃德加·博登海默：《法理学——法律哲学与法律方法》，邓正来译，中国政法大学出版社 2004 年版，第 342 页。

胃口所吞没，是对投机者和奸商的一种警告，是要求当局使应急措施和赈济行动投入运转的警报信号。这类行动可以（及能够）采取许多形式，从谦卑的请愿到写恐吓信和放火，或封锁和攻击磨坊、面粉厂，但它总是一种有深刻背景的经济和政治事件。”① 汤普森充分肯定了公民面对无良农场主和无良商人在灾害年份输出粮食和哄抬粮价时所采取的骚乱行为，但也肯定地指出了这种骚乱的发生需要一定的政治空间。② 他认为在社会对饥荒的威胁以一种宿命论的甚至顺从的态度加以接受的社会中，限定粮价导致的骚乱不可能发生，如印度和孟加拉，而在公民面对饥荒的粮食骚乱不能得到统治者的支持的情况下，如在爱尔兰，当民众反对饥荒年月的粮食输出和限定物价的骚动遭到统治者军队的镇压的情况下，骚乱也不可能取得成功，这部分是因为“这里不存在平民可以向其统治者施加压力的政治空间”。

汤普森关于印度和孟加拉不发生骚乱及爱尔兰骚乱不能“奏效”原因的论述实际上说明了两个问题：一是对统治者施加压力的政治行动需要公民主体基础；二是对统治者施加压力的政治行动要得到统治者一定程度的“许可”甚至鼓励，亦即所谓的“政治空间”。从某种程度上而言，邻比冲突实际上也是公民对政府施加压力，它的形成也需要一定的政治空间：一方面，没有现代民主政治的发展，也就没有现代公民意识和邻避情结的生长基础，邻比冲突也就失去了邻比抗争行动的主体；另一方面，没有现代民主政治发展所确立起来的民主理念和制度化的公民参与渠道，就没有邻比抗争运动的政治生态环境，公民的邻比抗争行动难以取得实质成效。

现代民主政治的发展为公民权利意识的成长提供了政治空间。前已论及，现代公民意识的成长是邻比抗争行动的主体基础。公民意识是实践的产物，离开了资产阶级民主革命和现代民主政治参与实践的推动，现代公民意识至多只是思想家和政治精英集团的“俱乐部产品”而已，而不能真正成为为广大市民所掌握的思想利器，但政治革命打倒了“专制权力，

① ［英］爱德华·汤普森：《共有的习惯》，沈汉、王加丰译，上海人民出版社 2002 年版，第 308 页。

② 汤普森关于英国 18 世纪所发生的粮食骚乱的论述富于重要启示意义，详细论述参见［英］爱德华·汤普森《共有的习惯》，沈汉、王加丰译，上海人民出版社 2002 年版，第 3—4 章。

把国家事务提升为人民事务，把政治国家确定为普遍事务……政治解放一方面把人变成市民社会的成员，变成利己的、独立的个人，另一方面把人变成公民，变成法人”①。具体而言，资产阶级民主革命和民主政治实践一方面打破了神权、王权束缚下的臣民意识，将立基于契约精神之上的政治国家思想植根于市民社会之中，并用宪法原则对公民的主体资格和民主权利加以确认，从而为“市民”转化为“公民”提供了政治原则的保障，另一方面又为公民意识的成长提供了实践基础。从教育心理学视角来说，公民意识是一个习得过程，而现代民主政治的体验与实践为公民意识的习得提供了契机，在现代民主政治提供的公民教育、参与实践的熏陶和训练下，公民才能产生维护自我权利的公民意识，才能适应现代民主政治的游戏规则，才能提高民主参与的实践能力。只有具备了现代公民意识的公民在面对邻避设施的危害时才能产生邻比抗争的邻避情结，由此而言，现代民主政治所形塑的公民意识是产生公民邻避情结的思想基础。

现代民主政治的发展为邻比抗争运动提供了政治生态空间。现代民主政治在其发展过程中逐渐建立起了一整套的民主理念和民主形式。现代民主制度强调公民至上、人权至上，1789 年法国的《人权宣言》第 2 条公开宣称：“一切政治结合的目的都在于保存自然的、不可消灭的人权；这些权利是自由、财产、安全和反抗压迫。”现代民主政治的发展使公民的基本权利在法律上和事实上得到了确认与维护，公民有自由权，财产权，集会、集社、游行、示威、言论自由等权利，这些都为公民维护自身基本权利的抗争运动提供了政治空间，虽然这种政治空间在不同的国家有不同的实然状态，但就整体而言，现代民主政治的发展必然使这种政治空间越来越为真实和广泛。邻避设施对周边地区的负外部性影响主要表现为财产、健康、生活环境等方面的影响，这些都涉及公民的基本权利，按照现代民主政治的理念和逻辑，公民当然有采取抗争运动以反对侵害的权利。当然，公民反抗邻避设施负外部性影响的抗争运动应该在一定的限度之内，约翰·博施泰特在《英格兰和威尔士的骚乱和共同体政治：1790—1810》中对英格兰和威尔士的骚乱进行研究后得出结论：共同体传统所提供的社会庇护与骚乱之间存在着互惠的义务与职责，尽管骚乱或直接压价的行为绝不是合法的，但当局和民众都遵循着一种公认的限度——

① 《马克思恩格斯选集》第 1 卷，人民出版社 1995 年版，第 443 页。

“骚乱者不直接挑战整个财产和权利体系”，只要不超出这一点且避免暴力，当局有时会做骚乱者规定价格的帮凶，并会宣称“社会和平比绝对的财产权，或不如说获利权，更为重要”，正是由于当局的这种支持才使骚乱者成功地“修改了农夫和粮商的财产权”。[①] 这即是说，公民维护自身权利的反抗运动要在一定的限度之内，即以不破坏现有政治和财产体系为原则，而且应该尽可能避免使用暴力。

① Bohstedt, J., *Riots and Community Politics in England and Wales, 1790–1810*, Cambridge, Mass., 1983, pp. 54, 202, 220–221.

第三章

政府强制型邻比冲突治理模式及其生成逻辑

公民权利意识的成长、现代民主政治空间的拓展、环境保护运动的兴起和现代科技知识的发展等，使我国邻比冲突日益频繁。以PX项目为例，从厦门PX项目开始，大连、宁波、茂名、昆明、闵行等地的PX项目建设几乎无一例外地都受到了拟设址周边居民的反对；而在城市垃圾处理设施设址中，北京六里屯垃圾处理场、广西灌阳垃圾填埋场、广东番禺垃圾焚烧发电厂、浙江余杭中泰垃圾焚烧发电厂、江苏南京江北垃圾处理场等，各地因反对垃圾处理设施设址引发的邻比冲突事件更是此起彼伏；此外，四川什邡宏达钼铜项目群体性事件、福建永泰高压电塔建设冲突、南京汉口路西延工程争议、浙江温州黄龙公墓建设冲突等，都显示我国反对各类邻避设施设址的邻比冲突已经进入“新常态”。公共利益悖论的经济本质和科技发展的局限性决定了邻比冲突治理的现实困境。面对这一现状，我国地方政府采用何种模式来治理日益频发的邻比冲突？治理绩效如何？这是本章重点考察的问题。

第一节　灌阳垃圾填埋场设址：“有序推进”背后的激烈冲突

城市化进程的快速推进，使城市人口不断增加，城市规模持续发展，随之引发的城市垃圾处理问题已经成为中国城市治理面临的重大难题。据报道，目前我国有超过 1/3 的城市正深陷垃圾围城的危机，[①] 全国地级以上较为大型的 668 个城市中，有 2/3 处于垃圾包围之中，1/4 以上已经没有垃圾填埋堆放场地。[②] 城市垃圾处理设施已经成为一种“不可或缺”的城市公共基础设施，但各种伴生的负外部性影响使垃圾处理设施设址面临公民邻比抗争的巨大难题。“过去两年，有 30 多个城市发生居民反对修建垃圾焚烧厂的事件，政府、企业、专家纷纷卷入其中。”[③] 垃圾处理设施设址导致的邻比冲突事件已经成为一种典型的邻比冲突事件，正在考验着各级地方政府的公共管理和公共决策能力，也成为当前邻比冲突治理需要重点关注的领域。在各类垃圾处理设施设址冲突中，广西灌阳垃圾填埋场的设址冲突为此提供了有益启示，当地政府在设施设址冲突中强力推进垃圾填埋场设址的做法，体现了不少地区地方地方政府一贯的社会治理理念和行为方式，折射出基层公民维权的艰辛历程和传统行动逻辑。

一　灌阳垃圾填埋场事件概述

2009 年 7 月，广西灌阳县决定在该县灌阳镇合龙村建设县垃圾填埋场，在遭到合龙村村民的强烈反对后，灌阳县政府根据灌阳镇福星村村支书杨某的“申请”，决定将垃圾场建于福星村大竹凹。[④] 然而，由于福星村村支书杨某的“申请”是在“既没有召开村民会议，也没有召开村民代表会议”的情况下做出的，而且大竹凹距离当地人称为“母亲河”的灌江上游较近，福星村及相邻各村的村民担心在此兴建垃圾填埋场会污染环境，破坏饮用水水源，因此，在福星村建设垃圾填埋场的决定同样遭到了当地居民的强烈反对。自当年 8 月开始，福星村村民开始采用上访、阻挠施工等方式阻止项目建设。在遭到多次抵制之后，灌阳县公安局 5 名公安人员于当年 6 月 11 日前往福星村发放传唤通知书，传唤相关村民到公

---

① 李柯勇、南婷：《中国三成城市深陷垃圾围城　焚烧厂建设引担忧》，http://news.xinhuanet.com/2010-10/31/c_12720525.htm。

② 《破解中小城市垃圾围城 路在何方?》，《科技日报》2010 年 12 月 10 日第 7 版。

③ 李柯勇、南婷：《中国三成城市深陷垃圾围城　焚烧厂建设引担忧》，http://news.xinhuanet.com/2010-10/31/c_12720525.htm。

④ 在此之前，福星村村民向灌阳县委、县政府检举揭发杨某“廉价买卖以及私自砍伐集体林木”，村民认为杨某申请在当地建设垃圾填埋场的举动意在想通过帮助县政府解决在合龙村建垃圾场进退两难的问题，使自己免于被追究廉价买卖和私自砍伐集体林木的责任。

安局接受调查，再次遭到村民抵制而引发冲突。此后，灌阳县政府对少数反对工程建设的主要人员采取了秘密强制措施，并坚持“举全县之力推进生活垃圾处理项目建设”。在县政府的强力推动下，项目得以“有序推进”。[①] 但在项目“有序推进”的过程中，发生了“涉嫌犯罪”的阻止施工的14名村民神秘“失踪”、警民之间催泪瓦斯和砖头板凳之间的对抗、15名村民赴京上访被截回后5人被捕，以及“对非法阻碍施工的11人进行依法处置，带离现场”[②] 等冲突现象，“有序推进”的背后折射出激烈的邻比抗争、邻比冲突现实和垃圾处理设施设址的困境。

二　灌阳垃圾填埋场设址冲突治理模式

在灌阳垃圾填埋场设址冲突事件中，在冲突爆发、引起媒体广泛关注后，当地政府面对媒体举行发布会，从政府角度对事件做出了解读和说明，但作为邻避设施设址和邻比冲突治理决策的制定和执行主体，当地政府先是主导和垄断了垃圾填埋场的选址决策过程，而后在政策执行过程中又采用单一粗暴的行为方式，违规使用警力对村民使用强制措施，并采用秘密强制的方式逮捕和威胁反对设施设址的村民，这些表明在整个邻避设施设址和邻比冲突治理决策与执行过程中，当地政府严重缺乏程序意识、民主意识和法律意识的客观现实，在很大程度上体现为传统政府本位、官本位的统治型行政理念，政府强制型治理方式。

（一）政府主导选址决策过程

灌阳县政府在选址决策之初选定三个备选地点，经过环评等基本程序后，县政府确定合龙村为垃圾填埋场设址地点，当在合龙村的填埋场建设工程遭到当地居民反对后，县政府转而根据福星村村支书杨某的申请，决定将垃圾填埋场建于福星村大竹凹。除了杨某个人在村支委会上做了简单通报之外，在大竹凹建设垃圾填埋场的选址决策并没有征得多数村民的同意，也没有引入实质性的公民参与。县政府虽然根据规定进行了地质勘查和环评等必要程序，也听取了部分专家的

① 阳暄：《灌阳卫生填埋场建设有序推进　依法处置阻碍施工人员》，http://www.gx.chinanews.com.cn/news/SHEHUI/2010/1118/10111823059IFBF 81063I7K7G5CFA1A.html。

② 同上。

意见，但从实际环评资料来看，地质勘查资料可能存在不真实的现象，由此可以看出，决策过程中的专家参与和环评存在一定的虚化或弱化现象，灌阳县政府在整个决策过程中处于主导地位并垄断了选址决策过程。由政府主导或垄断选址决策过程，在整个决策过程中，不引入公民参与，也不公开信息，社会反对设施设址决策的声音当然较小，甚至根本就不会引发社会反对设施选址决策的声音，这种选址决策方式一般能很快确定邻避设施设址地点，决策效率较高，但从灌阳选址决策实际情况来看，当地群众对政府在前期决策过程中没有听取他们的意见和突然改变邻避设施设址地点的决策意见较大，这是他们反对垃圾填埋场工程建设的一个重要原因，可见政府主导或垄断邻避设施设址决策和执行过程的政府主导型邻避设施设址决策方式，并不能从真正意义上达到有效治理邻比冲突的目的。

（二）强制型政策执行方式

改址大竹凹修建垃圾填埋场工程的决策遭到福星村村民反对后，灌阳县政府采用行政手段强力推进工程建设。县政府召开动员大会、先后两次发布新闻通告，将福星村村民的邻比抗争行为界定为“严重威胁基层村干部的人身、财产安全，也将要和正在影响全县经济社会的发展”的“非法”行为，并且先后拘留、逮捕村民二十多人次，是一种典型的政府强制型政策执行方式。虽然 2009 年 6 月 11 日的警民冲突爆发后，当地县政府组织了“包户做思想工作”等政策宣传活动，并给当地 243 户被征地农民共发放征地补偿款 583 万元，但在强制抓捕和强制推进设施建设以及没有环境损害补偿的情况下，靠“包户做思想工作”的思想教育工作方式显然并不能使村民真正接受垃圾填埋场设址。政府强制型邻比冲突治理，虽然在短时间内可以有效压制社会的邻比抗争行为，实现邻避设施的有效设址，但从长期来看，其负面影响可能较大，有时甚至可能会在当地村民乃至下一代村民心中埋下怨恨的种子，最终导致社会与政府之间的心理对抗，或酿成更大规模的社会冲突。[①] 此外，如果邻避设施选址不科学不合理，一旦设施成功建成运营，其对当地环境和周边居民的影响也是不容忽视的，最终会以牺牲公共利益与政府的公信力为代价，这显然不是邻

---

① 参见火兴才、刘树锋、冯军《广西灌阳：生活垃圾填埋场选址风波调查》，http：//www. cet. com. cn/20100726/a2. htm。

比冲突治理的题中应有之义。

三　垃圾填埋场设址冲突过程中的邻比抗争行为分析

与政府邻避设施设址决策和冲突治理的传统强制型决策模式相对应，受经济发展水平、受教育程度、客观现实条件的限制，福星村村民反对垃圾填埋场设址的邻比抗争行为亦带有很大的传统色彩，在很大程度上体现了落后地区公民邻比抗争行为的一般特征和落后地区弱势群体邻比抗争行为与维权行为的艰辛，诠释了邻避设施设址和邻比冲突治理过程中存在的环境不正义现象导致的普遍特性：弱势群体的政治、经济、地位决定了他们难以组织起有效的邻比抗争行动，因而容易陷入“弱势地位—难以组织有效的邻比抗争行动—邻避设施成功设址—受设施负外部性影响—更加弱势”的恶性循环。

（一）传统而简单的邻比抗争行为

灌阳县政府决定将垃圾填埋场改建于福星村大竹凹之初，为了阻止垃圾填埋场在当地设址，福星村村民先后多次到灌阳镇、灌阳县、桂林市、广西壮族自治区及北京相关部门上访反映问题而无果。在通过正常上访途径未能有效解决问题的情形下，当地村民转而在工程开工时阻挠工程施工，他们堵在入村的村口不让施工队和大型施工机械进入施工现场，很多村民甚至以下跪等方式央求施工队和政府官员不要施工。在当地政府以“涉嫌犯罪”为由对反对设施建设的村民采取强制措施时，虽然村民也质疑警察抓人的合法性，但他们没有通过正当渠道来寻求让政府放回村民（在事件情境中，即便他们通过正当渠道，如正常上访或法律诉讼等，可能也无济于事），而是包围到村送达拘留书和传唤通知书的五名警察，打算扣留五名警察来“交换”被捕村民，最终将事件演变成警察催泪瓦斯和村民砖头板凳之间激烈对抗的警民冲突，最终被县政府定性为“在少数不法分子的操纵下，聚集群众，非法阻拦，阻断交通，演变到非法妨碍公务，暴力抗法，打伤公安人员，非法拘禁公安人员，严重威胁基层村干部的人身、财产安全，也将要和正在影响全县经济社会的发展”。可见村民在整个事件过程中采用的是传统而简单的诉求表达方式。

（二）缺乏有效的邻比抗争策略

作为农民，福星村村民不可能像番禺的中产业主们那样，将当地的邻比抗争行为上升为对整个垃圾焚烧处理方式的质疑而获得社会的广泛认同，更不可能像番禺的中产业主们那样有效地联合花都公园、李坑等地乃至整个广州市的市民来反对在本地建设垃圾焚烧厂项目。邻比抗争策略的缺乏在很大程度上降低了福星村村民邻比抗争行为的有效性。仅反对在当地建设垃圾填埋场，局限于一地的“自私行为”，靠两百多户村民的上访和“涉嫌犯罪”式的阻挠施工、扣留警察的传统暴民式邻比抗争行为方式，没有网络媒体、专家政治的外在环境，也没有通过正当渠道如行政诉讼对政府决策程序的质疑（虽然村民实际上已经意识到政府程序不合理，但从当地村民上访遭遇来看，即便他们通过诉讼渠道来表达诉求，可能也很难得到更为积极的效果）。毫无策略可言的邻比抗争行为方式，是村民邻比抗争活动失败的重要原因，也说明了处于弱势地位的弱势群体难以有效组织邻比抗争的事实，也在一定程度上表明我国邻避设施设址和邻比冲突治理过程中存在环境不正义现象。

（三）有限的邻比抗争资源

经济发展水平、公民文化水平、现实技术资源条件以及社会资源和影响力的有限性，决定了当地村民不可能像番禺事件中的中产业主们那样组织起有效、有序的诉求表达行动，也决定给了他们不可能像番禺的中产业主们那样有效地使用网络等现代传播工具来扩大自身邻比抗争行动的社会影响力，更决定了他们不可能如厦门 PX 项目事件过程中的反对者一般，拥有专家院士和政协委员在全国两会上提出提案来表达邻比抗争意见的政治影响力。虽然凭借《中国经济时报》当年 7 月 26 日发布的新闻调查，灌阳事件也曾一度引起搜狐网、腾讯网、新浪网、新民网、人民网等各大媒体的广泛关注：《中国经济时报》的新闻调查被转载约 270 余次，各种网络评论及跟帖不断；网易参与者近 10 万人次，5912 条原创评论；搜狐网参与者近 2 万人次，新闻评论 2478 条；腾讯新闻表情显示关注灌阳事件的网民近 10 万人次。[①] 但在人治传统浓厚、利益链条复杂、网民热情和公民精神以及现实条件有限的社会背景下，面对“举全县之力推进生活垃圾处理项目建设”的县政府，两百多户村民局限于地方的邻比抗争行为，除了给人以“自私”的感觉和授人以柄之外，很难得到大众的认同与支持。福星村村民的邻比抗争资源决定了其邻比抗争行动必然缺乏有效性。

① 参见 http：//www.76810.com/index.php/a/view/id-117341。

四　灌阳垃圾填埋场设址冲突评析

从垃圾填埋场选址决策到政策执行的整个过程，灌阳垃圾填埋场设址冲突体现了传统政府强制型行政理念和行为方式，代表了一种典型的政府强制型邻比冲突治理模式。案例中福星村村民的邻比亢争行为也很好地诠释了邻比冲突环境不正义现象的一个重要原因：环境正义意识的缺乏以及经济人理性的特征，决定了地方政府总是愿意在难以有效组织邻比抗争行动、政治经济上处于弱势地位的弱势群体所在社区设置邻避设施以减少设施设址的阻力。

（一）选址决策不合理是造成垃圾填埋场设址冲突的重要原因

村民反对在大竹凹建垃圾填埋场的原因有三：一是设址地点地处当地"母亲河"水源处，选址不合理。邻避设施设址应该以设施的可能负外部性影响最小为原则，这既可以降低设施设址的社会总成本，又可以减小设施的负外部性影响范围而减小设施设址阻力，对现代科技知识与经验实践都已证明确实存在很大负外部性影响的垃圾填埋场和垃圾焚烧发电厂等邻避设施设址来说，更是如此。大竹凹地处村民生活用水水源附近，居民担心垃圾填埋场会污染"母亲河"水源而反对设施建设。二是设施突然改址，选址决策程序不合理。应该建立科学、公开的选址决策程序，在选址决策中引入公民参与和专业技术论证，减少和杜绝设施选址的随意性和不科学性，这是保证设施选址危害最小的重要方法，也是减少设施选址阻力、保证设施建成后平稳运行的重要方法。① 三是突然舍近求远更改县城自来水取水点，行为不合理。灌阳决策者在宣称设施安全的同时，却突然更改县城自来水取水点，但对群众的质疑却未给出任何解释，这很容易让人产生决策者是在规避某种危害影响的想法。

（二）政府垄断决策过程和传统统治型行政理念与行为方式是导致激烈冲突的重要原因

在灌阳垃圾填埋场设址冲突事件中，灌阳县政府处于政策制定和执行主导者的地位。从公共管理和公共服务角度来说，建设垃圾处理设施，有

① 关于设施选址的公民参与，有一种观点认为，在设施选址中引入公民参与会降低设施选址的有效性，增加设施选址难度，因而不应在设施选址中引入公民参与。这显然是一种不合理的观点，详见第六章论述。

效治理垃圾围城的危机是灌阳县政府的当然职责，因此县政府必然要推进垃圾处理设施建设。在垃圾填埋场因村民反对而由合龙村改址福星村之后，如果政府再迫于福星村村民的反对而改址或停建，这可能会被视作政府权威、“面子”和公信力的丧失，也有可能会导致垃圾填埋场在接下来的设址中陷入“反对—迁址—反对—迁址”的僵局，这是当地政府绝不愿意也决不允许看到的，也实际上代表了当前大多数地方政府的施政理念和行为方式，是造成政府主导下的政府强制型邻比冲突治理模式大行其道的重要原因，也是多数邻比冲突治理案例中，政府不能顺应民意，最终导致政府与社会关系紧张的重要原因。

（三）邻避设施设址过程中的利益链条和腐败问题使邻比冲突治理复杂化

从公开数据来看，合龙村垃圾填埋场和福星村垃圾填埋场之间的库容量和日处理垃圾能力相差巨大，但两者工程预算款差距不大，如果算上前期合龙村工程建设的资金，两者几乎没有差距。根据一般思维，不免让人怀疑其中可能存在某种利益关系的纠葛。对福星村支书杨某来说，虽然没有证据表明杨某主动申请在当地建设垃圾填埋场和他“廉价买卖以及私自砍伐集体林木”的行为未受追究之间的确切联系，但相关部门对杨某“廉价买卖以及私自砍伐集体林木”的行为确实没有给村民应有的回应。这表明在各种邻避设施设址的背后往往会带有某种潜在的利益链条和腐败行为。这些可能是导致选址决策不合理、政府强制推进设施建设的隐性原因，也使邻比冲突治理更为复杂。

（四）弱势群体难以组织有效的邻比抗争行动

福星村村民在事件中处于被动接受设施的地位，他们为了维护“母亲河”不受污染的邻避抗争行为可以理解，但采用极为传统的邻比抗争方式则是他们最终“涉嫌犯罪”“严重威胁基层村干部的人身、财产安全，也将要和正在影响全县经济社会的发展”① 的重要原因。在付出了近二十人被捕的代价后，“少部分群众”最终还是要接受垃圾填埋场“有序推进”的事实，而且将来可能还要面临设施负外部性影响危害，而难以得到损害补偿或回馈的可能。福星村村民邻比抗争行动失败、番禺李坑村

① 参见火兴才、刘树锋、冯军《广西灌阳：生活垃圾填埋场选址风波调查》，http：//www. cet. com. cn/20100726/a2. htm。

民的现实境遇、番禺中产业主们成功阻止设施设址，都反映了政府强制型或政府主导型邻比冲突治理模式的缺陷所在，说明了一个事实：弱势群体难以组织有效的邻比抗争行动。

第二节　番禺垃圾焚烧发电厂设址：网络时代的邻比抗争行动

网友这样评价爆发于2009年的番禺垃圾焚烧发电厂设址冲突事件："从观察者的角度，审视这一个多月来的事件进程，是很有价值的。因为，围绕着番禺垃圾发电厂纷沓而来的种种声音、思想和行为模式，早已超出了这一事件本身，'非所论于一地之命运，一事之成败也'，而在公共环保政策和官民博弈模式等方面呈现出普遍的制度性意义。这些制度性胎动若能善加呵护，能为广州乃至广东新公共政治文明提供几段优秀基因。"[①] 番禺垃圾焚烧发电厂（下称垃圾焚烧厂）设址冲突是一起典型的邻比冲突案例，它展示了网络背景下公民邻比抗行为方式的转型及其积极意义，而事件过程中当地政府对垃圾焚烧发电厂设址态度的变化也折射出了经济发达地区政府行为方式和治理理念的转型与进步。

一　网络背景下的垃圾焚烧发电厂设址争议

番禺垃圾焚烧厂自1999年编制规划，2003年开始选址，经过三年多的调研论证，广州市政府于2006年年初步确定在番禺大石街会江村原大石简易垃圾处理厂厂址上兴建新的垃圾焚烧厂。2009年2月4日，广州市政府正式发布《关于番禺区生活垃圾焚烧发电厂项目工程建设的通告》，消息公开后，网友开始在番禺丽江花园的社区论坛"江外江"上讨论垃圾焚烧厂的环境危害和对身体健康的影响，呼吁反对项目建设，并建起讨论反对垃圾焚烧厂的QQ群。除了开展网络抗争活动之外，网友还走出网络，走进社区发放传单，征集反对建设垃圾焚烧厂签名，开展现实邻比抗争活动。

在网络传播的影响下，网友反对垃圾焚烧厂的活动迅速受到各大媒体

---

① 艾建萍：《CCTV公开广州番禺垃圾焚烧厂全国性公共政策事件》，http：//blog.sina.com.cn/s/blog_ 4faedc540100g8cx.html。

的关注，《新快报》《人民日报》、南方网、中央电视台、凤凰网等先后对事件进行了报道。但在新浪网题为“广州万名小区业主签名反对建设垃圾焚烧厂”的报道被删除后，媒体报道进入平淡期。除组织删除网帖外，当地政府还对网友和业主的邻比抗争活动进行监控，邀请积极参与反对活动的网友和业主“喝茶”。在此背景下，为有效组织反对活动，网友改变反对策略，他们将反对垃圾焚烧厂的邻比抗争活动上升为反对垃圾焚烧的处理方式，将番禺一地的反对垃圾焚烧厂活动和整个广州的反对垃圾焚烧厂活动相联系，并积极利用网络论坛发布信息，扩大反对活动的影响。网友的策略最终使他们博得了广泛的社会支持。

面对汹涌的网络舆论，当地政府先后多次召开新闻发布会通报情况，希望得到社会的理解和支持，同时强调表达政府推进垃圾焚烧厂的目的和决心。但网友用大量事实对政府通报的情况进行驳斥，他们公开李坑垃圾焚烧厂实际危害情况，揭发垃圾焚烧厂背后的隐性利益链关系，并组织上访和“散步”活动。在网络论坛、居民现实的反对活动和各大媒体报道的压力下，当地政府最终决定终止项目建设，启动全民选址讨论程序。

二 番禺事件中的邻比抗争行为特色

一位网络评论人这样评价番禺事件中的邻比抗争行动：“番禺的业主们非常聪明，他们都是中产阶级，有知识、有文化，学习能力很强。所以往往能够群策群力，很快找到最有效的方法。”这句话在很大程度上指出了番禺事件中的邻比抗争行为存在两个重要特色：一是邻比抗争主体的中产化；二是邻比抗争行为的策略性。番禺事件中的邻比抗争主体都有一定的知识文化水平，反对行动的积极参与者和倡导者一般都有大学本科以上学历，有企业主、记者、工程师、高级白领，他们一般都有一定的政治、经济、文化地位，这决定了他们能够有效利用现代网络媒体等多种传播工具，迅速发布、传播和扩散信息，借以动员和凝聚多元社会力量与社会资源参与反对设施建设的诉求表达活动，并且能够在抗争过程中充分运用现代科技知识为自己的邻比抗争行动提供知识支持和合法性支撑，最终使他们的邻比抗争行动和福星村村民的邻比抗争行为呈现出截然不同的表现形式，达到了截然不同的效果。

（一）邻比抗争方式虚拟化

在番禺事件中，部分网友从传统媒体看到政府在番禺建垃圾焚烧厂的消息后，将信息通过网络在小区论坛上发布，很快便引起小区网友的广泛关注。网友们开始利用网络搜寻、查找、传播垃圾焚烧厂的负外部性影响信息，并利用各大网站、网络虚拟社区、社区论坛、各种网络聊天交流工具等网络平台，对事件进行评论、发出质疑政府选址决策的声音，表达对反对设施建设的支持，利用网络发出呼吁、组织、讨论、反馈反对项目建设的方法、策略等各种信息；虚拟化的网络社区成为网友开展邻比抗争行动、讨论相关问题的主要平台。当事件成为网友关注的焦点时，与事件相关的重要信息能通过网络得到瞬间放大，并在网络上形成汹涌的民意，对邻比抗争主体和政府形成不同的影响：给走出网络开展实际抗争行动的居民形成民意、信息和智力支持，为他们开展现实世界的邻比抗争行动提供动力；对政府形成巨大的舆论压力，促使政府做出政策调整。

（二）邻比抗争行为理性化

与灌阳福星村村民不同，番禺垃圾焚烧发电厂设址冲突事件中的网友和居民基本都是中产者，他们之中有企业主、记者、退休工程师等，很多都受过良好的教育，这是他们在整个事件过程中始终能保持克制和理性，并能积极利用各种社会资源开展反对活动的重要原因。在事件发生之初，有网友提出要进行游行示威，但有人提出反对，认为与政府沟通不能带有敌意，应该采用政府可以接受的方式表达诉求。当有网友提出开展“口罩秀”活动时，[①] 也有人劝诫要保持克制；虽然最终有数十位居民参加了“口罩秀”活动，但行为温和。网友倡议举办的“晒车大会”也因警察的“喝茶”沟通而最终取消。部分积极参与反对活动的居民在收到派出所的“喝茶”邀请时，都主动配合，有些还主动到派出所“交代问题”，虽然期间被传唤者家属和多位闻讯而来的居民都聚集在派出所外，但没有发生任何非理性行为。[②] 居民们在表达反对意见过程中都主动回避了“某些

① 所谓“口罩秀”活动是网友们倡议的戴着写有“拒绝毒气”的口罩，手持“反对垃圾焚烧，保护绿色广州”的环保车贴，在广州洛溪大桥口的百佳超市门口，表现“口罩秀”。

② 当听说警察在传唤反对行动的参加者时，很多业主闻讯赶到了派出所外，这实际上是一种无声的声援与支持，可以说在很大程度上是导致警察在传唤活动中保持克制和理性的重要原因，也是反对行动的积极参与者能够保持动力和热情的重要原因，是邻比抗争行为得以最终“胜利”的关键因素，也是广州市民的现代公民精神发育和成长的重要标志，是现代民主不可或缺的基本要素。

引诱我们说对政府不满的媒体”。在接受媒体采访时，几乎所有居民都强调：“我们不是反政府，只是反对垃圾焚烧。”11 月 23 日的集中上访和“散步”也都保持了理性和秩序，向人们展示了相对成熟的公民意识。理性克制的诉求表达方式、成熟的公民意识，既为政府保留了“面子”，也避免了事件性质的升级和异化，为政府和公民之间最终通过协商达成冲突治理留下了可能。可以说，这些理性的邻比诉求表达方式是番禺事件没有升级成政府与社会之间激烈对抗，最终使冲突得以平稳解决的重要原因。

（三）邻比抗争方式策略化

在番禺垃圾焚烧厂设址冲突事件过程中，反对邻避设施设址的业主们意识到单凭一地的邻避活动只能给人以“苍白而自私”的印象，网友“樱桃白”在“江外江”论坛上呼吁：“垃圾焚烧是全广州乃至全中国的问题，我们被人为孤立甚至被人为对立了，被人为分割成几个小区域内的问题。李坑在没有人关心、村民仅发出微弱抵抗声音的情况下就被建了电厂。而番禺 30 万人抵制垃圾电厂的声音又显得如此苍白而自私!”她的呼吁得到反对垃圾焚烧厂设址网友的一致认同，他们因而迅速调整策略，将反对在番禺建垃圾焚烧厂的邻比抗争活动，上升为反对整个垃圾焚烧的垃圾处理方式，并将反对番禺垃圾焚烧厂和广州所有的垃圾焚烧厂相联系，在反对垃圾焚烧厂设址的同时，还积极倡导垃圾分类以减少垃圾量。他们的反对策略为他们博得了广州乃至全国舆论的同情和支持，也赋予了番禺邻比抗争行动更为积极的社会意义。① 在提出李坑问题后，有网友到李坑实地调查李坑垃圾焚烧厂对周边居民的影响，并将调查结果在网络上公布，同时还主动联系《中国新闻周刊》《财经》等具有较大影响的新闻媒体和杂志，邀请他们共同对李坑垃圾焚烧厂对周边地区环境的危害和影响开展深度调查。《中国新闻周刊》对“李坑癌症死亡名单”的披露，在

① 据番禺垃圾焚烧发电厂设址反对活动组织者之一的 Kingbird 网友总结，他们反对垃圾厂设址的成功经验在于：通过合理合法的途径，联合一切能够联合的力量，告诉政府这是绝大多数人的真实民意的反映，才能最终获得胜利。这说明就其本意来说，对李坑等地的声援，乃至对垃圾焚烧发电产业的反对，在一开始都可能是业主们的反对策略，但即便如此，这种反对策略确实被赋予了重要的积极意义，它是现代公民意识成长过程中的一个必经阶段，也是中国社会公民精神成长的重要体现或途径。通过类似事件的不断锻炼和培育，更为积极的公民精神必然会由此而产生。

全国范围内引起极大影响，增加了反对垃圾焚烧策略的说服力，也增加了番禺垃圾焚烧发电厂设址冲突的舆情压力。事件过程中，网民邻比抗争策略较为高明的另一个重要体现是他们对垃圾焚烧厂背后利益链条的揭发，这可能是导致政府最终决定暂停番禺垃圾焚烧厂建设的重要原因。

三　垃圾焚烧厂设址冲突中的政府行为分析

广州是经济发达的沿海城市，虽然在我国整体政治经济文化传统和政府管理理念的影响下，当地政府不可避免地带有大多数地方政府惯有的行为方式，具有浓郁的政府主导和政府强制的传统行为色彩，但与灌阳垃圾填埋场设址过程中的当地政府行为方式相比，广州市政府和番禺区政府在事件过程中的行为方式相对理性，在很大程度上体现了现代民主政府的施政理念和行为特色，体现了先进地区政府传统行为模式的转型与进步。

（一）政府垄断型选址决策过程

番禺垃圾焚烧发电厂从2003年开始选址，2006年通过选址审批，2009年发布工程建设通告，在进行选址规划决策的六年时间里，除了与少数村民、村主任进行交流外，当地政府既没有就垃圾焚烧厂选址进行任何形式的信息通报，也没有就垃圾焚烧厂设址举行任何形式的听证会或公开征求意见。可以说，在垃圾焚烧厂选择决策过程中，从备选地点的选择到最终设址地点的确定，都是在政府主导下的“黑箱”中进行的，由政府垄断了整个选址决策过程。从广州市政府发布工程通告时带有威吓性的语言可以看出，政府在试图吓阻社会对工程建设的反对意见，这表明政府对选址决策本身和自身决策能力的不自信。与公开情境下对设施安全的承诺相比，政府实际上对设施安全也缺乏信心，决策者知道垃圾焚烧厂设址必然会遭到当地居民的反对，所以他们选择了垄断决策过程的“暗箱式”决策。这既可能是传统政府强制性思维方式和政策执行理念的路径依赖，也可能是政府对公民参与会影响决策效率的担心，但迫于垃圾围城和垃圾处理的现实需要，只好垄断决策过程，实施隐蔽决策。

（二）传统与现代交融的混合型行为方式

面对公众的质疑和反对，广州市政府通过《广州日报》发布消息，表示要“依法推进垃圾焚烧项目”，并举行新闻通报会宣布“要坚定不移地推动垃圾焚烧分类”，同时积极推动删除新浪网新闻报道和网站网帖，抑制各大媒体报道相关新闻，还指派警察跟踪居民和邀请居民“喝茶”等，这些做法都体现了政府行为方式的传统和落后。但这种传统落后的行为方式也融合了一定的现代特色，体现了某种转型和进步。首先，面对公众质疑，番禺区人大组织人大代表视察垃圾焚烧厂选定场地，通过人大代表之口宣称垃圾焚烧厂是“民心工程”，这虽然有越俎代庖式的“伪民意”之嫌，但至少体现了政府在一定程度上对民意的回应和重视。其次，与灌阳县政府的行为方式不同，广州市政府在整个冲突事件过程中表现出了相当的克制和理性：虽然居民在各小区内的宣传倡议活动有时受到警察的阻挠，部分反对活动的积极组织和参与者还被不明身份的人跟踪或被当地派出所邀请“喝茶”，但警察都遵守基本法律程序，恪守基本法律规范，在“喝茶”过程中也给予了居民应有的尊重并按时放回，并没有如灌阳一般出现神秘“失踪”的案例，也没有出现很多同类事件中经常出现的粗暴和无礼的行为方式，这些都体现了当地政府行为方式的转型与进步，也是未来实现邻比冲突多元协作型治理的基础与希望。

（三）积极多样的民意回应方式

当居民在网络论坛上热议垃圾焚烧厂设址问题，并在现实中组织实施征集反对垃圾焚烧厂设址的签名、发放反对项目建设的传单时，原定于国庆节后开工建设的项目迟迟没有动工，在整个事件过程中，政府也没有组织强行施工，这实际上是当地政府对居民反对意见的无声回应，体现了对民意的尊重。面对居民的反对呼声和媒体的质疑，番禺区政府在 10 月 30 日召开了新闻发布会，邀请四位专家就垃圾焚烧厂建设进行现场“答疑”，虽然当天的答疑更多地表现为替政府设址决策进行辩护，现场专家的身份也在事后受到了质疑，但政府面对社会质疑能召开新闻发布会，这本身便是一种观念和行为的进步。此外，新成立的广州市城管委把成立后的第一个局长接待日留给了“散步”的群众，并将当日的接访议题定位为垃圾焚烧厂设址问题，广东省省情研究中心组织实施了民意调查并客观而真实地公布了民调结果，都显示了政府积极而开放的态度。至于事件过程中召开和应邀参加居民代表座谈会、承诺“环评不通过不动工，市民反映强烈不动工”、承诺选址要听民意，最终决定暂缓和停止项目建设进程，启动全民选址讨论程序等，都是各级政府对民意的积极回应，体现了当地政府在冲突发生之后对民意的尊重，更体现了经济发达地区政府观念和政府行为方式的转型与进步，为实现邻比冲突治理提供了有益的经验和启示。

四　番禺垃圾焚烧厂设址冲突评析

番禺垃圾焚烧厂设址冲突事件是发生于沿海发达地区的典型邻比冲突事件，冲突过程中的政府和邻比抗争主体在事件中的表现都可圈可点，是发达地区邻比冲突治理模式的典型代表，虽然作为必要型邻避设施的垃圾焚烧厂最终未能成功设址，[①] 垃圾焚烧厂所能提供的公共效用暂时受到了阻滞，但转型中的政府和智慧的公民一定能找到有效治理类似设施设址冲突的方法和路径，番禺市民正在积极推进的垃圾分类便是一种有益的尝试。番禺垃圾焚烧厂设址冲突事件为邻比冲突治理提供了重要启示。

（一）邻比冲突治理的公民参与困境

在垃圾焚烧厂选址决策之初，政府采用了“暗箱式”垄断决策方式，基本没有公开信息，没有引进公民参与，基本由政府垄断了设施选址决策过程，这在一定程度上减少了选址决策过程的阻力，提高了决策效率，但垃圾焚烧厂选址决策在很大程度上触及周边地区居民的根本利益，而涉及公民根本利益的选址决策如果不能听取公民意见，势必会使公民产生抵触情绪。广东省省情调研中心在反对意见爆发后所做的民意调查显示，超过98%的广州市民对“涉及众多民众利益，但有关部门垄断行政决策，未能及时通报消息”最为不满。[②] 垃圾焚烧厂选址决策过程中没有引入公民参与是造成政策执行不畅的重要原因。在设施建设遭到标的地区居民反对后，政府对居民的反对意见给予积极回应，并最终决定终止项目建设，且明确表示今后的选址决策中要充分引入公民参与，“大多数市民不同意不开工”，公民参与导致了项目终止。可以想象，有李坑垃圾焚烧厂负外部性影响的示范效应，在没有确切的技术保障和实践证明的情况下，未来番禺地区再次建设垃圾焚烧厂乃至任何垃圾处理设施的选址决策，都可能会困难重重。从选址决策之初的垄断决策到公民参与后的项目终止，实际上

---

① 垃圾焚烧处理方式受到了广泛质疑，它可能确实不是垃圾处理的最好方式，但这里以必要型邻避设施指称垃圾焚烧厂，主要是因为垃圾处理设施对城市公共利益的必要性，即主要就垃圾焚烧厂的垃圾处理功能而言，而非指垃圾焚烧厂本身，即对城市来说，垃圾处理设施是必要的。

② 史哲：《决策不能“千里走单骑”》，http：//opinion.people.com.cn/GB/70240/10346668.html。

反映了邻避设施选址决策过程中的公民参与困境：不引进公民参与，决策得不到标的地区居民的认同和支持，其执行中的冲突在所难免；引进公民参与，邻避设施负外部性影响的存在，势必导致决策效率低下或者难以决策。如何有效化解邻避设施选址过程中的公民参与困境是邻比冲突治理的关键所在。

（二）必要型邻比冲突治理离不开民间社会的合作

在邻比冲突治理中，如广西灌阳一般依赖于强制性措施强力推进必要型邻避设施建设，必然以牺牲环境正义和公民的基本权利为代价，显然需要巨大的政策成本和社会成本。但如果必要型邻避设施不能得到有效设址，社会的整体公共利益势必难以实现，以垃圾焚烧厂为例，在当前全国范围的垃圾围城危机面前，垃圾处理设施显然是一种公共利益不可或缺的必要型邻避设施，如何有效处理垃圾问题已经成为各级政府必须面对的治理难题。番禺垃圾焚烧厂设址冲突事件过程中，居民为了有效反对设施建设，将反对垃圾焚烧厂建设上升为反对垃圾焚烧的垃圾处理方式，并积极倡导和组织实施垃圾分类以实现源头减量来促进邻比冲突治理。虽然垃圾分类并不是一个新鲜命题，它也不可能能完全消解垃圾处理问题，但这确实为垃圾处理和必要型邻比冲突治理提供了一个有益思路：邻比冲突治理离不开民间社会的合作。一方面，民间社会可以为必要型邻比冲突治理提供智力支持；另一方面，民间社会可以更为主动积极地开展必要型邻比冲突的自我治理——减少需求或者提供服务。这也为寻求邻比冲突的多元协作型治理提供了有益的启示。

（三）注重媒体对邻比冲突治理的重要作用

邻比抗争行为虚拟化是番禺垃圾焚烧厂设址冲突事件的重要特色，各大网站、网络虚拟社区、社区论坛、各种网络聊天交流工具等在番禺事件中发挥了重要作用，成为网民开展邻比抗争行动的重要平台。传统媒体对事件的报道在整个事件发展过程中也发挥了重要作用。网络传播和传统媒体的互动增加了邻比抗争行为的效率和有效性。在事件过程中，最早关注垃圾焚烧厂建设的是传统媒体，传统媒体的关注被网络论坛放大，各大媒体转而关注网络论坛的声音，增加对事件的报道，媒体的报道又在网络中传播，对网民形成激励，增强网民的信心和动力，吸引更多人关注事件，虚拟化的邻比抗争和现实邻避行为、网络传播与传统媒体之间的互动增强了邻比抗争活动的影响力和有效性。媒体在整个事件过程中发挥了重要作用，使整个事件最终成为广州乃至全国热议的话题（参见图 3-1）。对邻比抗争主体来说，番禺事件对媒体运用的重要启示在于如何有效地利用媒体，尤其是网络媒体的宣传放大效应来增加邻比抗争行动的有效性。而对现代政府来说，番禺事件中媒体角色作用的重要启示在于如何有效地发挥宣传媒体，尤其是网络媒体对邻比冲突治理的重要作用，及时利用各种媒体发布各种信息，引导公共舆论，使媒体为邻比冲突治理服务，是地方政府有效治理邻比冲突需要研究的全新课题。

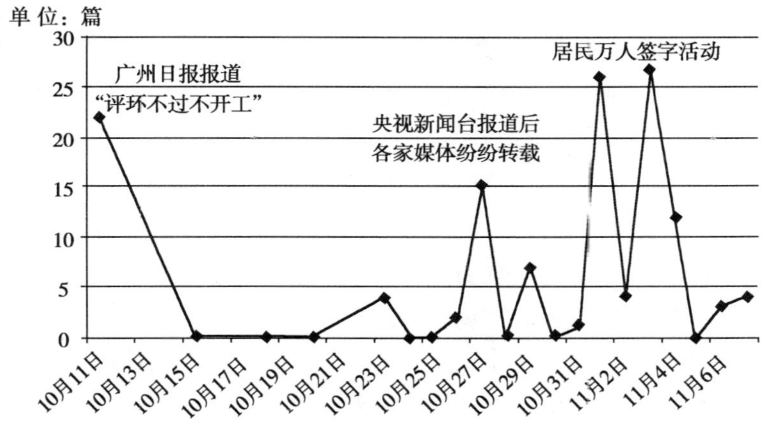

图 3-1　广东番禺垃圾焚烧发电厂设址冲突过程中的媒体报道日变化量趋势

资料来源：人民网舆情频道案例库，http：//yq.people.com.cn/HtmlArt/Event374s1.htm。

（四）公民地位是邻比冲突治理的重要影响因素

首先，公民地位对邻比抗争的形式和效果构成很大影响。和灌阳福星村村民相比，番禺事件中的网民和业主基本都是中产阶层，他们大多受过良好的教育，一般都具有本科以上学历，具有一定的社会地位和社会资源，善于使用各种抗争策略，并能积极利用各种社会资源为抗争活动服务，如主动联系政协委员、人大代表和各大媒体，以及中国环境科学研究院的专家寻求帮助，这都是番禺邻比抗争行动取得“胜利”的重要因素；而福星村村民基本都是农民，受教育程度较低，虽然意识到垃圾填埋场对当地存在一定影响，但他们所能利用的社会资源有限，所能采取的邻比抗争策略也比较传统和单一，他们反对垃圾填埋场建设的维权行为只能止于一地的邻比抗争行动，因而很难得到社会的声援与支持，对政府的压力有限，这是他们邻比抗争失败的重要原因。其次，公民地位和素质的高低决定了邻比冲突自主治理所能达到的水平和能力。邻避设施的功用在于可以给社会提供某种产品和服务，公民受教育程度的高低会对这种产品和服务构成影响，并进而影响邻比冲突治理。番禺事件中，市民在反对垃圾焚烧厂建设的同时，积极推进垃圾分类，是邻比冲突自主治理的重要体现。

第三节　厦门PX项目设址冲突：多元博弈及其影响

爆发于2007年的厦门PX项目设址冲突因整个事件过程中“对民意的尊重、对民主的尊敬、对民生的尊崇”，标志着中国公民邻比抗争行动逐渐走向理性与成熟，也反映了现代传播工具和专家政治在邻比抗争动员中的重要作用。因厦门人的反对而移址漳州古雷半岛的PX项目，在2013年7月30日凌晨发生小范围火灾爆炸后，于2015年4月6日再次发生爆炸，被认为是政府和企业对项目设施安全的承诺并不可靠、政府早期决定PX项目落户厦门决策错误的明证，还被认为是厦门人反对PX项目落户厦门、政府最终同意PX项目迁址、达成冲突治理的正确性的明证，进一步彰显了厦门PX项目设址冲突及其治理的重要意义。厦门PX项目设址冲突与治理过程，对邻比冲突治理及公民邻比抗争运动具有重要启示与借鉴意义。[①]

一　厦门PX项目设址冲突过程

2001年，台资企业厦门翔鹭腾龙集团向厦门市政府申请在海沧工业园区建设设计占地面积114.74公顷，预计总投资108亿元人民币，预期年总产值800亿元的PX项目。[②] 自提出立项申请后，投资方很快完成评

① PX是“para-xylene”的缩写，汉译名“对二甲苯”，是生产聚酯纤维、树脂、涂料、燃料和农药等产品的有机化工原料，在医药、香料、车用汽油、溶剂、杀虫剂等领域有广泛应用前景，国际市场有巨大需求，价格较高，国内近50%的需求依赖进口。一般认为PX是低毒物质且危害可以控制，但其生产过程需要使用高毒、高致癌且会造成白血病的苯和甲苯，此两种物质如果发生爆炸或泄漏，后果严重。国际上PX项目集中于亚洲，主要在中国和韩国，中国台湾地区和韩国等地的项目与较大城市的直线距离一般大于70公里。

② 薛子进：《一个提案如何推倒了国家立项审批》，《法人》2008年第6期。

估、立项审批、环评及建设用地预审等各种手续，但“一直对外低调处理”①。2006年11月17日，该项目正式开工建设，次日的《厦门日报》以题为“厦门将崛起世界级‘石化巨人’”的文章对项目开工进行报道，正是这篇报道引起社会对项目的关注。中国科学院院士、全国政协委员、厦门大学化学系教授赵玉芬从《厦门日报》看到PX项目开工信息后，多方努力，希望阻止项目建设，并于2007年3月联合105名全国政协委员向两会提交《关于厦门海沧PX项目迁址建议的提案》。2007年3月18日，《中国经营报》对院士联名反对PX项目提案的报道在社会上引起强烈反响，厦门市民开始通过网络媒体、手机短信和报纸等，组织反对项目建设的邻比抗争活动。面对各界的反对和质疑，在福建省委、省政府的介入下，当地政府对项目的态度逐渐发生转变，由最初坚持“统一思想，全力以赴抓紧项目施工”②，到决定暂缓建设海沧PX项目，最终决定停止项目建设，并将其迁址漳州古雷半岛。

二　厦门PX项目设址冲突中的政府行为模式

厦门PX项目设址冲突过程中，面对专家和市民的反对，厦门市政府对PX项目的态度经历了“积极推进和信息控制→坚持推进项目建设→暂缓项目建设→停建项目并决定迁址漳州”的渐进变迁过程，曲折的态度变化，体现了当地政府治理理念和现实行为之间的矛盾与纠结，既折射出人治色彩浓厚、政府利益本位与经济利益优先的传统统治型行政理念和治理方式，又展现出当地政府民主意识和法治观念初步形成、政府行政理念与治理方式逐步转型的混合特色，但这种转型依然没有摆脱传统统治型行政理念和行为方式的影响，具有很大的不彻底性和随意性。

（一）政府主导邻比冲突治理过程

首先是政府主导邻避设施选址决策过程。厦门PX项目选址决策，从翔鹭腾龙集团申请项目立项到工程开工建设，在项目论证、审批、筹建的五年多时间里，“一直对外低调处理”③，其间没有引入任何形式的公民参

① 朱红军：《厦门百亿项目引发剧毒传闻　政府叫停应对危机》，《南方周末》2007年5月31日第2版。

② 黄瀚：《百名政协委员难阻厦门百亿化工项目》，《瞭望东方周刊》2007年第20期。

③ 朱红军：《厦门百亿项目引发剧毒传闻　政府叫停应对危机》，《南方周末》2007年5月31日第2版。

与，由政府主导和垄断了选址决策过程，除了 2006 年 9 月 4 日和 2006 年 11 月 18 日《厦门日报》的两篇报道之外，政府并没有及时向社会公开任何选址决策和项目实施信息。高效的信息控制使社会对项目毫不知情，自然也就不可能出现反对项目建设的声音，选址决策效率较高。但没有广泛参与的选址决策，其合理性和合法性都难以得到保证，执行过程中往往也就更容易出现反对的声音。其次是政府主导邻避设施建设和停建决策。在遭到专家和居民反对之初，当地政府依然坚持“不理睬”和“抓紧速度干”，而当来自各方的反对声音越来越为强烈之时，政府迫于压力先后做出暂缓项目建设、停止项目建设并迁址漳州的决定，这些决策基本也都是由政府单方面做出决定，政府主导了设施建设和停建决策过程。政府主导邻比冲突治理过程是我国邻比冲突治理的典型特色。

（二）行政理念和行政方式的现代转型

传统行政理念和行政方式导致危机事件的产生与升级。在选址决策之初，厦门市政府为了达成项目成功设址，刻意保持“低调”并成功封锁消息，除《厦门日报》对事件的两篇正面报道之外，未见任何正式的公开信息，体现了政府对事件的保密和控制能力，也体现了政府推进项目的决心，更体现了政府的传统执政理念和行政方式：统治行政思想，垄断决策过程、对社会缺乏信任、缺乏民主意识。在六名院士对项目提出质疑和反对之后，当地政府邀请他们召开座谈会，但对其意见却毫无采纳诚意。在多名院士联合向两会提出议案后，当地政府还不顾院士反对意见、抓紧推进工程建设，从中可以看出政府行为的双重性：迫于院士的社会地位和影响力，在表面上表明对院士意见的尊重，但仍然坚持推进设施建设，邀请院士召开座谈会可能还存有借专家之口增加项目合法性的意图，政府在专家和市民意见与经济利益的权衡中显然选择了经济利益，体现了政府经济利益本位的特性。在市民通过网络和短信等组织“散步”的压力及福建省政府的要求下，当地政府才宣布缓建项目，并组织区域环评。对专家和社会反对声音的“积极回应”带有很大的被动性和策略性，既体现了对民意的尊重，也可能是出于“维稳”的压力和对事态进一步扩大的担心。

政府行政理念和行为方式转型是危机事件得以顺利解决的关键所在。当数千厦门市民上街“散步”时，PX 设址导致的邻比冲突危机达到了临界点。政府此时表现出的积极态度和行政理念的转型，在危机事件的成功治理中发挥了重要作用，虽然这种转型是各种因素影响综合作用的结果并带有一定的局限性。在宣布缓建项目后，政府开始免费向市民发放 PX 宣传册，启动公民参与程序，开通电话、来信、短信、电子邮件、传真等多种征集市民意见的渠道，并组织召开座谈会，委托独立的第三方机构进行区域环评，邀请包括两院院士在内的 21 名专家担任顾问，自觉接受监督；为保证公民参与的公正、公平、公开性，市政府公开申请参与座谈会的人员名单、请小学生抽签决定参会代表并直播抽签过程，额外邀请对项目持反对意见的专家、教授和民意代表参加座谈会，并开通网络投票平台进行公民投票。从一开始的信息管控到民意疏导，再到和市民面对面的谈判和妥协，体现了政府行政理念和行为方式的民主化转型。在整个冲突事件治理过程中，最终实现了“政府和市民一起成长”，这是多元协作型邻比冲突治理的政治和社会基础。

（三）传统行政理念和行政方式的魅影

厦门市政府对公民反对意见的回应体现了政府在邻比冲突治理过程中行政理念和行为方式的转型与进步，但在传统统治型行政理念和社会治理方式的路径依赖以及现实政治环境的双重作用下，这种转型与进步的民主行政理念和行为方式中，仍然交织着诸多传统统治型行政特色。在冲突事件发展到中后期时，虽然厦门市政府一边积极开通各种渠道，征集公民和社会对项目建设的意见和建议，但同时又紧锣密鼓地制定和出台了《厦门市互联网有害信息和不良信息管理和处置办法》，对所谓“互联网有害信息和不良信息”做出管理和处置规定。在市民通过网络反对政府不合理决策的特殊时期出台这一地方性法规，显示了政府对民意尤其是网络民意的畏惧和控制意图，背离了民主社会中的政府应该坦然面对公民信息和表达自由、鼓励公民参与、接受社会监督的应有之义。

与此同时，虽然当地政府最终做出停止项目建设的决定主要是专家和民意推动的结果，但作为一级政府，在没有征求企业意见，没有考虑企业前期投入及可能的损失的情况下，先后决定中止和停建一个经政府审批同意的“合法项目”，这是缺乏法治观念和民主意识的重要表征，也表明了政府处于强势地位的传统政府本位理念。而事件过程中对“散步”活动的积极发起和参与者采取拘留等强制措施，并要求其做出不得再发表类似言论的保证，以及网络投票平台运行不久就被关闭等，都显示了政府行政理念和行政行为的传统性和落后性。

种种迹象表明，在项目缓建和终止决定的做出中，福建省委、省政府起到了至关重要的作用，区域环评、停建及迁址实际上是由福建省委、省政府直接做出的决定，表明在上级政府和百万市民及 105 名政协委员的民意权衡中，最终可能还是上级政府的决定才是民意得到回应的关键。传统行政理念和行为方式由此彰显无疑，它可能是影响邻比冲突治理的重要局限性因素。

三　厦门 PX 项目设址冲突中的邻比抗争

厦门 PX 项目是我国邻比冲突事件中最具影响的邻比冲突案例，在专家、公民、媒体有效的邻比抗争行动的推动下，当地政府对待设施设址和公民邻比抗争行为的态度先后发生较大变化，最终顺应民意，对项目进行迁址，专家政治、积极成熟的邻比抗争行为和新媒体的有效使用，构成了厦门 PX 事件过程中公民邻比抗争行为的三个重要特色。

（一）专家深度介入

专家政治使反对厦门 PX 项目的邻比抗争行动从一开始就具有与众不同的特色。最早关注并对厦门 PX 项目提出质疑的是中国科学院院士、全国政协委员、厦门大学化学系教授赵玉芬。她获悉 PX 项目在海沧开工建设的消息后，当即联合 6 名院士给厦门市领导写信，力陈在海沧建设 PX 项目的危害性，在没有得到厦门市政府积极回应的情况下，赵玉芬院士在 2007 年 3 月联合 104 名全国政协委员向两会提交了《关于厦门海沧 PX 项目迁址建议的提案》。在联名提交提案的 105 名政协委员中，有几十所著名高校的校长及十几名院士。厦门大学化学系教授袁东星对沧海地区进行了独立环境测评并研究了国际 PX 项目设址的一般特点，她在座谈会上用翔实科学的数据发表对项目的反对意见，增强了反对项目建设的科学性和说服力，也为反对项目活动赢得了更多的社会支持。专家学者的反对和提案虽然没有直接使厦门市政府改变在海沧建设 PX 项目的决策，但社会影响广泛，在给各级政府带去巨大压力的同时，也增加了反对在海沧建设 PX 项目的“合法性”，直接刺激和引起市民对项目的反对行动，并对他们的反对活动形成支持和动力。

（二）积极成熟的邻比抗争行为

公民邻比抗争行为理性化和成熟化是厦门 PX 项目邻比抗争活动的重要特色。首先是公民参与活动的理性化和成熟化。为在市政府组织的座谈会上更好地表达思想和意见，很多市民都积极准备发言材料，“他们很多都很专业，我事先准备的发言材料都被他们说完了”；当部分市民对支持项目建设的代表说出不当言语时，立刻会有市民提出批评，“虽然我不同意你的意见，但我誓死捍卫你说话的权利”。其次是积极理性的“散步”。“当没有更好的表达渠道，我们才去市政府门前散步。”① 面对政府不顾民意，坚持推动项目建设的行为，市民开始讨论组织“反对 PX，保卫厦门”的集会和“散步”活动。在数千人参加的“散步”活动中，市民们相互制约，坚持理性地表达自己的利益诉求，他们在“散步”过程中没有留下垃圾，没有出现类似事件经常出现的损坏公物现象，更没有出现一般冲突案例中经常出现的“打砸抢”行为，表现出了现代公民表达利益诉求所应有的理性和自我约束能力，这是难能可贵的，也是事态没有扩大或造成恶劣社会影响的重要原因。在连续两天的“散步”后，网络和短信间流传的信息变成了“……散步已经表明了我们的态度，生产要继续，生活更要继续，没有必要再以激烈的方式让有些唯恐天下不乱的不法分子有机可乘，让我们目光转移到政府如何处理 PX 项目这个关键问题上”②。“我们希望能让政府听到百姓反对的声音，而不希望诉求变质。”③ 这些都是中国社会公民参与意识和参与能力及理性精神成长的表征，也是厦门 PX 项目事件没有演变成暴力冲突的重要原因，更是邻比冲突治理的必要社会基础。

（三）新媒体在厦门 PX 项目设址冲突治理中的作用

所谓新媒体是现代技术条件下出现的媒体形态，如网络、手机短信、数字报纸杂志、数字广播电影电视、桌面视窗、移动电视等。新媒体具有复合型、全员性、互动性和无边界四个特点，在厦门 PX 事件中，新媒体呈现出有别于传统媒体传播的三个重要特征：非理性情绪感染，新媒体传播更多地表现为情绪的发泄而非对事实理性的阐述；强烈的扩散性倾向，新媒体具有很强的互动性，具有乘方式的传播效应；针对性议题选择，遭到传统媒体排斥的议题往往可以通过新媒体实现快速表达和传播，议题敏

① 刘向晖、周丽娜：《保卫厦门发起者讲述厦门 PX 事件始末》，http://news.sina.com.cn/c/2007-12-28/101314622140.shtml。

② 谢良兵：《厦门 PX 事件：新媒体时代的民意表达》，《中国新闻周刊》2007 年 6 月 11 日。

③ 苏永通：《厦门人：以勇气和理性烛照未来》，《南方周末》2007 年 12 月 27 日第1版。

感性的特点往往使舆论力量更易于集中爆发。[①] 新媒体在厦门 PX 冲突治理中发挥了重要作用。首先，"新媒体"是厦门 PX 设址冲突中公民邻比抗争动员的重要传播工具。2007 年全国两会期间，《中国经营报》报道了赵玉芬教授联合 104 名政协委员向两会提交提案反对厦门 PX 项目一事后，网民就开始在网络上热议 PX 项目设址的危害，表达反对设施设址的声音，网络博客、QQ 群等成为网民传播事件相关信息，发起、组织反对活动的重要平台，手机短信使倡议"散步"的信息瞬间传达至百万厦门人，新媒体跨越时空的信息传递和放大效应形成了巨大的舆论压力，增加了市民邻比抗争行动的有效性。其次，新媒体是政府治理邻比冲突危机的重要工具。在市民利用新媒体表达诉求和组织抗议活动的同时，当地政府也将新媒体作为安抚和疏导民意的工具，他们群发短信告知市民缓建设施的决定，并使用短信和网络平台征集意见建议、开通网络投票、组织市环保局局长就 PX 项目和市民进行在线交流，充分发挥了新媒体在传递信息、化解和疏导市民情绪等方面的重要作用。

四 厦门 PX 项目设址冲突对邻比冲突治理的启示

综上，厦门 PX 项目设址冲突体现了地方经济利益、专家政治、社会民意及上级政府意见之间的博弈与互动，为邻比冲突治理提供了很多有益的经验和借鉴，其中尤其值得一提的是，信任和合理的城市规划构成了厦门 PX 项目设址冲突治理对邻比冲突治理的两个特别重要的启示。

（一）信任是邻比冲突治理的关键

厦门 PX 项目设址冲突的核心争议是 PX 项目在海沧设址的安全性。资料显示 PX 在国际通用安全数据卡中的危险标记为"7"，与汽油等级相同，在国家职业性接触毒物危害程度分级中属于第Ⅳ级（轻度危害指标）产品，无致癌性。[②]但 PX 生产过程中需要使用高毒、高致癌且会造成白血病的苯和甲苯，一旦发生爆炸或泄漏的后果将可能十分严重。因此，PX 项目能否成功设址的关键在于能否达成对 PX 危害的一致性认识以及能否

---

① 张晓娟：《厦门 PX 危机中的新媒体力量》，《国际公关》2007 年第 5 期。

② 关于 PX 的毒性，参见中国环保网（http：//www. ep. net. cn/msds/wuzhi3/33535-3. htm）和国家癌症研究机构（IARC）（https：//fscimage. fishersci. com/msds/95257. htm）对其毒性的介绍。

保证项目生产过程的安全性。如果不考虑化工厂聚集所产生的积聚效应，[①] 就 PX 本身的毒性来说，这其实是个不难实现的问题：公开信息，增加社会对设施危害的认识；引进公民参与，确保设施运行的安全性。这两者都需要在政府、企业和社会之间建立信任——社会要相信政府和企业安全性的承诺，政府和企业要相信社会对安全性监管的参与意识和能力。

如何构建多元利益主体之间的信任机制，是开展邻比冲突治理的关键。没有信任，各利益主体之间的合作难以实现，有效治理邻比冲突的目标便难以达成。厦门市政府垄断决策过程、控制信息传播的做法显示了政府对社会和公民的不信任，而“暗箱”式决策方法也会导致社会对政府和企业的不信任。虽然在宣布 PX 项目缓建后，厦门市政府和翔鹭腾龙集团开始积极公开信息，澄清项目的危害及安全性，但政府和企业此时关于项目安全性的宣传已经无法取得社会尤其是反对群众的信任。此外，政府的公信力及企业的诚信度也是造成设址冲突过程难以建立信任的重要原因。翔鹭腾龙集团未通过环保验收即投入生产，在多年的生产过程中环保排放均不达标，以上情况在环评报告中被披露后，企业不仅没有积极面对问题采取整改措施，反而试图辩解和掩盖事实，显然不是取信于人的合作之道。

（二）合理的城市规划对邻比冲突治理具有重要意义

城市功能规划的不合理及缺乏前瞻性是造成城市邻比冲突频发的重要原因。1995 年，厦门市规划在海沧南部发展“以高质量的居住、商贸为主，兼有旅游、文化功能”的新市区和以“大型临港工业”为主的南部工业区。2004 年的《厦门市城市总体规划 2004—2020》继续沿袭 1995 年海沧两个功能区建设的规划。但在同一区域发展“城市次中心”的新市区和工业区，显然存在城市功能冲突，工业区必然会对新市区造成负面影响，这个错误的城市功能规划在很大程度上是造成 PX 项目设址冲突及当地居民区环境污染冲突的重要原因。

（三）多元化的参与主体

从厦门 PX 项目设址冲突治理过程可以看到，专家已经成为邻比冲突

---

① 从大多数专家及国际标准数据来看，PX 只存在轻度毒性，如果在一个化工产业不密集的地方，只要能保证生产过程的安全性，其危害并不严重，而且这种危害通过环境的自我修复功能不难消解。但如果在一个化工产业密集的地区，各种化工产品的毒性累积甚至互相之间发生某种化学反应，其危害程度必然成倍增加，这即是化工企业和化工产品毒性的积聚效应。

过程的重要参与主体。然而，与番禺垃圾焚烧发电厂设址冲突治理相比，专家在厦门 PX 项目设址冲突治理过程中的角色发生了较大变化。在番禺垃圾焚烧发电厂设址冲突事件过程中，专家由政府邀请、作为支持设施建设的角色出现；而在厦门 PX 项目中，专家则是作为反对设施建设的角色出现的。但无论专家在邻比冲突治理过程中的角色地位发生何种转换，作为邻比冲突治理过程参与主体的重要一员，专家参与已经成为邻比冲突治理的重要发展趋势。与此同时，对厦门 PX 项目设址冲突事件过程的实证考察还发现，作为重要利益主体的开发商对邻比抗争行动的组织和推动，也在邻比冲突过程中发挥了重要作用。此外，厦门 PX 项目事件过程还表明，媒体对邻比冲突事件的进程和走势具有不可忽视的影响。厦门 PX 项目设址冲突事件向我们展示了一幅多元主体参与的邻比冲突及其治理图景。

第四节　南京 PX 项目：隐秘运作下的成功设址与持续的反对声音

在厦门市民走上街头反对 PX 项目的同时，中石化金陵石化的 60 万吨 PX 项目建设工程正在南京栖霞区甘家巷默默地进行着。与厦门 PX 项目命运不同，南京 PX 项目在相关各方刻意“低调”的运作下，已于 2008 年完成工程建设和试运行，并于当年正式投产。此后，披着神秘面纱的南京 PX 项目都在“低调”地平稳运行，虽然这种低调运行背后潜藏着汹涌的反对意见和诸多不确定性因素，但正因为其“成功设址”以及设址过后的平稳运行和持续存在的反对声音、设址过程中的专家参与表现等综合情形，考察南京 PX 项目的设址冲突过程，具有特殊重要的启示意义。

一　隐秘运作下的“成功”设址

南京 PX 项目设址于南京市东北栖霞山麓的栖霞区甘家巷，离南京市市中心直线距离约 25 公里，离长江和南京水源保护区均不到 1 公里，离南京仙林大学城和国家级经济技术开发区新港开发区均不到 3 公里。与厦门 PX 项目不同，南京 PX 项目相关各方至今仍然对项目决策过程及其相关运行信息讳莫如深。关于南京 PX 项目的基本内容，只能从一些公开的报道中获知一鳞半爪的信息。

在厦门市民反对PX项目的消息传得沸沸扬扬时，金陵石化在公司内部严令不得对外公布任何有关PX项目的消息，并加强厂区戒备，不准外来人员入内。自2008年以后，也难以搜寻到南京PX项目的后续报道，各大网站的相关网帖也总是不断被删除，各种相关信息都被“管控”了，[①] 正是在这种隐秘的信息“管控”下，南京PX项目得以成功设址。据报道，金陵石化内部参与PX项目建设的员工透露，南京PX项目实际上早在2006年国家发改委批复准予建设之前的2005年就已正式开工建设，并于2007年下半年建成后开始试运行，2008年已经正式投产。到2017年12月，南京PX项目已经平稳运行了9年。

二　南京PX项目背后的潜在暗流

（一）被调解的邻比抗争行为

南京PX项目开工建设之初，政府和金陵石化都对外严格保密，周边群众和南京市民知之甚少，在项目筹备和开工建设之初，并没有太多来自社会的反对意见。最早的反对行为发生于2007年年初：南京炼油厂生活区的金陵石化居民听说项目建设后，要求公司安排他们搬迁；周边部分农民用水泥墩堵起厂门前的马路，阻止工程施工，但这两股反对声音很快便接受了政府管理部门的“调解”。金陵石化甘家巷炼油厂周边的住户和购房业主们在听说南京PX项目消息后，开始在一些房产论坛上发帖，网络的放大效应使PX项目很快在网民和市民中传开，一时间，各种传言四起，网络论坛上出现了大量质疑项目安全性和指责南京市政府不公开信息、不顾群众安全的网帖，但一般很快就被删除。

南京PX项目建设过程中的最强反对声音来自南京大学。南京大学仙林校区离项目距离不到三公里。2007年6—9月，南京大学小百合论坛上有人质疑金陵石化PX项目的安全性。南京大学化工学院数名教授集体上书反对项目建设。2008年9月，时任南京市市长带领专家组至南京大学与教授们进行沟通，做出四条承诺：①立即启动对金陵石化PX项目的规划环评，待环评通过后，再正式投产。②督促金陵石化公司落实更为严格的环境保护和节能减排措施。③大力推进东部地区环境综合整治，不断改

① 杨明奇：《南京PX项目深陷民意困局》，《瞭望东方周刊》2008年第44期。

进仙林大学城和金陵石化周边地区的生态环境。主要包括到2008年年底完成栖霞区境内30家小化工、小水泥厂的关闭和搬迁，关闭和搬迁企业的原址不再新建化工和其他有污染的项目；进一步加大投入，完善东部地区的绿化屏障功能；加强对东部地区环境空气质量的监测和监控，市环保部门在仙林大学城的十个地点增设环境监测点，除监测常规污染物外，增加苯系列、硫化氢等污染物的检测项目，并把监测结果向社会公布；加快东部地区仙林污水处理厂建设，明年建成。④支持金陵石化调整结构，转变增长方式，逐步实现现有厂区功能转换，新上生产项目逐步向江北化工园区集中。蒋宏坤要求金陵石化公司要主动向中石化总部汇报，为上述工作积极创造条件。①

（二）难以管控的网络民意

在市长带队和南京大学教授沟通后，南京大学教授反对项目建设的声音很快被平息，但社会舆论对南京PX项目没有保持沉默，网络上各种网帖虽然不断被删除，但关于项目的讨论帖依然不断出现。新浪网论坛中有网民质疑金陵石化，指出金陵石化驻炼油厂办公的领导全部搬迁至锁金村办公的事实。还有网帖要求南京人大责成南京市政府公示PX项目灾难事故预案，可见网民对设施安全性的担心。实际上，各大媒体对PX项目的关注，各大网络论坛、博客对相关报道和信息的转载都在社会上引起了很大反响，各大网站的网络跟帖显示，南京市民和全国各地的网民对南京PX项目的关注并未随着时间的流逝而有丝毫减弱，截至2016年10月31日，用关键词“南京PX项目”通过百度搜索可见223000条搜索结果。检索显示，仅2016年1月1日至2016年10月31日的相关报道数量就有38000条，而2014年、2015年两年的相关报道数量分别为59500条和67600条。通过对网贴内容的实际浏览可以发现，网络媒体中质疑PX项目的声音一直持续不断。

（三）现实质疑声音

2008年夏天，南京市民黄乃海从江苏教育电视台一记者处获悉项目消息，在律师的支持下，黄乃海向栖霞区法院提交了起诉栖霞区环保局的诉状，请求法院责令栖霞区环保局公开项目环境影响评估报告，但法院未

① 吴小山：《关于南京仙林地区限制新建大型化工项目的建议》，南京市十二届政协三次会议第0131号提案，http：//ta. njzx. gov. cn/taview. jsp？chrjytabh＝1002010120131。

予受理。南京市民和黄乃海的反对行动得到了各大媒体的广泛支持，关于南京 PX 项目的各种后续报道不断出现。其中影响较大的有：2008 年 2 月，《公益时报》的《南京仙林大学城附近建起大型 PX 项目》；2008 年 10 月，《瞭望东方周刊》的《南京 PX 项目深陷民意困局》；2008 年 11 月，《重庆商报》的《南京市郊建 PX 项目》；2008 年 11 月，新民网的《南京在距市区 20 公里处建设 PX 项目遭市民质疑》；2010 年 10 月，《长城月报》的《南京 PX 真相调查》。对 PX 项目予以关注的不仅在媒体、网络和民间，南京政界也对 PX 项目给予了极大关注，2010 年，南京市政协委员吴小山向南京市十二届政协三次会议提交了题为“关于南京仙林地区限制新建大型化工项目的建议”的第 0131 号提案。

（四）潜在安全风险

不公开的信息、不透明的环境安全整改措施和不透明的安全监管措施，实际潜藏着令人担忧的安全风险。2006 年 3 月，吉林石化爆炸和松花江水污染事件后，国家环保总局即直接组织了对各省市存在重大环境隐患的 20 个项目的环境风险排查。2006 年 4 月 5 日，国家环保总局公布的排查结果显示，南京 PX 项目存在如下主要问题：①现有重整装置区虽然有围堰，但其出口处没有阀门，可能导致含有毒有害物料的污水从围堰中流出，带入雨排系统，污染水体。②围堰加设阀门，避免污水进入雨排系统。③雨水监护池中的清净下水含油较多，清净下水不清净。④生产区域与企业生活区仅一路之隔，距离过近。⑤从源头治理“清净下水不清净”的问题。⑥废水排入长江，环境敏感，环境风险评价专章深度不够，风险防范措施与风险应急预案不完善。⑦核实卫生防护距离内居民人数，并落实搬迁计划。⑧完善环境风险评价专章，统筹考虑既有工程的环境风险防范。⑨开展金陵石化公司“十一五”发展规划环境影响评价，评价要包括回顾评价和后评价内容。[①] 国家环保总局要求金陵石化对相关风险进行整改，根据《环境影响评价法》规定，在国家环保总局要求进行整改时，除非企业整改方案获得批准，否则企业不得继续施工，而且公众对具体整改方案有知情权，但网络检索并没有发现金陵石化公开的整改方案。

2009 年 2 月 20 日，南京市环保局公布的《金陵石化公司“十一五”

① 国家环保总局：《环保总局公布各大水域环境风险排查中期结果》，http://news.xinhuanet.com/politics/2006-04/05/content_ 4386543_ 1.htm。

发展规划环境影响报告书》也认为南京 PX 项目存在一定风险，要求金陵石化公司制定具体措施防治污染，进行环境整治和搬迁居民。但直到 2010 年 6 月，金陵石化才建成 200 吨每小时的污水汽提装置及部分污染处理措施；仅投资 5200 万元完成了区域内张西村的搬迁工作。① 针对南京 PX 项目，东南大学产业研究中心主任认为，在化工利益和公众安全方面，政府部门往往更倾向于经济利益而忽视公众安全和选址规划。② 北京化工研究院副总工程师彭飞翔强调，化工企业生产“必须考虑到发生事故的问题，一旦着火或发生爆炸，不能伤到居民区，这应该是一个死标准”③。但关闭企业存在巨大利益损失，治理污染或搬迁企业与群众也需要企业和政府承担巨大成本，这是企业和地方政府心怀侥幸心理，不愿意采取整改措施，不愿意正面回应社会反对声音的关键所在。环境风险的存在、治理整改措施的不到位、不透明，以及设施安全监管的不透明等，都给设施运行埋下了巨大的安全隐患，使其成为南京市民心中焦虑与担忧的对象。2016 年 10 月 9 日，金陵石化南京炼油厂一重整装置在开工过程中发生泄漏着火爆炸，就被认为是 PX 项目爆炸而引起较大关注。

三 南京 PX 项目“成功”设址评析

在政府和企业刻意低调处理之下，南京 PX 项目得以成功设址。与厦门 PX 项目事件中的反对声音不同，南京 PX 项目设址即便在遭到南京大学教授和市民的反对后，当地政府也通过高效的处理方式，很快平息了教授们的反对意见，市民也从未组织起有效的网络舆论或现实抗争行为，这当与南京当地政府和企业高效的网络信息处理方式与协商沟通技巧和能力有关，也可能与南京当地的公民文化传统有很大关联，还可能与两地市民不同的组成结构有较大相关性。南京 PX 项目的“成功”设址，至少有两点启示值得特别关注。

（一）邻比冲突治理中的信息公开困境

邻比冲突治理存在信息公开困境。不公开邻避设施设址信息，设施能顺利设址；公开信息，设施设址会遭到周边居民的反对而难以顺利进行，

① 许夏颖：《南京 PX 真相调查》，http：//ccyb2010.blog.sohu.com/160973490.html。

② 同上。

③ 袁越：《厦门 PX 事件》，《三联生活周刊》2007 年 9 月 27 日。

这体现了邻避设施设址信息公开的困境。南京 PX 项目对治理这一困境有以下启示：首先，信息不公开是南京 PX 项目成功设址和运行的重要原因。在项目选址和建设之初，南京 PX 项目都很好地控制了信息传播，尤其是当反对厦门 PX 项目的声音传出后，金陵石化严禁对外谈论任何与 PX 项目相关的信息，项目正式投产后，各方对 PX 相关信息依然讳莫如深。没有信息公开，社会对项目知之甚少，反对的声音当然就低，这是某些邻避设施成功设址和运行的重要策略。其次，信息不公开是造成社会质疑和谣言不断的根源。根据 PX 本身的毒性，在既成事实的前提下，如能做好生产和排放各个环节的管理，尤其是做好生产环节的安全工作，确保不发生极端事故，项目对设施周边地区居民的环境影响甚微。相关各方应该以合作的态度，互相信任，公开各种信息，接受社会监督，做好排放和生产安全管理工作，再向社会做出耐心细致的解释工作并给出合理补偿，市民应该可以理解和接受项目的设址和运行。封锁消息只能造成谣言和反对民意的暗流涌动，为设施的未来走势留下不确定因素，而公开信息，引入公民参与，引入社会对设施的安全性监督，既可以增进信任，也可以增强设施的安全性，这才是治本之策。最后，公民对 PX 项目有知情权。按照环境正义的基本原则，公民有平等享用自然环境的权利，当其生活环境安全受到威胁时，他们应当享有知情权。很多时候，“正是信息的不公开，才导致各样说法满天飞，我们有权利知道这个项目对我们生活有多大的影响”①。消解信息公开困境的方法在于公开信息而不是封锁信息。就南京 PX 项目而言，项目基本信息实际上已经为公众所熟知，在此种情形下，再封锁消息，只会增加社会各种猜疑和不信任。从南京 PX 项目多年运行且相对安全的事实来看，公开南京 PX 项目设址和运行信息，在项目运行中引入公民参与和监督，不仅对南京 PX 项目本身有积极意义，在我国 PX 项目设址困境的现实背景下，对整个国家的 PX 项目设址和相关产业发展规划，都有积极意义。

（二）邻比冲突治理受地域公民文化现状的影响

同为 PX 项目，南京 PX 项目设址的邻比冲突与厦门 PX 项目设址的邻比冲突存在很大相似之处，但又有截然不同的特点。首先，二者设址冲突过程中都传出了专家政治的声音，但结果截然不同。在厦门 PX 项目设

① 杨明奇：《南京 PX 项目深陷民意困局》，《瞭望东方周刊》2008 年第 44 期。

址冲突中，当地专家对项目坚持反对到底，并在全国范围内发动院士和大学校长签名，在两会上提交提案反对项目建设，而南京反对PX项目的专家在时任南京市领导带队到南京大学交流后不再发出反对项目设址的声音，这可能是南京PX项目设址事态没有进一步扩大的重要原因。其次，二者设址冲突过程中的公民表现截然不同。厦门市民在获悉专家反对项目建设的报道后，很快便形成了反对设施的声音，并走出新媒体有效地组织了现实世界的邻比抗争行动。专家和市民之间形成了良好的呼应与互相支持，对当地政府形成较大压力，这是政府最终做出终止项目建设并将其迁址漳州的重要原因。但在南京PX项目设址冲突过程中，南京大学教授们发出反对项目建设的声音后，没有得到市民的支持与呼应，时任市领导带队到南京大学和教授们沟通后，教授们也不再反对项目建设。南京市民黄乃海获悉项目设址消息后，在开展现场调研和查询大量资料的基础上，复印了相关资料到仙林大学城各大高校进行宣传，但没有得到有效回应。厦门和南京两地公民表现差异如此巨大，其背后应该有较为复杂的生成原因，但两地居民的不同结构和组成、不同地域的公民文化状态，可能是造成这种差异的重要原因。比如，厦门的市民组成主要来自厦门地区的原住民，而由于历史的原因，南京市民则主要是由来自全国各地的新移民所组成，可能相对缺少凝聚力。再对比番禺和灌阳的冲突事件及其治理过程，可以看出地域公民文化现状等是影响邻比冲突治理的重要因素。

第五节　连云港核废料处理厂设址：核工业绕不开的尴尬

核废料（nuclear waste material）泛指核反应堆或核燃料生产、加工过程中使用过的具有一定放射性危害的废料；也专指核反应堆使用后经回收处理钚-239等可利用的核材料后，具有一定放射性危害的废料。放射性核废料对其所处的环境与人体都存在较大危害，因此核废料处理问题已经成为世界难题。全球各国核废料再处理工厂事故时有发生：2005年5月，英国索普核废料再处理厂发生输送核废料液体泄漏事故；2010年7月，世界核废料处理技术最为先进的法国一核废料处理厂一个月内连续发生四次核泄漏事故；2010年8月，日本青森县一家核废料处理厂也发生泄漏事故。频繁的核废料处理厂事故使核废料处理设施设址也面临邻比冲突危机。2015 年，日本福岛两镇居民反对在当地建立核废料处置设施。随着我国核工业的快速发展，核废料处理需求正日益扩大，核废料处理设施设址引发的邻比冲突问题也逐步显现，2016 年 8 月爆发的连云港核废料处理厂设址冲突是近年来我国核工业设施设址冲突的典型案例。

一　连云港核废料处理厂设址冲突概况

2016 年 7 月 27 日，中核集团公众微信号推送报道集团副总杨长利陪同国防科工局副局长王毅韧在连云港调研中法合作核循环项目选址的新闻。该新闻帖很快被中核集团下属各子公司及一些外部新闻网站转载，但中核集团随后迅速删除了该新闻。中国核网 2016 年 7 月 28 日发表文章《总投资超 1000 亿的乏燃料后处理大厂或落户连云港》，相关文章于 8 月 5 日前后迅速在连云港当地人的朋友圈中流传，网友纷纷表达对“核”的恐惧与抵制，担心核废料处理厂项目建成运行后一旦出现异常问题，会威胁连云港人的生命财产安全。网络论坛、微信、微博很快出现呼吁市民 8 月 6 日下午 6 点到连云港市苏宁广场签名请愿的通知并被大量转发。8 月 6 日下午 6 点半左右，位于连云港市区的苏宁广场开始有大量市民聚集，他们公开反对建设核循环厂，并在请愿书上签名，现场亦有大量警察、特警维持秩序。

在网络舆论持续发酵的同时，中核集团旗下的中核瑞能公司于 8 月 6 日发布《关于中法合作核循环项目近期情况的说明》，声称：注意到连云港广大网民对项目的关注，厂址选择工作正按照国家核项目选址要求，在山东、江苏、浙江、福建、广东、甘肃等省份展开，江苏连云港、广东湛江只是候选厂址之一。连云港市相关部门也在网上公布了有关集会、游行、示威的法律规定，要求市民遵守法律法规，但数以千计的连云港市民还是于 8 月 6 日晚和 8 月 7 日晚连续聚集到该市苏宁广场。在市民集聚现场，部分群众高喊反对在连云港建设核废料处理厂的口号，吸引大批群众围观。连续两日的市民集聚过程中，连云港警方都派有警察在现场维持秩序，由于现场人员众多，警察和少数激动的市民在 8 月 7 日晚出现冲突。微信朋友圈于是出现警察拖行、殴打群众并致一名群众死亡的消息，这进一步激化了市民的对抗情绪，广场集会人员开始出现增加的趋势，而相关舆情亦迅速升温。

8 月 7 日，连云港市政府举行新闻发布会，强调核废料处理厂设址项目只是处于前期调研和厂址选比阶段，尚未最终确定，同时承诺将依法第一时间公布有关项目的具体信息，并呼吁民众不要相信和传播谣言。8月8日，江苏警方就8月7日晚微信朋友圈等媒体流传的连云港警察拖行殴打群众并致一名群众死亡的消息等7个谣言做出辟谣，提醒广大市民不信谣不传谣。8月9日，连云港市政府发布了一份关于严禁非法集会游行示威活动的通告。连云港市人民政府官方微博“@连云港”发布消息，连云港市纪委、市委组织部发出通知，要求全市共产党员、国家公职人员要带头遵守党和国家法律法规，模范遵守党的政治纪律和规矩，严格要求自己，正面引导家人，必须认真做到“六个严禁”。8月10日凌晨1时36分，连云港市人民政府官方微博发布消息，连云港市人民政府决定：暂停核循环项目选址前期工作。至此，连云港正式退出核废料处理厂选址名单。

二 连云港核废料处理厂设址冲突中的政府治理方式

自中国核网2016年7月28日发表题为“总投资超1000亿的乏燃料后处理大厂或落户连云港”的报道后，在连云港建设核废料处理厂的消息在连云港民间迅速发酵，到8月6日市民开始集聚抗议，连云港市政府也从一开始的关注舆情到最后决定退出选址名单，其行为表现在治理核设施设址冲突中具有一定典型意义。

（一）被动型政府治理方式

连云港核废料处理厂设址冲突过程反映出当地政府缺乏邻比冲突治理的主动意识，体现了地方政府在邻比冲突事件中一贯的被动型治理方式。在连云港核废料处理厂设址冲突发生之前，当地政府并没有及时公开在连云港建设核废料处理厂的任何相关信息。在中核集团发布杨长利陪同国防科工局副局长王毅韧在连云港调研中法合作核循环项目选址的新闻后，中国核网亦于2016年7月28日发表题为“总投资超1000亿的乏燃料后处理大厂或落户连云港”的文章，这篇报道迅速引发连云港市民热议，他们纷纷表达反对设施设址的意见，但当地政府并没有及时做出回应。针对核废料处理设施设址这一极有可能引发邻比冲突的敏感事件，当地政府并没有做好应急预案。待事态进一步发展，市民的邻比抗争行动由网上抗议升级到号召并实施现实层面的群众集会时，当地政府才迫于维稳压力，作出被动反应，开始对网络谣言进行辟谣，对市民的相关质疑做出解释，并利用政府权威采取强制性措施弹压群众抗争行为，最终导致政府完全处于被动局面，宣布退出选址名单，使整个冲突看起来就像是一场闹剧。

（二）强制型政府治理方式

在连云港市民群体聚集活动发生后，当地政府立即做出强制性维稳措施，在集会现场增派大量保安和警察维持现场秩序。连云港市政府还发布了一份关于严禁非法集会游行示威活动的通告，连云港市人民政府官方微博也发布关于严禁全市共产党员、国家公职人员参加非法聚集活动的通知，充分体现了政府强制弹压群众邻比抗争活动的习惯做法，体现出当地政府对邻比冲突治理方面的传统维稳思维模式和社会治理理念。正是这种强制性处置方式导致的警民冲突最终造成了警察打死市民等网络谣言，当警察攻击市民的视频在网络中传播之后，进一步引发舆情危机，对当地政府形成巨大压力。强制型政府治理方式在突发性邻比冲突治理过程中有其治理时间短、维稳成效快的优点，但从长期来看，这种强制型治理方式可能危及社会公平正义，容易引发更加激烈的群体性抗争行为，危害社会稳定。

（三）政府治理方式体现时代特征

中核集团在 7 月 27 日推送的关于中法合作核循环项目拟选厂址的新闻，特别是其网站上发表《总投资超 1000 亿的乏燃料后处理大厂或落户连云港》一文后，连云港市民开始迅速使用微信等现代媒体传播连云港要建核废料处理厂的信息，并通过微信等现代媒体呼吁集会以抵制核废料处理厂设址，最终实现市民迅速集聚以反对设施设址。可以说，正是新媒体的传播能力使市民反对核废料处理厂设址的邻比抗争行为迅速在网络虚拟社区和现实层面对政府形成双重压力。

面对新媒体时代的公民邻比抗争行为，当地政府在治理方式上亦出现了新趋势。政府开始重视通过新媒体迅速对公众质疑做出回应，并通过微信公众号、微博等宣传政府政策思想、公布政府领导讲话、发布惩治谣言传播者的信息、对微信朋友圈等网络上传播的谣言进行辟谣，召开新闻发布会就核循环项目的设址情况做出说明并承诺会在第一时间公布项目相关信息，都表明当地政府已经开始意识到微信新媒体传播对政府管理的影响，开始将微信等新媒体作为政府治理邻比冲突的工具，体现了网络新媒体时代政府的应然转型。

三 连云港核废料处理厂设址冲突中的公民邻比抗争策略

连云港核废料处理厂设址冲突是近年来我国发生的针对核废料处理厂的较为典型、影响较大的邻比冲突事件，事件过程中的公民邻比抗争行动在很大程度上体现了新媒体时代的公民邻比抗争行为特色。

（一）新媒体工具的应用

针对此次连云港核废料处理厂设址冲突事件，网络用户名为“kbly”的连云港市民在海内网发表题为“我们连云港人民抗议核废料处理厂进入连云港的心情，你们理解么?”的帖子并写道：“我们本是个依山傍海，与世无争的小城市，现在正在慢慢地变成一个化工城市！核城市!”截至2016年11月30日，该贴浏览量超过5万次，且有多名网络用户参与讨论。网络用户名为“admin”的连云港市民在飞清网发表题为“一个连云港市民的心声：连云港人民反对核废料处理厂落户港城!”的网帖，向政府部门表达一个普通连云港市民反对核废料处理厂设址的心声和诉求。此贴在飞清网上的阅读量超过6万次，同网连云港用户纷纷给予支持和回复。除此之外，连云港市民还运用飞信、微信、微博等新媒体工具实时转发中核集团和政府发布的有关连云港核废料处理厂设址的消息，传播市民在群体集会现场拍摄的图片和视频，这一系列抗争行为均突显出新媒体工具的应用已成为邻避设施设址冲突中公民邻比抗争策略的新形式。

（二）虚拟和现实层面的双向互动

当虚拟网络用户之间的互动与现实层面的社会群体间的互动发生重叠，实现虚拟网络与现实层面的对接时，虚拟和现实层面的双向互动将使公民邻比抗争意识迅速升级，并很快形成抗争动员而爆发邻比冲突。在中国核网发表文章《总投资超1000亿的乏燃料后处理大厂或落户连云港》后，虚拟网络用户之间的互动迅速形成，相关文章在连云港当地人的朋友圈中快速流传，随后网络论坛、微信、微博很快出现呼吁市民8月6日下午6点到连云港市苏宁广场签名请愿的通知并被大量转发。在8月6日下午6点半左右，位于连云港市区的苏宁广场开始有大量市民聚集，公开反对在连云港建设核废料处理厂，并在请愿书上签名，虚拟网络与现实层面实现对接，虚拟和现实层面的双向互动开始形成。在现实层面，市民通过集会示威与政府执法人员进行抗争，在虚拟网络空间，网民通过各种新媒体工具向政府表达反对意见，现实与网络空间中的双重互动与博弈，最终使当地政府决定退出核废料处理厂选址名单，这对于邻比冲突中的公民抗争策略具有重要借鉴意义。

（三）初步发端的理性讨论

考察连云港事件发生过程，我们可以发现当地市民反对核废料处理厂建设的声音已经开始“转型升级”，他们不再是传统“为了反对而反对”的盲目、简单地表达反对意见，而是开始积极搜寻核废料处理厂相关技术知识和危害信息，“有理有据有节”地表达反对意见，如一位在飞清网发表题为“一个连云港市民的心声：连云港人民反对核废料处理厂落户港城！”网贴的网民说道：“作为一个连云港普通市民，今天我不是吃瓜群众，不是要煽动群众情绪的愤青，更不是完全否定政府，我热爱自己的国家，更爱自己这片生活的热土！我只是想表达一下一个普通连云港人民的心声和诉求！”在此贴中，该网民用俄罗斯和日本的前车之鉴及其关于核废料设施设址的相关知识来理性诉说连云港不适合设址的理由，说明核废料处理不当可能带来的巨大危害。该网民还呼吁向苏宁广场聚集的群众要尊重国情和国家法律，先例行申请，理性对待聚集表达诉求活动，尽量避免警民暴力冲突，表明公民已经能较为理性地表达反对邻避设施设址的邻比抗争诉求。

在理性表达诉求的同时，我们还看到有市民开始反思反对核废料处理厂的行为。在《核电观察》发表的题为“连云港‘反核废料’事件始末”的文章中，作者对连云港核设施设址冲突事件发生的因果关系及涉事各方的态度做出理性分析。他写道：“核循环项目尚处在早期阶段，‘反对核废料’的集会本不应该在这样的时刻发生在港城。部分网络媒体在此期间扮演了不光彩的角色，普通民众对美好家园的期盼与热爱成为他们牟利的工具。部分涉事方的反应更加剧了事件向恶化的方向发展。”作者在文章最后指出：“无论什么样的项目能够给当地带来怎样的好处，民众的知情权和参与权都应该得到充分的尊重和保障。”整篇文章不仅对连云港市民反对核废料处理厂的行为进行反思，也对政府不尊重和不保障公民的参与权和知情权进行批评，说明公民已经开始理性地讨论邻避设施设址问题，使我们看到了邻比冲突治理所必需的社会资本的萌芽，这是未来邻比冲突治理的希望所在。

四 连云港核废料处理厂设址冲突的启示

连云港核废料处理厂设址冲突与上述垃圾焚烧厂设施冲突及 PX 项目设施冲突的不同之处在于，连云港核废料处理厂设址项目并无政府官方文件明确发布有关设址信息，确切地说，核废料处理厂设址冲突是在信息并不确定的情况下，因“意向性信息”而产生的邻比冲突，更多地表现为被新媒体的裂变式传播能力引爆的邻比冲突事件。这一邻比冲突事件的发生给政府和民众及相关研究领域的学者以警醒，让人们意识到政府对邻比冲突事件主动防范的重要性，同时也更加彰显了新媒体对邻比冲突发生和治理的重要意义。

（一）改变被动型政府治理方式

一方面，政府治理方式应该由被动治理转向主动防范。随着公民民主意识和政治参与意识的提高，政府在邻避设施设址决策前的问题确定和议程设定阶段，就应该提前预测到公民有反对邻避设施设址的可能，进而制定防止邻比冲突、治理邻比冲突的预案，考虑到应对和安抚公众恐慌与排斥情绪的策略，主动防范冲突的爆发。

另一方面，政府治理方式应由被动回应转向主动发布。对于邻比冲突事件发生之初民众对政府政策提出的质疑，政府应该迅速做出反应，耐心听取群众的反对声音和疑虑，以开放和包容的态度，为各方利益主体提供参与和监督的机会与平台，并主动就设施设址和设施风险做出答疑，以期将邻比冲突的潜在威胁消除在设址决策之前，做好决策前的政策沟通工作，化解公众的担忧和疑虑。虽然政府在前期的主动防范和主动答疑过程可能会延长项目决策的时间，增加决策成本，但决策过程中公众广泛的政治参与，可以矫正和缓解政府与公众的意愿和选择之间的矛盾与冲突，从而更好地促成邻避设施成功设址。

（二）构建多元主体参与型的治理模式

政府对决策权力的垄断造成在决策过程中社会各方利益主体参与地位的不平等，通过构建多元主体参与的邻比冲突治理模式，让专家学者、涉事企业、公众（包括当地民众和网民）等多元主体参与政府决策和邻比冲突治理过程，可以提高邻避设施设址决策的科学性、合法性和认可度。有利于在多元利益主体之间达成利益均衡，形成支持设施建设的理性共识。

首先，通过专家学者对邻避设施进行科学的技术和风险评估，做出预防邻避设施突发事故的计划，并对项目可靠性做出担保，然后将专业技术术语和观点转化成通俗易懂的语言增进公众对项目风险性的学习和理解，及时解答公众疑虑并随时接受公众对项目的监督，减轻公众对邻避设施项目的担忧和排斥。其次，涉事企业要承担社会责任，治理设施负外部性影响，保证设施运行安全，客观真实地公布项目技术信息及其可能存在的风险，提高项目安全信息公布的真实性和频率，增加公众对企业安全担保的信任度，同时，企业可以通过政府做出可靠性担保，与政府合作建立合理有效的项目收益回馈机制和利益损失经济补偿机制，借以缓解、消除公众反对邻避设施设址的邻避情结。最后，建立合理有效的公众参与机制，保障公众知情权，是规避邻比冲突，推动邻避设施设址项目顺利推进的重要因素。

（三）有效利用新媒体治理技术

有效利用新媒体治理技术，政府既要看到在邻比冲突治理过程中利用新媒体建立信息公开型及诉求回应型政府的积极作用，又要防范新媒体的“意向性”信息可能对政府造成的信任危机，同时要注意防范新媒体的匿名性、裂变式传播等特征可能导致的助长放大社会风险的可能性。有效利用新媒体治理技术，政府应该做到以下几点。

发挥新媒体的积极作用。政府、企业、专家要重视利用新媒体治理技术通过与网络民众和现实社会群众之间双重互动，多方收集公众诉求，及时在线上和线下进行项目信息公布并做出意见反馈，建立信息公开型及诉求回应型政府治理模式，培养多元主体之间的信任与合作关系，充分发挥新媒体对治理邻比冲突的积极作用。

抵御新媒体的消极影响。政府要利用新媒体加强对公众的科普宣传教育，加深公民对邻避项目的风险与收益的科学认知，形成健康的风险意识，减少群众的非理性抗争行为，防范新媒体的“意向性”信息在社会形成的舆情危机及其对政府造成的信任危机。同时在邻比冲突发生过程中政府网络监管部门要对新媒体进行实时监控，加强对新媒体舆论的引导和管理，抵御新媒体的消极影响。

第六节 政府强制型邻比冲突治理模式及其行为逻辑

以上各个典型邻比冲突案例治理过程中，政府、邻比抗争主体及其他各种多元参与主体行为表现各不相同，多元主体的参与手段和治理策略表现也存在较大差异，但通过对典型案例的比较分析可以发现，我国邻比冲突治理过程中亦存在诸多趋同性特征，尤其是分析地方政府在邻比冲突治理过程中的表现可以发现，我国地方政府的邻比冲突治理还没有走出传统统治型行政的藩篱，在治理理念、治理机制等方面表现为政府主导邻比冲突治理过程的强制型治理模式。政府强制型邻比冲突治理模式是指由政府作为邻比冲突治理的主要主体，由政府主导邻比冲突治理过程，通过行政手段直接介入邻避设施选址决策或冲突争议处置过程，运用政府权威消解公民邻比抗争情绪，或使用行政权力强制弹压公民邻比抗争行为、促进企业治理邻避设施负外部性影响或终止邻避设施设址的邻比冲突治理模式。

一　邻比冲突治理模式及其生成逻辑的分析框架

模式是解决某类问题的方法论和经验总结，把解决某类问题的方法总结抽象到理论高度，形成解决某一类问题的详细方案，就是解决该类问题的模式。据此，可以认为，对解决特定社会问题的方法论和经验进行总结概括，把解决特定社会问题的特定方法抽象到理论高度，形成解决特定社会问题的详细方案，则是该类社会问题的特定治理模式。而对邻比冲突治理来说，总结概括特定区域内邻比冲突治理的方法论和经验，把特定区域内治理邻比冲突的具体方法抽象到理论高度，形成该区域内邻比冲突治理的详细方案，即该区域内邻比冲突治理的模式。而要总结特定区域内邻比冲突治理的详细方案，形成邻比冲突治理的具体治理模式，通常需要考虑三个关键因素：谁在治理？治理什么？如何治理？“谁在治理”是回答邻比冲突治理过程中的主体构成及其相互地位问题；“治理什么”是明确邻比冲突治理过程中的治理对象是谁的问题；而“如何治理”则是考察邻比冲突治理主体通过什么治理策略、方式或政策工具，即通过什么样的治理机制来作用于治理对象从而达到邻比冲突治理的问题。

社会公共问题治理主体历来是学者重点关注的重要问题。民主主义者认为，人民拥有超越立法者和政府的最高主权，政府必须最大限度地向人民开放并回应公民的要求，公民享有参与国家政治和管理活动的权利和责任，应该按照平等和少数服从多数的原则由公民来共同治理社会公共事务。与民主主义者相反，精英主义者认为，由于民主制度常常要刻意去迎合和考量大多数人的利益，因而常常会出现“暴民政治”，为了防止出现这一现象，应该由精英来治国，因为精英人群在社会地位、财政资源或心智上具有优势地位，他们的观点、智慧和行动对社会更有建设性作用，更适合于治理社会。在精英主义和民主主义之间，现代共和主义者认为应该通过制度和美德来建立一个健康的国家政体，主张在整体优先的基础上保障个人价值和政治平等，让每个自由人都能平等地参与公共生活，为达到这一目标，现代共和主义者特别强调通过分权制衡、法治、代议制和宪政原则等来实现政体优先基础上的个人价值。虽然各种理论流派观点各异，但从他们的论述可以看出，其共同特点在于他们都将社会治理主体视作影响社会治理效果的关键变量。由此可见，考察邻比冲突治理模式首先必须要考察邻比冲突治理的主体构成，因为邻比冲突治理主体之间的地位及相互关系实际上既彰显又决定了邻比冲突治理的基本理念、治理机制使用和实际治理绩效。

一般而言，引发邻比冲突的直接原因在于邻避设施的负外部性影响，但就发生过程而言，邻比冲突实际上起源于邻避设施设址，换言之，引发邻比冲突的主体性根源在于政府或企业，是政府和企业希望推进邻避设施设址才引发了邻比冲突，邻比冲突治理的直接对象因而应该是政府或企业以及他们所希望推进设址的邻避设施，但在实际邻比冲突发生过程中，政府或企业通常会将反对设施设址的邻比抗争主体视作麻烦制造者，把他们视作邻比冲突治理的客体。这表明从邻比冲突治理的应然要求来说，邻比冲突治理的主要客体至少应该包括：政府、企业、邻避设施的负外部性影响、邻比抗争主体。然而，受时代观念的影响，在人类历史发展的不同阶段，社会问题治理的主体和客体之间的关系存在很大差异，因而社会问题治理效果也大相径庭。在传统人治社会，统治阶级为了维护自己的阶级统治地位和集团利益，常常将自己视作统治和治理的主体，而将被统治者视作统治和治理的客体。这种主客体关系的历史定位将社会撕裂为两个对立的集团，最终反而激化社会矛盾而不利于社会问题治理。

现代社会，公民是社会公共权力的主体，是社会公共权力机构所行使的公共权力的委托人，这意味着必须破除传统政府管理中政府主体、社会和公民客体的主客体观念，将公民视作公共事务和公共问题治理的当然主体而不是客体。然而，受传统统治型行政和政府本位观念的影响，在实际邻比冲突治理过程中，政府和企业常常会将自己视作社会问题治理的主体，而将受邻避设施设址之负外部性影响的邻比抗争主体视作邻比冲突治理的客体。邻比冲突治理过程中的这种主客体观念虽然不利于邻比冲突治理，但却利于从政府角度开展邻比冲突治理的理论探讨，考察通过何种措施或机制来促进邻比抗争主体接受邻避设施设址，达成邻比冲突治理，这对简化邻比冲突治理问题的理论研究以及促进必要型邻避设施设址具有积极意义。

受地域文化传统、现实政治体制、经济社会发展水平、资源条件、开放性程度等差异性因素的影响，不同国家或地区的公民素养，政府施政理念、行政方式、所能使用的政策工具等，都存在较大差异。实证研究表明，公民反对邻避设施的邻比抗争态度和强度等受公民的性别、年龄、教育程度、专业知识结构、收入水平、心理观念、距离邻避设施距离的远近等多种因素的影响。① 公民的知识水平、专业结构不同，其对邻避设施负外部性影响的风险认识水平、对待自身权益的自我认知程度等也存在较大差异。而受地域文化传统、社会地位、经济水平等因素的影响，不同邻避设施设址情境中的公民反对邻避设施设址的邻避意识和组织能力也存在较大不同，在冲突过程中的具体表现、倾听意识、理解能力和妥协精神等也不会相同。在实际邻比冲突治理过程中，对持主客体观念的政府而言，作为邻比冲突治理之主要客体对象的邻比抗争主体的这些客观差异会影响政府在邻比冲突治理过程中所使用的政策工具、方式、策略及其有效性。因此，邻比抗争主体、政府自身等都影响着邻比冲突治理过程中政策工具、方式、策略的使用及其有效性。不同国家或地区因而会采用不同的政策工具和治理策略；而在不同的国家或地区，同样的政策工具和治理策略，其治理效果和实际社会影响也并不相同。

机械制造领域用机制来指称机器的构造和工作原理，主要有两层含义，一是指整个机器组成部件、各组成部件的必要性以及各部件间的相互关系；二是机器是怎样运行的、按照什么原理在运行。被引入生物和医学领域之后，机制一词被用来指称有机体的内部构造、功能和相互关系。当机制一词被引入经济学领域之后，学者用经济机制一词来指称经济体内部各构成要素之间相互联系和作用的关系与功能。在社会学领

① Wildavsky, A., & Dake, K., "Theories of Risk Perception: Who Fears What and Why?", *Daedalus*, Vol. 119, No. 4, 1990, pp. 41-60.

域，机制是“在正视事务各个部分的存在的前提下，协调各个部分之间关系以更好地发挥作用的具体运行方式”。由此可以将社会治理领域的“治理机制”界定为：协调社会主体之间的关系以达到社会治理目标的具体运行方式。从对典型案例的实证考察可以看出，在邻比冲突过程中，围绕着邻避设施设址所引发的冲突和邻避设施是否存在负外部性影响的关键问题，政府、企业、邻比抗争主体、专家、媒体等都纷纷参与其中，在冲突过程中扮演了不同且重要的角色，相互之间形成错综交织的复杂关系，通过何种治理机制来协调冲突过程中不同主体之间的利益关系，对能否有效达成邻比冲突治理的目标至关重要。邻比冲突治理过程中的治理机制是邻比冲突治理过程中所使用的政策工具、治理方式与治理策略的统称。

邻比冲突源于邻避设施的负外部性影响，邻避设施种类不同，遭到公民反对的激烈程度和方式也不同，公民针对不同邻避设施的邻比抗争诉求亦存在差异，因而导致邻比冲突治理过程中所需采用的政策工具、治理方式与治理策略，即所需采用的治理机制自然也应该不同。如财产贬损型邻避设施主要对设施周边地区的财产价值带来负外部性影响，降低周边地区公民财产尤其是房地产的价值，周边居民反对邻避设施设址的邻比抗争诉求因而主要是受损财产价值的补偿；但风景破坏型邻避设施的主要负外部性影响是会破坏周边地区的风景，周边居民反对邻避设施设址的邻比抗争诉求因而是希望还原被破坏的风景；而健康危害型邻避设施的主要负外部性影响是损害周边居民的身体健康甚至威胁周边居民的生命安全，周边居民反对邻避设施设址的邻比抗争诉求因而一般是要求终止设施设址。可见，针对不同邻避设施设址所造成的邻比冲突，显然不能采用同一种治理机制，有必要根据邻避设施的不同类型、邻比冲突的现实情境，对邻比冲突采用针对性的治理机制。从应然状态来说，根据邻避设施的类型，对邻比冲突采用不同的治理机制，自然也就意味着可以对邻比冲突治理采取不同的治理路径，这是达成邻比冲突治理目标的应然要求，也是考察不同邻比冲突治理模式的应然变量。

政治文化传统、制度背景、经济社会发展水平和现实政治环境与政治体制的不同，导致不同国家或地区治理特定社会问题的治理理念、治理主体构成、治理机制等也往往存在较大不同，因而即便面对同一社会问题，不同国家或地区往往会形成不同的治理模式，在邻比冲突治理领域尤其如此。邻比冲突治理实际上是特定国家或地区历史文化、政治传统和治理理念的反映。受不同国家政治文化传统、制度背景、经济社会发展水平和现实政治环境与政治体制的影响，不同国家或地区的邻比冲突治理模式，其主体构成、治理机制并不相同，进而导致不同治理模式在实际治理过程所显示的治理路径也不相同。治理主体、治理机制和治理路径的不同，也就使得特定治理模式在实际邻比冲突治理过程中可能拥有其他治理模式所不具备的治理优势，因而可以实现其他治理模式难以达到的治理成效，但亦可能因该模式在治理主体、治理机制、治理路径方面的结构性缺陷而导致治理绩效方面存在不如其他治理模式的短板。

综上，历史文化传统、制度背景、经济社会发展水平和现实政治环境与政治体制的不同，可能会导致不同国家和地区邻比冲突治理的治理主体、治理机制、治理路径不同，因而也导致不同治理模式的实际治理绩效存在较大不同。由此，本书构建“主体—机制—路径”型邻比冲突治理模式分析框架，通过“主体—机制—路径”之维来考察不同国家或地区邻比冲突治理模式的基本特征，并对不同治理模式的治理绩效做出简要比较，为进一步优化中国式邻比冲突模式提供借鉴。

二　政府强制型邻比冲突治理模式的一般特征及其治理绩效

典型案例显示，我国的邻比冲突治理一般都是由政府主导邻避设施选址决策过程，在选址决策中，政府通常采用关门决策的方式，很少公开甚至刻意隐瞒邻避设施选址、运行、危害等相关信息，而在冲突发生后，政府通常秉持“维稳”理念，运用行政权力垄断整个冲突治理过程，有时甚至不惜动用警察、特警等来处理冲突。这种由政府作为邻比冲突治理的主导性治理主体，由政府通过行政手段直接介入邻避设施的选址决策或冲突争议处置过程，运用政府权威消解公民邻比抗争情绪，或使用行政权力强制弹压公民邻比抗争行为、促进企业治理邻避设施负外部性影响或终止邻避设施设址的邻比冲突治理模式，可以称为“政府强制型”邻比冲突治理模式。政府强制型邻比冲突治理模式在邻比冲突治理中具有一定的高效性，在特殊情况下对邻比冲突治理，尤其是对必要型邻避设施设址具有积极的保障作用，但它背离了服务型政府的基本理念和环境正义的基本原则，容易激化社会矛盾。

（一）政府单一主导性治理主体

政府强制型治理模式的首要特征是以政府作为垄断邻比冲突治理权力的单一主导性治理主体。典型案例显示，我国地方政府在邻比冲突治理中扮演了垄断权力主体的角色，邻避设施选址决策、邻比冲突治理过程，都在政府的主导与掌控下进行，邻避设施建设与否的最终决策都由政府决定。以政府为垄断公共事务和社会冲突治理权力的单一主体，是传统计划经济体制下全能政府在公共事务和社会冲突治理领域中的另类再现，也是传统统治型政府理念持续作用的结果。政府单一主体作用的体现主要有：政府是邻避设施设址与否、设施选址、补偿方案等邻比冲突治理决策的决策者，是邻避设施设址相关信息的掌控者（但并非设施负外部性影响和设施具体运行信息的真正掌握者），邻比冲突相关舆论的引导、监督与发布者，邻避设施运营企业的监督者，邻比冲突争议仲裁者，多元主体的监督管理者，政府强制措施的决策和执行者。

政府强制型邻比冲突治理模式中，政府单一垄断主体作用的发挥依赖的是政府权威和强制手段的运用，整个邻避设施设址和邻比冲突治理过程中的邻避设施选址决策、执行、邻比冲突管理乃至部分邻避设施的日常运行，都在政府权威的主导下进行，邻比抗争主体、邻避设施运营者、专家、媒体、社会组织等多元社会主体在邻比冲突治理中处于事实上的客体地位，是政府邻比冲突治理的对象。当政府认为邻避设施设址符合公共利益和政府利益时，反对设施设址的邻比抗争主体、专家、社会组织和媒体，都是政府邻比冲突治理的对象，政府通常运用政治权威和行政强制手段，如强制性补偿措施、舆论引导、信息控制、屏蔽或禁止专家发声、影响媒体甚至实施人身自由强制等措施，对邻避设施设址的反对者施加影响，促使其在邻比冲突治理中采取政府所需要的合作行为。而当政府认为邻避设施设址不符合公共利益和政府利益时，支持设施设址的设施运营者、专家、社会组织和媒体等，则是政府邻比冲突治理的对象，政府通常会运用强制罚款、强制治理负外部性影响、强制暂停或终止设施运营、对设施运营者实施人身自由强制等措施，对邻避设施运营人及其支持者施加影响，促使他们采取达成邻比冲突治理所需要的合作行为。

政府单一垄断权力主体的角色并不妨碍政府在邻比冲突治理过程中与

其他主体“结盟”，当政府认同或力主邻避设施设址时，支持设施设址的企业、专家、媒体、社会组织等，都是政府的同盟者；而当政府认为邻避设施设址不符合公共利益和政府利益时，反对设施设址的邻比抗争者、专家、媒体和社会组织等，则成了政府的盟友。然而，整体而言，这些盟友都处于政府的从属地位，且互相之间除了利益关系达成的勾连之外，缺乏正常的联系和沟通（图 3-2），虽然他们的态度对政府的邻比冲突治理决策和行为会构成一定影响，但其参与作用的发挥受制于政府的意愿和态度，而非平等基础上的理性互动。

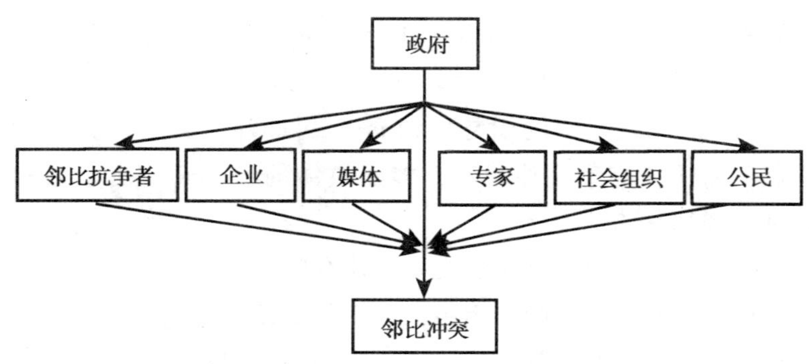

图 3-2　政府强制型邻比冲突治理模式的多元治理主体之间的关系

政府单一垄断主体下主从性同盟关系不利于邻比冲突治理。如果政府及其决策者比较理性民主，则邻比冲突治理决策过程也相对理性民主；如果政府及其决策者决策方式简单粗暴，能力有限，甚至掺杂个人利益或腐败因素时，邻比冲突治理过程会倾向于非理性，严重时甚至会损害公共利益、牺牲社会公平，其结果往往是压制矛盾，加剧社会冲突和对立，导致社会撕裂。主从性同盟关系决定了其他多元主体治理邻比冲突的主动性不足，如企业往往会更倾向于采取机会主义行为以降低运行成本而不愿意治理邻避设施的负外部性影响，专家可能会出于某种利益诉求而刻意缩小或夸大设施的负外部性影响，邻比抗争主体更可能会为了抬高补偿额而刻意夸大邻避设施的负外部性影响，采取恶意的不合作行为，如福建永泰电塔建设中，按照电塔设计的技术标准，其负外部性影响基本不存在，但埔埕村村民就是不同意建设电塔。

（二）强制性治理机制

强制性治理机制是政府强制型邻比冲突治理模式的关键特征。依靠强制性治理机制实施社会治理行为，这依然是传统计划经济和统治型政府治理理念的流弊。从典型案例可以看出，政府强制型治理模式通常采用自上而下式的决策和执行方式，一旦其政策执行受阻，为了维护自身权威并保证政策得到执行，政府通常会运用合法使用暴力机器的权力，动用国家暴力机器、使用暴力手段对不合作者实施强制措施，促使其采取合作行为。从典型案例可以看出，强制性治理机制表面上看可以使政府掌握主动权，政府在决策之初一般都不愿主动公开信息，在公民或社会提出异议之初也不愿积极回应，而等到事态升级成危机事件，迫于维稳和上级压力时，政府才会被动应对，人治色彩浓厚，因而强制治理机制的使用实际上表明政府在邻比冲突治理中处于事实上的被动地位，是被动型的邻比冲突治理方式。

1. 政府强制型治理决策机制。政府强制型治理决策机制是政府强制型邻比冲突治理模式的首要治理机制。通过典型案例可以看出，政府强制型邻比冲突治理模式中，政府是邻避设施选址决策的主体，邻避设施选址决策通常都是由政府隐蔽做出，其决策过程并不向公众开放，一般甚少或者根本没有引入公民参与，社会很难了解政府决策的具体信息和决策依据，也不了解设施的具体运行和管理信息，整个冲突治理过程一般都是由政府单方决策，不会或甚少倾听来自社会的声音。随着民主进程的发展，部分邻避设施选址决策过程中，政府可能会吸纳来自某些专家或智囊的意见，但更多的是要求专家或智囊作为论证决策“合法性”和“科学性”的智力支撑，而不是听从专家或智囊的反对声音。从邻避设施选址决策效率来看，政府强制型邻避设施选址决策效率较高，对于某些必要型邻避设施的设址有一定的保障作用和积极意义，但政府强制型邻避设施选址决策也存在显而易见的缺点，它常常是导致选址决策不合理、环境不正义的主要原因。决策者为了减小政策执行的阻力和降低政策实施的成本，常常会选择处于弱势地位，难以组织有效抗争的弱势地区。为了达成设址目的，决策者有时甚至会用暴力手段执行选址决策。现代民主社会应该尽可能降低政府强制型决策模式的使用率。需要说明的是，由于现实国情的特殊性，我国邻比冲突治理决策过程中，可能更多地表现为政府和企业的“合谋”：由企业和政府之间

“协商”确定选址地点，再由政府作为主要推动主体，设施设址如遭到邻比抗争，也是由政府对设施命运做出最终决策，这也属于政府强制型选址决策方式。

2. 政府强制型政策执行机制。强制型政策执行机制是政府主导型邻比冲突治理模式的常用机制。它是传统统治型行政理念和行为方式下的常用政策执行机制，强制型政策执行机制主要包括强制征用、强制补偿、强制弹压和强制处理。强制征用即政府通过强制方式征用用于建设邻避设施的土地；强制补偿即主要由政府主导决定征用土地或负外部性影响的补偿标准与补偿方式；强制弹压即当发生群体性事件、公民集聚尤其是暴力冲突等邻比抗争行为时，政府一般会动用国家暴力机器，采用高压手段予以强制处置和弹压；强制处理主要指政府运用强制手段对作为邻比抗争对象的企业作出强制性处置措施，如停业整顿、关停、罚款等。本章第一节案例中，灌阳县政府“举全县之力”强力推进垃圾填埋场建设，是政府强制型政策执行方式的典型体现。本章第二、三节案例中，政府在公民发起邻比抗争行动之初，都坚持强制推进项目建设，直到事态进一步升级成反对设施的“散步”活动时，才转变行为方式，转而以积极的态度与反对设施建设的市民互动。本章第二节案例中政府抓捕反对活动的积极组织和参与者并出台管制互联网信息的地方性法规，本章第三节案例中政府出动警察跟踪市民并邀请市民“喝茶”等都是强制型政策执行机制的典型表现。强制型政策执行机制一般效率很高，但在设施危害确切存在的情况下，强制执行会威胁公民权利和环境正义，常常是造成事态升级的主要原因。

3. 政府强制性信息控制机制。典型案例选址决策之初，都毫无例外地选择了严格控制信息。典型案例显示，当邻避设施设址决策被披露后，政府都选择删除网帖以封堵网络民意，通过各种手段制止媒体对事件的报道，厦门 PX 事件中，警方将在网络上发帖的当事人拘留并在事件过程中出台了互联网信息管理的地方性法规，而南京 PX 项目的相关各方至今对项目都是讳莫如深，一些曾经激烈反对项目建设的专家学者现在都集体沉默，充分体现了政府控制信息的强度。信息控制是传统行政理念下对社会不信任的产物，它违背了民主行政、透明行政的服务型政府的基本理念，也显示了政府对自身决策能力和邻避设施设址决策本身的不自信。

4. 非常态的公民参与机制和被动化反应模式。政府强制型邻比冲突治理模式中，政府主导或垄断了邻比冲突治理过程，一般采用“暗箱”式治理方式，很少主动地倾听、回应和吸纳公民意见，很少为公民提供参与邻比冲突治理的正式机制和渠道。典型案例中，在邻比冲突发生之初，政府一般都没有积极主动地回应邻比抗争主体通过正式渠道发出的意见和诉求，公民因而只能转而采用非正式的利益表达方式，形成了邻比冲突治理非常态的公民参与。在新媒体的推动下，非常态的公民参与往往能形成高效的政治动员和汹涌的民意，对政府形成巨大的舆论和现实压力，挑战传统行政下的政府本位和社会控制理念。非常态的公民参与会对社会秩序构成一定影响，极端情况下会造成政府与社会的直接对抗。现代服务型政府应该建立邻比冲突治理的常态参与机制，发挥公民在邻比冲突治理中的自主治理作用，使政府、企业、社会实现邻比冲突治理的良性互动，这是有效治理邻比冲突的治本之策。

在政府强制型邻比冲突治理模式中，政府权威思想和落后的行政理念使邻比冲突治理更多地体现为被动化的反应模式。从邻避设施的选址决策过程来看，典型案例在选址决策之初都惊人一致地选择了严格的信息控制，这似乎是一种危机预防模式，但环境正义的基本原则和现代社会的信息传播渠道都决定了任何邻避设施都应该且必然要公开面对公众与社会。典型案例表明，网络时代的任何信息控制机制最终都是徒劳的，试图通过“暗箱式”信息控制机制来实现邻比冲突治理是一种消极逃避的态度，政府最终必然要对信息公开后公民的邻避反应和诉求做出反应，因而实际上是一种被动化的反应模式。此外，典型案例还体现了一个共同现象：公民邻比抗争之初，政府一般都不能积极回应公民的反对意见，坚决推进设施建设，而等到公民邻比抗争行动升级成危机事件时才被动应对：或者强力推进，或者终止项目。被动反应方式是造成我国邻避性暴力冲突事件频发的重要原因。

（三）线性化治理路径

政府强制型邻比冲突治理模式中，出于对邻避设施公共效用的需要，政府一般以邻避设施成功设址为目标，不考虑邻避设施的具体类型和特征，在邻避设施设址和邻比冲突治理中，采用线性化的治理路径（图3-3）：决策之初通常采取隐蔽决策方式，不为公民提供决策参与机制和参与渠道，很少主动倾听、回应和吸纳公民意见；当信息披露，公民提出质疑和反对意见时，政府对公民通过正式渠道发出的质疑和反对意见往往消极应对，习惯于通过“辟谣”、信息控制等方式掩盖决策真相甚或打压公民意见，使矛盾和舆情升级，事态激化；而当邻比抗争主体转向非常态的利益表达和公共参与，出现与政府直接对抗的群体性事件时，政府才会正面面对社会的质疑和反对，开始引入公民参与、实施有限度的信息公开、通过国家机器对邻比抗争行为实施强制弹压，或者通过国家机器强制性地终止邻避设施设址。在线性化的治理路径之下，除了甚少的强制性弹压下的成功设址之外，邻比冲突治理一般都是以终止或暂停项目设址为最终结果。

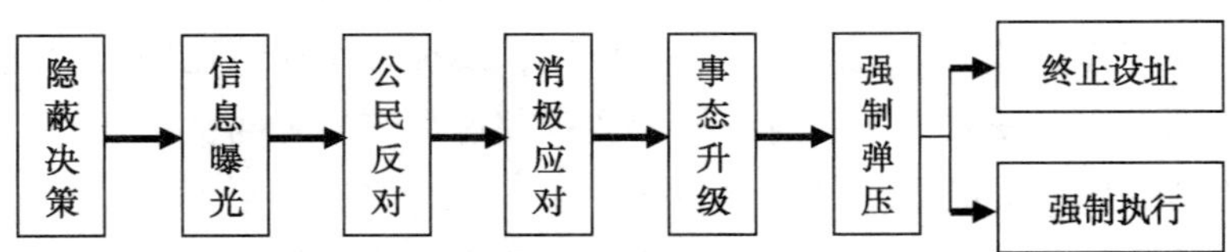

图 3-3　政府强制型邻比冲突治理模式的线性化治理路径

(四) 政府强制型邻比冲突治理模式的治理绩效分析

政府单一主导性治理主体、强制性治理机制和线性化的治理路径使政府强制型邻比冲突治理模式对必要型邻避设施设址具有积极促进作用，但在邻避设施危害确切的情况下，强制性治理机制一旦成功设施，反而会侵害公民权利，损害社会公平和环境正义，降低政府合法性和公信力，加剧政府与社会之间的对立，其政治成本和社会成本巨大。从实际邻比冲突治理绩效来看，以成功设址为目标的政府强制型避冲突治理模式常常面临治理绩效不彰的困境。

1. 邻比冲突日益频繁激烈。近年来，我国邻比冲突事件越来越为频繁，邻比冲突程度也不断升级。据报道，很多城市都发生居民反对兴建垃圾焚烧厂的事件，[①] 沪杭高铁在邻比抗争声音中改线、北京六里屯垃圾焚烧厂设置冲突、广西灵川八百村民上访反对建设垃圾场、安徽舒城垃圾填埋场暴力冲突等，我国邻比冲突事件似乎愈演愈烈。而近年来的宁波 PX 项目事件、上海闵行 PX 项目事件、浙江余杭中泰垃圾焚烧发电厂设址冲

① 李柯勇、南婷：《中国三成城市深陷垃圾围城　焚烧厂建设引担忧》，http://news.xinhuanet.com/2010-10/31/c_ 12720525.htm。

突、连云港核废料处理厂设址冲突等，无不昭示着我国邻比冲突日益频繁、冲突程度不断升级的现状，而政府强制型邻比冲突治理模式天然的局限性使其显得越来越无能为力，我国正面临着邻比冲突“不可治理”的困境。

2. 设址成功率低下与不合理设址并存。随着公民意识的觉醒，各种类型的邻避设施设址几乎都毫无例外地遭到了不同程度的反对。虽然各种遭到邻比抗争的设施中不乏暂时建成运行的案例，但几乎都和南京PX项目一样，成功设址背后是难以平复的反对民意。从这个意义上来说，政府强制型邻比冲突治理模式下的邻避设施设址几乎没有成功的案例。在本章前五节所分析的典型案例中，前三个案例都不同程度地引发了较大规模的社会冲突。虽然案例一项目建设在“有序推进”、案例四已经成功设址，但其背后都潜藏着汹涌的反对暗流，在很大程度上违背了构建和谐社会的社会目标。低下的设址成功率使公共利益遭到了极大损失，也埋下了社会冲突的隐患。另外，在传统政府强制机制的作用下，邻避设施设址决策缺少科学性，既有邻避设施设址不合理的现象广泛存在。这可能源于多方面的原因。首先邻避设施设址决策的不合理。由于缺乏环保意识，政府和企业在进行邻避设施设址决策时，一般优先考虑设施的建设和运营成本，而甚少考虑设施对周边社区的负外部性影响，导致设施选址决策的不合理。其次是城市空间规划的不合理。不合理的政绩考核制度和用人制度以及权力本位的共同作用，使中国政府的城市规划极不合理，城市规划决策中的“三拍”现象严重，缺乏远景目标和连续性，有的甚至毫无规划可言。随着经济社会的发展和城市化进程的加快，早期设址相对合理的邻避设施周边相继被开发也是导致设施设址不合理的主要原因。

3. 环境不正义现象严重。政府强制型邻比冲突治理中，经济人自利性使政府倾向于选择难以有效组织抗争活动的地区作为设址标的地区，它可以降低设施设址的成本，提高设址效率和成功率。从典型案例可以看出，邻避设施在公民文化发展水平、经济发展水平及社会政治经济地位不同的地区，其设址所遭遇的阻力及最终完成项目建设的可能性也不一样。灌阳村民原始而传统的邻比抗争方式、有限的社会资源以及局限于地区的邻比抗争主体在面对强力推进设施建设的地方政府时，只能暂时接受垃圾填埋场设址的现实，而番禺事件的中产业主和市民们有效的策略运用、广泛的社会资源、强劲的舆论宣传策略以及 30 万中产业主的庞大群体使其成功地阻止了政府欲“坚定不移”地推动的项目。再以广州李坑垃圾焚烧发电厂设址运行为例，虽然番禺市民在反对垃圾焚烧发电厂的事件中揭露了垃圾焚烧发电厂对永兴村民身体健康的严重危害，但在政府强制型治理模式下，至今没有得到有效的处理与补偿；弱势群体无法维护自身环境权利的现象明显。[①]

三　地方政府邻比冲突治理的政府强制图景再考察

为进一步验证典型案例研究结果，更为全面地观察地方政府邻比冲突治理的行为图景，本书进一步采用多案例研究法，选取历年受到广泛关注的典型邻比冲突事件，对事件发生过程中的地方政府行为进行梳理分析，以期勾勒出邻比冲突事件过程中的地方政府行为概况，进而分析决定地方政府邻比冲突治理行为选择的内在逻辑。为保证案例的代表性，本书主要选取那些被广泛报道、已有资料能够完整再现事件发展过程的典型案例，同时考虑案例的历时性、区域性和设施的广泛性。多数案例在当地政府网站、相关政府网站（本地上级部门、上级职能部门），以及其他相关网络公开资料，如百度百科、时事网等，都有详细记录或有详细而完整的单案例研究成果。本书希冀对邻比冲突治理过程中的地方政府行为做出整体性勾画，故而在选取案例时并不特别关注事件过程中地方政府具体行为细节信息的详尽性，而主要根据事件过程中的新闻报道和政府公开披露的信息，结合实地走访和电话、QQ、邮件访谈，借以了解事件过程信息，还原事件发展整体过程（见表 3-1），进一步考察地方政府邻比冲突治理的行为图景及其内在逻辑。

---

① 永兴村在焚烧厂建厂前（1993—2005 年）的患癌死亡病例仅为 9 例，而建厂后癌症死亡病例为 42 例，且有 24 例患癌暂时存活病例；建厂后李坑癌症发病率是建厂前的 21.15 倍（66 与 4 又 1/3 的商除以 0.72），建厂后呼吸系统癌症发病率是建厂前的 67.79 倍。但数据被调查者公布后，当地政府一再否认数据的真实性，至今没有对设施的安全性采取任何措施，也没有为永兴村民提供任何形式补偿，体现了环境不正义的典型事实。具体参见青岩《李坑癌症高发与垃圾焚烧项目的相关性和因果性》，http://www.licaiyizhou.com/content.jsp?category=0010E&id=1485。

表 3-1　典型邻比冲突事件发展过程与政府行为图景

序号	年份	事件名称	关键事件过程	设施性质	结果
1	2005	浙江东阳画水事件	政府引进企业租地—村民拒绝—签名反对—政府调查并通知村民谈话—村民集体陈情并裹挟镇领导—民警解围—冲突—村民打砸企业—抓捕并判刑—村民多次诉求污染问题—上访—围堵企业要求搬迁—政府制止村民并要求企业停产整顿—倡议并威胁村民—公安局警告—村民聚集—警民对峙—冲突升级—强力处置	经济	继续
2	2005	浙江新昌京新药厂事件	污染严重—健康危害—村民诉求无果—厂房爆炸—村民提出诉求—政府和企业拖延—村民与企业冲突—政府警告村民—政府说服企业停产—工厂处理原料—村民围厂—发生冲突—村民聚集—出动警察—冲突加剧—台风暴雨—危机趋缓	经济	继续
3	2006	北京六里屯垃圾填埋场事件	拟建垃圾填埋场—环保局提出异议—承诺工艺先进安全与使用期限—开工建设—臭味扰民污染严重—决定建垃圾发电厂—居民质疑—政府组织外出考察—提起行政复议—全国政协委员停建提案—政府专家与居民沟通—坚持推进—到国家环保总局抗议—工厂不准员工参与维权—政府组织座谈会—宣布缓建焚烧发电厂—填埋场继续运营	公共服务	终止
4	2007	江苏南京PX 项目冲突	秘密决策—2005 年秘密开工—2006 年国家发改委批准—企业严控信息—不准外人入内—删帖管控信息—2007 年信息披露—居民阻止施工—接受政府调解—信息扩散—删帖—专家反对—市长沟通—居民起诉—不予立案—项目继续运行	经济	建成
5	2007	福建厦门PX 项目事件	企业申请—政府决策—开工建设—信息披露—院士反对—邀请院士座谈—抓紧速度建设—全国政协委员提案反对—市民反对——强力推进—市民“散步”—宣布缓建—印发宣传册—新闻发布会座谈会听证会—省政府介入—宣布停建—项目迁址	经济	迁址
6	2008	上海沪杭磁悬浮事件	隐蔽决策—信息披露—社会关注、国家发改委证实—环评报告公示—居民上访—环评报告评审无果—组织专家社区座谈—项目暂停—调整方案后的项目公示—公示环评报告—居民广场“购物”抗议—听取意见—居民“散步”—政府沟通并征询意见—居民聚集抗议—感谢市民参与并希望合法表达—内部通报进展—项目重启—发改委批准—项目暂时搁置	公共服务	暂停
7	2008	江苏南京汉口路西延工程冲突	人大代表提议—公布工程规划—师生抗议—发布传单和公开信—准备游行—市长回信—专家评审—调整线路—工程招标公告—媒体报道—河海大学抗议—向市政府征询—政府约谈—澄清报道—项目继续	公共服务	迁址
8	2009	广西灌阳垃圾填埋场事件	政府决策—村民上访无效—多次阻挠施工—公安传唤引发冲突声称“举全县之力推进”—继续建设—村民阻止施工—村民失踪—村民赴京上访—政府截访—阻止施工—警民冲突—抓捕—思想工作—工程继续	公共服务	建成

续表

序号	年份	事件名称	关键事件过程	设施性质	结果
9	2009	广东番禺垃圾焚烧发电厂事件	1999年规划—2003年选址—2006年决策—2009年公布工程信息—居民反对—媒体关注—组织人大代表视察场地—删帖并监控跟踪居民—邀请居民“喝茶”—宣布国庆后开工—未开工—《广州日报》宣称依法推进—新闻通报坚定不移推进—持续反对—万人签名—舆情升级—组织专家新闻发布会—专家身份引发质疑—居民“散步”—宣布缓建	公共服务	缓建
10	2011	浙江海宁晶科能源事件	晶科能源建设—污染环境—举报抗议—政企拖延—村民表达诉求—政企拖延—村民到企业抗议—引发冲突打砸企业—警察清场—警民冲突—驱散人员—刑事行政拘留并教育群众—敦促村民自首—企业停工整治—继续生产	经济	继续
11	2012	浙江宁波PX项目事件	污染严重—国家发改委规划PX项目—环评—信息披露—南洪村村民要求拆迁搬离获同意—湾塘等村村民上访要求搬离—引发冲突—反对PX项目—政府说明情况承诺严格执行排放标准—村民散去—舆情升级约定上街—堵路抗议—警察扣留抓捕并驱离人群—抗议继续—召开干部会议并发布通报—群体性事件继续—宣布停止项目	经济	终止
12	2012	四川什邡钼铜项目事件	项目决策—公示征求意见—网上信访—回复—环评报告公示并通过—书记信箱回复—市民质疑—组织抗议—项目开工—市民上访—市民聚集“散步”—警民冲突—责成企业停工并宣布暂不开工—介绍项目环评情况—通告白天情况—通告禁止游行—惩处违法犯罪人员—承诺永不建设—项目重启	经济	重启
13	2012	江苏南通启东事件	政府决策—老干部反对项目—人大代表政协委员提案反对—志愿者宣讲污染危害—申请信息公开—多次提起行政诉讼—不立案—小规模群体性事件请愿—听证会—老干部反对—网民计划组织群体性事件表达诉求—宣布暂停工程建设呼吁市民不参与群体性聚集—市民聚集—警民冲突—宣布终止项目—惩处谣言散布者—逮捕并判决参与人员	经济	终止
14	2013	福建永泰高压电塔事件	秘密决策—组织开工建设—村民反对—引发冲突—拘留村民—村民拦路要求释放人员、继续拘留村民—村民到镇政府要求释放人员—冲击政府大门—警民冲突—多次冲突—座谈会宣传说服—邀请专家举办讲座和咨询会—持续反对—成立工程建设指挥部—组织“保护性施工”—警民暴力冲突—施工完毕并通电	公共服务	建成
15	2013	安徽舒城南港垃圾填埋场事件	政府决策—信息公开—村民质疑—坚持推进—村民向省电视台反映—县政府堵截省台记者—村民上访—警察驱散人群—村民走上国道堵路—政府组织警察驱散—警民冲突—拘押人员—村民到政府大楼抗议—警民对峙—暴力冲突—拘押人员—媒体报道—封网删帖—项目停建	公共服务	终止

续表

序号	年份	事件名称	关键事件过程	设施性质	结果
16	2014	广东茂名PX事件	秘密决策—规划建设—获批—报道并高调宣传PX项目—举行推进会—签订责任书—邀请专家谈项目—强势推进—市民质疑—呼吁聚会抗议—市民聚集—政府未回应—出现冲突—政府拘捕人员协助调查—出现打砸行为、冲击政府—冲突升级—发布告人民书宣称处于知识普及阶段承诺按民意决策—面对面听取意见—宣布惩处情况并为误伤市民道歉—暂停	经济	暂停
17	2014	浙江杭州余杭中泰事件	成立项目领导小组—成立能源公司—调研要求强力推进—省建设厅审批公示—提交联名反对信—上访—向媒体投诉—居民上访引发局部冲突—工程秘密开工的信息传播—市民聚集反对—媒体沟通会专家答疑—承诺未履行法定程序和征得支持前停止作业—市民封堵省道—打砸和警民冲突—通告要求涉案人自首—宣布惩处犯罪嫌疑人—项目重启	公共服务	重启
18	2016	浙江温州苍南核电站设址冲突	决策—筹建并签订合作协议—成立领导小组—开展科普宣传—制定沟通方案—管控社会稳定风险—登记成立公司—国家能源局批复同意—成立协调小组走访村民答疑—银行和苍南签约公布项目开工信息—市人大常委会同意项目建设—项目正式公示—反对舆情升级—组织支持舆论—政府组织科普考察争取支持—项目继续	公共服务	继续
19	2016	江苏连云港核废料处理厂事件	项目选址调研新闻—删除—项目可能落户连云港新闻—市民传播消息质疑—呼吁签名请愿—市民聚集并签名—警察维持秩序—公司发布声明—政府发布游行示威法律规定—市民集会示威—警民冲突—打人图片信息传播—市民情绪激化—集会人员增加—舆情升温—警方辟谣—政府发布禁止非法集会通告—“六个严禁”—政府决定暂停项目	经济	暂停
20	2017	黑龙江大庆忠旺铝业项目建设事件	招商谈判—签订协议—决定选址—通过环评审批—省政府同意—发布加快推进项目新闻—审批通过—项目环评公示—市民热议—网络问政质疑—政府回复—反对声音发酵—市民呼吁抵制—聚集抗议—宣称环保和环评不过关不施工并邀请专家论证—准备组织座谈会和听证会—畅通渠道及时回复—呼吁理性表达同时宣称将依法处置违法行为—抗议者认为环评过关企业天天在污染—继续抗议—警民冲突—宣布暂停项目	经济	暂停

注：（1）为分析地方政府在邻比冲突治理中的行为目标，本书根据邻避设施的主要功能价值，将其分为经济类设施和公共服务类设施两类。（2）表中“继续”指设施设址虽引发冲突，但地方政府依然继续推进项目建设。“终止”指设施设址引发冲突后，地方政府明确宣布终止项目建设，目前没有重新启动项目建设。“暂停”指设施设址引发冲突后，地方政府宣布暂时停止项目建设，目前没有重启项目建设进程。“重启”指设施设址引发冲突后，地方政府明确宣布暂停或终止项目建设，但冲突平息后一段时间，地方政府再次重启项目建设进程。

对以上典型案例按照以下方法进行编码处理，得出典型案例的变量值（见表 3-2），进而形成统计参数（见表 3-3）。

表 3-2　　　　典型案例的变量值

事件名称	主体构成	主体关系	决策方式	反应方式	定性策略	政策工具	强制情况	治理目标	治理结果	事件名称	主体构成	主体关系	决策方式	反应方式	定性策略	政策工具	强制情况	治理目标	治理结果
浙江东阳画水事件	AF	C	A	B	A	A	BCD	AB	A	浙江宁波 PX 项目事件	A	C	A	B	A	A	BCD	AB	D
浙江新昌京新药厂事件	AF	C	A	B	A	A	BCD	AB	A	四川什邡钼铜项目事件	AF	C	A	B	A	A	BCD	AB	E
北京六里屯垃圾填埋场事件	AC	BC	A	BA	A	AC	BC	AB	D	江苏南通启东事件	AF	C	A	B	A	A	BCD	AB	D
江苏南京 PX 项目冲突	AB	BC	A	B	A	A	BC	AB	A	福建永泰高压电塔事件	A	C	A	B	A	A	BCD	AB	A
福建厦门 PX 项目事件	AF	C	A	B	A	AC	BCD	AB	C	安徽舒城南港垃圾填埋场事件	A	C	A	B	A	A	BCD	AB	D
上海沪杭磁悬浮事件	AC	BC	A	B	AC	AC	AB	AB	B	广东茂名 PX 事件	ACD	BC	A	A	A	AC	BCD	AB	B
江苏南京汉口路西延工程	AC	BC	C	B	AC	AC	ABC	AB	C	浙江杭州余杭中泰事件	ACD	BC	A	B	A	A	BCD	AB	E
广西灌阳垃圾填埋场事件	A	C	A	B	A	A	BCD	AB	A	浙江温州苍南核电站	ABD	BC	B	A	A	AC	BC	AB	A
广东番禺垃圾焚烧厂事件	AC	BC	A	B	A	AC	BCD	AB	B	江苏连云港核废料处理厂	A	C	A	B	A	AC	BCD	AB	B
浙江海宁晶科能源事件	A	C	A	B	A	A	BCD	AB	A	黑龙江大庆忠旺铝业事件	AC	BC	A	B	A	A	BCD	AB	B

表 3-3　　　　典型案例变量值统计参数

	众数项			次众数项			第三众数项			其他选项值					
	选项	数值	百分比	选项	数值	百分比	选项	数值	百分比	选项	数值	百分比	选项	数值	百分比
主体构成	A/AF	11	55%	AC	5	25%	ACD	2	10%	ABD	1	5%	AB	1	5%
主体关系	C	11	55%	BC	9	45%	—	—	—	—	—	—	—	—	—
决策方式	A	17	90%	B	1	5%	C	1	5%	—	—	—	—	—	—
反应方式	B	17	85%	A	2	10%	BA	1	5%	—	—	—	—	—	—

续表

	众数项			次众数项			第三众数项			其他选项值					
	选项	数值	百分比	选项	数值	百分比	选项	数值	百分比	选项	数值	百分比	选项	数值	百分比
定性策略	A	18	90%	AC	2	10%	—	—	—	—	—	—	—	—	—
政策工具	A	12	60%	AC	8	40%	—	—	—	—	—	—	—	—	—
强制情况	BCD	15	75%	BC	3	15%	AB	1	5%	ABC	1	5%	—	—	—
治理目标	AB	20	100%	—	—	—	—	—	—	—	—	—	—	—	—
治理结果	A	7	35%	B	5	25%	C	2	10%	D	4	20%	E	2	10%

治理主体：主要通过主体构成和主体间关系两个变量考察邻比冲突治理的主体结构。邻比冲突过程中的主要利益相关者或者说主要行动者包括：A. 出台设施设址决策的地方政府，B. 设施运营企业，C. 专家，D. 媒体，E. 邻比抗争者，F. 出台设施设址决策的地方政府的上级政府。理论而言，他们都应是邻比冲突治理的当然主体，但在具体案例中，他们未必都会成为冲突治理的“天然”主体。是否将主要利益相关者纳入冲突治理主体体系、不同主体在冲突治理过程中的地位与相互关系等，都是地方政府邻比冲突治理理念的重要体现，也显示出不同利益主体维护自身利益的意识和能力，如那些参与意识和利益意识强烈的利益相关者，即便政府不开放相应通道，他们也会要求参与政府决策过程，或主动采取行动以影响地方政府邻比冲突治理的行为选择。以政府为参照系，这些利益相关主体与地方政府的关系主要包括：A. 平等主体，即在冲突治理过程中与地方政府地位平等，共同协商，合作决策；B. 从属关系，即多元利益相关者在冲突治理过程中处于从属地位，事实上并没有决策权或决定权较小，有时甚至只是政府说服邻比抗争者的工具或“传声筒”；C. 治理对象，即其他多元利益主体被视作导致不稳定的因素，是需要“治理”的对象。

治理机制：为简化讨论，本书根据地方政府在邻比冲突发展过程中的关键行为节点，从决策机制、反应方式、定性策略、政策工具、强制程度五个方面考察地方政府邻比冲突治理机制使用情况。（1）决策机制。根据决策过程的公开性和参与度，把决策机制分为：A. 隐秘决策，B. 公开决策（无利益相关者参与），C. 参与式决策。（2）反应方式。根据主被动情况，把地方政府在邻比冲突治理过程中的反应方式分为：A. 主动治理，即地方政府主动公开信息、引入公民参与、积极回应公民质疑和利益诉求；B. 被动反应，即不考虑决策和设施负外部性影响的实际情况，只是根据政府意图进行决策，在决策信息公开后，根据公民反应情况，被动应对。（3）定性策略。这是考察地方政府对待公民诉求态度的变量，它在很大程度上决定了地方政府邻比冲突治理的政策工具选择，理论界和实务界对公民邻避抗争行为有四种主要观点：A. 自私自利的邻避行为，即认为邻避设施有利于公共利益，公民反对设施设址是一种自私自利的行为；B. 希图获取利益的无理取闹，即认为公民之所以会反对邻避设施设址，只是想以设施负外部性影响为借口，通过无理取闹给自己谋取不正当利益；C. 公民参与行为，即认为公民反对邻避设施设址是其主动参与政府决策和地方公共事务治理的公民参与行为；D. 维护自身生活环境权的环境正义运动，即认为每个公民都有平等享有清洁生活环境的权利，公民反对可能对周边存在负外部性影响的设施设址，是他们争取平等生活环境权的环境正义运动。（4）政策工具。根据政策工具理论，地方政府邻比冲突治理的政策工具可以分成三类：A. 管制类工具、B. 经济类工具、C. 沟通性工具。[①]（5）强制性及其变化情况。主要考察地方政府在邻比冲突治理过程中所使用的政策工具的强制性程度及其变化情况，邻比冲突治理政策工具的强制程度主要包括：A. 无强制；B. 温和强制（政府单方面做出决策并推进设施设址，但没有采用威胁、抓捕等严厉措施）；C. 中度强制（出现警告、威胁、拘留、抓捕等现象）；D. 强力强制（强力弹压，甚至出现特警清场、释放催泪弹等强制措施）。

治理目标：治理目标是决定政府行为的关键变量，根据邻比冲突的特质，地方政府邻比冲突治理的可能目标主要包括：A. 经济发展目标，主要表现为期望实现邻避设施成功设址；B. 社会稳定目标，主要表现为尽力避免舆情事件或群体性事件，面对舆情或群体性事件，容易妥协或暂停、终止设施设址；C. 维护邻比抗争者权益，即从邻比抗争者出发，积极回应公民利益诉求；D. 维护公共利益，在邻比冲突治理过程中，以公共利益为目标，坚持维护公共利益；E. 环境保护与可持续发展，邻比冲突争议的焦点是设施是否对周边地区存在环境负外部性影响，环境保护与可持续发展理应成为政府邻比冲突治理的重要目标。邻比冲突起源于邻避

① ［美］盖伊·彼得斯：《公共政策工具》，顾建光译，中国人民大学出版社 2007 年版。

设施设址，设施设址结果因而既是考察邻比冲突治理机制使用情况的参考变量，又是反映政府决策目标达成情况、体现政府治理能力和对待公民诉求态度、比较政府邻比冲突治理目标优先解的参考变量，邻避设施设址结果主要包括：A. 建成或继续建设与运行，B. 暂停或缓建项目，C. 迁址，D. 终止项目，E. 缓建或暂停后又重启项目建设。

根据以上统计参数可以发现，地方政府在邻比冲突治理过程中表现为典型的政府强制模式，具有垄断邻比冲突治理权力、隐蔽式设施设址决策、格式化的被动反应方式、递阶强制型政府强制机制的基本特征。具体而言，即在冲突治理过程中，由政府作为垄断冲突治理权力的单一主体，根据实时情境确定冲突治理目标，通过隐秘式设施设址决策、格式化的被动反应方式、递阶强制的治理机制等，对邻比抗争者等相关治理对象实施政府强制措施，以达到政府邻比冲突治理目标的动态强制过程。

（一）政府成为垄断邻比冲突治理权力的单一治理主体

55%的典型案例中，政府是垄断邻比冲突治理权力的单一主体；45%的典型案例发挥了其他利益相关者的参与作用（分别有35%、15%和10%的案例引入了专家、媒体和企业参与）；但没有典型案例把邻比抗争者纳入治理主体范畴。统计显示，100%的案例中，邻比抗争者都被视作治理客体与治理对象；另外45%的案例虽然引入了专家、媒体或企业参与，但他们与政府之间只是从属关系或只是政府说服邻比抗争者的"工具"。可见地方政府事实上是垄断邻比冲突治理权力的单一治理主体，把企业、邻比抗争者视作治理对象，即便偶尔引入专家、媒体等第三方参与，也只是把他们作为政府治理的从属者或辅助手段，而当专家、媒体、企业乃至下级政府的行为与政府（上级政府）治理目标发生冲突时，政府（上级政府）会把他们视作治理对象，对其采取强制措施以达成政府（上级政府）邻比冲突治理的目标。

以表3-1中的案例1为例，地方政府决定引进企业租地而村民拒绝出租土地并签名反对时，地方政府首先调查村民签名反对情况、通知发起签名和拒绝出租土地的村民去镇政府谈话，却没有对村民反对企业污染的利益诉求做出积极回应；在村民打砸企业后，地方政府却迅速出动警察抓捕村民；及至大量村民聚集并围堵企业、事态出现失控趋势时，政府一方面出动警察威胁、警告村民，另一方面责令企业停产整顿；事件过程中处处体现了政府垄断冲突治理权力，把邻比抗争者和企业视作治理对象，对他们实施政府强制的行为特征。案例 9 中，当地政府邀请专家和居民对话，但专家只是处于政府从属或工具地位的项目辩护者角色，而并非邻比冲突治理的平等主体。案例 4 和案例 5 中，反对项目建设的专家们事实上是政府邻比冲突治理的对象。案例 1、2、12 中，地方政府官员都受到了不同程度的问责，案例 5 中地方政府主要领导被省领导紧急约见，表明特定情况下，下级政府是上级政府邻比冲突治理的对象。此外，所有典型案例都不同程度地出现了删帖、禁止报道或按政府要求发布信息、引导舆论等情况，表明媒体在特定情境下也是政府邻比冲突治理的工具或对象。政府成为垄断邻比冲突治理权力的单一治理主体在所有典型案例中都有明显表现。

（二）递阶强制型政府强制机制

典型案例表明，政府强制机制是地方政府邻比冲突治理的主要行为选择，其主要特征包括隐秘式设施设址决策、格式化的被动反应方式和递阶强制型政府强制机制。

首先，隐秘式邻避设施设址决策。统计显示，典型案例中的 90%采用了完全的隐秘决策，5%采取公开决策但没有引入公民参与，另有 5%采取了参与式决策。进一步研究典型案例发现，隐秘式邻避设施设址决策是地方政府邻比冲突治理的重要特征，信息透明和公开决策在典型案例中很少发生，即便在信息披露、公民开始讨论项目、提出质疑意见的情况下，仍有地方政府采用“辟谣”的方式否认项目建设信息，或者采用“决策—宣布—辩护”① 的方式而不愿公开决策，多数情况还会采用删除网络信息的方式以阻断信息传递或者干脆对各种信息不作回应，默默地推进设施设址决策。

以案例 5 为例，从项目动议到开工建设都在隐秘状态下进行，其间既没有公开信息，更没有引入公民参与，直到《厦门日报》报道工程开工建设才“无意泄密”。案例 4 的项目规划和开工决策也都是秘密进行的，即便项目信息披露后，政府和企业仍在控制信息、删除网帖。案例 9 从 1999 年项目开始规划到 2009 年公布工程信息的 10 年时间里，决策过程都是隐秘的。案例 16 对项目的高调宣传也是在前期隐秘决策并获批准备开工建设之后才发生的。案例 18 虽然从项目动议到签订合作协议、成立

---

① Kuhn, R. G. & Ballard, K. R., “Canadian Innovations in Siting Hazardous Waste Management Facilities”, *Environmental Management*, Vol. 22, No. 4, 1998, pp. 533-545.

领导小组、准备开工建设等，都公开发布了信息并组织科普宣传，但决策过程依然是隐秘的。所有案例中，只有案例 7 的决策过程较为公开且引入了公民参与。

其次，格式化的被动反应方式。深入考察典型案例发现，当设施设址决策信息披露后，地方政府通常会采用忽略、拖延、辟谣、辩护乃至欺骗的方式回应公民质疑，在信息确认、公民通过上访等表达诉求时，地方政府通常会采用信息控制机制来应对，当公民反对意见发酵升级，出现群体性事件征兆时，政府通常会警告公民不得组织和参与群体性事件，而当公民开始非法聚集，特别是发生“打砸抢”等群体性事件时，政府会采取拘留、清场、驱散乃至抓捕等强力强制措施处置群体性事件（见图 3-4）。统计显示，只有 10%的典型案例中的地方政府属于主动治理，而 85%的典型案例中的地方政府属于被动反应，另有 5%是先被动后主动的治理方式。

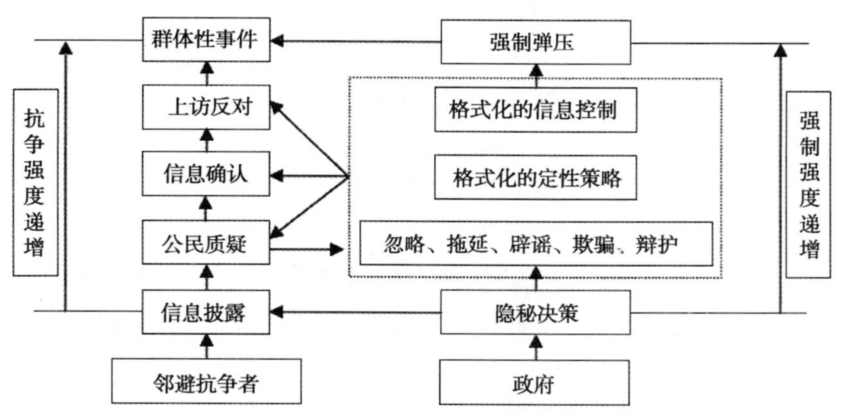

图 3-4　典型邻比冲突事件发展过程中的政府行为图景

格式化的被动反应方式的一个重要表现是格式化的邻避抗争行为定性策略。统计显示，90%的典型案例中，地方政府都将公民反对设施设址的行为定性为“自私自利的邻避运动”，只有 10%的典型案例将其视作公民参与政策过程的参与活动。进一步研究典型案例发现，地方政府对邻避抗争行为的定性基本遵循“邻避运动”—“非法集会”—“打砸犯罪”的格式化路径。在项目信息公开、公民提出反对意见时，一般会被视作“自私自利的邻避行为”；而当事件升级，居民开始聚集、逐步形成群体性事件时，通常会被定性为非法行为；及至爆发警民冲突，通常都会被定性为少数犯罪分子恶意打砸和扰乱社会治安的犯罪事件。格式化的定性策略在所有典型案例中都表现明显。

格式化的被动反应方式的另一个表现是信息控制机制。除隐秘决策阶段的信息控制外，地方政府的信息控制主要包括对企业经营、污染情况以及对社会公众质疑和反对设施设址与冲突信息的控制。案例 15 中，当村民向省电视台反映情况、邀请记者采访报道时，地方政府却堵截记者，不让信息扩散。案例 4、案例 5 和案例 9 是市民利用网络表达邻避抗争诉求的典型案例，三个案例中的政府信息控制也较为突出。网络关键词检索发现，几乎所有邻比冲突案例都存在删除网帖现象。

在邻比冲突过程中，设施设址等过程信息通常都是被动的信息披露而非主动的信息发布，如案例 4 是国家发改委公示环评审批情况才导致项目信息被披露，而案例 5 则是报道项目开工的新闻无意中披露了项目信息。案例 20 中，政府通过前期招商谈判已经签订协议，做出了选址决策和环评审批，正式进入推进工程建设阶段，但当市民提出质疑时，政府却表态说项目仅处于动议阶段，环保和环评不通过不施工，而且承诺“项目环评一定过关”。此外，地方政府常采用格式化话语敷衍和拖延公民质疑和反对意见，但对公民诉求的实质性回应不足。典型案例 12 中，项目公示阶段征求意见的网上信访回复和两个月后的书记信箱回复内容完全一致，体现了典型的格式化回应模式。

最后，递阶强制型政府强制机制。统计显示，60%的典型案例采用管制性政策工具来治理冲突，另外 40%的典型案例在采用管制性政策工具的同时结合使用了沟通性政策工具。在强制程度和强制顺序方面，75%的案例呈现为从“温和强制”到“中度强制”再到“强力强制”的强制程度转换过程；15%的案例由温和强制发展到中度强制；5%的案例从无强制发展到温和强制；5%的案例由无强制到温和强制再发展到中度强制。可以看出，随着公民邻避抗争强度逐步升级，地方政府邻比冲突治理的强制性程度也逐步升级。

典型案例表明，在项目动议、选址决策和政策执行初期，地方政府通常会采取隐蔽决策、拖延、辟谣、辩护或欺骗等“温和强制”手段推进邻避设施设址；而在公民邻避抗争强度升级、舆情压力加大或出现群体性事件倾向时，地方政府则开始采用删帖、约谈、警告、威胁或限制自由等中度强制手段推进邻避设施设址；但当出现较大规模人群聚集导致警民冲突和舆情升级时，地方政府往往会出动警察处置群体性事件、弹压违法犯罪行为，或者直接强制企业终止项目进程，或者上级政府会采取行动改变下级政府邻避设施设址决策，甚至会对下级政府进行问责。

案例 16 中，地方政府在隐秘状态下做出在当地建设 PX 项目的决策，项目规划获批后，地方政府开始公开宣传 PX 项目并举办推进会、签订责任书，同时要求“本地主要网站、三大运营商负责人，就相关舆论、信息管理方面进行管控”。项目宣传背后的信息“管控”、项目推进会和签订责任书，实际上体现了政府建设项目的决心和态度。案例 3 中，“海淀区市政管委一位官员曾公开表示：如果我们赶早建成这个项目，你们就没辙了”①，体现出典型的“温和强制”策略。案例 16 中，随着事态进一步发展，当地政府在邀请专家举办座谈会之后发出了“强势推进”项目、要求市内各地、各单位把推进 PX 项目作为“头等大事”，机关和企事业单位人员都要签订“知情书”。这些做法表明，面对社会公众的反对，为了保证政策目标的实现，地方政府的强制程度开始升级。及至抗议项目建设的人员出现闹事等非法行为后，地方政府出动警察“清场”、发布告市民书、刑事拘留 18 人、查处 44 人，表明强制程度已经从中度强制发展到了强力弹压。

综上，邻比冲突治理中的地方政府是垄断邻比冲突治理权力的单一治理主体，根据公民邻避抗争强度和舆情信息压力强度等现实情境，被动确定冲突治理的实时政策目标，并采用隐蔽决策、格式化的定性策略和信息控制机制、递阶强制机制等，对邻比冲突实施实时情景目标下的政府强制治理。在整个冲突治理过程中，邻比抗争者是政府邻比冲突治理的主要对象，而企业、专家和媒体既可能是政府统领下的邻比冲突治理的从属主体和治理工具，又可能是特定情境下的治理对象。政府强制型邻比冲突治理模式中的政府法治意识和法治手段尚显不足，也缺少市场化的经济补偿工具的灵活运用。

四 政府强制型邻比冲突治理模式的行为逻辑

在 20 个典型案例中，最终有 4 个继续设施建设、3 个成功建成、2 个事后重启，2 个迁地设址，1 个缓建、4 个暂停，4 个终止，即典型案例中一共有 9 个成功设址、2 个迁地设址、5 个缓建或暂停、4 个终止设址，整体而言，政府强制模式下的邻避设施按计划设址成功率只有 45%，而

① 王骞：《北京六里屯垃圾场事件如何收场》，《南方周末》2017 年 12 月 18 日。

其社会成本却较高、对政府社会信任影响较大，还存在激化社会矛盾、再度引发社会冲突的潜在风险，政府强制型邻比冲突治理的整体治理绩效较低。“经过四十年的改革开放，中国以地方政府为主导，市场参与、社会协同的地方治理体系已逐步形成”①，为什么地方政府在邻比冲突治理中依然会选择这种整体治理绩效较低而社会成本较高的单一治理主体的政府强制型治理方式？其背后的内在逻辑是什么？

发展型政府理论认为，发展型政府把经济发展作为优先项，通过加强政府自身能力建设有选择地干预微观经济，依靠有选择的产业政策推动经济发展，因而把 GDP 作为官员政绩考核的主要指标，但容易使政府的社会服务功能受到抑制，在失业和弱势群体保护方面难以充分发挥作用，还可能会导致政府公信力下降，破坏社会信用体系。② 晋升锦标赛理论认为，中国地方官员的晋升是与当地经济发展紧密联系在一起的，上级官员以下级官员主政地区的经济绩效为核心对下级官员进行政绩考核，③ 作为选拔任用干部的依据，任期内经济绩效发展良好的地方官员能得到晋升和提拔，这种晋升锦标赛机制形塑了地方政府行为，使其专注于经济发展，成为“中国经济增长奇迹”的重要制度原因，但也导致地方保护主义、重复建设、环境污染等问题。④ 以发展型政府理论或晋升锦标赛理论为视角，地方政府会把经济增长作为其核心工作，以发展经济为自身行为的优先目标，发展型政府或晋升锦标赛构成了地方政府行为选择的内在逻辑。从表面上看，地方政府采用政府强制方式治理邻比冲突，似乎正是追求经济绩效的地方发展型政府或晋升锦标赛行为逻辑所致，但典型案例的统计参数并不支持这一结论（见表 3-4）。

表 3-4　　邻比冲突治理的政府强制手段与设施属性的关联性

	强制终止		暂停、缓建		迁址		继续、建成		事后重启		合计	
	数值	百分比	数值	百分比	数值	百分比	数值	百分比	数值	百分比	数值	百分比
经济设施	2	10%	3	15%	1	5%	4	20%	1	5%	11	55%

① 郁建兴：《中国地方政府治理的过去、现在与未来》，《治理研究》2018 年第 1 期。

② 郁建兴、徐越倩：《从发展型政府到公共服务型政府》，《马克思主义与现实》2004 年第 5 期。

③ 周黎安：《中国地方官员的晋升锦标赛模式研究》，《经济研究》2007 年第 7 期。

④ 郑磊：《财政分权、政府竞争与公共支出结构》，《经济科学》2008 年第 1 期。

续表

	强制终止		暂停、缓建		迁址		继续、建成		事后重启		合计	
	数值	百分比	数值	百分比	数值	百分比	数值	百分比	数值	百分比	数值	百分比
公共服务设施	2	10%	2	10%	1	5%	3	15%	1	5%	9	45%
合计	4	20%	5	35%	2	10%	7	35%	2	10%	20	100%

典型案例中，地方政府强制终止的经济设施和公共服务设施数均占总案例数的10%，暂停、缓建、迁址的经济设施和公共服务设施分别占总案例的20%和15%；强制终止、暂停、缓建、迁址四项综合的经济设施和公共服务设施分别占总案例的30%和25%，而继续、建成和事后重启的经济设施和公共服务设施分别占总案例的25%和20%。加权考量总案例中经济设施和公共服务设施占总案例的比例（分别为55%和45%），强制终止、暂停、缓建、迁址的经济设施和继续、建成、重启的经济设施分别占经济设施总数的54.55%和45.45%，而强制终止、暂停、缓建、迁址的公共服务设施和继续、建成、重启的公共服务设施则分别占公共服务设施总数的55.55%和44.45%，说明地方政府虽然重视经济发展，但在邻比冲突治理中对基础公共服务设施建设或经济设施建设的强制性手段运用并没有显著差别。此外，典型案例中强制建成运行的设施比例（45%）要低于强制终止、暂停、缓建、迁址的设施比例（55%），这些都表明经济绩效驱动在邻比冲突治理中的表现不明显，发展型政府或晋升锦标赛理论对政府强制型邻比冲突治理的行为逻辑的解释力并不充分。

行为心理学认为，动机是激发和维持有机体行动，并将行动导向某一目标的心理倾向或内驱力，[①] 需要产生动机，动机决定目标，目标导向行动，目标因而是研究行为者行为逻辑的关键变量。统计参数显示，设施成功设址和维持社会稳定是地方政府邻比冲突治理的两个关键目标。因邻避设施设址与经济社会发展需要相关，这两个目标又可以转换为“经济发展”与“社会稳定”。其中，经济发展是地方政府邻比冲突治理的源发性目标，表现为努力保证邻避设施成功设址，但经济发展目标是导致邻比冲突、引发社会稳定问题的诱因和起点，随着公民反对设施设址的邻避抗争强度的增强、社会稳定问题逐步突显而逐渐削弱；社会稳定目标由邻避设

① 林崇德等主编：《心理学大辞典》，上海教育出版社2003年版。

施设址而引发，因公民反对设施设址的邻避抗争强度的增强、社会稳定问题凸显程度增强而逐渐增强。简言之，在设施设址决策之初，经济发展目标优先程度处于峰值，但随着设施设址进程的推进，公民邻避抗争强度逐步增强，经济发展目标的优先程度被逐渐削弱，社会稳定目标的优先程度逐步增强。考察典型案例发展过程可以看出，经济发展目标和社会稳定目标是地方政府邻比冲突治理行为选择的两个重要影响因素，它们之间的逻辑关系及实时情境下的优先解形塑了地方政府邻比冲突治理的行为选择。

首先，经济发展是决定地方政府邻比冲突治理行为选择的发展性目标底线。典型案例表明，无论是隐秘式设施设址决策，还是项目信息披露后的忽略、拖延、辟谣、格式化的定性策略和信息控制机制，以及强制弹压等递阶强制机制的使用等，都表明地方政府的主要目标是保障邻避设施成功设址，这说明经济发展目标是决定地方政府邻比冲突治理行为选择的首要逻辑。把经济发展作为地方政府邻比冲突治理的优先行为选择，这既是发展型政府或晋升锦标赛的行为逻辑使然，更有“以经济建设为中心”“以发展为第一要务”这一明确表达的制度原因，是决定地方政府邻比冲突治理行为选择的主导性制度底线。经济发展这一发展目标底线的作用，导致地方政府可以允许邻避设施设址可能带来的环境污染、健康危害或环境不正义问题。

其次，社会稳定是决定地方政府邻比冲突治理行为选择的弹性社会秩序底线。项目动议和设施选址决策之初的隐秘决策表明，地方政府在设施动议和选址决策时已经开始考虑社会稳定问题，把维持社会稳定放在了突出重要的位置，但邻比冲突治理过程中的社会稳定目标并非是绝对不起波澜的“一潭死水”，而是在公民邻避抗争强度、舆情影响等社会稳定问题整体可控、优先程度由弱到强情境下的弹性变化过程。经济发展优先的主导性制度底线导致即便在公民反对强度升级、舆情压力增加，甚至开始组织非法集会或群体性事件时，只要还没有突破社会稳定的临界点，地方政府依然继续坚持推进设施设址。然而，随着社会稳定问题渐趋突出，社会稳定的优先程度和约束力会逐渐增强、邻避设施成功设址的优先程度会逐渐削弱，直到社会稳定问题超出可控范围、爆发警民冲突、舆情快速传播，甚至有进一步扩大的趋势、威胁社会大局整体稳定的时候，地方政府一般会宣布暂停或取消项目，或者对设施运营企业实施强制措施，暂时放弃经济发展优先的设施设址目标以换取社会稳定，说明社会稳定对地方政府邻比冲突治理的行为选择有强大约束力，但又存在一定弹性。

最后，党的领导是决定地方政府邻比冲突行为选择的刚性政治底线。地方政府在项目动议阶段一般都小心翼翼地采取隐秘式决策并严格控制信息传播，说明地方政府清楚项目建设可能会引发社会稳定问题，却依然坚持推进项目建设，直到引发社会稳定问题之后再终止、暂停或缓建项目以换取社会稳定，这种看似难以理解的矛盾行为有其深层次的政治逻辑。经济发展和社会稳定既是党的领导能力、党的先进性的重要体现，又是坚持和完善党的领导、维护和增进党的执政合法性的基础和条件。将经济发展目标作为邻比冲突治理的首要底线是因为经济发展是决定地方政府政绩的主要因素，更是坚持和完善党的领导、提升党的执政合法性、维持社会稳定的前提和基础，坚持和完善党的领导决定了地方政府必须以“发展为第一要务”。但社会稳定是经济发展的前提和保障，更是坚持和完善党的领导的基本条件，经济发展优先目标下的社会稳定问题一旦突破临界点，又会危及安定团结的政治局面和党的领导，此时，地方政府必然会暂时放弃以经济发展为目标的邻避设施设址，维护社会稳定。可见，经济发展和社会稳定这两个底线事实上服务于党的领导这个政治底线，党的领导统率决定了地方政府在邻比冲突治理中的经济发展目标和社会稳定目标之间的优先程度和行为选择。

经济发展、社会稳定、党的领导这三个底线及其逻辑关系是决定地方政府邻比冲突治理行为选择的基本逻辑（见图 3-5），地方政府在邻比冲突治理过程中，遵循三者之间的逻辑关系，根据实时情境确定经济发展底

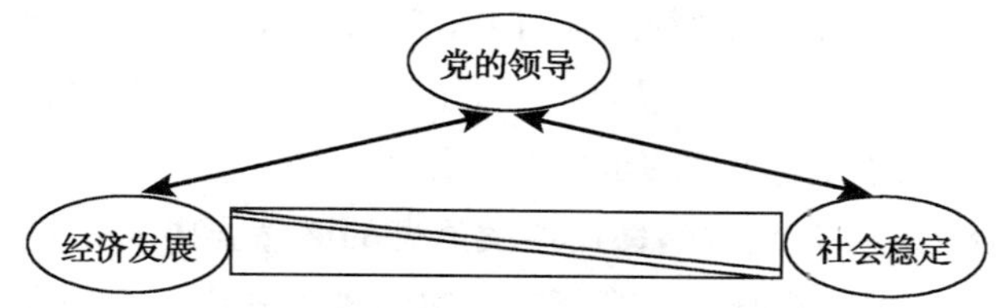

图 3-5　邻比冲突治理中的地方政府底线目标之间的逻辑关系

线和社会稳定底线之间的优先解，为了保证经济发展、社会稳定和党的领导这三个底线，地方政府行为具有极大空间和弹性，这是近年地方政府创新不断、经济社会快速发展的重要原因。这种以经济发展、社会稳定和党的领导作为底线，根据实时情境以及经济发展、社会稳定和党的领导的重要性，确定三者优先解和治理行为选择的政府，可以称为底线治理型政

府。底线治理型政府是形塑地方政府邻比冲突治理行为选择的基本逻辑。

五　政府强制型邻比冲突治理模式的现实启示

单一主导性治理主体、政府强制性治理机制、被动式反应模式和线性化治理路径的政府强制型治理模式使我国邻比冲突治理面临诸多困境，典型案例的实证分析对进一步优化我国邻比冲突治理模式提供了很多现实启示。

（一）邻比冲突治理的影响因素多样

不同地域和不同经济发展水平、不同的公民文化传统，政府行政理念和治理思想、公民意识和行为方式、媒体的发达程度都各不相同，邻比抗争主体可资利用的社会资源、知识水平及技术条件、行为策略都存在很大差异，这些都是影响邻比冲突治理的重要因素。灌阳福星村村民的受教育程度和经济技术条件决定了他们不可能如番禺市民一样利用网络和现代媒体形成影响巨大的邻比抗争浪潮，仅有二百多户农民的自我维权式的邻比抗争行动，显然和 30 万城市中产阶层的策略化的邻比抗争行为无法相提并论。可见邻避设施设址标的社区的大小和危害影响人数的多寡是影响邻比冲突治理的重要因素。虽然无法得知厦门和广州市政府最终做出改址和停建决策的具体内情，但从厦门最终改址决策中有福建省委、省政府的身影，番禺事件中有中央媒体的声音和广东省政府的介入可以看出，只有当媒体传播或公民反对的声音达到一定的临界点时，邻比冲突问题才能进入更高级政府的决策议程，而这往往是现行体制下改变地方政府决策的关键原因。同为 PX 项目设址冲突，厦门 PX 项目以设施迁址漳州为结局，而南京 PX 项目顺利设址并正式运行，凸显了专家政治、新媒体以及不同公民文化传统对邻比冲突治理的重要影响作用。

（二）治理主体多元化是邻比冲突治理的必然要求

单一治理主体的政府强制型邻比冲突治理模式中，政府是邻避设施选址决策的推动者、制定者、执行者和最终裁决者，又是邻比抗争意见的倾听者、控制者、安抚吸纳者，还是设施运营安全的监管者，在公共事务日益增加的现代社会，这种传统全能政府理念的弊端不言而喻，它在很大程度上是造成我国邻比冲突治理现实困境的重要原因。通过比较典型案例治理过程中各方参与主体的具体表现，尤其是通过对番禺邻比冲突过程的实证考察可以发现，在邻比冲突治理中，政府如果积极发挥社会力量在邻比冲突治理中的自主治理作用，为社会提供相应的渠道和政策支持，完全可以引导社会实现邻比冲突的自主协作治理。番禺市民在反对垃圾焚烧发电厂设址过程中知道了垃圾处理设施对市政生活的重要性，开始寻求通过垃圾分类等手段来减少垃圾产出量，即在很大程度上表明，如能构建制度性的邻比冲突多元协作治理机制，发挥邻比抗争主体、企业、专家、媒体等多元主体在邻比冲突治理中的自主治理作用，将有利于打破政府强制型邻比冲突治理的困境，实现邻比冲突的有效治理，也彰显出公共参与对培养公民精神和公民素养的实际价值。

（三）信息公开是实现邻比冲突治理的必要条件

受传统行政理念的影响，由于对社会缺乏信任，在邻避设施的选址和运行中，政府一般对设施选址和负外部性影响程度严格保密，或者倾向于隐瞒设施设址，或者倾向于隐瞒或淡化设施的负外部性影响。虽然现实中，可能确实会出现“广泛传播的‘事实’和邻避设施风险的教育信息，包括相关风险，和平息公众的关注一样，可能会挑起更多的反对”这种现象，[①] 但不公开的信息往往会造成谣言盛行，导致社会对政府的不信任。没有信任基础，合作便难以达成，邻比冲突治理自然会陷入困境。因此，邻比冲突治理需要政府采取更为开放的态度，积极向社会公开信息，这是实现邻比冲突治理的基础。信息公开不仅有助于增进信任，还有助于在设施选址和运行中引入公民参与，增进设施选址的科学性和合理性，而引入公民监督设施运行可以提高设施的安全性，能进一步增进政府、企业、社会之间的信任。

（四）治理机制协作化是邻比冲突治理的发展趋势

政府强制型邻比冲突治理模式的主要治理机制是公权力自上而下的强制性决策机制、政策执行机制和信息控制机制。虽然强制性政策决策机制、强制性政策执行机制和信息控制机制在一定条件下可能会通过压制民意或企业意愿而达至邻比冲突的暂时治理状态，但它会埋下潜在冲突的隐患，使政府与社会关系陷入持续紧张之中。要达成多元利益主体之间的合作以实现邻比冲突的有效治理，必然要从单一强制治理机制转向多种治理机制并用，要根据邻避设施的具体类型和邻比冲突的具体情境，考量多元

---

① Kearney, R. C., “Low-Level Radioactive Waste Management: Environmental Policy, Federalism, and New York”, *The Journal of Federalism*, Vol. 23, Issue 3, 1993, pp. 57-73.

利益主体的利益损失和利益诉求，有针对性地引入公民参与机制、补偿与回馈激励机制并且建立起协商式冲突治理决策机制等，使其达到协作互补的作用。发挥多元治理机制对邻比冲突治理的协作激励保障作用，是实现邻比冲突治理的必然要求。

（五）政府行政理念和行为方式转型是邻比冲突治理模式转型的必要条件

比较不同地区的典型案例，虽然整体而言，各地地方政府在邻比冲突治理中采用的是政府强制型治理模式，但各地政府在现实邻比冲突治理中的表现存在较大差异，即便同一地区的政府在邻比冲突发生前后，其行为模式也会发生较大变化。经济发达地区和沿海开放城市，政府观念和行为模式已经发生转型，它们在事件中的表现为实现邻比冲突治理提供了启示与希望。与灌阳县政府毫无程序观和公民权利观可言的行为相比，广州地方政府虽然也出动警察监视、跟踪积极参加反对邻避设施活动的市民，还邀请部门市民“喝茶”，但基本都是理性的交流且及时放回，对居民的表达的诉求也能及时给予积极回应，体现出地方政府行政理念和行为方式的现代转型，为实现邻比冲突治理模式转型提供了基础和条件。

典型案例的实证考察和比较分析表明，要维护弱势群体的环境权利，实现邻比冲突的有效治理，需要打破政府强制型邻避设施选址决策和治理模式的藩篱，建立起制度化的公民参与和协商机制。只有通过制度化建设以控制和监督地方政府使用强制措施的权力，增加社会对政府决策和强制行为的监督，赋予社会和公民更多的自主治理权力，才能维护和实现环境正义，保障弱势群体的基本利益，实现邻比冲突的有效治理。同时，也只有提高公民的公民参与意识和参与能力，使其实际参与邻避设施的选址决策和运营建设与管理，才能使公民意识到必要型邻避设施设址的重要性，从而从感情和责任上减少接受必要型邻避设施设址的阻力，促进那些对经济社会发展和人民生活确实必要的必要型邻避设施设址。

第四章

若干国家或地区邻比冲突治理模式比较研究

西方现代意义上的邻比冲突治理发端于20世纪六七十年代。随着环境保护运动和公民意识及民权运动的兴起，西方邻比冲突进入多发期，各种具有负面环境影响的设施设址在西方国家都不同程度地遭到周边居民的反对，各国政府因而开始寻求妥善应对和治理日益多发的邻比冲突问题的有效路径。西方国家早期邻比冲突治理中也带有相当的政府强制色彩，基本都采用了“先发制人”式的邻避设施设址策略，政府强制性邻比冲突治理模式也是西方国家早期常用的邻比冲突治理方式。但政府强制型邻比冲突治理引起西方社会的激烈反弹，实践中造成的社会冲突不断，亦遭到了理论界的强烈批判，政府强制型邻比冲突治理模式在西方国家遭遇明显失败。在此背景下，各国和地区转而寻求更加有效的邻比冲突治理之道，国家和地区间的邻比冲突治理模式因而出现分化和差异，呈现不同特色。本章在文献实证研究的基础上，根据“主体—机制—路径”的分析框架，对市场主导型邻比冲突治理模式、设施管理型邻比冲突治理模式、社区治理型邻比冲突治理模式三种典型邻比冲突治理模式开展比较研究，以期为优化中国式邻比冲突治理模式提供借鉴。

第一节　市场主导型邻比冲突治理模式及其运行机制

与中国当前普遍使用的政府强制型邻比冲突治理模式类似，美国政府早期邻避设施设址也采用“先发制人”式的政府强制型邻避设施设址策略，即采用“决定、宣布、辩护”的方式，由政府主导邻避设施选址决策过程，政府和企业联合做出选址决策后才向社会公布选址决策消息，并针对各种质疑声音进行辩护说明。① 尽管偶尔有些新设施被设置在遥远的或者工业高度集中、人口比较稀少的西南部地区，但一贯由州政府主导的邻避设施选址决策模式——很多州有很多不同的政策——在这个挑战面前也失败了。基于命令控制、工程分析以及共识机制之上的选址程序都在地方反对面前搁浅，即便当发展这些设施的承诺很强烈的时候也是如此。②在此背景下，美国政府开始寻求邻比冲突治理模式转型。美国政治行政体制的现实特点使美国基本不存在统一的邻比冲突治理模式，但总的说来，因为市场经济和民主政治的历史传统，各州政府在邻比冲突治理探索中基本都遵循了市场经济和民主政治的基本特色，在邻比冲突治理中引入了市场竞争、价格激励和公民参与机制，形成了以市场为主导的参与式邻比冲突治理模式，可以将之简称为市场主导型邻比冲突治理模式。

一　市场主导型邻比冲突治理模式的一般特征

市场主导型邻比冲突治理模式是指将市场主体、市场价值和市场手段引入邻比冲突治理领域，通过竞争和价格激励机制来促进邻比冲突治理的邻比冲突治理模式。不同于政府强制型邻比冲突治理模式的单一政府主导治理主体和政府强制式治理决策与治理机制，市场主导型邻比冲突治理模式出现了治理主体多元化、治理机制市场化、治理方式法制化、治理路径程序化的发展趋势，它们构成了市场主导型邻比冲突治理模式的一般特征。

（一）治理主体多元化

与政府强制型邻比冲突治理模式中政府单一主导性治理主体不同，市场主导型邻比冲突治理模式中，政府不再是垄断邻比冲突治理权力的单一主导主体，也不再是邻避设施选址地点的直接决定者，而主要承担邻避设施审批、运营安全监管、法律制定、争议仲裁等角色。③ 虽然承

① Kearney, R. C., "Low-Level Radioactive Waste Management: Environmental Policy, Federalism, and New York", *The Journal of Federalism*, Vol. 23, Issue 3, 1993, pp. 57-73.

② O'Hare, M. & Sanderson, D., "Facility Siting and Compensation: Lessons from the Massachusetts Experience", *Journal of Policy Analysis and Management*, Vol. 12, No. 2, 1993, pp. 364-376.

③ Tallbot, A. R., *Settling Things: Six Case Studies in Environmental Mediation*, Washington D. C., The Conservation Foundation, 1983.

认邻避设施的负外部性影响会导致设施周边居民的反对而形成邻避困境，但市场主导型邻比冲突治理模式将争议解决视作市场问题，让邻避设施提供者和设址标的社区直接进行讨论和谈判，通过市场“购买”邻比抗争主体的支持与合作，使其接受邻避设施设址。① 与此同时，美国联邦政府还通过立法将邻比冲突治理权限和责任更多地赋予各州，如1980年制定的《低放射性废弃物政策法案》就要求各州负责处理本州的低放射性废弃物，并鼓励各州之间开展横向合作。为了有效治理邻比冲突，美国几乎所有的州都鼓励社会团体和社会力量参与邻比冲突治理过程，促进邻比冲突治理，如加利福尼亚州就成立了一个顾问咨询集团②来确定和评估低放射性掩埋场的备选地点。③ 虽然因经济利益和政治地位的不同，各方主体在邻比冲突治理中的实际地位并不平等，政府和企业不可避免地处于主导和优势地位，但市场主导型邻比冲突治理已经呈现治理主体多元化的发展趋势。

（二）治理机制市场化

治理机制市场化是市场主导型邻比冲突治理模式的显著特色。在早期邻比冲突治理实践中，美国政府也采用政府强制型邻比冲突治理方式，“决定、宣布、辩护”是通常的邻避设施设址策略，在设施建设遭到阻碍时，政府通常采用强制执行的方式推进设施建设，④ 这种政府强制型邻比冲突治理模式遭到明显的失败后，美国政府开始在邻比冲突治理中引入市场机制，试图通过市场机制来促进邻比冲突治理。早期市场条件下，企业事实上拥有选址权利；但随着民主政治的发展，在现代市场经济条件下，地方社区财产权意识的增长和发展，使地方社区拥有同意或禁止“不受

---

① Murphree，D. W.，Wright，S. A. & Ebaugh，H. R.，“Toxic Waste Siting and Community Resistance：How Cooptation of Local Citizen Oppositon Failed”，*Sociological Perspectives*，Vol. 39，No. 4，1996，pp. 447-463.

② 该顾问咨询集团由加利福尼亚州政府主导成立，成员包括：州和地方政府的众议员、该州境内的两个核电厂和几个生化公司的经理、学术界成员、健康护理机构的代表、印第安部落代表、前加利福尼亚州的立法分析家以及来自三个非政府组织的代表。

③ Bedsworth，L. W.，Lowenthal，M. D. & William E. K.，“Uncertainty and Regulation：The Rhetoric of Risk in the California Low-Level Radioactive Waste Debate”，*Science，Technology，& Human Values*，Vol. 29，No. 3，2004，pp. 406-427.

④ McGurty，E. M.，“From NIMBY to Civil Rights：The Origins of the Environmental Justice Movement”，*Environmental History*，Vol. 2，No. 3，1997，pp. 301-323.

欢迎的”工业活动的权利。① 在邻避设施选址决策中，由企业确定选址标的地区，再由政府选址委员会论证设施的公共意义，决定是否批准设施建设，具体设址及利益补偿问题则由企业和标的地区通过市场化的价格机制和利益补偿机制自主谈判，政府仅仅承担仲裁和审核、监督的角色。当通常所需要的政府授权还在申请阶段的时候，选址关键是社区和开发商之间就补偿事宜、设施的设计和变更，以及其他任何建设和运营所需条件等进行市场谈判以达成一致。如果一轮谈判不能成功，企业可以启动多轮市场谈判。②

（三）治理方式法制化

虽然没有专门的“邻比冲突”治理法律，但美国并不缺乏与与其间接相关的联邦和地方法律及行政法规。20 世纪四五十年代，不断发生的环境事件使美国付出巨大代价。针对各种设施设址的邻比冲突事件越来越频繁。为有效治理环境问题，减少社会损失和社会冲突，美国联邦和地方政府先后制定了多部与各类邻避设施设址相关的法律或行政法规，以期规范各类邻避设施的设址问题，使邻比冲突治理实现法制化，如《国家环境保护法》（1970）、《水质增进法》（1970）、《鱼类和野生动植物协调法》（1970）、《联邦水污染控制法修正案》（1972）、《综合环境反映、赔偿和责任法》（1980）、《低放射性废弃物政策法案》（1980）、《紧急计划和公众知情权法》（1986）、《清洁空气法》（1990）等，对各种邻避设施的建设和运营程序、信息报告和发布、环境危害的清理、赔偿、紧急反应、许可证制度、环境影响评价制度以及政府责任等都做了详细规定。为了促进环境问题治理，美国还成立了众多的组织机构，如联邦能源委员会、原子能委员会等，各州政府还制定了大量地方性法律法规并成立了大量相关组织机构，超过 20 个州为选址程序制定了法律或规章以促成谈判或仲裁的达成。③ 这些法律法规和组织机构的设立为邻比冲突治理的法制

① Swallow, S. K., Opaluch, J. J. & Weaver, T. F., “An Approach That Integrates Technical, Economic, and Political Considerations”, *Land Economics*, Vol. 68, No. 3, 1992, pp. 283-301.

② O'Hare, M. & Sanderson, D., “Facility Siting and Compensation: Lessons from the Massachusetts Experience”, *Journal of Policy Analysis and Management*, Vol. 12, No. 2, 1993, pp. 364-376.

③ Murphree, D. W., Wright, S. A. & Ebaugh, H. R., “Toxic Waste Siting and Community Resistance: How Cooptation of Local Citizen Opposition Failed”, *Sociological Perspectives*, Vol. 39, No. 4, 1996, pp. 447-463.

化提供了保障。[①]

（四）治理路径程序化

由于各州情况不同，美国各州的具体选址决策程序存在一定差异，但选址程序化和相关信息公开化是美国市场主导型邻比冲突治理的基本特色。以马萨诸塞州为例，拟建设施在详细设计和建设前需要经过五个部分重叠的步骤：一是提出申请（约六个月）：开发商提交项目“意向书”，说明建设和运营设施的一般计划。意向书要广泛发放、评估，如州危害性废弃物选址安全委员会确定项目“可行且值得政府提供选址帮助”，[②]官方会帮助推动选址程序。决策是否推进决定于设施的必要性、开发商的绩效记录以及经济实力。二是影响分析（一年准备，一年检查和批准）：开发商准备大量项目对环境和社会经济影响的分析报告。经公开征求意见后，由州政府裁定分析报告是否充分。三是谈判（约一年）：根据影响分析结果，由项目支持者和社区谈判形成有法律效力的合同，即设址协议。在谈判失败的情况下，协议的建立就依赖于仲裁。为社区进行谈判和缔约的是地方评估委员会，由前地方公务员和公民组成。四是许可（约一年准备，一年分析和修订）：一个项目的建设和运营需要获得州政府的几项许可，还需要一项地方健康委员的许可。地方许可或许仅因社区证明拟建设施比州内其他地方运营的类似设施风险更大而停止。五是工程设计和建设（一到两年）：为了完成以上阶段，开发商需要完成某些设计和工程建设。如为了完成第二阶段需要的环境影响分析以及完成谈判阶段需要准备的原始许可文件，需要提前完成特定的技术和设计。[③]

二　市场主导型邻比冲突治理模式的治理机制

市场主导型邻比冲突治理模式按照自由市场的运行逻辑，尊重邻避设施设址标的地区居民的基本权利，主要通过市场化的竞争手段和价格机制

① Willrich, M., “The Energy-Environment Conflict: Siting Electric Power Facilities”, *Virginia Law Review*, Vol. 58, No. 2, 1972, pp. 257-336.

② 美国各州都成立了各种委员会来监督和促进各种邻避设施的设址，以减少环境危害和设址冲突。马萨诸塞州成立了“危害性废弃物选址安全委员会”，负责州内各种危害性废弃物处理设施的选址审批工作。

③ O'Hare, M. & Sanderson, D., “Facility Siting and Compensation: Lessons from the Massachusetts Experience”, *Journal of Policy Analysis and Management*, Vol. 12, No. 2, 1993, pp. 364-376.

来促进邻避设施设址。不同于我国政府强制型邻比冲突治理模式中的政府角色及强制机制的使用，市场主导型邻比冲突治理模式中的政府一般扮演着仲裁者和监督者的角色，在邻避设施设址和邻比冲突治理过程中，通常由企业通过招标、竞标、补偿等经济手段，同时引入公民参与等措施来促进邻比冲突治理。

（一）市场主导型选址决策机制

与政府强制型邻比冲突治理模式的政府强制型治理决策机制不同，市场主导型邻比冲突治理模式的治理决策按照市场交易原则，在治理决策中引入了市场竞争的治理决策机制，由市场主导邻避设施选址决策和冲突治理决策过程。虽然早期选址决策更多地由开发商或开发商与政府商议确定，然后通过市场谈判的方式最终确定设址地点，但市场主导型选址决策出现了设施选址市场化的选址实践和发展趋势，在邻避设施选址中逐渐引入了竞标和投标的方式确定设施设址地点。[①] 一种方法是市场型选址方法是采用“荷兰竞标法”，即政府和企业提高设址补偿价格，直到有社区愿意主动接受设施设址为止。[②] 另一种方法是让愿意接受设施的社区就接受设施的条件进行投标，最终由低价投标社区“胜出”，并接受设施设址。此外，风险替代也是市场主导型邻避设施选址决策的方法之一，即社区事实上已经存在一个高风险性的邻避设施，可以用接受一个低风险性的邻避设施作为交换条件以矫正或终止高风险性设施的建设或运营。[③] 在市场主导型选址决策中，政府处于市场监管者的地位，而企业和设址标的社区与居民之间似乎都是平等的市场主体，但从实际来看，因为设址标的社区与居民的弱势地位以及政府和企业在设施选址中实际上的主导权，使政府常常并不能真正超然物外，而企业和设址标的社区和居民之间也不可能真正实现平等。弱势群体的弱势地位和对改变自身贫穷落后状况的渴望以及信息的不对称等，都使企业在谈判中处于事实上的主导地位。

---

① Kearney, R. C., “Low-Level Radioactive Waste Management: Environmental Policy, Federalism, and New York”, *The Journal of Federalism*, Vol. 23, Issue 3, 1993, pp. 57-73.

② Inhaber, H., “Of LULUs, NIMBYs, and NIMTOOs”, *Public Interest*, Iss. 107, No. 1, 1992, pp. 52-65.

③ Portney, K., *Siting Hazardous Waste Treatment Facilities: The NIMBY Syndrome*, New York, Auburn, 1991, p. 137.

（二）市场化补偿激励机制

邻比冲突治理中的补偿机制主要是指由邻避设施的开发商或政府，向设址标的地区居民支付一定的货币以补偿设施对居民所造成的负外部性影响，达到获得选址标的地区居民支持设施建设和运营目的的市场激励机制。[①] 补偿是最早用来提高邻避设施设址概率和抚慰邻比抗争主体邻比抗争行为的邻比冲突治理机制，它主要基于经济学的外部性理论，认为邻避设施对居民造成的负外部性成本应该内部化，由外部性成本施加者对设施设址地区的居民进行补偿。对设施设址地区居民进行补偿是市场主导型邻比冲突治理模式的重要激励机制，而且在很多情况下都取得了预期效果。[②] 用补偿来为设址社区提供接受设施的激励措施是降低设施设址反对声音的经济手段，它直接给设址社区居民现金补偿或采用财产价值担保的方式给他们间接补偿。开发商还可能同意雇用地方居民担任工人或给社区支付税收。直接的风险降低措施也是最有效的补偿形式。[③] 据市场主导型邻比冲突治理模式，给邻近居民补偿是获得他们同意接受设施建设或运营所必需的激励机制，但补偿不鼓励净收益不大于必要补偿的项目。补偿的数量和类型也不能由技术分析或强制行为来决定，而是应该由开发商和社区之间在正式的讨论和互动的情景下通过市场谈判来确定。[④]

（三）多元化监督救济机制

为了维护环境正义和弱势群体的利益，各州政府在市场主导型邻比冲突治理模式中引入了多元化的监督救济机制，保障自然环境不受侵害，促进社会可持续发展。一是公民参与制度。在邻比冲突治理中引入公民参

① 实际上，补偿不应只是局限于企业和政府对邻避设施设址标的地区给予某种条件以换取其支持邻避设施设址的补偿，在邻比冲突治理过程中，对那些已经成功设址的企业，如实际情况确实需要作出终止设施设址的决定，为了达成冲突治理，政府或社会应该给企业以一定补偿以减少企业损失、换取企业对终止设施设址决策的支持，也应该被视作邻比冲突治理的补偿机制。关于邻比冲突治理过程中补偿机制的内涵与运用，本书在多元协作型治理机制之补偿机制建构中将有详细论述。

② Kunreuther, H., Fitzgerald, K., & Aarts, T. D., "Siting Noxious Facilities: A Test of The Facility Siting Credo", *Risk Analysis*, Vol. 13, No. 3, 1993, pp. 301-318.

③ Minehart, D. & Neeman, Z., "Effective Siting of Waste Treatment Facilities", *Journal of Environmental Economics and Management*, Vol. 43, No. 2, 2002, pp. 303-324.

④ O'Hare, M. & Sanderson, D., "Facility Siting and Compensation: Lessons from the Massachusetts Experience", *Journal of Policy Analysis and Management*, Vol. 12, No. 2, 1993, pp. 364-376.

与，召开听证会，倾听邻比抗争主体、开发商、专家、第三部门等多元社会主体的意见，讨论设施的负外部性影响、降低负外部性影响的方法及补偿的种类和数额，等等；[①] 并让公民直接参与邻避设施的选址和运行过程，对设施的运行安全指标及污染排放指标等进行监督，提高设施的安全性系数。[②] 二是环境影响评价制度。环境影响评价制度是市场主导型邻比冲突治理模式监督制度的关键制度之一。其主要做法是由企业提交设施的环境影响评价报告，接受公众的质疑和政府或专家审核，以保障设施的安全性。三是在地方反对之前赋予州政府推翻设施建设决策的权力。这种权力包括地方议会的逐个案例豁免权以及所有资格完备设施的自动豁免。地方政府干预有时只能被限制在“积极的权力”：即只有地方政府的规制比州政府规定的规制更弱时才能实施自己的规制措施。[③] 四是争议仲裁和诉讼监督机制。当出现邻比冲突问题时，政府发挥“守夜人”的角色，对开发商和邻比抗争主体之间的各种争议进行仲裁，或者直接通过诉讼渠道解决争议，这是确保公民权利的行政和司法救济。[④]

三 市场主导型邻比冲突治理模式的治理绩效困境

市场主导型邻比冲突治理模式秉承市场机制追求经济和效率的传统，强调建设和运营成本的最小化。虽然承认邻避设施的负外部性影响，但市场主导型邻比冲突治理模式潜在认为可以通过市场机制使设址标的地区接受设施设址，这仍然是缘于金钱万能的资本主义思想，它忽略了邻避设施设址的道德伦理问题，市场主导型治理模式仍然要面对市场失灵的困境。当邻避设施的负外部性影响不涉及公民的身体健康和生命安全问题时，市场机制确实有助于邻比冲突治理，但当邻避设施的负外部性影响涉及安全

---

① Kearney, R. C., “Low-Level Radioactive Waste Management: Environmental Policy, Federalism, and New York”, *The Journal of Federalism*, Vol. 23, Issue 3, 1993, pp. 57-73.

② Kraft, M. E. & Clary, B. B., “Citizen Participation and the NIMBY Syndrome: Public Response to Radioactive Waste Disposal”, *The Western Political Quarterly*, Vol. 44, No. 2, 1991, pp. 299-328.

③ Minehart, D. & Neeman, Z., “Effective Siting of Waste Treatment Facilities”, *Journal of Environmental Economics and Management*, Vol. 43, No. 2, 2002, pp. 303-324.

④ O'Hare, M. & Sanderson, D., “Facility Siting and Compensation: Lessons from the Massachusetts Experience”, *Journal of Policy Analysis and Management*, Vol. 12, No. 2, 1993, pp. 364-376.

性问题时，市场机制的失败在所难免。因为在冲突治理过程中，政府和企业都会将对方视作问题的根源，而对公众来说，政府和企业都不可信任，市场主导型治理模式也面临诸多困境。①

（一）经济补偿机制无效与伦理困境

经济补偿激励机制是市场主导型治理模式的重要机制，但它在实际运行中遭遇了困境。基于价格激励的经济补偿机制虽然在很多个案中都取得了预期成效，但它在放射性废弃物处置场等高风险性邻避设施设址中毫无影响力。② 尽管使用了丰厚的补偿，但从 20 世纪 70 年代中期到 20 世纪 90 年代初，美国只成功设置了一个小型放射性废弃物处理设施和一个危害性废弃物堆积场。③ 实证资料显示，依靠补偿激励机制治理邻比冲突的州并没有比使用其他方法治理邻比冲突的州获得更为明显的成功。④ 在并不存在内在动机激励的政策领域或不必担心公共精神和公民责任被挤出的领域，使用补偿措施是赢得地方支持的有效策略，但在公共精神盛行的地方，金钱补偿也许会降低地方对邻避设施的接受度，因为金钱奖励剥夺了个人享受利他感觉的可能性，使用经济补偿激励机制会对公民精神和公民责任形成挤出效应，导致最终付出的价格一般要比经典经济学理论提出的价格高，⑤ 在特殊情形下甚至会被视为贿赂行为而引发更为激烈的邻比抗争行动，⑥ 因此，有必要重新审视经济补偿机制的激励作用及其使用情境，一个更为一般的补偿理论应该将贿赂和公共精神的排挤效应纳入考量

---

① O'Hare, M. & Sanderson, D., "Facility Siting and Compensation: Lessons from the Massachusetts Experience", *Journal of Policy Analysis and Management*, Vol. 12, No. 2, 1993, pp. 364–376.

② Kunreuther, H., Fitzgerald, K., & Aarts, T. D., "Siting Noxious Facilities: A Test of The Facility Siting Credo", *Risk Analysis*, Vol. 13, No. 3, 1993, pp. 301–318.

③ Gerrard, M. B., *Whose Backyard, Whose Risk: Fear and Fairness in Toxic and Nuclear Waste Siting*, Cambridge, Mass.: MIT Press, 1994, pp. 35.

④ Portney, K., *Siting Hazardous Waste Treatment Facilities: The NIMBY Syndrome*, New York, Auburn, 1991, pp. 28–29.

⑤ Field, P., Raiffa, H. & Susskind, L., "Risk and Justice: Rethinking the Concept of Compensation", *Annals of American Academy of Political and Social Science*, Vol. 545, No. 5, 1996, pp. 156–164.

⑥ Kasperson, R., Goldin, D. & Tules, S., "Social Distrust as a Factor in Siting Hazardous Facilities and Communicating Risk", *The Journal of Social Issues*, Vol. 48, No. 4, 1992, pp. 161–187.

范围之内。[①] 此外，美国的补偿激励制度主要依赖于企业和设址标的地区之间的自主谈判，补偿制度显得非常简单，这可能是由于以下五个原因：一是“资产阶级协力的结果”或者认为公共政策最终会平衡整体成本和收益；二是认为补偿的潜在收益会被建立机制的成本淡化；三是各州反对联邦制定的补偿措施以维护它们自己的自治权；四是使各方达成补偿协议存在法律问题；五是议会看起来更关注潜在危害，倾向于让受害者在州法院中使用不一致而且常常是不公平的裁定标准来维护自身权益。[②] 现行经济补偿机制的使用与改革面对诸多困境。

（二）邻避设施设址的环境正义伦理困境

环境正义伦理要求一个可行的危害性废弃物设施给其邻居带来的风险不能超过合理的限度，它在道德上必须要是合适的（这并不意味着零风险），但任何行政机构或政府当局都不可以设立一个不能确定危害以及知道不能确定危害的设施。[③] 然而，市场治理机制无法保证这一目标的实现。市场治理模式的潜在假设是通过对邻避设施的负外部性影响给予经济补偿可以实现环境正义，而且认为通过谈判所达成的一致可以使“各方所得不是以来自其他各方的损失为代价”。[④] 但补偿意味损益达到对应平衡的水平，而通过经济补偿将邻比抗争主体置于身体健康乃至死亡的环境威胁中，实际上是一种不道德的行为，是强势集团利用了弱势群体经济上的弱势地位，利用了弱势群体对金钱的需要而通过金钱购买了弱势群体的身体健康和生命安全以及享有平等生活环境的权利，这是典型的环境不正义现象。身体健康和生命安全以及享有平等生活环境的权利无法通过经济补偿达到伦理平衡。市场谈判机制难以真正维护弱势群体利益。

此外，仲裁和谈判的目的是希望通过市场机制将邻比冲突的零和博弈

① Frey, B. S., Oberholzer-Gee, F. & Eichenberger, R., “The Old Lady Visits Your Backyard: A Tale of Morals and Markets”, *The Journal of Political Economy*, Vol. 104, No. 6 (Dec., 1996), 1996, pp. 1297-1313.

② Lesbirel, S. H., *NIMBY Politics in Japan: Energy Siting and The Management of Environmental Conflict*, Ithaca and London: Cornell University Press, 1998, p38.

③ O'Hare, M. & Sanderson, D., “Facility Siting and Compensation: Lessons from the Massachusetts Experience”, *Journal of Policy Analysis and Management*, Vol. 12, No. 2, 1993, pp. 364-376.

④ Portney, K., *Siting Hazardous Waste Treatment Facilities: The NIMBY Syndrome*, New York, Auburn House, 1991, pp. 42.

变为每个人都获益的“正和”博弈。① 但研究证明，与企业代表举行的面对面的结构化谈判模式将社区置于易受攻击或不利的地位，使它们服从于企业利益和要求。谈判对企业利益有利，因为它们拥有更多的谈判经历、技术知识和经济资源。② 而现代市场决策也偏向于企业利益集团的意愿。企业利益集团用市场力量迫使政府决策者确保它们的政策意愿得到实现，市场体系使决策当局将资源分配给强势利益集团，这些人进而能利用这些资源来从行政当局获得对自己有利的政策。③

（三）市场决策机制的效率困境

一般说来，市场强调效率和产出，在邻比冲突治理中引入市场机制的本意也是为了克服政府强制型邻比冲突治理低效的困境，但实证研究表明，市场决策机制的使用并没有明显提高邻避设施的设址成功率。自1980年的《低放射性废弃物政策法案》通过以后，美国没有一个州能确定或建设一个新的低放射性废弃物掩埋设施。④ 1980—1987年，全美范围内计划修建的81座毒性废弃物处理场中也只有6座顺利完成，其主要原因即在于公民的邻比抗争，市场主导型邻比冲突治理模式面临低效的困境。⑤ 这既是市场机制自身的缺陷、邻避设施本身的危害性特点以及公民经济人理性等共同作用的结果，也是由于市场机制设计不完善的原因。虽然在选址决策中引入了市场激励机制，但大多数选址决策的市场谈判程序都是在开发商或政府确定了选址标的地点之后。在很多选址决策中，政府和公众通常都是完全被排除在决策过程之外，只有当开发商选定了设址地点后，规定的市场谈判程序才正式启动，没有在确定选址地点之前和标的地区居民之间进行充分的沟通和协商，这是难以取得标的地区居民认同的

---

① Tallbot, A. R., *Settling Things: Six Case Studies in Environmental Mediation*, Washington D. C., The Conservation Foundation, 1983.

② Murphree, D. W., Wright, S. A. & Ebaugh, H. R., “Toxic Waste Siting and Community Resistance: How Cooptation of Local Citizen Oppositon Failed”, *Sociological Perspectives*, Vol. 39, No. 4, 1996, pp. 447-463.

③ McAvoy, G., “State Autonomy & Democratic Accountability: The Politics of Hazardous Waste Policy”, *Polity*, Vol. 26, No. 4, 1994, pp. 699-728.

④ Kearney, R. C., “Low-level Radioactive Waste Management: Environmental Policy, Federalism, and New York”, *The Journal of Federalism*, Vol. 23, No. 3, 1993, pp. 57-73.

⑤ Hunter, S. & Leyden, K. M., “Beyond NIMBY: Explaining Opposition to Hazardous Waste Facilities”, *Policy Studies Journal*, Vol. 23, No. 4, 1995, pp. 601-619.

重要原因。[①] 如何提高市场决策机制的决策成效是市场主导型邻比冲突治理必须面对的问题。

（四）公民参与机制的参与困境

美国政府通过市场机制为公民提供了参与邻比冲突治理的渠道，但它同时通过烦琐的程序规定对参与者提出了一整套的要求和界限，法定的选址程序实际上控制了选址决策进程中的公民参与。大多数州政府的选址程序规定都是由开发商选定设址地点，在正式的市场谈判之前基本没有和标的地区居民进行沟通和协商。市场主导型治理模式中法定的选址程序因而被批评为是政府“硬把设施塞进我们的喉咙”[②]。邻避设施选址决策过程中的“申请—环评—审批”程序也被人们批评为“开发商提出项目建议，如果州政府发给许可证，他们就能建设项目”[③]。批评者认为，公民有参与治理的能力，但他们影响政策形式和政策方向的参与机会与资源有限。[④] 与此同时，现实邻比冲突治理中，无论是选址决策的市场谈判，还是设施安全风险及危害性影响的讨论，都涉及一定的谈判技巧和专业知识，这些都对邻比冲突治理过程中的公民参与形成了技术障碍，缺少专业技能和谈判技巧的公民参与可能会增加政策制定过程的复杂性和低效率。[⑤] 经验表明，在邻避设施选址中引入公民参与，不仅不能提高设施设址的成功率，反而增加了设施选址决策的难度，降低了选址决策效率。[⑥]

市场主导型邻比冲突治理困境导致美国政府在寻求另一条出路，它们利用美国世界政治、经济、技术、军事大国的优势地位将国内邻避设施向国外转移，对欠发达国家进行“环境殖民”，在很大程度上缓解了美国国

---

① Minehart, D. & Neeman, Z., “Effective Siting of Waste Treatment Facilities”, *Journal of Environmental Economics and Management*, Vol. 43, No. 2, 2002, pp. 303-324.

② Ibid.

③ O'Hare, M. & Sanderson, D., “Facility Siting and Compensation: Lessons from the Massachusetts Experience”, *Journal of Policy Analysis and Management*, Vol. 12, No. 2, 1993, pp. 364-376.

④ McAvoy, Gregory E., “State Autonomy & Democratic Accountability: The Politics of Hazardous Waste Policy”, *Polity*, Vol. 26, No. 4, 1994, pp. 699-728.

⑤ Kraft, M. E. & Clary, B. B., “Citizen Participation and the Nimby Syndrome: Public Response to Radioactive Waste Disposal”, *The Western Political Quarterly*, Vol. 44, No. 2, 1991, pp. 299-328.

⑥ Fischer, F., “Citizen Participation and the Democratization of Policy Expertise: From Theoretical Inquiry to Practical Cases”, *Policy Sciences*, Vol. 26, 1993, pp. 165-186.

内邻比冲突的矛盾，是一种值得警惕但却无法模仿的邻比冲突治理新趋势。

第二节　设施管理型邻比冲突治理模式及其治理绩效

岛国资源缺乏的特点以及传统文化的影响，使日本国民具有强烈的集体主义精神和忧患意识，也使他们具有强烈的学习精神。对西方政治、经济制度的学习，使日本建立起了市场经济和现代民主政治体制，但受中国传统文化影响深远的日本，政府主导的家长制政治色彩浓郁。[①] 市场经济、民主制度、家长制政治的结合形成了日本的政府导向型市场经济模式，它在邻比冲突治理领域体现为政府主导的设施管理型邻比冲突治理模式。日本设施管理型邻比冲突治理模式的制度框架既具有浓厚的政府主导色彩，又具有现代市场经济特色：邻避设施项目立项、选址决策以及建设和运营各个环节都体现了政府的主导地位，但又不同于传统政府单一治理主体的政府强制型治理方式，日本设施管理型邻比冲突治理模式在发挥企业和政府主体地位的同时，鼓励企业通过政治谈判确定邻避设施选址、许可和补偿标准，运用市场补偿机制对利益受损群体进行补偿，更为重要的是，日本充分发挥企业降低设施危害和社会自主治理的积极作用，使企业在政府和社会的参与和监督下，加强设施运营管理以降低设施负外部性影响，改变设施形象，借以提升社会对邻避设施的接受度，推动邻比冲突综合治理。

一　设施管理型邻比冲突治理模式的一般特征

设施管理型邻比冲突治理模式是指以设施运营者为主要责任主体，政府鼓励通过政治谈判引入多元主体共同参与和监督，加强邻避设施运营管理，促进邻避设施负外部性影响治理，提升设施形象，辅之以经济补偿激励机制等，协同推进邻比冲突治理的治理模式。设施管理型邻比冲突治理模式的核心特征是特别注重设施运营管理，通过设施运营管理和补偿回馈

---

① Lesbirel, S. H., *NIMBY Politics in Japan: Energy Siting and The Management of Environmental Conflict*, Ithaca and London: Cornell University Press, 1998, p. 10.

激励机制，加强设施形象管理以提升周边居民对设施设址的接受度，其另一重要特征是通过政治谈判的方式引导和鼓励多元主体参与设施设址决策和运营管理，这实际上是鼓励企业和社会自主治理的邻比冲突治理模式。

（一）设施管理型邻比冲突治理模式的治理主体

如果说政府强制型邻比冲突治理模式以政府为单一主导性治理主体、市场主导型邻比冲突治理模式以市场机制为主导，以企业为主要治理主体、鼓励多元参与，那么设施管理型邻比冲突治理模式则在凸显政府引导、监督作用的同时，以企业为主要责任主体，强调社会自主治理，通过政治谈判、经济补偿与回馈、设施管理机制，同时发挥政府、企业、社会在邻比冲突治理中的积极作用。约翰逊在对日本邻比冲突治理进行实证研究后发现，在日本邻比冲突治理结构体系中，通产省是处于支配地位的官僚机构，而地方政府、县域政府、企业以及社区居民、渔业协会等多种利益群体在邻比冲突治理过程中也都发挥了积极作用，对邻避设施设址构成重要影响。① 山姆尔斯的实证研究显示，在日本官僚机构、大公司、自民党三驾马车式的政治权力架构中，虽然存在精英之间的冲突和竞争，但大公司对邻避设施设址和邻比冲突治理具有更多影响力。② 然而，穆兰麻特苏的研究显示，虽然自民党和各大利益集团在日本的环境政治中具有重要作用，但地方社区比政府和其他私人利益集团更有影响力。③ 莱斯比瑞尔的研究表明，虽然通产省在法律上有管理市场的权力，但主要是私人企业而不是公共当局主导各种邻避设施的计划和开发；虽然日本中央政府的权力架构和不同利益集团之间的权力分配对邻比冲突治理有重要影响，但当政策对地方或区域利益集团不利时，地方政府对政策的影响力很大，地方利益集团和权力分配对邻比冲突治理的影响更为关键，当地方公众反对项目建设时，地方之外的政府和商业利益集团也无法推动项目建设。④ 以上

---

① Johnson, C., *MITI and the Japanese Miracle: The Growth of Industrial Policy, 1925－1975*, Stanford: Stanford University Press, 1982, p. 237.

② Samuels, R. J., *The Business of the Japanese State: Energy Markets in Comparative and Historical Perspective*, Ithaca: Cornell University Press, 1987, p. 276.

③ Muranmatsu, M., "Center-Local Political Relations in Japan: A Lateral Competition Model", *Journal of Japanese Studies*, Vol. 12, No. 2, 1986, pp. 303-327.

④ Lesbirel, S. H., *NIMBY Politics in Japan: Energy Siting and The Management of Environmental Conflict*, Ithaca and London: Cornell University Press, 1998, pp. 18-22.

可见，不同研究者对日本邻比冲突治理过程中的治理主体地位作用有不同的认识，这表明在日本的邻比冲突治理过程中，多元社会利益主体都能参与其中，但在不同案例中具有不同的主体地位，发挥着不同的角色作用。这从另一侧面证明，在日本的邻比冲突治理过程中，任何一方利益主体都很难处于主导性治理主体地位，不同邻避设施设址冲突过程中的不同利益主体地位和角色作用在具体邻避设施设址和邻比冲突治理情境中有不同表现，但整体而言，在日本的邻比冲突治理过程中，主要由企业在政府和多元主体的参与和监督下承担邻避设施的计划、开发和设施过程管理，通过加强设施管理、降低设施负外部性影响、提升设施形象以促进邻比冲突治理，表明日本的邻比冲突治理过程中已经初步形成了以企业为主要责任主体，政府、社会多元利益主体较为平等地参与邻比冲突治理的局面。

（二）强调邻比冲突的公民自主治理

邻比冲突的自主治理机制是日本设施管理型邻比冲突治理模式的重要特色。设施管理型邻比冲突治理模式和政府强制型邻比冲突治理模式的主要区别在于：政府强制型邻比冲突治理模式主要以政府为单一主导性治理主体，而设施管理型邻比冲突治理模式在邻比冲突治理过程中引入多元主体参与设施管理，实现邻比冲突自主治理。设施管理型邻比冲突治理模式首先注重在邻避设施设址中引入政治谈判机制，政府比较善于运用政治谈判策略发挥多元利益主体在邻比冲突治理中的作用。虽然在实际邻比冲突治理过程中，日本政府的家长制作风较为明显，但政府、企业、社会在邻比冲突治理中的地位相对平等，政府主要承担了监管、推动和出台法律和标准的作用，邻比冲突治理更多地依赖社会进行自主治理，强调企业和社会，尤其是公民对邻比冲突治理的自主责任和积极作用，鼓励公民参与和监督邻避设施运营的过程管理。“在日本，地方政治领导人和企业领导人对社会情况变化的反应很快，常常会运用高超的政治技巧和自主精神来处理邻比冲突治理问题，他们很乐于这样做来解决社会问题。”① 日本的邻比冲突治理中，特别强调社会的自主治理责任。以垃圾处理设施为例，日本政府和社会积极推进垃圾分类，日本居民垃圾处理使用制式垃圾袋，每个小区都有固定的垃圾投放点，垃圾投放有严格的时间规定，居民都能自

① Lesbirel，S. H.，*NIMBY Politics in Japan：Energy Siting and The Management of Environmental Conflict*，Ithaca and London：Cornell University Press，1998，p. 19.

觉按规定时间和地点、分类投放垃圾。日本政府还制定了《家庭垃圾指南》，免费向居民发放；垃圾转运站等垃圾处理机构每年都会给责任区内的住户发放“垃圾挂历”，垃圾挂历上用图文详细标注每天收运垃圾的种类和时间。日本人对垃圾分类极为细致，如在投放饮料瓶之前会把饮料瓶洗刷干净，将瓶子上的塑料薄膜撕下、瓶体、瓶盖分开投放，以便分类回收处理，[①] 借以实现源头减量以减少进入垃圾焚烧炉的垃圾量和对垃圾处理设施的需求量，进而促进垃圾处理设施设址的邻比冲突治理。

（三）设施形象管理型治理路径

注重邻避设施形象管理，通过加强设施运营管理以减少邻避设施的负外部性影响，降低邻避设施负外部性影响风险发生率，美化邻避设施外观设计，加强邻避设施公共关系管理，借以改善邻避设施形象，增强公民对邻避设施设址的接受度，是日本设施管理型邻比冲突治理模式的关键特色。首先，日本邻避设施经营企业都重视设施的外部形象建设。以垃圾焚烧厂为例，日本的垃圾焚烧厂外观都简洁时尚、美观别致，厂区绿树成荫，环境优雅，基本没有任何异味。为了争取公民支持，日本政府直接将很多垃圾焚烧厂建于市政府旁边。其次，注重公共关系建设。日本的邻避设施经营者一般都积极利用设施的各种正面效用推动公共关系建设，提高设施接受度。如垃圾焚烧厂普遍利用垃圾焚烧余热加热温水游泳池。一些垃圾中转站都将垃圾处理部分建于地下一层，而将地面建筑用作办公场地、建设网球场等向周边居民免费开放，借以增进和周边居民的关系，提高设施接受度。[②] 最后，引入公民参与监督设施运行，加强邻避设施负外部性影响治理和安全管理。在日本，企业特别注重邻避设施的运营管理，借以提升居民对邻避设施设址的接受度，如日本的垃圾焚烧发电厂会邀请设施设址周边居民代表监督垃圾焚烧设备运营管理，还在垃圾焚烧设备中架设摄像头，设施设址周边居民代表可以通过摄像头观看垃圾焚烧过程。邀请公民参与监督邻避设施运行既是进行设施形象建设的重要方法，也是增强设施安全性和公民接受度的有效举措。让公民参与监督设施运营安全，既可以增进公民对设施设址必要性以及设施运营安全性的了解，提高邻避设施设址接受度，还可以通过参与冲突治理过程培养和提升公民公共

① 张红樱：《日本垃圾处理“八大怪”》，《政府法制》2010 年第 12 期。

② 董聚山、刘晶昊：《日本垃圾处理考察见闻》，《广西城镇建设》2010 年第 4 期。

精神。

二　设施管理型邻比冲突治理模式的运行机制

设施管理型邻比冲突治理模式将邻比冲突归因于邻避设施负外部性影响在社区居民心目中形成的负面形象，因而着力于通过设施形象管理来改善设施在公众心目中的形象，希望借此提高设施设址社区周边居民对设施的认同和接受度，达成邻比冲突治理。因此，设施形象管理机制是设施管理型邻比冲突治理模式的首要治理机制，但仅靠邻避设施形象管理显然并不足以达成邻比冲突治理，日本政府还积极鼓励运用多元机制促进邻避设施设址和邻比冲突治理。

（一）政治谈判型选址决策机制

“国家并没有使用明显的强制工具来迫使渔业公司出售他们的财产，但是通过构建制度化的补偿计划来推动电力公司和社区利益集团之间的谈判。”① 研究显示政治谈判、讨价还价及利益协调在日本邻比冲突治理中有重要作用。② 日本邻避设施选址决策过程是一个政治谈判和讨价还价的过程。③ 以日本能源设施设址为例，能源公司确定需要建设某个项目和设址地点后，一般需要经过三个关键环节的政治谈判：社区接受设施谈判、各种许可证申请谈判、开工建设谈判，三个阶段在时间上可能存在重叠。每个阶段的启动或结束环节都被称为投票环节，每个投票环节都可能会导致项目被延宕或废止。许可证审核、建设甚至运营和退役阶段都可能会遭到公民反对。接受阶段的谈判需要对拟建设施达成广泛的政治一致，倡导者和不同法定管理权下的社区利益集团之间通过谈判决定项目预期成本和收益的分配。公众接受设施后需要电力开发协调委员会的许可，电力开发协调委员会在经济规划厅的领导下审核选址计划，它的许可表明国家对电厂的市场需求以及地方各级对项目的广泛的政治认同。只有得到电力开发协调委员会的许可后，后续许可申请才能进行。许可的一个重要环节是通

① Lesbirel, S. H., *NIMBY Politics in Japan: Energy Siting and The Management of Environmental Conflict*, Ithaca and London: Cornell University Press, 1998, p. 4.

② Haley, J., "Governance by Negotiation: A Reappraisal of Bureaucratic Power in Japan", *Journal of Japanese Studies*, Vol. 13, No. 2, 1987, pp. 343-357.

③ Lesbirel, S. H., *NIMBY Politics in Japan: Energy Siting and The Management of Environmental Conflict*, Ithaca and London: Cornell University Press, 1998, p. 22.

产省和企业之间能否就项目的必要性达成一致。而通产省的许可又以地方和县政府之间达成一致为前提条件，并受到大范围地区对项目的默许程度的影响。在电力开发协调委员会的许可之前并没有需要社区补偿必须到位的指标，但地方政府当局的决定受到社区要求支付补偿以作为同意项目建设回报的影响。自 1974 年之后，许可程序要求召开环境影响评估听证会。此外，许可证申请阶段需要完成 50—60 项许可和证件的谈判工作，其中部分是地方政府的许可，而大多数是县政府和国家的许可。不管在何地以及什么项目，都必须获得项目前期投资和道路使用许可，还有一些许可需要根据具体设址地点和技术细节来确定，如在国家公园附近建设电站就需要根据《国家公园法》的规定获得许可。这些许可的每一个环节都要进行艰苦的政治谈判，其主要规划和执行者基本都是私人企业。许可证申请以建设规划许可为终点，而工程建设结束后则需要商业运营许可才能正式投入生产，每一个环节都需要通过政治谈判来达成。[①] 政治谈判导致产生了创造性地解决问题的方法和不同的政治结果。[②] 政治谈判不同于市场谈判，政治谈判是多元主体之间的政治博弈，它更多地强调政治机制和政治权力的使用，因此各方主体之间的关系因所掌握的政治权力和政治资源的变化而变化。但总的来说，政府处于政治谈判决策的主导地位，而市场谈判主要使用价格机制的激励作用，更多地强调产权的明晰和收益。

（二）第三方调解机制

为了促进政治谈判协议的达成，尤其是促进企业与地方利益集团之间政治谈判协议的达成，日本政府创造性地使用了第三方调解机制以协调各方利益，削弱反对邻避设施设址的反对声音。地方调解在保证邻比冲突治理的政治合法性方面具有关键作用。[③] 以日本静冈县滨冈核电站设址为例，在核电站设址过程中，当地渔业公司和地方左翼利益集团组成了反对核电站建设的反对联盟，但静冈县政府利用第三方调解的方式成功瓦解了反对联盟，并以极低的补偿价格达到了设施成功设址的目的。在核电站设

① 关于日本邻避设施选址决策过程中的政治谈判情况，详见 Lesbirel，S. H.，*NIMBY Politics in Japan*：*Energy Siting and The Management of Environmental Conflict*，Ithaca and London：Cornell University Press，1998，pp. 21-28。

② Lesbirel，S. H.，*NIMBY Politics in Japan*：*Energy Siting and The Management of Environmental Conflict*，Ithaca and London：Cornell University Press，1998，p. 18.

③ Ibid.

址之初，静冈县政府通过静冈县自民党支部成立了特别原子能委员会，特别原子能委员会的公开目标是关注核安全问题，但它的另一作用是为政府和中部电力协调渔业公司和左翼集团以及地方居民之间的关系。为了使设施设址的政治谈判能顺利进行，特别原子能委员会组织在滨冈成立了原子能委员会，其成员来自包括地方居民代表以及当地五个主要渔业公司。原子能委员会强调地方事务要由地方在不受外界影响下独立处理，并组织开展原子能安全和地方发展问题论坛，游说渔业联盟，促使他们改变态度，并最终促使左翼集团选出了支持设施建设的领导人，为设施设址争取到了压倒性的地方支持。[①]

（三）设施负外部性影响治理机制

公民反对建设和运营邻避设施的直接原因是邻避设施可能存在负外部性影响，因此，缓解或降低邻避设施的负外部性影响是提升公民对邻避设施接收度的直接方法，也是治本之策。日本政府和企业积极发挥技术优势，通过技术革新推动缓解或降低邻避设施的负外部性影响。[②] 以垃圾焚烧产生的二次污染物治理为例，日本的垃圾焚烧厂一般采用布袋除尘器收集垃圾焚烧产生的飞灰，通过提高焚化炉温度控制二噁英排放量，通过迅速冷却烟气的方法控制污染物的产生，采用一次性通风的方式将垃圾仓产生的臭气引入垃圾焚烧炉进行焚烧。垃圾焚烧产生的二噁英在 1999 年前对日本环境造成了严重污染，为了控制二噁英排放量，日本政府在 1999 年 3 月召开了“二噁英防治对策相关内阁会议”，专门讨论二噁英治理问题，并于 1999 年 7 月制定实行了《二噁英类对策特别措施法》。企业也积极改进技术降低二噁英排放量，到 2003 年，日本二噁英总排放量比 1997 年减少了 95.1%。[③] 通过技术革新降低设施的负外部性影响还必须要通过宣传和形象建设，使设施真正得到社会的认可，减小社会和设施运营者对设施实际危害的认知差距。用技术手段缓解或降低邻避设施的负外部性影

---

① 关于第三方协调机制的详细讨论，参见 Lesbirel，S. H.，*NIMBY Politics in Japan：Energy Siting and The Management of Environmental Conflict*，Ithaca and London：Cornell University Press，1998，pp. 92-96。

② Lesbirel，S. H.，*NIMBY Politics in Japan：Energy Siting and The Management of Environmental Conflict*，Ithaca and London：Cornell University Press，1998，p. 97.

③ 何晟、钱丽燕：《日本东京 23 区生活垃圾处理现状及启示》，《环境保护与循环经济》2010 年第 1 期。

响可能是邻比冲突治理的治本之策，但它一般会受技术发展水平的影响。技术发展存在一定限度，这是发达国家很多垃圾焚化炉等邻避设施日渐减少的重要原因。

（四）制度化的补偿机制

与美国的市场主导型治理模式一样，日本的设施管理型邻比冲突治理模式也创造了一套复杂的补偿机制来管理大量与邻避设施设址相关的环境溢出效应。这些补偿激励机制为开发商提供了广泛的合法手段，使他们能和财产权所有者和其他社区利益集团谈判就设址问题达成一致。日本的补偿机制与美国的补偿存在一定不同之处。美国的补偿机制虽然主要依赖于企业和标的地区之间的谈判，但除了产权转移补偿外，美国没有建立其他给予地方的制度化补偿机制；开发商提供的补偿或风险减缓措施都是由每个案例的具体情况确定，而且美国也仅由开发商直接给每个家庭进行补偿而不是给邻里或社区。① 但日本处理邻比冲突的补偿机制要复杂得多。通产省在选址过程中仅起间接作用，是负责建立财产权和设计指导设施执行组织（企业）和标的群体（地方社区利益集团）之间谈判的激励机构，建立确保开发商提供补偿的基本原则。日本邻比冲突治理的补偿形式主要是为标的地区增加收益和降低成本（包括降低风险），这种补偿可以通过现有制度或其他再分配机制以及一些特别补偿形式来支付。补偿可能由开发商直接支付给受影响群体，也可能由非私人实体间接支付给地方利益群体，补偿可能采用现金形式也可能采用非现金形式。现金形式主要是补偿金，非现金形式包括降低风险、风险替代以及象征性补偿，如政治妥协。项目终止时有时也需要给地方某种补偿（日本补偿机制分类见表 4-1）。通产省明确规定包括一系列产权转移指南和规则在内的补偿标准，补偿标准通常根据产权预期年净收益或类似案例确定。在实际执行中，企业倾向于使用前者确定补偿标准，而产权所有者一般倾向于使用后者确定补偿标准，这些都取决于双方的谈判能力和谈判地位。此外，企业有时会在根据前者确定标准的基础上，再给予一定的“合作金”。除了产权补偿外，日本还使用其他补偿工具来管理邻比冲突，如来自县政府或中央政府给地方政府或企业的直接或间接补偿、风险替代（用一个风险设施交换另一个

① Lesbirel, S. H., *NIMBY Politics in Japan: Energy Siting and The Management of Environmental Conflict*, Ithaca and London: Cornell University Press, 1998, p. 37.

风险设施）、象征性补偿（如制定为区域机构），还有可能存在一些由非正式制度确定的补偿标准和补偿工具（关于幕后交易的各种流言盛行，逮捕和起诉地方政治中的贿赂和贪污持续增加）。①

表 4-1　　日本补偿机制分类

<table>
<tr><th>机制</th><th>补偿者</th><th>受偿者</th><th>支付形式</th></tr>
<tr><td>产权转移</td><td>企业</td><td>产权所有者</td><td>直接、金钱</td></tr>
<tr><td rowspan="2">补贴</td><td>企业</td><td>社区</td><td rowspan="2">直接或非直接、金钱</td></tr>
<tr><td>纳税人</td><td>企业</td></tr>
<tr><td>缓解风险</td><td>企业</td><td>社区</td><td>间接、非金钱</td></tr>
<tr><td>废弃</td><td>企业</td><td>社区</td><td>间接、金钱</td></tr>
<tr><td rowspan="2">开发</td><td rowspan="2">消费者</td><td>产权所有者</td><td rowspan="2">间接、金钱</td></tr>
<tr><td>社区</td></tr>
<tr><td rowspan="3">降低风险</td><td rowspan="3">消费者</td><td>企业</td><td rowspan="3">间接、非金钱</td></tr>
<tr><td>产权所有者</td></tr>
<tr><td>社区</td></tr>
<tr><td rowspan="2">社会政治</td><td>企业</td><td rowspan="2">社区</td><td rowspan="2">直接和非直接、非金钱</td></tr>
<tr><td>政府</td></tr>
<tr><td rowspan="2">贿赂</td><td rowspan="2">企业</td><td>个人</td><td rowspan="2">直接和非直接、金钱</td></tr>
<tr><td>利益集团</td></tr>
</table>

资料来源：Lesbirel，S. H.，*NIMBY Politics in Japan：Energy Siting and The Management of Environmental Conflict*，Ithaca and London：Cornell University Press，1998，p. 32。

三　设施管理型邻比冲突治理模式的经验启示

在传统文化上深受中国影响的日本，其设施管理型邻比冲突治理模式在邻比冲突治理实践中取得了良好效果，为我国邻比冲突治理提供了有益的经验启示，主要表现为特别重视设施形象管理、注重冲突管理的政治沟通、多元利益主体参与、加强法制化建设和运用多种治理工具，这些都是日本邻比冲突治理的重要特色，也是日本设施管理型邻比冲突治理模式取

① 关于日本邻避设施补偿机制的详细讨论，参见 Lesbirel，S. H.，*NIMBY Politics in Japan：Energy Siting and The Management of Environmental Conflict*，Ithaca and London：Cornell University Press，1998，pp. 21-39。

得良好治理效果的关键原因。

（一）从政府强制到政治沟通：日本邻比冲突治理模式的行为变迁

日本是一个具有政治家长制作风传统的国家，在早期邻比冲突治理实践中，日本政府也主导了邻比冲突治理过程，在很多现实案例中都采用了政府主导选址决策和强制执行的邻比冲突治理方式。但政府强制型邻比冲突治理模式在日本遭到了明显失败，部分案例甚至造成了严重的社会冲突且迁延日久。以成田机场建设为例，在机场选址和建设之初，日本政府采用传统政府强制的方式强行设址，但造成大规模冲突。面对持续不断的反对意见，日本政府最终只好采取政治谈判的民主方式解决问题。1995 年，时任日本首相村山富士向机场反对同盟成员谢罪，并启动了政治谈判程序和第三方协调机制，最终瓦解了机场反对同盟，使迁延时间长达 40 年之久的反对机场建设的邻比抗争事件基本平息。[①] 这表明政府强制型邻比冲突治理模式转型的必然趋势。现代民主社会的邻比冲突治理趋势必然是民主基础上的协商、谈判和补偿机制的综合运用，邻比冲突治理离不开社会的自主治理和合作，更离不开设施负外部性影响治理和设施形象管理。

（二）多元利益主体的合作是邻比冲突治理的基础

设施管理型邻比冲突治理模式的重要特点是其邻比冲突治理的设施形象管理和政治谈判机制，虽然这种设施形象管理和政治谈判机制在日本的邻比冲突治理中取得了巨大成功，但也存在一定的困境和问题。首先，设施形象管理和政治谈判不能避免冲突的发生。邻比冲突公共利益悖论的本质特点决定了邻比冲突治理必然要面对利益冲突的困境，虽然设施形象管理和政治谈判常常有利于促进邻比冲突治理，在很多邻比冲突案例中最终都促进各方利益主体达成了一致，但这种一致基本都是冲突之后的暂时利益均衡。[②] 其次，设施形象管理和政治谈判的结果具有不确定性。在日本，设施形象管理和政治谈判既具有决策的特点，也具有执行决策的特点。在所有权方面，私人部门一直都比政府拥有更多的谈判权。而在选址方面，私人部门和政府对渔业公司和地方社区的控制权并不相同。即便在

---

① 宗禾：《日本成田机场“钉子户”抗争 40 年使首相谢罪》，《南方周末》2007 年 12 月 26 日第 2 版。

② Lesbirel，S. H.，*NIMBY Politics in Japan：Energy Siting and The Management of Environmental Conflict*，Ithaca and London：Cornell University Press，1998，p. 9.

同一政策场，决策和执行之间讨价还价的结果可能有很大的不同。[①] 邻比冲突治理中的政治谈判结果具有很大的不确定性，在实际邻比冲突治理中，部分邻避设施设址的政治谈判时间较短，但部分设址谈判的时间迁延日久，部分项目最终仍然因不能达成一致而终止建设或运营。[②] 多样且不相容的利益要想通过政治谈判达成一致，离不开各方利益主体之间的协商与合作。而设施形象管理也并不是消除公民邻避情结的万能良药，如即便具有良好的设施形象管理传统和成就，但福岛核电站泄漏事件等不确定性事件的发生还是会增加公民对邻避设施设址负外部性影响的担忧。

（三）注重邻比冲突治理的法制化建设

第二次世界大战以后，日本实行赶超战略，在政府主导下发展经济并取得了切实效果，战后经济的迅速发展也使日本环境受到了严重污染。20世纪六七十年代开始，严重的环境污染引发了大量的健康问题，这使日本上下开始采取积极措施保护环境，并推动了环境领域的相关立法，建立了相当完善的法律体系，这实际上为邻比冲突治理提供了法律依据。早在1951年，日本就制定实施了《森林法》，到1958年又颁布实施《工厂废物控制法》《水质保护法》，1967年和1968年再连续颁布实施《公害对策基本法》《环境污染控制基本法》《噪声管制法》《大气污染防治法》，1973年再次出台《公害健康损害赔偿法》，1991年制定施行《资源有效利用促进法》，1993年颁布实施《环境基本法》。这些法律制度的实施，对邻避设施对环境的危害和周边居民的影响以及赔偿等，做出了严格规定，有效地促进了邻比冲突治理的法制化建设。

（四）治理工具多元化是邻比冲突治理的必然要求

在日本的设施管理型邻比冲突治理模式中，虽然设施管理、政治谈判和经济补偿是其主要治理工具，但设施管理、政治谈判和经济补偿作用的发挥，离不开各种政策工作的综合使用。危害降低技术、第三方调解、民营化、强制和恐吓甚至黑幕交易等，都在日本的邻比冲突治理中发挥了重要作用，现代邻比冲突治理离不开多种政策工具的综合使用，这是邻比冲突治理的必然趋势。

---

① Lesbirel, S. H., *NIMBY Politics in Japan: Energy Siting and The Management of Environmental Conflict*, Ithaca and London: Cornell University Press, 1998, p. 4.

② Ibid.

第三节 社区治理型邻比冲突治理模式的治理探索

虽然不同的政治、经济制度使我国台湾地区和大陆在社会治理理念和治理方式方面存在很大差异，但两地拥有共同的文化传统，我国台湾地区的邻比冲突治理对大陆有特殊重要的借鉴意义。我国台湾地区邻比抗争运动的发生和邻比冲突治理的实践与理论研究较大陆更早，其邻比冲突治理实践既受西方国家尤其是美国市场主导型邻比冲突治理模式的影响，又借鉴学习了日本设施管理型邻比冲突治理的经验，还在很大程度上保留了传统人治主义的中国特色，带有政府主导和强制治理意味，因而在邻比冲突治理方面并没有真正形成占主导地位的治理模式。然而，在台湾地区治理邻比冲突的现实探索中，出现了一些值得借鉴和学习的治理趋势，其中，社区治理型邻比冲突治理的实践和探索对大陆邻比冲突治理实践有积极的借鉴意义。

一 社区和社区治理

一般认为，最早提出社区概念的是滕尼斯，他于 1887 年在《共同体与社会》一书中提出了社区概念。在滕尼斯的概念中，“社区”即“共同体”，他认为“社区是指那些由具有共同价值取向的同质人口组成的，关系密切、出入相友、守望相助、疾病相扶、富有人情味的共同体”，在滕尼斯看来，共同体是“由自然意志占支配地位的联合体”。[①] 英国社会学家鲍曼为我们描述了一个温馨怡人，让人无限向往的共同体景象：“共同体是一个‘温馨’的地方，一个温暖而又舒适的场所。它就像是一个家，在它的下面，可以遮风挡雨；在共同体中，我们能够相互依赖对方。如果我们跌倒了，其他人会帮助我们重新站立起来。”[②] 美国社会学家罗密斯赋予了“社区”的地域特征，他认为社区不仅包括社会生活共同体，而且还包括地域生活共同体，不仅包括传统社区如乡村社区，还包括现代社

---

① ［德］斐迪南·滕尼斯：《共同体与社会》，林荣远译，商务印书馆 1999 年版，第 54 页。

② ［英］齐格蒙特·鲍曼：《共同体》，欧阳景根译，江苏人民出版社 2007 年版，第 2—3 页。

区如都市社区。[①]

随着市场失灵与国家失败问题的出现，学者开始寻求应对和治理市场失灵与国家失败的路径和方法，在这种情景下，关注社区治理，关注社区在社会事务治理中的主体作用，俨然成为社会治理理论研究和实践发展的潮流，如同对第三部门所寄予的厚望一样，社区治理也成为人们治理和应对政府失败与市场失灵的愿景和寄托。[②] 亚当姆斯和海斯认为，社区之所以被"重新发现"（rediscovery of community），实际上是新自由主义与社区主义交会的结果，它在国家机关、市场与公民社会之间形成了一个新关系。[③] 新自由主义者不再以纯粹的个人为基础，而是希望通过公共政策的集体途径来监督政府行为，应对政府失败，而社区主义者则试图通过社区志愿行动治理市场失灵。[④] 在现代治理语境中，人们从政府和市场转向社区的隐含假设是：具有社区共同体与同质性的地方意识（sense of place）能够将利益与成本公平地分配给社区内的每一个公民，以建立与维持社会资本，它甚至比政府或市场更能承担责任，更能有效地规划、管理、输送与协调社区事务。[⑤]

所谓社区治理，是指政府机关、社区组织、企业、居民等基于公共利益和社区认同，协调合作，解决社区需求问题，优化社区秩序的过程与机制。[⑥] 社区治理是居民出于社区集体利益而采取的自我管理方式，它可以包括公、私部门与第三部门所有治理主体的积极参与，治理的组织结构由传统的层级节制转向多元利益主体之间交互网络关系的复杂结构，主张由传统的行政控制转向多元主体之间的民主协商，强调政府与社会、公部门

① 张大维、殷妙仲：《社区与社会资本：互惠、分离与逆向》，《理论与改革》2010年第2期。

② Bowles, S. & Gintis, H., "Social Capital and Community Governance", *The Economic Journal*, Vol. 112, Iss. 483, 2002, pp. 419-436.

③ Adams, D. & Hess, M., "Community in Public Policy: Fad or Foundation", *Australian Journal of Public Administration*, Vol. 60, No. 2, 2001, pp. 13-23.

④ Bowles, S. & Gintis, H., "Social Capital and Community Governance", *The Economic Journal*, Vol. 112, Iss. 483, 2002, pp. 419-436.

⑤ Adams, D. & Hess, M., "Community in Public Policy: Fad or Foundation", *Australian Journal of Public Administration*, Vol. 60, No. 2, 2001, pp. 13-23.

⑥ 丘昌泰：《邻避情结与社区治理》，台湾韦伯文化国际出版有限公司2007年版，第41页。

与私部门之间的互动与合作，因此，社区治理模糊了公私机构间的界限与责任，不再坚持政府职能的排他性和专属性，社区治理代表了基层民主的出现和第三部门的兴起，它强调“善治”的民主过程和网络管理的重要性。①

社区治理的决策模式改变了以政府机关为单一主体的政府主导型决策模式，转而寻求以多元利益主体共同参与的多元化决策模式。从西方社区治理经验来看，社区治理既可以对内决定社区内的共同事务与公共服务，又可以对外表达社区集体利益诉求。② 在社区治理的倡导者看来，推动社区治理的主要原因有三：③ 一是地方控制的价值追求。现实治理的复杂性和政府能力的有限性导致政府无法满足社会对公共产品和公共服务的需要，它只能放弃一部分权力，让社区能有更充分的自主权决定自己的行动。二是小政府与回应型政府的价值追求。传统大政府造成的低效、赤字、脱离民众等问题使政府的合法性递减，④ 社会呼唤政府的高效、责任和回应性。三是专家是咨询者，而非控制的价值追求。传统以专家主义模式和控制为导向获取效率目标的政府已经不能适应社会的要求，现代政府应该采取市民主义、以社区参与为导向，以实现公民参与和公共利益为目标。在社区治理理念下，社区治理是社区公民、社区代表、社区实务工作者之间的密切合作所组成的治理系统，在这个系统中，政府已经不再是高高在上的统治者，而是与民众一起讨论、提供咨询的辅助者。⑤

社区公民治理系统必须坚持社区政策取向的治理模式，它有四个特点：它必须是一个可亲近性与开放性，而不是排他性与封闭性的治理系

① 丘昌泰：《邻避情结与社区治理》，台湾韦伯文化国际出版有限公司 2007 年版，第 41—44 页。

② Woods, M., Edwards, B., Anderson, J., & Fahmy, E., *Participation, Power and Rural Community Governance*, Paper presented at the workshop on democracy, Participation and Political Involvement, Manchester University, 2001, p. 3. 转引自丘昌泰《邻避情结与社区治理》，台湾韦伯文化国际出版有限公司 2007 年版，第 37 页。

③ Box, R., *Citizen Governance: Leading American Communities Into 21st Centuries*, Thousand Oaks, CA: Sage, 1998, pp. 5-12.

④ 黄健荣：《论现代政府合法性递减：成因、影响与对策》，《浙江大学学报》2010 年第 9 期。

⑤ 丘昌泰：《邻避情结与社区治理》，台湾韦伯文化国际出版有限公司 2007 年版，第 61—62 页。

统；它是一个鲜活的生存空间，而不是物物交易的摊贩市场；它要求建构一个角色有限、职能有限的“小而能政府”，而不是无所不能、无所不包的“大有为政府”；它必须能接受，而不是拒绝公共专业主义。① 社区治理必须坚持规模、民主、责任和理性四个原则，并成立公民委员会以作为社区公共事务治理的决策和执行机构，还要成立协调委员会以“倾听”来自社区的各种声音并将其提交给公民委员会做出决策，而政府则应该从官僚控制体系转变为协助社区了解社区议题、协助社区决策、鼓励居民参与的“支援者”角色。②

美国学者拉贝在对 Swan Hills 地区的邻比冲突治理进行实证研究后，指出影响邻避设施成功设址的关键要素有四个方面：第一也是最重要的是不仅根据技术指标来确定设址社区，而且还邀请各大社区自己报名作为备选设址地区；第二是给予社区和公众充分参与确定技术和环境设址指标以及环境影响评估会的机会，这种参与还包括设址社区的地方公民投票；第三是公民参与设施运营，或者作为官方合作企业或者通过在一个公私合营的企业中持有实质性股份，给予保证安全和环境保护保证的公信力，使任何负面影响都应该得到补偿；第四是给设址社区提供一套综合保护措施以防止其他开发。③ 拉贝的观点虽然未必具有普适性的典型意义，但他的研究在很大程度上揭示了社区对邻比冲突治理的重要地位和作用。

二　社区治理型邻比冲突治理模式的现实实践

我国台湾地区治理邻比冲突的实践，在借鉴学习西方国家尤其是美国和日本治理经验的同时，进行了很多探索与尝试，而运用社区自主治理以促进邻比冲突治理是一条全新的路径。我国台湾学者丘昌泰在开展了近十年的田野调查研究后认为，台湾地区邻比冲突治理的未来出路必然会走上社区治理的道路。这或许有些言过其实，社区治理未必是台湾邻比冲突治理的必然选择，依赖于社区治理以实现邻比冲突治理这个现实难题可能仅仅是一种幻想与愿景，邻比冲突治理必然依赖于多元利益主体的参与和互

---

① Box，R.，*Citizen Governance：Leading American Communities Into 21st Centuries*，Thousand Oaks，CA：Sage，1998，pp. 64-65.

② Ibid.，p. 164.

③ Rabe，Barry G.，*Beyond NIMBY：Hazardous Waste Siting in Canada and the United States*，Washington，D. C.：The Brookings Institution，1994，p. 199.

动，这其中离不开社区的参与和合作，社区仅仅是也只能是邻比冲突治理多元主体的一元。然而，社区治理型邻比冲突治理模式的实践探索和理论总结，对促进邻比冲突治理有着重要启示和借鉴意义。

（一）我国台湾地区社区治理型邻比冲突治理的典型案例

1. 美浓反水库运动：社区自主治理与社区的邻比抗争

美浓属于台湾高雄县所属的客家小镇。当地文风鼎盛，是台湾客家文化保存最为完整的地区，被称为“客家原乡”。一个四五万人口的小镇有两份社区刊物——《月光山杂志》《美浓周刊》，可见美浓社区文化氛围的发展程度。“由于历史文化、现实环境与地方精英领袖的因缘际会，美浓社区呈现出相当的文化主体性，社区居民对于美浓文化的自豪与认同，甚至采取积极地参与公共事务之行动，都使得该社区具有丰沛的生命力。其实，美浓反水库运动本身不能视为与过去一样激情走样的演出，而是基于保护客家庄园的完整性而不得不站出来的理性运动，从报章媒体的报道中，他们的抗议行动理性而温和。”①

1991 年，台湾国民党当局决定拨款 1100 亿新台币兴建美浓水库，以解决太旺高雄等地的饮用水和工农业用水问题。美浓水库大坝设计高 147 米，距最近的村庄仅 1.5 公里，坝址所在位置有五条断层带，地质脆弱，日据时期就曾经测量勘探过当地地质情况，认为不适合建造水库，大坝选址附近五十公里内曾发生过两次破坏性地震，大坝安全备受质疑。此外，大坝一旦蓄水将会淹没世界独一无二的生态型蝴蝶谷黄蝶翠谷，并对当地客家文化造成毁灭性影响。

为了反对水库建设，美浓草根民间团体“第七小组工作站”联合地方政府、社团、学者和环保人士自主举办“美浓水库公共听证会”，邀请台湾经济部水资会官员参加，在听证会上就政府暗箱决策、伪造文书、水库设计失误以及各种环境危害等进行论证。此后第七小组工作站组织成立了“美浓爱乡协进会”，推动社区建设和反美浓水库联盟。美浓爱乡协进会成立以后，积极扮演了社区建设领导者和推动者的角色，它推动成立了“美浓后生会”“旗美社区大学”等多个社区非营利组织，并积极组织推动社区文化和价值观建设，组织开展读书会、社区建设、田野调查、美浓

① 丘昌泰：《邻避情结与社区治理》，台湾韦伯文化国际出版有限公司 2007 年版，第 100—101 页。

黄蝶祭等各种活动，还组织编写美浓镇志、开展空间美化和古迹保存活动，规划建设美浓客家文物馆，还编辑出版了《我等就来唱山歌》的唱片并获得了台湾金曲奖。[①] 在推进社区建设的同时，美浓人还组织召开国际会议，推动成立了“高屏溪流域管理委员会”，寻求注重生态和可持续发展的水资源利用替代方案，如“高屏溪整治方案”“屏东平原地下水补注方案”“百里排放埤塘运动”“节约用水方案”等。[②] 在多年社区建设的推动下，当地72%的居民都反对建设水库大坝。1999年年初，高雄市、高雄县、屏东县政府首长发表《高屏溪水资源永续利用计划暨反对美浓水库联合声明》。2000年台湾大选中，陈水扁承诺一旦当选将终止修建水库，其当选后，水库建设项目终止。

美浓反水库运动从最初的对抗活动，最终发展成为社区建设和治理的自主治理运动。反水库联盟以维护和传播客家文化为出发点，在社区中成功建立起对客家文化的整体认同，借此推动了社区认同和族群关系的建立，在当地形成了以客家文化为基础的社区空间，并最终实现了和当地政府以及各种反水库团体的良好关系。在台湾当局宣布停建水库后，当地社区治理还在进一步发展之中，展现了一场“始于反水库，却永无止境的社区运动”，社区治理和反水库运动之间实现了共同促进。[③]

2. 宜兰白米社区邻比冲突治理：社区自主治理与迎臂效应[④]

白米社区位于台湾宜兰县苏澳镇东南。社区四周环山，大理石、白云石、蛇纹石矿藏丰富，这使白米社区有多家石矿加工企业，社区石灰、石粉、石米产量居台湾第一。此外，社区还有远东最大规模的台湾水泥厂和台湾中油油库。各大企业所造成的污染使当地成天灰尘弥漫，污染严重，

---

① 狄金华：《台湾乡村社区营造——以高雄县美浓镇为例》，http：//nhjy. hzau. edu. cn/kech/shx/cgzs_ view. asp？ id = 178。

② 念安居士：《一个小镇对抗“国家”的战争：台湾抵制美浓水库运动简史》，http：//www. tianya. cn/publicforum/Content/no01/1/322758. shtml。

③ 美浓反水库运动和社区治理案例详见土也《台湾的乡村建设：美浓与北埔的经验》，http：//www. douban. com/group/topic/2064303/；狄金华《台湾乡村社区营造——以高雄县美浓镇为例》，http：//nhjy. hzau. edu. cn/kech/shxcgzs_ view. asp？ id = 178；念安居士《一个小镇对抗“国家”的战争：台湾抵制美浓水库运动简史》，http：//www. tianya. cn/publicforum/Content/no01/1/322758. shtml。

④ 丘昌泰：《邻避情结与社区治理》，台湾韦伯文化国际出版有限公司2007年版，第106—108页。

而企业来往的运输车辆更是经常造成交通事故。

为了解决企业所造成的环境污染和交通问题，社区居民成立了各种不同形式的非营利组织，试图以社区居民的自发性力量对抗企业环境污染所造成的危害。社区最大的民间团体“白米社区环境发展协会”先是尝试与污染企业协商签订“环保协议书”，写明环保回馈的相关规定，但企业态度消极，治理污染、改善环境的成效不大。后来社区采取“先改造社区，再要求厂方”的策略：居民调整态度，从消极的反对抗争转为积极的改善社区环境，经过不懈努力，社区环境有了初步改善。在看到社区居民自我努力的情况下，社区内的企业也开始积极回应社区居民的自我努力，积极治理企业污染，最终使社区环境出现好转。

社区还积极利用企业的环保回馈金以及向政府申请的小额补助积极推动环境维护工作和社区文化建设，成立了各种自发性的社区团体，如社区长寿俱乐部、社区志愿服务队、社区读书会、社区垒球队、守望相助队、合作社、白米文史工作室、白米社区环保促进会等，负责处理社区中的老人、环保、运动、进修、治安、文化、生产等各种社区自治活动。所有活动的开展都是由社区自主发动和组织进行，政府部门给予适当的经费补贴。白米社区村民的自治努力使社区和企业之间出现了良性互动，并被台湾联合报评价为“社区温柔革命，工厂变得爱漂亮”，邻比冲突治理成效明显。

3. 桃园长生电厂设址：企业推动型社区治理的尝试①

为了缓解台湾岛内电力供应尤其是北部地区电力供应不足问题，台湾当局于 1996 年 1 月 26 日成立长生电力股份有限公司（以下简称长生电力），当年 7 月 23 日在岛内桃园县芦竹乡境内建设长生电厂，电厂以天然气为燃料，设置两部发电容量 45 万瓦的循环发电机组，预期 1997 年 6 月可建成运营，但由于选址决策过程中未与设址标的地区居民进行沟通协调，开工建设后遭到社区居民的强烈反对，造成工程一再停工。为有效推进设施建设，长生电力组织了社区沟通交流团队积极做好与邻里社区的沟通交流工作，利用各种补偿回馈手段推动社区治理，最终使设施得以顺利建成，表明企业主动推动社区治理、发展与社区之间的互动关系等举措，

① 林俊夫：《邻避设施与社区发展互动关系之探讨——以桃园长生电厂为例》，硕士学位论文，台湾铭传大学。

对促进邻比冲突治理具有重要作用。

首先是推动社区发展和社区治理。公司为邻近社区每个村提供 50 万元作为行政经费，并为社区修整路面等公用设施，帮助社区改善硬件环境，积极帮助推进社区建设和环境治理。为了推进社区治理，长生电力还积极启动回馈和补偿机制，为社区提供发展基金，帮助所在社区成立“长生电厂回馈基金管理委员会”，由委员会负责基金的使用与监管，对回馈基金实行专款专用，将基金用于社区公共建设及公益活动、产业发展以及社区文教及社会福利活动，并设立奖助学金和环境生态保育基金。长生电力还积极帮助社区成立社区发展协会，为社区发展协会提供基金，推动社区举办老人会、中小学运动会、民俗活动、中秋节晚会、联欢晚会以及民间团体的公益活动，并为所在社区建设绿地、温水游泳池、图书馆等设施，促进社区发展和社区治理，借以达到企业和社区和谐共处的目的。

其次是加强与社区之间的互动与回应。虽然在选址决策阶段和天然气管道铺设开工之前，长生电力没有主动做好与社区的沟通协调工作，导致电厂设址遭到所在社区反对，但长生电力很快就总结教训，在设施环评阶段，积极邀请环保署、桃园县政府、芦竹乡公所及议会代表召开公开说明会，并着重邀请所在社区及邻近社区居民代表参加说明会，向各方介绍电厂的设备和设计及安全措施情况，听取社区意见，努力改善环境污染防治措施，并在说明会上与社区之间就电厂施工建设及建成运营后的回馈补偿、提供就业岗位以及相关敦亲睦邻工作达成协议。并在后续的谈判与协调会中，积极加强与社区的沟通与交流，帮助推进社区建设和社区治理，电厂首先为沿线居民投保意外保险，凡在电厂设施范围内的社区居民，因长生公司设施或第三者所造成的伤害及损失，每一事故每人最高赔偿 200 万美元。各种补偿和社区治理的努力，使电厂与社区之间形成了良好的互动关系。

在做好睦邻工作的同时，长生电力还主动实行全民监督的方式，积极落实各项污染防治措施，引进利用先进设备，实施环境监测计划、工业安全卫生计划、紧急应变计划等。在设施施工期间，电厂不断邀请当地居民召开协调会、说明会、安全讲习等活动，并邀请社区居民组成监工团队分区分段监督工程施工，通过不断的沟通协调活动消除社区居民的疑虑。

（二）社区治理型邻比冲突治理模式的一般特点

社区治理型邻比冲突治理模式是指以社区治理和社区建设为基础，提升社区居民的责任感、环境知识和参与能力以促进邻比冲突治理的治理模式。社区治理型邻比冲突治理模式具有很强的现实启示作用，很多典型案例都体现了社区治理型邻比冲突治理的有效性，但“模式是解决某类问题的方法论，它是解决问题的经验总结，把解决某类问题的方法总结抽象到理论高度，形成解决某一类问题的详细方案，就是解决该类问题的模式”①。与其他治理模式相比，社区治理型邻比冲突治理还没有形成独特而成熟的运行机制，在实践中也没有被广泛认可使用，换言之，社区治理型邻比冲突治理还不能说是一个完善或成熟的治理模式，但它有一些明显的特点。首先，社区治理型邻比冲突治理以社区和社区治理理论为理论基础。社区和社区治理理论与实践的发展为推动社区治理以治理邻比冲突提供了丰富的实践经验和理论资源。其次，社区治理强调以社区治理为基础，通过社区自主治理促进或者说倒逼邻避设施运营企业加强设施管理、做好补偿与回馈、融洽公共关系，进而发挥多元利益主体在邻比冲突治理中的积极作用，形成邻比冲突治理网络，重塑邻比冲突治理的信任与合作，为邻比冲突治理提供了有益的启示。再次，社区治理型邻比冲突治理以社区治理为治理邻比冲突的基本方案，这实际上是一种间接化的治理路径。虽然还没有得到广泛应用，也未能形成独特且可反复验证的治理原则、详细方案和运行机制，但无论是社区自主治理的主动实践，还是企业推动的社区治理，都为邻比冲突治理提供了一个全新的视野。最后，虽然运行机制并不成熟，但社区治理型邻比冲突治理综合运用和借鉴了其他治理模式的运行机制和经验成果，并在市场补偿激励机制的基础上创造性地使用了回馈激励机制，这是邻比冲突治理机制的创新，在实际运用中已经显现出勃勃生机和良好的治理效果。②

（三）用于社区建设的补偿与回馈金使用策略

在社区治理型邻比冲突治理模式中，政府或企业所支付的补偿与回馈金虽然有部分直接支付给了居民个人，但更多补偿与回馈金是被用于社区建设的，这是一种值得提倡的长远发展战略。虽然从短期来说，将补偿与回馈金直接发给个人可能更容易分化反对群众，减小设施设址阻力，但从长期来说，这可能会为未来邻比冲突埋下隐患，毕竟“授之以鱼不如授

① 王翔：《设计模式》，电子工业出版社 2009 年版，第 76 页。

② 关于补偿与回馈激励机制，参见第六章对多元协作型治理模式合作激励机制的详细论述。

之以渔”，将补偿与回馈金用于社区建设，改善社区经济社会发展环境，使社区获得长远利益，促进社区与公民成长，才是真正实现企业与社区和谐相处的关键策略，这样做还可以防止“会哭的孩子有奶吃”的无理取闹现象，减少不合理的邻比冲突，有利于促进邻比冲突治理。

三　社区治理型邻比冲突治理模式的困境

社区治理型邻比冲突治理虽然在很大程度上起到了融洽企业和社区关系，提升邻避设施接受度的作用，但社区治理型邻比冲突治理模式希望通过社区自主治理以推动企业和政府实现邻避设施负外部性影响治理，其目标的实现在很大程度上依赖于企业和政府的理性自觉与主动回应，最终使看似主动的社区治理处于相对被动地位，因此不可避免地要面对诸多困境和问题。

（一）社区治理中的公民参与和精英政治问题

社区治理型邻比冲突治理模式必然要面对传统公民参与过程中经常出现的公民参与不足以及精英政治问题。在邻比冲突治理的社区参与实践中，社区公民参与邻比冲突治理的现实形式仍然难以摆脱代议制民主和直接民主之间的冲突。作为一种治理理念的社区治理，其本质便在于强调公民的自主治理，但邻避设施投资主体的多元性以及现实公民意识和公民参与的现状决定了邻比冲突治理过程中离不开某种程度的精英政治。社区治理型邻比冲突治理如何解决公民参与能力、参与意识以及现实参与不足的问题，推动真正的社区自主治理，是社区治理型邻比冲突治理模式必须要面对的现实问题。在现实政治参与不足的情况下，如何能做到充分发挥精英参与的正面作用的同时，又能防止社区治理的精英垄断倾向，防止社区邻比冲突治理成为个别集团乃至个人牟利的工具，最终导致精英参与违背社区与整体公共利益，是社区治理型邻比冲突治理模式必须面对的又一重要问题。

（二）社区参与和邻比冲突治理效率的困境

邻比冲突治理过程中的公民参与被认为对治理邻比冲突有积极意义，然而实证研究表明，很多邻比冲突治理典型案例中的公民参与都降低了邻比冲突治理效率。公民参与对公共政策决策和执行效率的影响问题，是批评者质疑公民参与邻比冲突治理过程合法性的主要理由。从实际治理过程来看，邻比冲突治理中的社区自主治理无疑是一种典型的公民参与治理机制，其有效性虽然在美浓水库等实际案例中得到了很好的体现，但社区参与是否对不同地区文化、不同类型的邻避设施同样适用，仍然是一个值得验证的实践问题。同样，对一些急需建设的邻避设施，社区参与是否会降低设施设址和冲突治理效率，增加设施设址成本，都是社区治理型邻比冲突治理难以回避的话题。当然，认为公民参与会降低冲突治理效率可能是一种误解，典型案例实证研究同样表明，与政府强制型邻比冲突治理决策和执行机制可能引发的冲突和时间延宕以及可能产生的社会成本相比，引入公民参与的社区治理不仅不会降低邻比冲突治理效率，反而利于促进邻避设施设址和邻比冲突治理，并能有效降低邻比冲突治理成本。这从日本成田机场设址冲突的变化事实可见一斑。在村山富市向社区反对联盟公开道歉前，反对联盟组织的反对机场设址的抗争行动已经持续了将近30年，其间造成的冲突与损失可想而知，而在村山富市公开道歉并引入社区参与，开始与社区联盟进行政治谈判后，反对联盟的声音很快便得到稀释和消解，最终同意机场设址。

（三）社区治理与邻比冲突治理的专业知识差距问题

邻避设施的负外部性影响基本都与现代科学技术知识相关，在很大程度上是现代科技不确定性引起的负面结果。邻避设施一般都是现代科技设施，其负外部性影响等一般涉及较强的专业科技知识，邻比冲突治理因而需要多元主体具备一定的专业知识和专业能力，这是实现冲突治理的基础。社区治理强调社区公民的自主参与和自主治理，大多数邻避设施设址标的地区都是相对弱势或落后地区，社区公民多数都缺乏关于设址和邻比冲突治理的专业性科技知识，他们对设施危害性的感知在很多情况下都与专家对设施负外部性影响的认识存在差距，这是社区治理型邻比冲突治理模式必然要面对的专业知识冲突问题，也是公民参与被广泛质疑的重要原因。加强公民教育，增进公民对邻避设施及其负外部性影响的了解与认知，减小知识差距和鸿沟，是社区治理型邻比冲突治理模式亟待解决的重要问题。

（四）社区治理与企业回应意愿和实践之间的张力

市场逐利性、信息不对称、缺乏专业知识等原因使社区很难有效监督企业行为。企业与社区之间关系交恶的直接原因是邻避设施对社区的负外部性影响，如空气污染、水污染、放射性污染等，这些负外部性影响，要么会潜在地影响公民的身体健康乃至生命安全，要么会降低居民的生活品质和财产价值。在邻比冲突治理中，企业始终都是问题的主导者，如果企业不能对社区的自主治理做出积极回应，社区治理型模式必然会走入困境。在企业能主动承担责任，愿意积极推进设施负外部性影响治理的地方，设施运营企业与邻里之间的关系才能得到改善，社区治理型邻比冲突治理才能具备坚实的治理基础和现实可能性。如果企业不愿做出改善环境的努力，不愿对社区自主治理的善意做出积极回应，那么企业与社区之间的关系必然会走向反面。现实邻比冲突治理案例中，出于经营成本的考量，出于邻避设施负外部性影响治理能力和技术不足的实际限制，或者出于政府强制型邻比冲突治理模式与现实政治体制养成的政府和企业的傲慢态度、企业与社会博弈能力不对称等原因，导致政府和企业没有及时回应社区自主治理善意的现象广泛存在，社区治理型邻比冲突治理模式需要解决政府和企业的回应问题，毕竟如长生电厂般积极推进社区治理以实现邻比冲突治理的案例并不多见。

第四节　比较分析与借鉴

每个民族都经历过许多历史事件，这些历史事件往往都会给社会留下创伤、失败或成功的结果与心理体验，这些结果和心理体验反过来又会推动形成不同民族国家独特的习惯、风俗、制度、世界观、民族心理和行为方式，而这些因素必然会对每个国家的公共行政构成深刻影响。[①] 不同国家的文化传统和社会环境决定了各个国家的公共行政和公共政策必然表现出一定差异，从而形成带有某种独特特点的、占主导地位的邻比冲突治理模式，这是本书对每种邻比冲突治理模式特征及困境的研究都是以某一个国家或地区为主要主体而展开的主要原因。然而，每个国家或地区在实际邻比冲突治理中都或多或少地受到其他治理模式的某种影响，带有其他治理模式的某些特征，个别案例甚至可能完全表现为另一种主要治理模式的主要特征。简言之，每种治理模式都只是某个国家或地区占主导地位的治理模式，是该国家或地区邻比冲突治理模式的整体抽象，但每种治理模式在其他国家或地区的邻比冲突治理案例中都有某种程度的特征呈现，每个国家或地区在实际邻比冲突治理中都带有很大的柔性而不是刚性。因此，

---

① 彭和平：《国外公共行政理论精选》，中共中央党校出版社 1997 年版，第 161 页。

虽然中国邻比冲突治理不可能照搬其他国家和地区的做法，但其他国家和地区邻比冲突治理模式的成功经验和失败教训显然都可以为中国邻比冲突治理提供某种启示。本节将对不同国家或地区的邻比冲突治理模式进行异同性比较，以期为建构适合中国国情的邻比冲突治理模式提供借鉴。

一 典型邻比冲突治理模式的差异性比较

从以上实证案例及典型邻比冲突治理模式的一般性特征分析可以看出，不同邻比冲突治理模式的一般特征存在很大不同，国家或地区文化传统和现实政治、经济制度的不同，是造成不同治理模式存在差异的重要原因。不同邻比冲突治理模式，其理论基础、治理主体、治理目标和运行机制等都表现出很大差异。本节在前文分析各种治理模式一般特征的基础上，对不同治理模式的理论基础、治理主体、治理目标和运行机制进行比较分析，试图找到不同治理模式的差异性和趋同性，希望从中得出具有启发意义的经验启示，为优化中国式邻比冲突治理模式的理论构建提供借鉴。

（一）理论基础差异

不同的邻比冲突治理模式，其理论基础存在很大差异。市场主导型邻比冲突治理模式以自由放任的市场经济理论为基础，强调市场调节、价格激励和竞争机制对邻比冲突治理的调节作用。日本坚持政府主导型市场经济模式，其邻比冲突治理也以市场经济理论为基础，但设施管理型邻比冲突治理模式亦带有政府主导色彩，在设施立项和设施管理方面虽然以企业为主，但要经过严格的市场论证并经过通产省审核，在很大程度上还有国家计划的特点，政府在设施设址和管理的政治谈判中的主导作用也非常明显，表明设施管理型邻比冲突治理模式在很大程度上是受国家干预理论影响的结果。社区治理型邻比冲突治理模式的理论基础则来源于社区治理理论和公民参与理论，强调企业和社区之间的互动和信任，主张邻比冲突的网络化治理，在很大程度上受到了社会资本理论和多元治理理论的影响。

（二）治理主体差异

和政府强制型邻比冲突治理模式以政府为单一主导性治理主体不同，市场主导型邻比冲突治理模式强调企业在邻比冲突治理中的主体作用，政府处于市场监管的地位，除了对经评估认为必要的项目，政府一般不会主动推动邻避设施设址，而邻比抗争主体和多元社会主体对推动邻避设施设址的主动性不足，在邻比冲突治理中主要扮演了反对者的角色，处于“被治理”的地位，市场主导型治理模式的主要主体是企业。设施管理型邻比冲突治理以政治谈判和市场补偿机制作为邻比冲突治理的主要方式，政府和企业在邻比冲突治理中处于主要主体地位，对邻比抗争主体和多元社会主体在邻比冲突治理中的主体作用发挥不足，邻比抗争主体和多元社会主体主要承担了邻避设施设址反对者的角色，亦属于“被治理”的对象。社区治理型邻比冲突治理以社区治理推动邻比冲突治理，将社区和邻比抗争主体作为邻比冲突治理的主动者，强调社区治理在邻比冲突治理中的引领和主动作用，但在实际邻比冲突治理中，只有当社区治理的主动和引领作用能得到政府、企业的有效回应才具有实际意义，而且企业的主动性和动力来源在一定程度上还有存疑之处。社区治理型邻比冲突治理模式中，政府、企业、社区三者地位大体平等，都是达成邻比冲突治理的必要主体；社区治理型模式同样注意发挥专家、媒体以及第三部门在邻比冲突治理中的主体作用。

（三）治理目标差异

邻比冲突治理目标是影响邻比冲突治理模式选择和治理工具使用的关键因素。与政府强制型邻比冲突治理模式以设施设址和维护稳定为目标、根据具体情境在设施设址和维护稳定之间做出动态选择不同，市场主导型邻比冲突治理虽然也强调邻避设施成功设址，但并不以设施设址为单一目标，它还强调标的地区居民权利和自然环境的保护。设施管理型邻比冲突治理既强调设施设址，也强调环境保护和公民利益的维护与补偿，但设施设址仍然是邻比冲突治理的主要目标，这与日本政府主导型市场经济模式以及设施管理型邻比冲突治理模式中设施建设的计划性相关。一般来说，日本的邻避设施建设首先需要经过企业自主论证其市场必要性并经通产省审核项目价值，这意味着日本的多数邻避设施建设的必要性较强。社区治理型邻比冲突治理并不以“迎臂效应”为单一目标，它既强调必要型邻避设施的成功设址，还强调设施设址的科学性和合理性，主张邻比冲突治理过程中的社区参与，追求社区和设施之间的和谐、信任与合作，在很大程度上体现了邻比冲突治理应该体现的目标趋势。停止建设不合理或不必要的设施项目，这应该是邻比冲突治理的基本目标和基本标准之一。

（四）治理机制差异

政府强制型邻比冲突治理以政府强制为主导性治理机制，虽然随着民主政治的发展以及公民权利意识和环境保护意识的提升，政府强制型邻比冲突治理模式也逐渐开始引入公民参与机制、补偿与回馈机制等治理手段，但这些机制的使用在政府强制型邻比冲突治理模式中并不占重要地位，而且其实际补偿类型、补偿标准的制定都带有强烈的政府强制色彩。市场主导型邻比冲突治理以市场调节为主，强调邻比冲突治理中的补偿激励、价格激励以及竞争激励机制的作用，同时也注重政府监管和公民参与机制作用的发挥，治理工具相对多样。设施管理型邻比冲突治理模式则在强调政府引导、市场调节机制的作用的同时，重点强调设施管理的核心作用，并在邻比冲突治理中综合发挥政府监管、计划调节、公民参与、补偿与回馈激励等多元治理机制的作用。社区治理型邻比冲突治理综合使用了补偿激励以及政府引导和监督机制，但其关键特点在于社区治理机制作用的发挥以及回馈激励机制的使用。

（五）治理路径差异

与政府强制型邻比冲突治理模式不考虑邻避设施的具体类型，只是由政府主导邻避设施设址和冲突治理过程，与邻比冲突治理采用线性化的治理路径不同，市场主导型治理模式主张根据市场原则和法制化的治理方式，对邻避设施设址和邻比冲突治理采用程序化的治理路径，按照法定程序来处理邻避设施设址和邻比冲突治理问题。设施管理型邻比冲突治理模式则是以设施形象管理为主要治理路径，强调企业设施形象管理的主体责任，由政府、社会多元主体较为平等地参与设施运营过程监督和管理，加强设施负外部性影响治理和设施公共关系建设，希望借此提升设施形象以促进邻比冲突治理。社区治理型邻比冲突治理模式则以间接性的社区治理为路径，以社区治理来促进和倒逼政府与企业加强设施管理，进而促进邻比冲突治理。治理路径不同，代表了邻比冲突治理理念的较大不同，也在很大程度上导致不同邻比冲突治理模式的治理绩效差异。

二　现有邻比冲突治理模式的趋同性分析

差异性并不能消除典型邻比冲突治理模式的共性和趋同性，对典型邻比冲突治理模式的治理主体构成、治理机制使用等进行比较研究可以发现，不同邻比冲突治理模式存在诸多趋同性因素，主要表现为治理主体多元化、治理机制综合化、注重邻比冲突治理的法制化建设、设施选址决策和冲突治理程序化、设施信息公开化等共性特征。这些趋同性因素在某种程度上代表了邻比冲突治理的应然状态和发展方向，为不同文化传统和制度环境的国家和地区治理邻比冲突提供了基本参照。

（一）治理主体多元化

不同邻比冲突治理模式，其治理主体构成、地位和作用存在很大差异，但就各种邻比冲突治理模式实践来看，各国邻比冲突治理都呈现出治理主体多元化的趋势。如达尔所言，美国本是多头政治的国家，在美国的市场主导型邻比冲突治理中，虽然企业处于邻比冲突治理的主导地位，但政府监管、公民参与以及第三部门等多元主体在美国邻比冲突治理中都发挥着重要作用。日本的设施管理型邻比冲突治理模式虽然以政府和开发商为主导，但也呈现出多元治理主体共同参与的发展趋势，中央政府部门、地方政府、设施开发商、地方渔业协会、地方社区、第三部门等都在日本设施管理型邻比冲突治理中发挥了一定作用。社区治理理论的一个重要主张就是构建治理网络和社会信任，通过社区自主治理的努力来促进政府、企业和社会的多元合作以实现邻比冲突治理，治理主体多元化同样是社区治理型邻比冲突治理模式的内在要求和理论基点。虽然政府强制型邻比冲突治理模式中，政府是垄断治理权力的单一主导性治理主体，但典型案例显示，邻比冲突治理离不开多元主体的参与和合作，发挥多元主体的参与作用是政府强制型邻比冲突治理模式日益显现的发展趋势。即便政府强制色彩最为明显的广西灌阳垃圾填埋场设址冲突治理中，当地政府也在努力争取垃圾填埋场设址标的地区居民的支持，而厦门 PX 项目冲突和番禺垃圾焚烧发电厂项目冲突则更加突显出治理主体多元化的倾向。

（二）治理机制综合化

典型邻比冲突治理模式的治理机制存在很大差异，但从治理实践来看，不同邻比冲突治理模式都开始出现减少强制工具、综合使用多元邻比冲突治理机制以促进邻比冲突治理的迹象，典型邻比冲突治理模式的治理机制已经出现趋同化趋势。首先，政府强制机制逐渐淡出。综观各国早期邻比冲突治理历史，政府强制机制是各国普遍采用的邻比冲突治理方式。但政府强制机制在很大程度上造成了更大的社会冲突，受到了广泛批评与抵制，随着民主化进程的加快和现代治理理念的发展，作为一种受传统统治行政观念余毒的政府强制机制已经渐渐淡出邻比冲突治理领域。其次，政府监管协调机制逐渐增强。政府强制机制的淡出，并不意味着政府不再承担邻比冲突治理责任，随着邻比冲突日益频繁，政府的邻比冲突治理主体责任应该得到加强而不是削弱。从各国邻比冲突治理实践来看，各国政府虽然减少了政府主导和政府强制色彩，但都在加强政府监管、协调力度，邻比冲突治理中的政府监管协调机制逐渐增强。再次，负外部性影响的补偿与回馈激励机制逐渐多样。与传统土地使用和征地补偿不同，邻避设施设址的补偿与回馈机制主要是为了补偿邻避设施设址给周边地区带来的负外部性影响、激励设施设址标的地区居民接受设施设址，而非补偿设施本身使用土地的经济价值，这是邻比冲突治理过程中的补偿与回馈激励机制的核心要义。从各国邻比冲突治理实践来看，补偿回馈激励机制已经成为邻比冲突治理的必要手段，且补偿和回馈激励的表现形式日益多样化。最后，公民参与机制成为邻比冲突治理的必然趋势。如同补偿激励机制因其伦理困境和有效性困境而面临诸多争议一样，邻比冲突治理过程中的公民参与机制也同样面临有效性的困境与争议。即便如此，公民参与机制依然在各国邻比冲突治理实践中得到广泛运用。不同治理模式都改变了传统邻比冲突治理将公民当作治理对象的落后观念，转而开始将公民作为邻比冲突治理的主要主体，在冲突治理中引入公民参与，而且这种公民参与的主体还不仅局限于设址标的地区居民或邻比抗争主体，专家、媒体、第三部门等多元社会主体参与冲突治理过程，已经成为不同邻比冲突治理模式的共同特征和发展趋势。

（三）注重邻比冲突治理法制化建设

美、日等国在邻比冲突治理中，都非常重视邻比冲突治理的法制化建设。为有效治理邻比冲突，两国政府都先后制定了完备的环境管理法律体系，对邻避设施建设和运营过程中的环境保护问题做出详细规定，阻止危害严重或环境影响指数不达标的企业设址，详细规定邻避设施运营企业在环境影响治理中的责任和义务，要求企业承担设施设址负外部性影响的治理责任和主要赔偿责任，这些都为邻比冲突治理提供了基本法律保障。此外，美、日两国都实行民主制度，在宪法和法律上确立了保护公民基本权利的基本制度，并为公民维护自身权利提供了完备的政治、行政、司法诉讼渠道和制度设计，为邻比冲突治理提供了法律制度环境。近年来，我国也在逐步加强邻比冲突治理法制化建设，除各种传统审批制度外，先后确立和强化了环境影响评价制度和重大项目社会稳定风险评估制度，其中，重大项目社会稳定风险评估制度正是直接针对邻比冲突治理所做出的制度设计。

（四）邻比冲突治理程序化

邻比冲突治理涉及环境正义问题，如何保证邻避设施设址和邻比冲突治理过程中的环境正义是邻比冲突治理必须重点关注的伦理问题。“确保法律程序自身价值的实现是法律实施过程的关键所在，只要遵循了公正、合理的程序，结果就被视为是正当的。”① 邻比冲突治理的程序化是现代国家治理的基本要求，也是实现环境正义的基本要求。美、日等国的邻避设施设址和邻比冲突治理都遵循一定的制度程序，尤其是美国更是对邻避设施选址决策程序做出了严格的法律规定，任何违背程序的选址决策或邻比冲突治理决策都可能会被宣布为不合法而遭到公民抵制或反对。日本邻比冲突治理的政治谈判涉及各种许可证的申请和发放，而各种许可证的申请和审批都有严格的程序规定。选址决策和许可证申请的程序化是设施管理型邻比冲突治理的重要内容。

（五）设施信息公开化

各国在邻比冲突治理过程中，都存在一定的信息不透明现象，但从邻比冲突的实际治理效果来看，信息公开显然更有利于有效治理邻比冲突。受传统统治型行政理念的影响，信息不公开是政府强制型邻比冲突治理模式的常态现象，但社会的习惯性思维往往是越不公开信息就越说明存在问题，因此，在没有正式渠道的正式信息的时候，人们常常更容易偏听偏信传言，信息不透明往往是造成谣言满天飞的主要原因。信息不透明还会降低社会对政府和开发商的信任水平。美国、日本和我国台湾地区在邻比冲突治理中都注意信息的公开透明，这不仅有利于取得公民信任，增加社会对邻避设施设址的理解和接受度，也有利于群众更多地了解和防备设施的各种可能危害而主动采取预防措施，还便于社会监督设施运行，提升设施运营的安全性。邻比冲突治理信息公开化已经成为各种治理模式发展的普遍趋势。

此外，虽然部分邻比冲突治理案例中存在加强技术改造和改变设施形象的做法，但总的来说，各国的邻比冲突治理基本都是将邻比抗争主体视作邻比冲突治理的对象。换言之，在各种邻比冲突治理模式中，基本都是将邻比抗争主体和邻避设施设址标的社区及其居民视作麻烦制造者，因而各种邻比冲突治理模式都致力于安抚或消除邻比抗争主体和邻避设施设址

---

① 陈瑞华：《走向综合性程序价值理论》，《中国社会科学》1999 年第 6 期。

标的地区居民的邻避情结，将邻比抗争对象和邻避设施设址标的社区作为邻比冲突治理的主要对象，而忽视了邻避设施负外部性影响的治理。一旦设施不能成功设址或遭到公民反对，各国政府和设施开发商，甚至包括邻比冲突研究者都会将其视作一种不良的社会现象而加以抨击，这也是邻比冲突被视作一种自私自利的、固执的情绪化行为的重要原因。它实际上是社会对邻比冲突的一种误解，但也是各国邻比冲突治理模式暗含的趋同性因素。

不同的邻比冲突治理模式在各国的邻比冲突治理中都起到了一定的作用，为成功实现公共利益，增进和维护局部利益做出了一定贡献。但就实际邻比冲突治理效果来看，各国的邻比冲突治理现状都不尽如人意，各种邻比冲突时有发生，有些还正呈愈演愈烈之势，给社会公共利益和局部利益带来双重危害。整体来说，邻比冲突治理领域还缺乏有效的治理模式。此外，即便国外存在成熟的邻比冲突合理模式，政治、经济、文化传统的不同，也决定了不可能存在世界普适性的邻比冲突治理模式。随着社会经济、政治的发展，我国邻比冲突已经进入了多发期，如何有效治理日益频发的邻比冲突，在增进社会整体利益的同时，维护和实现局部利益，已经成为迫在眉睫的重要问题。根据中国的国情，借鉴各国邻比冲突治理的成功经验，构建适合中国国情的邻比冲突治理模式是本书的核心目标，也是下一章将要重点研究的问题。

三 启示与借鉴

以上比较研究可以看出，各种邻比冲突治理模式在存在一定不同之处的同时，也具有一些趋同性的发展趋势。虽然不同政治、文化和社会传统的国家或地区，其政府治理理念、行为方式以及公民社会的社会资本存量、公民邻比抗争的形式和强度等，都存在一定的不同之处，在一个国家或地区有一定治理效果的治理模式未必就会完全适用于另一个国家或地区，因此不可能完全照搬其他国家或地区的治理模式来治理我国的邻比冲突，但不同治理模式都对我国的邻比冲突治理具有一定的启示和借鉴作用。

（一）注重邻比冲突治理过程中的公民参与

虽然公民及多元社会主体在不同邻比冲突治理模式中的公民参与形式及参与程度不尽相同，理论界和实务界对公民参与的参与效果、参与的理论基础以及参与形式等也存在一定争议，但不同国家和地区的邻比冲突治理模式中都存在一个明显的趋势，即注重邻比冲突治理过程中的公民参与。市场主导型治理模式通过市场行为和竞标等市场机制，引导公民参与邻避设施选址过程，并注重发挥多元主体在邻避设施负外部性影响治理和监管以及邻避设施设址争议调解和邻比冲突治理过程中的参与作用。虽然因经济地位和政治地位的不同，不同社会主体在邻比冲突治理中的实际地位和功能作用并不完全相同，政府、企业及特殊利益集团事实上在邻比冲突治理中处于主导和优势地位，但不同治理主体的参与为市场主导型邻比冲突治理模式注入了活力，在邻比冲突治理中发挥了重要作用。设施管理型治理模式以企业为邻比冲突治理主体，但同时鼓励邻比冲突治理过程中的多元参与，在凸显政府引导、监督作用的同时，以企业为中心，强调社会的自主治理，注意发挥政府、企业、社会等多元主体在邻比冲突治理中的积极作用，地方政府、县域政府、企业以及社区居民、渔业协会等多种利益群体都对邻避设施设址和邻比冲突治理有重要影响作用。社区治理型治理模式更是强调社区自主治理以推动企业和政府对邻避设施负外部性影响的治理，形成了邻比冲突治理中公民参与的“逆向推动”。不同治理模式中的公民参与虽然有时可能确实导致邻避设施设址时间及设址难度的增加，但总体而言，公民参与在很大程度上促进了邻避设施设址及邻比冲突治理，并且培养了公民的政治参与意识和参与能力，增强了政府邻避性公共政策的合法性和认同度，从长期来说，减少了邻比冲突爆发的可能性，增进了社会和谐。因此，各种治理模式对邻比冲突治理的首要启示便在于应该注重邻比冲突治理过程中的公民参与。

（二）加强邻比冲突治理过程中的信息公开

从不同邻比冲突治理模式的具体治理实践来看，政府、企业、专家等通常都有垄断邻避设施选址、邻避设施负外部性影响及设施运营信息的倾向与实际行为。在邻避设施设址和邻比冲突治理过程中，政府、企业一般都倾向于对社会持不信任的态度，认为一旦公开邻避设施选址、负外部性影响及设施运营信息，容易引起公众尤其是设施周边社区的不满、增加公民邻比抗争的可能及激烈程度，当邻比抗争主体、媒体、公众或各种社会多元主体质疑邻避设施的负外部性影响时，政府、企业和无良专家通常倾向于屏蔽、封锁消息，发布虚假或不实消息；为了减少或降低负外部性影响的危害补偿或对设施的抵制程度，经济人理性的政府或企业甚至会以各种理由否定设施负外部性影响的存在，有的甚至会收买无良专家为其各种虚假和不实言论提供辩护。但从实际效果来看，信息的不公开常常会导致谣言满天飞，更容易引起社会尤其是设施周边社区的恐慌，激起他们的愤怒情绪，增加公众对政府和企业的不信任，引起更为激烈的抗争行为。与此相反，部分邻比冲突治理典型案例或治理模式中，及时发布设施设址、负外部性影响及运营信息，引入公民参与设施选址决策过程，监督设施运营，在很大程度上提升了公众对设施风险和设址必要性的理解与认知，增加了政府、企业和公民及设施周边社区之间的信任，提高了设施设址的接受度，为邻比冲突治理提供了有益启示。

（三）强调多种治理机制的综合运用

不同国家和地区在邻比冲突发生的初始阶段都倾向于采用传统政府强制型治理模式以治理邻比冲突，但政府强制型治理模式的单一强制机制不仅未能有效治理邻比冲突，反而在很大程度上激化了社会矛盾，影响了政府、企业和社会之间的信任关系与社会和谐。从各种治理模式的治理实践来看，它们都有综合运用多元治理机制以增加邻避设施设址接受度、促进邻比冲突治理的趋势。不同治理模式中多元治理机制的综合运用对促进邻避设施设址和邻比冲突治理具有一定积极意义：市场化治理机制能够增强公民接受邻避设施设址的动机和自觉自愿性；负外部性影响治理机制能够减小社会对邻避设施设址的抵触情绪，消解公民邻避情结；公民参与机制能够增加公民对设施风险和设施设址必要性的理解和认知认同度，防止社会对邻避设施负外部性影响产生片面或狭隘认识，增加社会对必要型设施设址的接受度；法制机制能够增加邻避设施设址和邻比冲突治理的程序正义，增强邻避设施选址及邻比冲突治理的科学性和规范化；补偿机制能够降低和消解公民对邻避设施的邻避情结、降低公民对邻避设施设址的抵触情绪，还可以在一定程度上补偿必要型邻避设施设址的环境不正义问题；而政府强制机制也对必要型邻避设施设址具有一定积极意义。因此，不同治理模式对邻比冲突治理的重要启示便在于要综合发挥不同治理机制在邻避设施设址和邻比冲突治理中的积极作用。

（四）推动邻比冲突的类型化治理

从各种典型案例以及实际邻比冲突治理模式来看，针对不同邻避设施设址引起的邻比冲突采用单一的治理机制显然并不能起到应有的治理效果，不同治理模式对邻比冲突治理的另一个重要启示是要对邻比冲突进行类型化治理。不同的邻避设施，其可能的负外部性影响以及可能引起的利益冲突存在很大不同，因此，不加区别地对所有类型的邻避设施设址所引发的邻比冲突都采用同一种治理方式，显然难以满足不同种类邻比冲突治理的现实需要，也难以实现邻比冲突的真正治理。市场主导型邻比冲突治理模式对那些负外部性影响不涉及个人根本利益尤其是不涉及身体健康危害和生命安全威胁的邻避设施更为有效，但对涉及周边居民身体健康等根本利益、居民利益损失无法通过经济给予补偿的必要型邻避设施设址，以及区域内公民个人权利意识发展程度较高、经济发展水平较高、公民并不过于看重经济利益反而注重生活环境和生活品质的社区来说，市场主导型治理模式显然难以达到满意的治理效果，而采用政府强制型治理模式则容易危害社会公平正义伦理，也容易激起邻比抗争主体的强烈反弹而引发暴力冲突。必要型邻避设施，尤其是无法寻求替代产品的必要型邻避设施如果不能成功设址，会对社会发展和公共利益构成重大影响，严重情况下甚至会影响国民经济生活的正常运行和国家民族与公民的核心利益，而市场主导型或设施管理型治理模式显然容易使某些必要型设施陷入长期拉锯和谈判的尴尬境地，日本成田机场设址冲突迁延日久就是明证；当某地政府和企业没有足够的回应性和公共精神，社区治理型治理模式显然容易使邻比冲突陷入公民自我治理的独角戏而难以为继等。因此邻比冲突必须要实现类型化治理，根据不同的邻避设施和邻比冲突类型，采用有针对性的治理方式，综合运用有针对性的治理机制，这是实现邻比冲突治理的必然要求。

（五）加强邻避设施负外部性影响治理

不同的邻比冲突治理模式，其实际使用的治理机制存在很大不同，然而不同治理模式都无法回避一个关键问题：引起邻比冲突的直接原因在于邻避设施的负外部性影响，因此，几乎所有治理模式都对邻避设施负外部性影响治理给予了相当关注。虽然政府强制型治理模式常常容易出于各种原因而强制推进设施设址，但不可否认，为了更为有效地推进邻避设施成功设址，以及为了防止过多的强制可能导致的合法性问题以及可能激起的邻比抗争主体的强烈反弹，政府强制型治理模式在采用强制性治理机制的同时，也在积极推动邻避设施负外部性影响治理，在特殊情况下，甚至会采取强制措施如强制整改、罚款、直接关停设施、终止项目建设等手段推动邻避设施负外部性影响治理。市场主导型治理模式中，企业为了增加设施设址接受度、提升市场谈判的成功率、降低市场成本，通常都会进行设施负外部性影响治理；而政府为了推动邻比冲突治理，保护自然环境，减少社会摩擦，通常也会加强监管，积极推动设施负外部性影响治理。设施管理型治理模式中政治谈判得以达成的一个重要因素便是设施负外部性影响治理。在实际邻比冲突治理中，日本政府将邻避设施负外部性治理放在了重要位置，这从日本邻避性企业纷纷重视设施形象建设，并注重睦邻公关可见一斑。社区治理型治理模式的逻辑起点便在于社区加强自主治理以推动企业和政府进行设施负外部性影响治理。各种治理模式都注重邻避设施负外部性影响治理，这为我国邻比冲突治理提供了重要启示，也是实现邻比冲突治理的必然要求和发展趋势。

（六）推进邻比冲突治理的法治化

典型邻比冲突治理模式的治理机制不尽相同，但不同邻比冲突治理的一个共同趋势是要加强邻避设施选址的程序化建设，推动邻比冲突治理和邻避设施设址法制化。几乎所有国家或地区都在邻避设施设址或邻比冲突治理中引入了环境影响评价制度、听证制度等，这为邻比冲突治理的法治化提供了重要启示，加强邻避设施设址制度化建设和邻比冲突治理法治化建设已经成为现代法治社会的必然要求和必然趋势。当前中国，政府强制型治理模式依然在邻比冲突治理中占有支配地位，人治色彩以及权力本位思想和行为依然广泛存在，邻比冲突治理过程中的长官意志、官本位和随意性决策是影响邻比冲突治理、激化社会矛盾的重要因素，要实现邻比冲突的有效治理，必须加强邻比冲突治理的法制化建设，推动邻比冲突治理的法治化。根据《环境影响评价法》的规定，邻避设施设址在事实上一般都要经过制度化的环境影响评价和重大决策社会稳定风险评价程序，未来实现邻比冲突治理的法治化，也许要将设施设址的邻避性评价作为邻比冲突治理的重要环节，这是实现邻比冲突治理法治化的起点，也是实现邻比冲突治理法治化的必然要求。

第五章

邻比冲突治理模式创新的理论基础

伴随着经济社会的持续发展、公民权利意识及环保意识的兴起，我国邻比冲突进入多发期。政府强制型邻比冲突治理模式的内在缺陷以及国外邻比冲突治理的现实困境，使如何正确对待邻比冲突问题、如何有效治理邻比冲突以防止和减少因各类邻比冲突带来的负面影响，成为邻比冲突治理相关理论研究的核心议题。中国邻比冲突治理的现实困境、邻避设施的负外部性成本及设施公共效用之间的矛盾、邻避设施公共效用的模糊性、邻避设施负外部性影响的警示效应、邻避设施设址的环境非正义性以及公共利益悖论的不可治理性等，都彰显了构建新型邻比冲突治理模式的必要性。治理时代的来临，现代民主及参与合作诸理论的发展、邻比冲突治理的多元利益张力、政府角色转换和政党合法性拓展所形成的政治空间、绿色环保主义的兴起和第三部门及公民社会的成长、现实邻比冲突治理成功案例的示范效应，各国邻比冲突治理的经验和启示等，使多元协作型邻比冲突治理模式的理论建构不仅具有必要性而且具有可行性。

第一节　创新邻比冲突治理模式的必要性

不同的文化传统、制度和社会环境决定了不同国家的邻比冲突治理必然存在很大差异，一国的历史文化传统、政治经济制度环境和公民社会发展水平等，都对该国的邻比冲突治理模式选择及其治理绩效构成影响。经过多年的治理实践，美国、日本、我国台湾地区等国家或地区已经形成或正在探索形成具有主导性特色的邻比冲突治理模式，但即便不考虑这些治理模式在实际运行中所遭遇的现实困境，对我国邻比冲突治理而言，特殊的政治、经济、文化传统，独具特色的现实政治、经济制度和社会发展现状，都决定了不能简单照搬他国或地区的治理模式来治理中国日益频发的邻比冲突，构建适合中国国情的邻比冲突治理模式有其必要性和必然性。

一 经济政治转型：我国邻比冲突治理的现实背景

毋庸讳言，改革开放前的中国社会保留了太多的传统色彩。20 世纪 70 年代末，一场众所周知的革命性改革推动了中国社会的整体发展，使中国社会发生了深刻的社会转型，“中国正在由自给、半自给的产品经济社会向社会主义市场经济社会转型，正在由农业社会向工业社会转型，正在由乡村社会向城镇转型，正在从封闭、半封闭社会向开放型社会转型，正在从伦理型社会向法理型社会转型”[①]。社会转型的一个重要成果是政治民主化进程的发展。经济体制改革的深入发展，使中国的生产力结构和经济水平发生了持续而深刻的变化。经济基础决定上层建筑，改革开放带来的经济成果当然也会在政治领域得到集中体现，经济体制改革推动了政治体制的发展和变化，中国社会的民主化进程得到了极大发展。政治民主化的发展，既增强了公民的自我权利意识，也为公民维护自身权利提供了可能的政治空间和现实表达渠道。

社会转型的另一个成果是公民权利意识的觉醒。传统中国社会的民众没有“投入取向”（input orientation）和“参与取向”（participant orientation），阿尔蒙德和维巴认为，其原因在于传统中国的民众缺乏对自身利益的基本意识，他们不会以利益主体的身份去主动参与各种社会事务。[②] 转型期的结构性变化，使中国社会的政治、经济、文化等各个领域都发生了深刻变化。它使社会矛盾凸显的同时，还带来了另一个与社会矛盾共生而又互为因果的深刻转型，即公民意识的成长和民主政治的发展。英格尔斯说：“一个国家，只有当它的人民是现代人，它的国民心理和行为上都转变为现代的人格，它的现代政治、经济和文化管理中的工作人员都获得了某种与现代化发展相适应的现代性，这样的国家方可真正称之为现代化的国家。”[③] 公民意识的觉醒与成长是社会转型的关键因素，也是邻比冲

① 袁方等：《中国社会结构转型》，中国社会出版社 1998 年版，第 27—28 页。

② Almond, G. A. & Verba, S., *The Civic Culture: Political Attitudes and Democracy in Five Nations*, Boston: Little, Brown & Co., 1989, pp. 11-26.

③ ［美］英格尔斯：《人的现代化——心理、思想、态度、行为》，殷陆君编译，四川人民出版社 1985 年版，第 8 页。

突生成的社会基础。

社会转型带来的政治发展和公民意识觉醒同样也在一定程度上导致了中国社会深层次社会矛盾冲突的加剧。无论是发达国家还是发展中国家的历史经验都表明，社会转型既是一个社会结构变化，实现现代化、工业化、城市化的过程，又是一个社会问题丛生、容易发生社会动荡、各种社会矛盾凸显的时期，对国家和社会的转型形成挑战。转型期的中国，社会矛盾存在以下特点①。

（一）利益相关性凸显

利益关系是根本的社会关系，利益冲突是一切社会冲突的根源所在。与传统社会矛盾不同，改革开放和市场经济以及民主政治的发展唤醒和释放了人们的利益观念，经济利益冲突和物质利益关系已经成为转型期社会矛盾纠纷的核心内容，社会矛盾冲突凸显了社会利益关系的冲突与矛盾。

（二）群体性矛盾增多

经济社会转型带来了利益群体和社会阶层的持续分化，不同利益群体和社会阶层都有自己不同的利益追求和对自身幸福的向往。但转型期的中国社会，经济发展水平和自然、社会资源的有限性决定了无法同时满足所有群体的各种利益要求，公共政策对社会价值的权威性分配必然要有分配秩序的优先解，而掌握各种社会资源的强势利益集团往往可以利用所掌握的优势资源影响公共政策制定，使公共政策的利益分配倾向发生偏差，侵犯弱势群体利益，增加弱势群体的被剥夺感，使群体性利益矛盾增加。

（三）矛盾对抗性增强

当强势利益集团利用优势地位侵犯弱势群体的利益时，在一个传统社会中，不要说弱势群体可能无法认识到利益剥夺对其利益的影响，即便弱势群体对此有所认识，现实政治环境也可能使他们难以组织起有效的抗争行动，但转型期政治空间和民主化进程的发展，既提升了公民意识，又提供了表达利益诉求的社会政治空间，权利意识初步觉醒的弱势群体必然会提起维护自身利益的利益诉求。但由于路径依赖的影响以及利益冲突的根本性特征，强势利益集团和政府往往难以对各种利益诉求及时做出回应或者回应不到位。此时，温和的利益诉求就可能会演变成对抗性的利益

① 刘忠定、孙辉：《社会转型期人民内部矛盾产生的根源及对策分析》，《理论与改革》2003年第2期。

冲突。

（四）政府和群众矛盾突出

在由计划经济向市场经济转型的过程中，政府依然是公共政策的主要制定和执行者，是掌握公权力的社会利益协调人，但政府同时也是具有自身利益追求的利益相关者，有时甚至是部分社会矛盾的制造者，“政府不仅不能解决问题，政府本身就是问题”①。由于各种原因的影响，一些基层政府不顾民意，过于强调自身利益或“公共利益”，对社会弱势群体的利益及其利益诉求表现得相当冷漠，进一步加剧了政府和社会之间的矛盾冲突。

（五）矛盾处理难度加大

一方面，转型期的各种利益矛盾日益呈现复杂化趋势，很多矛盾问题的解决往往涉及多个部门、多个利益群体的核心利益以及它们之间的复杂利益关系；另一方面，邻避设施设址和邻比冲突治理还涉及复杂的科学技术知识和信息传播问题，因而矛盾处理难度较大。

邻比冲突是转型期社会矛盾凸显的一个重要表征。中华人民共和国成立之初，整个社会对各种工业或新兴设施的建设基本都持欢迎态度，这既有对邻避设施负外部性影响认识不足的原因，也是渴望国家发展、建设社会主义热情高涨的原因所致，更重要的还是当时政治环境影响的结果，“国家就是一切，市民社会处于原始状态”②，在新中国成立之初的政治环境以及“文化大革命”的政治话语中，反对邻避设施设址的邻比抗争行动根本不具备成长与发展的政治空间。

改革开放使社会对邻避设施的态度经历了两个阶段：一是改革开放初期的“迎臂效应”阶段；二是改革发展后的邻比冲突阶段。发展经济、摆脱贫穷落后状态的渴望在改革开放后很快转化为发展工商业的利益动力，各种邻避设施所提供的利益驱动再度使渴望富强的国人忽略了设施的负外部性影响，对各类现代工业、服务设施表现出欢迎的态度。但改革的持续发展和科技知识的不断传播以及邻避设施负外部性影响的累积效应，使社会对邻避设施负外部性影响的认识逐渐增加，社会对待邻避设施的态度在社会转型的推动下不可避免地发生了变化，公民权利意识的觉醒和社

---

① 薛涌：《草根总统里根》，《南方人物周刊》2004年7月12日。

② ［意］安东尼奥·葛兰西：《狱中札记》，曹雷雨等译，中国社会科学出版社2000年版，第194页。

会民主的进步是邻比冲突产生的政治基础。

经济社会的持续转型使邻比冲突愈演愈烈，邻比冲突治理成为经济社会发展和城市治理绕不开的现实治理问题。以垃圾焚烧设施设址为例，随着城市人口的增加和城市生活的发展，垃圾处理问题已经越来越成为中国城市治理面临的重大难题。据报道，我国有超过 1/3 的城市深陷垃圾围城的危机；[①] 而在县城之外的地级以上较为大型的 668 个城市中，有 2/3 都处于垃圾包围的危机之中，1/4 以上已经没有垃圾填埋堆放场地。[②] 面对日益严重的垃圾围城危机，城市垃圾处理设施已经是一种"不可或缺"的公共基础设施，但可能存在的臭味、废气、废水等负外部性影响导致垃圾处理设施设址面临着邻比抗争的巨大难题，"过去两年，有 30 多个城市发生居民反对修建垃圾焚烧厂的事件，政府、企业、专家纷纷卷入其中"[③]。爆发于 2014 年的余杭中泰九峰垃圾焚烧厂设址冲突再次表明城市垃圾处理设施设址面临的尴尬境地。日益频繁的必要型邻避设施设址冲突已经成为亟待治理的重大经济社会问题。

二 创新邻比冲突治理模式的必要性：现实层面的考察

从邻比冲突治理的实际现状来看，我国政府强制型邻比冲突治理模式正面临治理绩效不彰的困境。在传统政府强制型邻比冲突治理模式的治理作用下，我国不仅未能实现邻比冲突的有效治理，近些年邻比冲突反而呈现愈演愈烈之势，邻比冲突频发的现状要求必须实现邻比冲突治理模式创新以维护和增进公私利益，创新邻比冲突治理模式有其现实必要性。

（一）两难选择：邻避设施负外部性影响及设施必要性之间的矛盾

如前所述，邻避设施一般会给周边地区带来一定的负外部性影响。除了通常关心的健康风险外，邻避设施的负外部性影响还包括："①财产价值的下降；②只要一个设施被成功设址以后，社区阻止其他不想要的土地利用的能力就会下降；③因为噪声、交通拥堵、气味等类似影响造成的生活品质的下降；④社区形象的下降；⑤社区服务和社区预算的

① 李柯勇、南婷：《中国三成城市深陷垃圾围城 焚烧厂建设引担忧》，http://news.xinhuanet.com/2010-10/31/c_12720525.htm。

② 佚名：《破解中小城市垃圾围城 路在何方?》，《科技日报》2010 年 12 月 10 日第7 版。

③ 李柯勇、南婷：《中国三成城市深陷垃圾围城 焚烧厂建设引担忧》，http://news.xinhuanet.com/2010-10/31/c_12720525.htm。

额外增加；⑥设施令人讨厌的审美品质的影响。”① 邻避设施负外部性影响的存在，使其设址必然会遭到标的地区居民的反对。设施负外部性影响越严重，遭到的反对往往越强烈，尤其是当设施的负外部性影响与身体健康和生命安全相关时，所遭到的反对往往最为坚决和持久。另外，邻避设施对经济社会发展、人民日常生活往往存在一定的公共效用，尤其是必要性邻避设施，如垃圾处理设施、现代能源设施、医疗卫生设施、现代交通设施等，往往是社会公共生活和公共服务所不可或缺的设施。这些邻避设施设址的阻滞势必会对公民生活和公共利益构成影响，严重时甚至会危及社会稳定和公共秩序。在现有技术条件下，还无法通过技术条件根本消除邻避设施的负外部性影响，邻避设施负外部性影响和设施必要性之间的矛盾难以调和，这是造成邻比冲突治理难题的关键原因。

（二）难以消解的邻避情结：邻避设施负外部性影响的警示效应

公民的邻避情结因邻避设施的负外部性影响而来，邻避设施负外部性影响创伤的警示效应导致公民邻避情结具有难以消解性。“情结”是一个心理学术语，是观念、情感、意象等形成的综合体，情结一般源自某种心理创伤或原型。② 邻避情结主要包括以下几层含义：①它是一种全面性拒绝被认为有害于生存权与环境权的公共设施的态度；②它主要是环境主义者的主张，强调把环境价值作为衡量是否兴建公共设施的标准；③邻避态度的发展不需有任何技术面的、经济面的或行政面的理性知识，它的重点是一项情绪性的反应。③

邻避设施危害性影响实例带来的“创伤”是公众形成邻避情结的重要原因。近年来，邻避设施不合理设址所造成的恶性事件不断发生。如吉林康乃尔化学工业有限公司的污染事件致千余人发生严重不良反应住院；④ 河南省济源市三个血铅重点污染镇中的10个重点村的3108名14岁

① Sandman, P. M., “Getting to Maybe: Some Communications aspects of Siting Hazardous Waste Facilities”, *Seton Hall Legis*, Vol. 9, No. 2, 1986, pp. 442-465.

② ［美］莫瑞·斯坦因：《荣格心灵地图》，朱侃如译，台湾立绪文化事业有限公司1989年版，第63页。

③ Vittes, M. E., Pollock, III, P. H. & Lilie, S. A., “Factors Contributing to NIMBY Attitudes”, *Waste Management*, Vol. 13, No. 2, 1993, pp. 125-129.

④ 楚天金报：《千人中毒事件疑被瞒报》，《楚天金报》2009年5月20日第25版。

以下儿童中，血铅值在 250 微克/升以上需立即接受治疗的有 1008 人，占 32.4%；[①] 而浙江杭州萧山采石场所在地坎山镇荣新村 1500 多名村民中的 710 人在接受萧山区政府的免费体检时有 20%以上的受检人员患有胆结石、肾结石和尘肺病[②]……无论是邻避设施危害的历史记忆（如切尔诺贝利核电站爆炸对周边地区所造成的影响），还是触目惊心的现实危害，都在公民心中留下了深刻的创伤原型，使他们对类似设施产生了“个人主义的、自私的观点”，形成了“固执的”、难以治理的邻避情结。

虽然邻避情结的形成不需要任何技术面、经济面、行政面的理性知识，但其治理却离不开技术、经济、政治的互动与支撑。通过技术手段减少和消除邻避设施的负外部性影响是治理邻避情结的治本之策，但它受两个关键因素的制约：一是现代科技发展的限度；二是信任关系的形成。“风险社会危险的来源不再是无知而是知识；不再是因为对自然缺乏控制而是控制得太完善了；不是那些脱离了人的把握的东西，而是工业时代建立起来的规范和体系。”[③] 现代技术造成的危机只能通过现代技术的发展来治理，但技术发展非一朝一夕可以完成，技术不确定性会产生新的负外部性影响几乎是一种必然，发展技术以治理邻比冲突可能会陷入技术循环负外部性影响的怪圈。与此同时，随着新技术的发展，现有各类工业和生活服务设施的邻避性负外部性影响会不断被发现，而新技术的形成又会催生新的邻避设施，发展技术以消除公民的邻避情结只能是一种理想。

“如果忽视科技或其他相关学科的分析工作，仅仅依靠伦理学与哲学来解决环境问题也将毫无作用。完全转向哲学、伦理学而不再借助科技，这是与期待科技快速解决环境问题相类似的另一个极端。”[④] 技术层面的努力不能消除设施的负外部性影响，但发展技术，加强管理可以达到降低设施危害，减小设施危机发生概率的目的，这同样有助于消解邻避情结。但通过发展技术以降低或消除邻避设施的负外部性影响对治理邻比冲突的

① 《济源血铅之痛：搬工厂还是迁村庄》，《时代周报》2009 年第 52 期。

② 唐晓锋：《我们想要干净的肺》，《钱江晚报》，2010 年 9 月 11 日第 4 版。

③ Beck, U., *Risk Society: Towards a New Modernity*, London: Sage Publication, 1992, p. 183.

④ DesJardins, J. R., “Ethics, Sciences, and the Environment”, in *Environmental Ethics: An Introduction to Environmental Philosophy*, California: Wadsworth Publishing Company, 1993, p. 10.

实际效用受到社会信任水平的影响。邻避设施存在某种负外部性影响的现实、对企业诚信的存疑以及信息不对称等，都使邻比抗争主体难以信任政府和企业降低设施危害的努力及其效果。如何增进信任是邻比冲突治理必然要面对的难题。

（三）经济本质：公共利益悖论的“不可治理性”

马克思指出：“人们为之奋斗的一切，都同他们的利益有关。”① 人天生是社会动物，个体结成社会关系的目的是维护和增进彼此的利益，结成社会关系的群体之间形成群体的公共利益，因而也就产生了公共利益和个体利益这一对对立统一的矛盾关系。一般说来，公共利益和个体利益之间的关系应该是相容的，公共利益的增进会促进个体利益的增长。但公共利益并非永远都和个体利益一致，因为“个性总会大于共性”，个体利益的特殊性使其不可避免地会与公共利益之间发生矛盾。当公共利益和个体利益之间出现矛盾时，德沃金、诺齐克、罗尔斯等认为个人利益应该优先于公共利益，而桑德尔、麦金泰尔等则认为公共利益应该优先于个人利益。② 大多数情况下，公共利益和个人利益之间并非绝对冲突，公共利益和个人利益之间可以实现某种平衡和协调，因而其优先问题引发的冲突也就并不严重，但邻比冲突有其特殊性。

如果将邻比冲突置于个人利益与公共利益之间关系的语境下考察，那么个人利益与公共利益之间的关系就转化成邻比冲突中整体公共利益和局部公共利益之间的关系，邻比冲突治理问题也就转化为公共利益悖论视域下的整体公共利益和局部公共利益之间的矛盾冲突和优先解问题。邻比冲突的本质在于公共政策过程中的公共利益悖论：增进整体公共利益的公共政策损害了局部群体的公共利益。邻避设施成本效用分配不均衡的特性导致设址邻避设施的成本集中于局部人群，但其收益却为整体社会成员所共享。一般说来，整体公共利益和局部公共利益之间应该具有相容性，整体公共利益的增长即意味着局部公共利益的增加，维护和增进整体利益应该是整体内局部群体的共同追求，当整体利益和局部利益发生矛盾时，应该以整体利益为优先，否则整体就难以为继。维护共同的整体利益是维系整体生存和发展的必要条件，从长期来说这样

① 《马克思恩格斯全集》（第 1 卷），人民出版社 1995 年版，第 187 页。

② 袁祖社：《人类“公共利益”正当性的探求与“公共悖论”的有效化解》，《中国井冈山干部学院学报》2006 年第 1 期。

做有利于局部利益。

以上分析似乎说明邻比冲突并不是一个难以治理的问题，但邻比冲突治理远非如此简单，邻比冲突的公共利益悖论本质具有“不可治理性”，这源于邻避设施负外部性影响的特殊性。不同类型的邻避设施，其负外部性影响的内容和程度是不同的。如果邻避设施的负外部性影响不触及局部群体和个体的根本利益，其优先解的合法性是不容易质疑的（此时也应该补偿利益受损者以保证社会公平），但当邻避设施的负外部性影响触及局部群体和个人的根本利益，如身体健康和生命安全时，整体利益优先的优先解的合法性就可能不复存在，因为人们加入群体的目的就是维护和增进个体利益，在增进整体公共利益的同时，不应该以牺牲局部或个人的根本利益为代价，除非它得到局部或个体的同意；否则局部群体或个体有反抗或退出群体的权利。

邻比冲突治理至此已经发生矛盾，但似乎并不尖锐，还远未到不可治理的程度。因为问题很简单，当触及局部群体和个体的根本利益时，以局部和个体的利益为优先解，邻比冲突问题的治理就可以实现了。但关键问题是部分影响局部群体和个体根本利益的邻避设施，如城市垃圾处理设施、公共能源和公共交通设施等，对整体利益而言必不可少，属于整体的根本利益，此时利益冲突治理的整体或局部优先解策略显然已经不再适用，换言之，两个根本利益的利益冲突之间不存在优先解问题，尤其当其中还涉及社会环境正义的政治伦理问题时更是如此，这就是公共利益悖论的不可治理性，是邻比冲突治理的关键难题所在。

（四）政治伦理困境：邻避设施设址的环境非正义性

“过度依赖科技（甚至包括经济和法律）而忽略了伦理学或哲学的议题，将使它所制造出来的问题和它所解决的问题一样多。将环境决策交给科技专家并非意味着决策的客观与中立，它仅仅体现了专家的个人观点。”① 邻比冲突难以治理的另一个根源在于邻比冲突所涉及的伦理和正义问题。邻避设施设址实际上存在着“金钱往上流，污染往下走”的结构性扭曲现象，② 环境不正义和社会不公正的双重扭由使邻比冲突治理问

① DesJardins, J. R., “Ethics, Sciences, and the Environment”, in *Environmental Ethics: An Introduction to Environmental Philosophy*, California: Wadsworth Publishing Company, 1993, p. 4.

② 彭春翎：《邻比冲突之环境伦理涵义：以效益主义环境正义考察为例示》，硕士学位论文，台湾中央大学，2007 年，第 15 页。

题已经不仅仅局限于环境领域或技术问题，它涉及更为深刻的利益冲突和社会伦理问题，邻避设施负外部性影响破换的不仅仅是环境，它在很大程度上影响了社会群体之间的公平正义和环境伦理，如前所述，从政治环境伦理视域来看，邻比冲突体现了环境不正义的伦理本质。

环境正义的基本主张是指：经由文化规范与价值、法则、规则、行为、政策以及决断力来支持的永续社区，在此社区里的居民可以放心地在一个安全的、富足的及有生产力的环境下进行平等互动。① 导致环境不正义问题的主要原因是强势利益集团凭借其优势的政治、经济甚至军事力量，对弱势群体土地资源的使用权和使用方式行使了主导权或强制性剥夺，而弱势群体的弱势地位导致其根本无法反抗。最为严重的是，弱势贫穷地区急于改变贫穷落后状况的渴望往往会成为他们接受各种半强迫式的“环境殖民”的利益动机，因此，环境正义论者认为只有彻底改变弱势群体贫穷落后的状况才是达成环境正义目标的关键。② 我国台湾学者纪俊杰甚至主张，环境正义的基本伦理赋予了公民要求污染清除和被破坏环境复原的权利，他认为这可以确立政府或污染者必须负起生态恢复的责任，能保证弱势群体的长久环境安全。③ 这体现了环境正义论者的理想，它同样说明了邻比冲突治理的复杂性，治理邻比冲突是一项复杂的社会系统工程。

问题可能还远不止于此。邻比冲突治理的环境正义问题还导致了一个影响可能更为深远的社会问题。政府强制型邻比冲突治理造成的不正义现象加剧了社会不公和政府与社会之间的对立情绪。而对贫穷和弱势群体社区来说，不合理的邻避设施设址可能带来的环境破坏、健康危害等，往往会进一步强化贫穷或弱势群体的贫穷和弱势地位，使他们难以自救甚至陷入代际贫穷和弱势的恶性循环之中。我国政府强制型邻比冲突治理模式治理失败的现实困境和国外邻比冲突治理的经验与启示，都宣示了创新邻比冲突治理模式以治理邻比冲突的迫切性，改革政府强制型邻比冲突治理模式及其运行机制已是和谐社会建设和可持续发展的必然要求。

---

① Bryant, B., *Environmental Justice: Issue, Policies, and Solutions*, Washington, D. C.: Island Press, 1995, p. 6.

② Ibid., p. 38.

③ 纪俊杰：《环境正义：环境社会学的规范性关怀》，载《第一届环境价值与环境教育学术研讨会论文集》，台湾成功大学，1997 年，第 71—94 页。

三　创新邻比冲突治理模式的必要性：理论视域的阐释

邻避设施负外部性影响和设施必要性之间的矛盾、邻避设施负外部性影响导致的公民邻避情结、邻比冲突过程中整体利益和局部利益冲突的“公共利益悖论”的不可治理性、邻避设施设址及其负外部性影响的环境非正义性以及现实政府强制型邻比冲突治理模式面临的困境等，为创新邻比冲突治理模式提供了现实依据，而市场失灵理论、政府失灵理论、集体行动的困境理论等，都从理论上证明了创新邻比冲突治理模式的必要性。

（一）市场失灵理论

古典经济学家认为，在“看不见的手”的作用下，市场机制的自发调节作用可以有效地调动厂商和个人的积极性，实现社会资源的优化配置，提高微观领域的经济效益，实现“帕累托最优”。但实际并非如此，市场机制的内在缺陷，如市场的自发性和盲目性、市场功能的局限性、市场信息的不对称性与不完全性以及不完全的竞争性市场等，都会使市场偏离正常的运行状态，导致市场失灵，即市场机制不能使社会资源实现最优化配置。市场失灵的表现主要有：公共产品供给不足和低效、外部性、垄断、信息不完全和不对称、不公平的分配、宏观经济领域失灵等。[①] 邻避设施负外部性影响导致的邻比冲突是典型的市场失灵现象，市场主导型邻比冲突治理的困境也是市场失灵现象在邻比冲突治理领域的显现。布坎南认为，政府作为公共利益的代理人，它应该弥补市场失灵的不足，使各市场主体所做决定的社会效应比政府进行干预前要高，否则，政府的存在就无任何经济意义。市场失灵表明政府干预邻比冲突治理的必要性，但政府干预并不是实现邻比冲突治理的充要条件，政府干预邻比冲突治理同样会失败。

（二）政府失灵理论

市场失灵导致了政府干预邻比冲突治理的客观要求，但政府干预常常是导致邻避设施设址冲突的重要原因，政府干预邻比冲突治理同样会失灵。根据公共选择理论，个人对公共物品的需求在现代民主政治中常常得不到很好的满足，政府在提供公共物品时趋向于浪费和滥用资源，致使公共支出或者规模过大，或者运行效率偏低，政府预算出现偏差，

---

① 许红兵：《市场失灵、政府实效及对策》，《求实》2003年第6期。

即出现所谓的政府失灵。政府失灵是政府对经济社会事务干预过多、干预不力或实施了错误的干预，导致政府规模过度扩张，寻租活动增多，交易成本增加，致使行政管理失效或低效，社会经济效率低下，社会资源难以实现优化配置。政府失灵的主要表现是政府政策与公共管理工作低效、政府部门的自我扩张、公共产品供给低效、寻租和腐败。[①] 政府失灵在邻比冲突治理领域中也不例外。政府失灵在邻比冲突治理中的主要表现有：政府部门以公共利益为借口提供邻避设施或强行推进邻避设施设址；邻避设施建设重复低效；邻避设施选址低效；邻比冲突治理低效；邻避设施设址和治理过程中的寻租和腐败。邻比冲突治理过程中的这些可能的政府失灵表明，改变传统政府强制型邻比冲突治理模式中政府垄断邻比冲突治理权力的单一主导性治理主体局面、创新邻比冲突治理模式的必要性。

（三）集体行动的困境

传统政治学有一种观点认为，社会成员会采取志愿行动以增进集体利益，公民可以相互联合以实现自治，这是民主政治的基础。近现代多元主义集团理论家也都坚持认为，当特定群体的利益遭到其他利益集团的侵犯时，群体内成员能够自愿行动以维护共同利益。[②] 传统经济学也认为个人可以通过组成集团以实现“共同利益”，集团的基本目标因而应该是实现集团利益的最大化。但奥尔森认为，理性的个人行为一般不会导致理性的集体结果。[③] 他指出，集体利益是集团的公共物品，具有非排他性，这意味着集团内的任何成员为集体利益所做贡献的收益都会由集团内所有成员所共享，即便有人可能不付出任何成本。集体利益的这种非排他性的特性导致了集团成员可能出现“搭便车”行为，经济人的理性自利性使集团成员要做出成本与收益的权衡之后才确定是否参与集体行动，他们倾向于只享受收益而不愿意付出成本，最终影响集体利益目标的达成，“除非一个集团中人数很少，或者除非存在强制或其他某些特殊手段以使个人按照他们的共同利益行事，有理性、寻求自我利益的个人不会采取行动以实现

---

① 黄健荣等：《公共管理新论》，社会科学文献出版社 2005 年版，第 165—175 页。

② 高春芽：《集体行动的逻辑及其困境》，《武汉理工大学学报》（社会科学版）2008 年第 1 期。

③ Olosn，M.，“Increase the Incentives for International Cooperation”，*International Organization*，Vol.25，No.4，1971，pp.866-874.

他们共同的或集团的利益”①。这就是集体行动的困境。根据奥尔森的集体行动逻辑理论，我们可以将邻比冲突治理视作一种公共产品。经济人的自利性导致邻比冲突治理治理过程中可能存在多重集体行动困境。

第一，反对邻避设施的邻比抗争行动中的集体行动困境。邻避设施的负外部性影响一般集中于设施周边地区，这导致反对邻避设施的邻比抗争行动具有较易形成的特点。但从邻比冲突治理实际来看，集体行动困境在反对邻避设施的邻比抗争行动中也有很为明显的表现。参加邻比抗争行动则需要付出一定的成本，如时间、金钱、人力以及其他一些必要的资源等，有时甚至还要冒一定的政治风险，如可能会被当局视作反对者或不合作者而遭到打压甚至抓捕，甚至可能会遭遇黑社会的黑手或影响家人安全等；但不参与抗争行动，只要他人组织了有效的抗争行为，个人一般不会被排除在邻比抗争行动所得成果之外。因此，在邻比抗争行动中，公民一般都有“搭便车”的动机，这是难以有效组织邻比抗争行动的重要原因，也是很多不合理的邻避设施设址得以正常进行的原因。此外，因为反对成本高昂，如果采取与政府或企业“合作”的行为，公民往往更能得到直接和真切的收益，换言之，邻避设施的反对者容易被“收买”，这是反对设施的邻比抗争抗争行动难以形成的另一重要原因。

第二，支持必要型邻避设施设址的公共行动困境。不可否认，很多邻避设施设址有其必要性，如城市垃圾处理设施、能源设施、医疗卫生设施、交通设施等，这些设施对现代公共生活和公共利益的必要性不言而喻，但因为各种负外部性影响的存在，这些必要型邻避设施的设址同样也会遭到周边地区居民的反对。虽然邻比抗争行动的形成存在集体行动的困境，但与支持这些必要型邻避设施设址的公共行动相比，设施的负外部性影响集中于邻避设施周边地区，承担设施负外部性成本的对象清晰明确，而且他们对负外部性影响的感受也非常清晰，他们实际上更容易形成集体行动。与此相对，邻避设施的公共效用一般为大范围群体所共享，其利益分散且间接，如一定区域范围内的所有公民甚至社会全体公民都是某些邻避设施税收收益的享有者，但收益人群对税收收益的感受并不明显甚至并不认同，而城市居民对城市垃圾处理设施的认同感和支持度通常也不那么

① ［美］曼瑟尔·奥尔森：《集体行动的逻辑》，陈郁等译，上海三联书店、上海人民出版社1995年版，第2页。

真切。当这些必要型邻避设施设址遭到标的地区周边居民的反对时，设施受益者往往倾向于“搭便车”行为，他们不参与实际支持行动同样可以享受设施成功设址的公共效用，更不用说即便设施设址成功，他们也得不到直接而真切的收益，这是支持设施设址的集体行动面临困境的原因。

第三，邻比冲突治理的集体行动困境。邻比冲突治理所涉及的主要利益主体包括政府、设施的投资建设者或开发商、设施设址标的社区居民、设施公共效用获益者，还包括专家、媒体、第三部门等，不同利益主体在邻避设施设址中所持的观点立场和利益关系不尽相同。如政府是设施税收收益的直接获益者，可能是某个设施的倡导和推动者，也可能是设施安全的监管者、反对设施建设的反对者，甚至是企业或开发商的共谋者等。企业或开发商一般是设施设址的倡导者，也是设施设址收益的主要直接获益者，还应该是设施安全运营的主要责任者。而设施周边居民则是设施负外部性影响的承受者，是反对设施建设的反对者，也可能是无理取闹者。邻比冲突治理中不同利益主体的利益诉求和角色地位不同，还会因不同案例的不同而存在不同，每个主体在每个邻比冲突治理案例中都有特定的利益诉求，他们往往对邻比冲突治理的态度各不相同，有时甚至南辕北辙，这更使促进邻比冲突治理的集体行动出现困境。

市场失灵和政府失灵，邻比冲突治理中的多重利益困境都要求要创新邻比冲突治理模式，根据不同的邻比冲突治理情境采取有效的治理措施，明确多元利益主体在邻比冲突治理中的地位、作用和责任，促进各方利益主体采取有利于公共利益的合作行动以打破多重集体行动困境，在增进整体公共利益的同时维护和实现局部利益。

第二节　创新邻比冲突治理模式的可行性

现行政府强制型邻比冲突治理模式在现实邻比冲突治理中面临诸多困境，在经济社会转型的现实背景下，创新邻比冲突治理模式有其现实和理论必要性，但创新邻比冲突治理模式仍然需要寻求理论和现实层面的资源支撑。利益相关者理论、多元治理理论、协商民主理论、合作治理理论以及权变理论为构建多元协作型邻比冲突治理模式提供了理论资源，公共利益、政府、企业、邻比抗争主体以及各种利益相关者的利益驱动为创新邻比冲突治理模式、促进邻比冲突治理提供了动力来源，执政党执政合法性拓展和政府行为方式转型、环境保护运动的兴起和第三部门的成长以及邻避设施负外部性影响的“可治理性”和“可补偿性”等，为创新邻比冲突治理模式提供了现实基础。

一　创新邻比冲突治理模式的理论资源

理论是系统化的经验总结，是对现实经验的抽象概括，理论对现实实践具有重要指导意义。建构一种全新的邻比冲突治理模式，理论基础必不可少，离开了理论资源的指导，现实实践便会陷于盲目和经验主义，从而失去应有的活力与效率。现代民主和参与合作诸理论为走出邻比冲突治理的现实与理论困境、创新邻比冲突治理模式提供了理论启示和思想资源。

（一）利益相关者理论

形成于 20 世纪 90 年代的利益相关者理论来源于企业管理领域。所谓利益相关者是指“能够影响一个组织目标的实现，或者受到一个组织实现其目标过程影响的所有个体和群体”①。利益相关者理论认为，企业的经营管理活动离不开各种利益相关者的参与和投入，企业应该以追求利益相关者的整体利益为目标，而不应该仅仅关注于某个主体的利益。利益相关者理论要求企业管理者要正确处理不同利益相关者的利益关系，平衡各利益主体的正当利益要求，反对他们的不合理利益诉求，争取各个利益相关者能最大限度地合作以实现企业的战略目标。在邻避设施设址和邻比冲突治理中，政府享有邻避设施的税收收入和邻比冲突治理的政绩与合法性收益，企业是邻避设施的提供者和设施收益的直接享有者，设址周边地区居民既是邻避设施带来的就业机会、收入增加等正面效用的受益者，更是设施负外部性影响的直接受害者，承担了邻避设施设址的绝大部分负外部性成本；政府、企业、邻避设施设址周边社区和居民都是邻比冲突问题的核心利益相关者。此外，专家、媒体、社会公众、第三部门等社会主体在邻避设施设址冲突及其治理过程中都可能存在一定的利益相关性，是邻比冲突治理的间接利益相关者。邻比冲突治理必须统筹兼顾多元利益相关者的利益，也离不开多元利益相关者的支持、参与和合作。利益相关者理论

① Freeman, R. E., *Strategic Management: A Stakeholder Approach*, Pitman Publishing Inc., 1984，转引自林曦《利益相关者管理理论的发展脉络与研究方向》，《学习与实践》2010 年第 5 期。

为在社会治理领域中引入共同治理或多元协作治理提供了合法性依据，通过利益相关者的共同参与和共同治理，可以发挥不同利益相关者在社会问题治理中的主体作用和智慧，保障利益相关者的合理利益，维护社会公平和正义。

（二）多元治理理论

多元民主理论“发现”社会上存在多元利益集团，进而着力于考察多元利益集团在国家政治生活中的地位和作用，主张依靠多元利益集团之间的制衡合作机制实现民主治理，多元民主理论的核心思想是：国家不再是唯一的权力中心，应该由各种利益集团分享政治权力，使民主成为一种多元的政治结果。多元民主理论的代表人物达尔把当代西方的政治体系视为一个多元的体系，在他看来，各种力量、集团、组织等在一个复杂的动态过程中相互作用，形成了多元互动的政治格局。一个多元社会意味着：观点的多元性、利益的多元性、冲突的多元性和权力的多元性，民主并不是大多数人通过政治体系对某个政策的制定形成一致的决定，而是各种利益集团、社会组织能够参与决策过程，通过讨价还价做出决策的妥协过程。[①] 他认为，“当两个人发生冲突时……面临着三种主要选择：僵持、强制或和平协调”[②]，前两种方法的合法性已经或正在遭到质疑，它们已逐渐退出历史舞台，而通过咨询、谈判以寻求对各方都有利的解决方案的和平协调方法已经成为解决社会冲突问题的一种发展趋势。多元民主理论对邻比冲突治理的重要启示在于，关涉多元利益主体利益的邻比冲突治理应该发挥多元主体的参与作用，通过和平协调的方式解决邻比冲突。

（三）协商民主理论

兴起于20世纪80年代的协商民主是“一种具有巨大潜能的民主治理形式，它能够有效回应文化间对话和多元文化社会认知的某些核心问题。它尤其强调对于公共利益的责任、促进政治话语的相互理解、辨别所有政治意愿，以及支持那些重视所有人需求与利益的具有集体约束力的政策”[③]。协商民主是一种治理形式，其中，平等、自由的公民在公共协商

---

① 金太军：《当代西方多元民主论评析》，《中国青年政治学院学报》1996年第3期。

② 辛向阳：《罗伯特·达尔的多元主义民主论评析》，《东岳论丛》2010年第5期。

③ Valadez，J. M.，*Deliberative Democracy*，*Political Legitimacy*，*and Self-Democracy in Multicultural Societies*，USA Westview Press，2001，p. 30，转引自陈家刚《协商民主：概念、要素与价值》，《中共天津市委党校学报》2005年第3期。

过程中，提出各种相关理由，尊重并理解他人的偏好，在广泛考虑公共利益的基础上，利用公开审议过程的理性指导协商，从而赋予立法和决策以政治合法性。协商民主具有多元性、合法性、程序性、公开性、平等性、责任性、理性和参与性的特点。[①] 协商民主的基本要素有：协商参与者、偏好及其转换、讨论和协商、公共利益、共识。

协商民主强调协商过程中对利益相关者意见的倾听、偏好的尊重以及合理意见的采纳和自身偏好的调整。米勒认为，协商民主意味着决策过程中的每个参与者都能够自由表达意见，并愿意倾听和考虑反对者的观点，通过公开讨论的方式做出决策，这样的决策不仅反映了参与者决策前的利益和观点，也反映了他们综合考虑各方意见后做出的判断或偏好转换，以及用来解决分歧的原则和程序。[②] 协商就是各种观点不受限制地交流，这些观点涉及实践推理并总是潜在地促进偏好变化。[③] 这为打破公共利益悖论式邻比冲突治理的僵局提供了启示，它有助于根本利益冲突的利益主体改变自己的思维方式，尽可能追求共赢式的正和策略而不是零和博弈。此外，“作为特定社会政治过程的参与者，他们能够在互动过程中根据他人的立场而改变自己的判断、偏好和观点，这种互动依靠说服而不是强制、控制或欺骗”[④]。协商民主强调不能通过强制、控制或欺骗等策略来改变相关利益主体的利益偏好，这是对传统强制性邻比冲突治理机制的挑战，也为改变传统强制性邻比冲突治理机制，构建市场化的志愿性邻比冲突治理激励机制提供了启示。

“在协商民主模式中，民主决策是平等公民之间理性公共讨论的结果。正是通过追求实现理解的交流来寻求合理的替代，并做出合法决策。……协商民主更像是公共论坛而不是竞争的市场，其中，政治讨论以公共利益为导向。”[⑤] 协商民主理论包含着对既有决策方案的合理性、合

---

① 陈家刚：《协商民主：概念、要素与价值》，《中共天津市委党校学报》2005 年第 3 期。

② ［南非］毛里西奥·帕瑟林·登特里维斯：《作为公共协商的民主：新的视角》，王英津译，中央编译出版社 2006 年版，第 139 页。

③ Cooke, M., “Five Arguments for Deliberative Democracy”, *Political Studies*, Vol. 48, Iss. 5, 2000, pp. 947-969.

④ 陈家刚：《协商民主引论》，《马克思主义与现实》2004 年第 3 期。

⑤ Hendriks, C., *The Ambiguous Role of Civil Society in Deliberative Democracy*, Refereed Paper Presented to the Jubilee Conference of the Australasian Political Studies Association, Canberra: Australian National University, 2002, http://arts.anu.edu.au/sss/apsa/Papers/hendriks.pdf.

法性审视以及对不合理决策的重新构建过程，换言之，协商民主不仅考虑改变或终止不合理的决策，还努力寻求维护公共利益的替代性政策方案。在邻比冲突治理中，邻避设施设址的必要性、邻避设施设址的科学性与合理性常常是冲突各方讨论的重要话题，也是邻比冲突治理必须考量的现实问题。在拟设址设施并非必要、可以为设施提供的公共效用寻求替代性产品时，通过多元利益主体的协商沟通，为非必要型邻避设施设址提供替代性策略或产品以终止设施设址；当拟设址设施确为必要，为必要型邻避设施设址提供更为科学合理的设址方案，是协商民主理论对邻比冲突治理的重要启示。

此外，协商民主为治理邻比冲突中的环境正义等政治伦理问题提供了契机。协商民主强调冲突解决过程中对道德、原则的尊重，认为通过协商可以解决各种相互冲突的道德、文化和原则问题。“具有文化独特性的少数民族和种族群体，不同的宗教信仰群体、原住民群体、弱势群体等，因为差异而产生普遍的冲突和分歧。这些冲突已经不仅仅局限于经济利益，而且还涉及道德、原则等方面。因此，传统的代议制或其他政治设计已经不再是充分的解决冲突的路径。”① 各种解决多元道德冲突的路径源自这种包括合作、制度分化和道德妥协的协商。②

（四）合作治理理论

伴随着人类社会由工业社会向后工业社会转变的进程，社会的治理方式也发生了革命性变革，正在从工业社会的以政府为中心的控制导向的治理，向合作导向的治理转变。以非政府组织为标志的市民社会的兴起，融合了公共领域与私人领域的力量，直接打破了私人领域和公共领域的界限，它与政府之间必然要建立起一种合作关系，形成一种全新的社会治理模式，即合作治理。③

所谓“合作治理”是指基于公民社会的成长、公民组织的兴起、社会利益的分化以及民主诉求的增多而发展起来的一种社会治理模式，其基

① 陈家刚：《协商民主：概念、要素与价值》，《中共天津市委党校学报》2005 年第 3 期。

② Bohman, J., *Public Deliberation: Pluralism, Complexity and Democracy*, Cambridge, Mass.: MIT Press, 1996, p. 104.

③ 张康之：《走向合作治理的历史进程》，《湖南社会科学》2006 年第 4 期。

本理念是要打破政府的权力垄断，使治理主体多元化、平等化，实现多中心的合作共治。① 政府和社会、企业和社会、社会各种利益主体之间，应该实现互动型合作并将这种合作逐渐制度化，实现制度性合作，使制度性合作成为推动自觉性合作的基础。在合作治理论者看来，传统参与治理模式是一个政府主导、各种社会力量参与的治理过程，它实际上是社会治理体系的中心—边缘结构，这种不平等的结构实际上是一种反民主的结构，它是集权的温床。② 合作治理不是控制导向的治理，而是政府与民间、公共部门与私人部门之间的合作与互动，是治理主体平等前提下的共治。实现合作型治理需要三个基本条件：合作型信任、行政人员的自主性以及合作的意识形态。③

合作型治理主要是公共部门和私人部门之间建立起来的伙伴关系。④ 它在邻比冲突治理中的应用，就是要强调融合地方政府、开发商、社区居民等利益相关者的利益诉求，以相关利益主体之间一系列正式的或非正式的沟通协商以促进信任，达成合作，推动环境问题治理的治理类型。虽然合作治理并没有形成完整而成熟的理论体系，其理论的自洽性和应用性还有待于理论论证和实践的检验，但学者的研究已经勾画出一幅多元主体合作以实现社会治理的图景，合作治理对邻比冲突治理的启示在于构建多元主体之间的信任与合作以实现社会问题治理。

（五）权变理论

权变的意思是权宜应变。权变理论是针对企业管理的管理理论，实际上是系统管理理论的发展，它的核心观点是企业要根据内外环境和实际情境随机应变，灵活运用适当的管理方法，不存在一成不变的、普遍适用的“最好的”或普遍不适用的“不好的”管理理论和方法。权变理论试图通过对大量实例的研究和概括，把各种各样的情况归纳为几个基本类型，并给每个类型找出一种理想的模式。它实际上力图找出一种针对某一种环境

① 史云贵、王海龙：《合作治理视域中的我国乡镇治理结构重塑》，《社会主义研究》2010年第3期。

② 张康之：《行政伦理的观念与视野》，中国人民大学出版社2008年版，第327页。

③ 周义程、黄菡：《用“合作的治理”取代“民主的治理”》，《理论探讨》2010年第4期。

④ ［英］蒂姆·佛西：《合作型环境治理：一种新模式》，《国家行政学院学报》2004年第3期。

的最有效的管理对策。① 将权变理论运用于社会问题治理，就是要将环境和问题的实际情境视作自变量，将各种管理思想、管理技术和方法作为因变量，从而确定有效的治理方法函数。权变理论注重特殊性和个性对社会事务治理的影响，最终难免会走进经验主义的窠臼。它对邻比冲突治理的启示在于，要根据邻避设施的不同类型，根据实际情境对邻比冲突采取有针对性的治理措施，使用相对应的政策工具，这是邻避设施类型及其利益影响的复杂性和邻比冲突治理的现实困境使然。

二 创新邻比冲突治理模式的动力基础

持续不断的邻比冲突给政府、企业、设施周边居民以及社会造成了巨大损失，邻比冲突治理对相关利益主体都存在实际利益影响，各种利益相关者都有有效治理邻比冲突的利益动机，而政治民主化进程的发展、企业社会责任意识和公民社会的成长等，都为创新邻比冲突治理模式提供了一定的政治和社会基础，共同为创新邻比冲突治理模式提供基本动力。

（一）公共利益动力

所谓公共利益即一定的社会群体存在和发展所必需的并能为他们中不确定多数人所认可和享有的内容广泛的价值体。② 简而言之，利益是对群体或个人存在某种效用的事物，而公共利益则是对一定社会群体具有某种效用的事物。德国学者纽特赫德（C. E. Leuthold）认为，公共利益是一个相关地域或空间内关系大多数人的利益，这里的地域或空间以地区为划分，且多以国家（政治、行政）组织为单位。地区内的大多数人的利益，就足以形成公共利益。③ 可见公共利益的概念虽然比较抽象，但实质性公共利益的存在是确定无疑的。

邻比冲突治理对公共利益存在多重影响。首先，必要型邻避设施设址存在一定的公共效用。虽然现实邻避设施设址的公共效用有时存在虚化、弱化现象，但邻避设施设址，尤其是必要型邻避设施设址，对一定区域范围存在一定的公共效用，比如就业机会的增长、财政税收的增加、提供某种公共产品或公共服务等。必要型邻避设施的成功设址有利于公共利益的

① 郭咸纲：《西方管理学说史》，中国经济出版社 2003 年版，第 335—351 页。

② 王太高：《公共利益范畴研究》，《南京社会科学》2005 年第 7 期。

③ 陈新民：《德国公法学基础理论》（上），山东人民出版社 2001 年版，第 184—185 页。

实现。其次，邻比冲突治理有助于减少或消除不合理的邻避设施设址带来的负外部性影响。邻避设施设址如果不合理，必然会对公共利益构成影响，这些影响可能包括：生态环境的损害会影响社会可持续发展；设址周边地区居民身体健康的影响不仅对周边居民造成危害，破坏社会环境正义，还会消耗有限的社会医疗资源，增加社会公共卫生事业的压力；因各种负外部性影响导致的抗争行动会阻滞和影响设施运营、增加设施运营成本；等等。最后，邻比冲突治理有助于维护社会和谐稳定。如果邻比冲突不能得到及时有效的治理，最终可能会走向两个极端，一是邻避设施的负外部性影响持续发展，对自然环境和周边居民造成严重危害；二是邻比冲突沿着阶梯发展的路径，最终演变成激烈的社会冲突。这两种演变路径显然都不利于社会稳定。鉴于以上原因，邻比冲突治理是实现公共利益的需要。

（二）政府动力

政府有广义和狭义之分。广义上的政府指的是包括立法机关、行政机关和司法机关在内的国家政权组织；狭义的政府专指国家行政机关。本书所讨论的政府主要指国家行政机关。关于政府的利益属性，传统政治学一般认为政府存在的根本价值在于维护和发展公共利益，政府没有或者不应该有自身利益；而公共选择学派认为现实中的政府及其工作人员并不是完全的利他主义者，他们也是谋求自身利益最大化的理性经济人，政府具有自利性。“政府利益超越了历史阶段和意识形态，成为社会中普遍存在的现象。”①

政府自利性的主要表现在于追求自身的政治利益、经济利益和精神利益。政府政治利益的主要表现是政府对权力、职务、政治地位等满足自己政治、经济需要的公共权力这些稀缺资源的占有和追求。政府经济利益的主要表现是政府对预算、资金、物质、工作环境等满足自己经济需要的稀缺资源的占有和追求。而政府精神利益的主要表现是政府对自身形象、公众支持率、合法性等稀缺资源的追求和维护。②

如前所述，在邻避设施设址中，不管设施的投资主体或运营主体是谁，政府都扮演了重要角色。邻比冲突治理与政府利益息息相关。首先邻

① 王颖：《转型时期中国政府利益研究的必要性分析》，《中国行政管理》2007 年第 7 期。

② 柳海滨：《转型时期我国政府自利与公共利益冲突问题研究》，博士学位论文，吉林大学，2008 年。

避设施能够给一定区域范围提供公共效用，这是政府作为公共利益代言人所乐于见到的。其次，邻避设施能够给政府提供公共税收收入或为政府向社会提供公共产品或服务，有助于提升政府“政绩”。最后，邻比冲突的治理状态对政府的合法性存在影响。必要型邻避设施不能成功设址，社会会质疑政府提供公共产品和公共服务的能力；而邻避设施对周边地区的负外部性影响或邻比冲突治理不力又会导致政府的合法性受损，降低政府的支持率。此外，寻租或腐败也可能会使政府渴望实现邻比冲突“治理”尤其是邻避设施的成功设址，以便于谋求某个利益集团或个人的利益。邻比冲突治理关涉政府的政治、经济和精神利益，政府具有治理邻比冲突的内在利益动机。

不仅如此，政治民主化的发展和现代服务型政府建设也是邻比冲突治理的基础和动力。毋庸讳言，传统文化和现实政治制度的共同作用，使中国社会依然存在人治现象和统治政治色彩，但改革开放以来，中国的政治民主化和法治化建设的成就也是有目共睹的，而以人为本和可持续发展为核心的科学发展观以及建设服务型政府行政理念的提出，也为政府行政方式的转变提供了契机。虽然实践中的服务型政府建设还有待于大力推进，但国家建设服务型政府的愿景与实践举措必然会对促进各级地方政府的行为转型有一定推动作用。执政党执政理念和政府行为方式的转变为邻比冲突治理提供了重要基础。

（三）企业动力

企业是邻避设施的设址者。在邻比冲突治理中，企业是主要利益相关者。现实邻避设施的投资或者说提供者可能是政府，可能是私人企业，也可能是其他社会组织，但不管由谁投资或提供，设施都有具体的设址者，即代理人。“代理人”可能是设施提供者自己，也可能是设施提供者委托的设址者。代理人要完成委托人交付的任务，必然与设施设址形成一体化的利益关系，他们才是邻避设施的实际设址者。为讨论问题方便，本书将邻避设施的实际设址者称作“企业”，将其视为一个独立的利益主体，这既有利于厘清政府和企业之间的利益关系，又便于讨论政府和企业在邻比冲突治理中的不同角色作用。

作为设施设址者的企业在邻避设施设址中的利益目标是清晰的，即获得设施设址的利益。不管企业的投资或提供者是谁，设址邻避设施都有其直接利益诉求。以番禺垃圾焚烧发电厂为例，设施的实际提供者是政府，但由企业承担了设施设址的职能，企业在设址设施时必然具有自身的特殊利益诉求，即获得政府给予的高额垃圾焚烧处理补贴以及垃圾焚烧发电所带来的市场收益。如果邻避设施不能正常设址，企业必然面临实际损失，因此，企业具有邻比冲突治理的利益动力。此外，虽然处于成长中的企业还缺少社会责任意识，各种不良行为时有发生，但企业界的社会责任意识正在逐渐觉醒与成长也是不争的事实，企业社会责任意识的成长也是邻比冲突治理的重要动力。

（四）邻比抗争主体动力

作为邻避设施负外部性影响的主要对象，邻比冲突对设址标的地区居民有双重利益影响。一方面，设施设址的负外部性影响主要集中于设址标的周边地区，需要它们承担一定的负外部性成本，如财产价值的下降、空气和水资源等自然环境的污染与破坏、身体健康甚至生命安全的威胁等；另一方面，设施设址也能给标的地区或周边居民带来一定的利益，直接的利益如就业机会的增加、收入的增长等，间接的利益如企业对地方的补偿与回馈、地方政府税收的增加、交通设施等公共设施的改善等。正因如此，邻比抗争主体对邻比冲突治理也具有双重动力。一是反对邻避设施设址以推动邻比冲突治理的动力。邻比抗争主体为了维护自身利益，必然反对邻避设施设址，推动终止非必要型邻避设施设址。二是积极采取措施以减少或消除邻避设施的负外部性影响。邻比抗争主体所反对的主要是邻避设施的负外部性影响而不是设施的可能收益，实际上，社会公众一般都希望可以“不要在我家后院”而享受设施设址的公共效用。因此，只要能降低或消除邻避设施的负外部性影响，邻比抗争主体一般乐于见到邻避设施成功设址，他们有采取措施以降低或消除邻避设施负外部性影响以实现邻比冲突治理的动力，这是实现邻比冲突治理的必要条件。

（五）其他主体动力

第三部门的兴起、各种现代媒体的发展、专家群体的利益相关性，以及公民意识的成长等，都为邻比冲突治理提供了社会基础，是邻比冲突治理的重要社会动力。邻比冲突既是一个政治社会问题，又是一个环境治理问题，与环境治理相关的第三部门如各种环境保护组织、环境评价部门、科技协会等，都从不同角度对邻比冲突治理形成影响，如环境评价组织可以通过对邻避设施的潜在或现实环境影响进行评价，从而对各方利益主体对邻避设施的态度构成影响，进而推动邻避设施负外部性影响治理。各种现代媒体可以从不同角度对邻比冲突治理构成影响，如对各种邻避设施的现实负外部性影响进行报道以引起社会各界关注邻避设施负外部性影响治理、对国家相关政策进行宣传、对政府的政策和企业的经营管理行为进行监督、对邻比抗争主体的利益诉求进行报道声援，或对各方利益主体不合理的行为或利益诉求进行批评谴责，等等，现代媒体所形成的舆论压力是影响邻比冲突治理的重要因素。与各种邻避设施以及环境问题相关的专家学者在邻比冲突治理中的立场和态度，必然会对政府、企业和社会的观点和行为构成影响，环评专家对设施负外部性影响的态度是否公正、技术专家对邻避设施负外部性影响的评价是否客观等，都是影响邻比冲突治理的重要因素。社会公众和设施公共效用的受益者等对邻避设施设址的态度、对利益受损者的声援或同情等，也是影响邻比冲突治理的重要变量。以上各种主体都是创新邻比冲突治理的重要动力。

三 创新邻比冲突治理模式的现实基础

邻比冲突治理模式创新是一项复杂的系统工程，需要多元主体的共同努力，更需要具备一定的政治社会基础。政府角色的转换和执政党合法性的拓展为多元利益主体参与邻比冲突治理提供了政治空间，绿色环保主义的兴起和第三部门的成长为邻比冲突治理提供了社会基础，而邻比冲突治理的实践也为创新邻比冲突治理模式提供了现实示范，它们共同形成了创新邻比冲突治理模式的社会基础。

（一）政治空间：政府角色转换和执政党合法性的拓展

毋庸讳言，新中国成立后的很长一段时间内，政府的行政方式都是传统的统治型行政方式。一方面，在中国传统行政方式中，国家被异化为一个阶级压迫和剥削另一个阶级的工具，封建地主阶级借助于国家机器对社会实行高压统治以维护其统治地位和阶级利益。“朕即国家”“普天之下，莫非王土。率土之滨，莫非王臣”，国家行政在本质上是维护统治阶级统治地位的统治型行政，几千年的封建传统和封建统治者系统化、理论化的高超统治技术和残酷的统治手段，使统治型行政的国家理念深入中华民族的精神血脉，对新中国的政府行政方式具有深刻影响。另一方面，马克思主义强调国家的阶级统治属性，阶级斗争思想和计划经济的共同作用，限制了中国社会的政治表达和政治参与的政治空间。传统统治型行政的影响和马克思主义阶级统治思想的双重作用，使新中国的政府行政方式带有深刻的统治行政色彩，公民参与公共管理和公共政策的渠道与空间都受到了很大限制。

统治型行政带有鲜明的阶级性和强制性，维护有利于统治阶级阶级统治的政治秩序是它的核心价值，它在社会管理和公共政策方面的直接表现是政府对公共管理和公共政策的垄断性控制。新中国成立后的很长时间内，奉行的是以阶级斗争为纲的政治路线，而计划经济体制使政府主导了一切社会政治经济事务。在这种情况下，公民参与公共管理和公共政策的参与意识与政治空间双重不足。改革开放以来，社会主义民主政治的发展逐渐打破了传统统治型行政的藩篱，使政府行政方式逐渐发生了由量变到质变的转变，极大地释放了公民参与公共管理和公共生活的参与意识与政治空间。这既是中国经济社会发展的必然要求，也是执政党合法性拓展的必然要求。

经济社会的持续发展使执政党依赖于领导革命所建立起来的合法性基础发生重大转变，政府合法性递减的规律使执政党必然需要寻求新的合法性来源。“政府实质合法性递减指政府执政后所获得的实质合法性随着时间的流逝而递减。这意味着政府在其运行空间不变，没有重大外力特别是不可抗力直接产生作用的情况下，由于生产力的发展、社会的演进、公众对公共产品需求的增长以及政府组织功能的缺陷或缺失等原因，政府的合法性出现缓发型退减。如若政府不能与时俱进，不断通过输入和配置新的合法性资源以增益、提振和强化其合法性，其原有合法性的递减就会不断加剧。如若政府决策发生重大失误，更会导致合法性出现激变型锐减。”[①] “文化大革命”的影响和传统计划经济体制的内在弊端，使中国社会的国民经济走向了崩溃的边缘，通过改革开放发展社会生产力，是执政党拓展自身合法性来源的必然要求。

另外，随着改革向纵深发展，市场失灵和政府失灵现象也逐渐显现，进而对执政党的执政合法性形成影响。改革开放的深入发展，中国社会的利益分化现象也日益显现，不同利益阶层相继出现，他们必然要在公共管理和公共政治生活中提出自己的利益诉求。与此同时，公共管理和公共政策活动的有效进行，也离不开多元利益主体的参与和合作，而对执政党来

① 黄健荣：《论现代政府合法性递减：成因、影响与对策》，《浙江大学学报》（人文社会科学版）2010 年第 9 期。

说，促进社会多元合作治理，从合作共治路径提高社会公共产品的供给效率和供给质量，消除市场失灵尤其是政府失灵对执政党执政合法性的影响，已经成为执政党阻止自身合法性递减和拓展自身合法性来源的必然要求。

“促进多元合作治理不仅是市场失灵和政府失效救治的需要，也是当代民主化进程发展之要求使然。”① 事实发展确实如此。“建国 60 年来，特别是改革开放 30 年来，随着中国特色民主政治基本框架的确立和完善，我们在民主选举、民主决策、民主管理、民主监督、依法治国、政治透明等各个重要方面，都取得了一系列重大的成就。”② 现代民主政治的发展为邻比冲突的形成提供了政治空间，它同样也为多元利益主体参与邻比冲突治理提供了现实政治空间。在日益发展的政治民主化进程中，转变政府职能，建设服务型政府，已经成为中国政治体制改革的重要内容，也成为中国行政体制改革的目标方向。政府职能的转变和服务型政府建设意味着政府必然要充分尊重来自社会的各种利益诉求和参与意愿，具体到邻比冲突治理领域，政府职能的转变和服务型政府建设就意味着政府必然要改变传统政府一元主导的政府强制型邻比冲突治理模式，在邻比冲突治理中倾听多元利益相关者的利益诉求和参与意愿，为引进多元利益主体参与邻比冲突治理提供更为广阔的政治空间，这是邻比冲突治理的必然趋势，也是执政党合法性拓展和服务型政府建设的必然要求。

（二）社会基础：环境保护运动的兴起和第三部门的成长

从国际邻比抗争运动的历史来看，环境保护运动的兴起是邻比冲突产生的重要社会背景和推动力量，而中国社会环境保护运动的兴起既是唤醒公民邻避意识、催生邻比抗争行为和邻比冲突的重要原因，也是邻比冲突治理的重要社会基础。中国社会历来有重视环境保护的传统，大禹时代即有“禹禁”之说，在《禹禁》中有“春三月，山林不登斧，以成草木之长；夏六月，川泽不入网罟，以成鱼鳖之成长”③，可见中国具有悠久的环境保护历史，但现代意义上的中国环境保护运动则始于 1972 年。

---

① 黄健荣：《论现代政府合法性递减：成因、影响与对策》，《浙江大学学报》（人文社会科学版）2010 年第 9 期。

② 俞可平：《中国特色民主政治建设的成就与经验》，《学习月刊》2010 年第 2 期。

③ 转引自王敏、代晓君《生态环境保护理论与实践的历史探究》，《辽宁工程技术大学学报》2007 年第 3 期。

1972 年 6 月，中国派出代表团参加联合国第一次人类环境会议，这次会议使中国政府开始重视自身的环境问题，揭开了新中国环境保护事业的序幕。[①] 1973 年 8 月 5 日，第一届全国环境保护会议在北京召开。1979 年 9 月，《环境保护法（试行）》颁布；1988 年，国家正式成立了国家环境保护局；1998 年，国家环保总局正式挂牌；2008 年，国家组建了环境保护部。2002 年，全国第五次环境保护大会提出“环境保护是可持续发展的重要内容”，并将经济增长、社会发展和环境保护确定为可持续发展的三大支柱。2007 年，中国共产党第十七届全国代表大会首次将生态文明写入了大会报告之中，大会同时把建设资源节约型、环境友好型社会写入了中国共产党党章，使环境保护成为国家的基本国策。1982 年 12 月，第五届全国人大四次会议将防治污染和保护环境作为发展国民经济的方针之一，并在第六个五年计划中单列一章强调环境保护问题，明确提出“坚决制止环境污染的加剧”。此后，环境保护问题在国民经济社会发展规划中的地位越来越重，各地也开始积极推进环境和社会发展综合治理措施，如吉林省成立了社会发展与环境资源委员会，建立了环境影响评价、预审制等 9 项环境管理制度；深圳特区颁布实施了《深圳经济特区环境保护条例》等。

1995 年，我国开始在县级城市中建立生态示范区，到 20 世纪 90 年代后期，大连、厦门等市在防治环境污染的同时，提出了创建生态城市的发展目标，海南、吉林、陕西等省提出了创建生态省的环境建设目标。[②] 政府自上而下式的环境保护宣传和实践活动极大地提高了中国社会的环境保护意识。目前，虽然环境保护实践和环境恢复工作还任重道远，经济发展至上的政绩观和政绩考核机制也未能得到根本转变，一些地方政府受经济利益驱动而以环境换发展的落后发展观念和政府行为依然存在，但政府和社会对环境危害的现实影响已经有了较为充分的认识，多年来政府及环保主义者对环境保护的宣传已经逐步深入人心，公民保护生存环境的环境保护意识得到不断增强，各种环境保护活动正在大江南北蓬勃展开，这既增加了邻比冲突发生的可能性，也为促进邻避设施负外部性影响治理、终

① 徐琦：《历史的跨越——环境保护与经济发展走向高度融合》，《中国环境报》2009 年 9 月 16 日第 1 版。

② 张昱青、孔繁德：《试论中国环境保护的历程和发展趋势》，《中国环境管理干部学院学报》2002 年第 2 期。

止非必要型邻避设施设址提供了社会环保意识基础。

此外，虽然受传统观念的影响，非营利组织在中国的发展和活动空间还受到诸多限制，但近年来时常发生的各种自然灾害和各种志愿服务活动，使中国社会的志愿服务精神和各种非营利组织正在悄然成长，中国社会的公民参与意识和奉献精神已经得到了极大发展。在各级政府大力发展和推动环境保护活动的同时，民间非营利性环保组织也得到了极大发展，涌现出一大批如“自然之友”“绿色之友”“绿色江河”等各种非营利性民间环境保护组织。据统计，截至2005年年底，全国共有各种民间环保组织2768家，但到2012年年底，全国各类民间环保组织总数已达7881个，它们在全国各地开展环境保护活动，体现了中国社会环境保护意识的极大发展和民间环保组织的极大发展，为发挥社会力量参与治理包括邻比冲突问题在内的各种环境问题提供了重要的社会基础。①

“我国从20世纪90年代末形成‘齐抓共管’‘综合决策’‘环境投入’与‘公众参与’四项环境保护新制度。”② 环境保护运动的兴起和现实齐抓共管与公众参与的环境保护制度的建立，以及社会环境保护意识和各种非营利性民间环保组织的成长，都为整合利用各种社会力量以治理包括邻比冲突在内的各种环境问题提供了广泛的社会基础。

（三）现实示范：设施负外部性影响的“可治理性”及“可补偿性”

虽然邻比冲突治理存在诸多困境，但就邻比冲突本身而言，公民反对邻避设施的邻比抗争行动主要在于反对邻避设施的负外部性影响，邻避设施负外部性影响的存在是造成邻比冲突问题的关键所在，如果能够将邻避设施的负外部性影响降低到可控或可以接受的范围内，邻比冲突治理问题也就迎刃而解。换言之，如果我们暂时忽略邻比冲突背后的环境正义和公共利益悖论的利益冲突本质，邻比冲突治理的首要问题可以简约为通过技术以降低或消除邻避设施的负外部性影响问题。虽然科学技术本身的不确定性和技术发展的局限性使发展技术以治理邻比冲突的努力可能会进入一个技术循环的怪圈，最终不可能实现邻比冲突的有效治理，邻比冲突治理也必然需要伦理学和政治学等多种学科的共同努力，但如果过分强调政治和伦理因素对邻比冲突治理的意义而忽视现代科技和管理技术对邻比冲突

① 中华环保联合会：《中国环保民间组织发展状况报告》，《环境保护》2006年第10期。

② 张昱青、孔繁德：《试论中国环境保护的历程和发展趋势》，《中国环境管理干部学院学报》2002年第2期。

治理的关键影响，也只能使邻比冲突治理流于表面的空洞和道德的无力，必须承认科技和管理对邻比冲突治理的重要作用。

邻避设施负外部性影响客观存在，但通过发展技术以降低或消除邻避设施负外部性影响或通过发展管理技术和安全监管措施等，可以在一定程度上降低邻避设施危害性事件发生的概率。邻避设施设址的实践中不乏发展技术或发展管理技术以降低或减小邻避设施负外部性影响及其危害性事件发生的概率的成功案例。以南京 PX 项目设址为例，虽然存在一定争议，但技术界对 PX 本身以及对 PX 生产原料苯的危害性都有一定共识，而虽然南京 PX 建成运行以来依然争议不断，但截至目前，南京 PX 项目对周边地区的危害性影响微乎其微也是有目共睹的事实，这为发展现代技术降低设施的负外部性影响以达成邻比冲突治理提供了成功案例。另外，虽然核电站的危害性影响对周边地区居民的影响，尤其是核设施爆炸所带来的灾难性影响可能是所有邻避设施中最为剧烈，也是周边居民最难接受的负外部性成本，但自从世界上第一座核电站建成运行以来，如切尔诺贝利核电站和福岛核电站之类的灾难性事件的发生也并非常态。切尔诺贝利核电站对世界各国的警示作用，可能是导致各国加强核电站安全性技术开发和安全性管理的重要推动力量，灾难本身可能对减少灾难的发生起到了重要作用。它从另一个侧面说明了发展技术和加强管理以提高邻避设施安全性的可能性，也为邻避设施负外部性影响的“可治理性”提供了例证。

在邻比冲突治理实践中，由政府或企业对邻避设施设址周边社区居民进行就业、社会福利或直接经济补偿以换取社区和居民接受邻避设施设址，这是邻比冲突治理的常用政策工具，但邻比冲突治理中的补偿机制受到持续的质疑和批评。反对者认为，基于价格激励的补偿选址程序很少取得成功，传统经济补偿理论在很多重要方面是不完备的，它忽视了道德规则的影响。贿赂效应和对内在道德动机的挤出效应是造成补偿机制失败的关键要素。补偿意味着至少使成本和收益实现均衡，但邻避设施的很多负外部性影响，如身体健康和生命安全的威胁，是无法用金钱来进行衡量的。[①] 当政治环境决定选址决策时，道德原则对补偿的有效性会有重要影

① Frey, B. S., Oberholzer-Gee, F. & Eichenberger, R., “The Old Lady Visits Your Backyard: A Tale of Morals and Markets”, *The Journal of Political Economy*, Vol. 104, No. 6, 1996, pp. 1297-1313; Frey, B. S., Oberholzer-Gee, F., “The Cost of Price Incentives: An Empirical Analysis of Motivation Crowding-out”, *The American Economic Review*, Vol. 87, No. 4, 1997, pp. 746-755.

响，此时，金钱激励常常会起反作用，因为补偿常常被公众视作一种贿赂，特别是当选址决策程序被视作不公平的时候。此时预期的金钱补偿常常会使得个人对是否接受设施犹豫不决，因为接受了补偿就意味着和公共善相对立。①

赞成者认为，弱势社区可以将邻避设施设址作为有效降低社区风险和改善居民生活的机会。弱势社区需要一个有用的工具来解决不公正问题，邻比冲突问题也许是帮助弱势群体社区获得实质性资源谈判的重要筹码，非强行施加于弱势社区的项目能为弱势社区提供其需要且应得的实质性改善的机会。可以将邻避设施设址纳入一个更为广泛的、由弱势社区和项目发展者共同制订的发展项目中，通过对弱势社区的补偿项目可以改善他们的生活、降低他们面对的健康风险，并能使所有的居民更加富裕，而且有助于挽救更大范围的环境不正义和克服邻避主义。② 从经济学来说，当补偿额足以弥补拟建设施的负外部性影响时，货币补偿是能起作用的。③

虽然很多实证案例支撑了反对者的观点，补偿机制在很多情况下对邻比冲突治理和邻避设施的接受度并没有实质性促进作用，有时甚至会存在负面影响，但更多实证案例显示，补偿在邻比冲突治理中具有降低或消除邻比抗争行动的作用。研究者认为，补偿的有效性受六个因素的影响：一是成本和收益净值。从项目得到的收益净值是影响补偿有效性的重要因素，而且对不同的对象来说，这种净值的价值也不一样。预期危害越大，反对也就越强烈。当从项目所能得到的净收益较大以及当补偿能用于补偿设施给社区所带来的预期危害性影响时，补偿更可能有效。二是成本收益分配。项目对各利益群体的成本收益分配不同会影响谈判的结果。即便是成本收益相同，来自组织化程度较高的群体的反对也越强烈。三是不同参与者的谈判权力不同。不同群体的谈判权力取决

---

① Frey, B. S., Oberholzer-Gee, F. & Eichenberger, R., "The Old Lady Visits Your Backyard: A Tale of Morals and Markets", *The Journal of Political Economy*, Vol. 104, No. 6, 1996, pp. 1297-1313.

② Field, P., Raiffa, H. & Susskind, L., "Risk and Justice: Rethinking the Concept of Compensation", *Annals of American Academy of Political and Social Science*, Vol. 545, No. 5, 1996, pp. 156-164.

③ Frey, B. S., Oberholzer-Gee, F. & Eichenberger, R., "The Old Lady Visits Your Backyard: A Tale of Morals and Markets", *The Journal of Political Economy*, Vol. 104, No. 6, 1996, p. 1297-1313.

于不达成一致对每个人的吸引力有多大。四是谈判技巧。谈判各方所使用的谈判策略在很大程度上决定了补偿的有效性。五是改变谈判地位的预期。对地方选举结果、国家政策等的预期会影响谈判结果。六是谈判环境的不确定性。谈判中不可能掌握未来成本收益的完全信息，利益集团对未来成本和收益难以确定。①

格罗索伊斯等人的实证研究证明，补偿在风力发电厂的设址中可以有效地增加对设施的接受度，② 吉尔罗伊和拉贝等人的研究则证明补偿在加拿大的危害性邻避设施设址中取得了成功，③ 格罗索伊斯和米勒的研究也证明补偿在邻比冲突治理中起到了重要作用，④ 卡恩莱尤瑟、菲茨杰拉德和艾阿茨发现除高放射性废弃物处理设施之外的很多设施的补偿制度都达到了预期效果。⑤ 众多实证研究案例都证明了补偿对提高邻避设施的接受度和邻比冲突治理存在正面影响。肖代基和肖荣定证明补偿外部性承受者的理论基础在于负外部性必须具有可抗拒与可转移性质的私人外部性，邻比冲突就是居民抗拒可转移的私人外部性的表现，对受邻避设施影响的周边居民进行补偿具有正当性和合理性。⑥ 莱斯比瑞尔在总结补偿实证研究结果的基础上认为：邻避设施的认知风险程度与居民以补偿交换风险的意愿相关，认知风险越高的邻避设施，补偿方式就越重要，降低风险性及设立居民与当地社区所必需的设施可以提高设施接受度。⑦ 邻避设施负外部

---

① Lesbirel, S. H., *NIMBY Politics in Japan: Energy Siting and The Management of Environmental Conflict*, Ithaca and London: Cornell University Press, 1998, pp. 14-15.

② Groothuis, P. A., Groothuis, J. D. & Whitehead, J. C., "Green vs. Green: Measuring the Compensation Required to Site Electrical Generation Windmills in A Viewshed", *Energy Policy*, Vol. 36, No. 4, 2008, pp. 1545-1550.

③ Gilliroy, J. & Rabe, B., *NIMBY and the Politics of Assurance: Hazardous Waste Facilities Siting in Canada*, Paper Presented at the Annual Meeting of the American Political Science Association, Chicago, 1991.

④ Groothuis, P. & Miller, G., "Locating Hazardous Waste Facilities: The Influence of NIMBY Beliefs", *Amercian Journal of Economics and Sociology*, Vol. 53, No. 3, 1994, pp. 335-346.

⑤ Kunreuther, H., Fitzgerald, K. & Aarts, T. D., "Siting Noxious Facilities: A Test of The Facility Siting Credo", *Risk Analysis*, Vol. 13, No. 3, 1993, pp. 301-318.

⑥ Shaw, D. & Shaw, R., "The Resistibility and Shiftability of Depletable Externalities", *Journal of Environmental Economics and Management*, Vol. 20, No. 3, 1991, pp. 224-233.

⑦ Lesbirel, S. H., *NIMBY Politics in Japan: Energy Siting and The Management of Environmental Conflict*, Ithaca and London: Cornell University Press, 1998.

性影响的“可治理性”和“可补偿性”为多元协作型邻比冲突治理提供了现实示范和实践参照。

第三节 邻比冲突治理的若干基本问题

邻避设施的多样性、特殊性和邻比冲突治理关涉问题的复杂性使其面临难以治理的困境，也使邻比冲突治理中尚有一些关键性争议问题悬而未决，这也是西方国家的一些学者将邻避设施称作“不要在地球上的设施”或“最好建在月亮上的设施”的原因。正是因为面临不可治理的难题，西方发达国家目前治理邻比冲突的首选策略是寻求替代性产品、转移邻避设施设址或者减少对邻避设施的需求，如美国积极寻求在国土之外处理电子产品垃圾，而法国则寻求在国外处理核废料。西方国家的邻避设施设址风险转嫁策略为我国邻比冲突治理提供了某种启示，但显然对我国现阶段的邻比冲突治理不具备现实借鉴意义。中国式邻比冲突治理必须要在厘清需要重点关注的基本问题的基础上实现邻比冲突治理模式创新。

一 邻避设施设址中的公共利益悖论处置原则

邻避设施通常能给特定区域整体（社区、街道、县、市、省、全国乃至全球）带来某种直接或间接的公共效用，如产品价值、区域经济繁荣、增加地方就业机会和财政税收、提高人民收入、提供特定公共服务需求、改善地方基础设施以及提升政府政绩等。然而，受技术发展水平限制，邻避设施设址可能会对局部地区存在某种负外部性影响，如环境污染、噪声、威胁区域安全、降低地方固定资产价值等，使局部地区额外承担某种负外部性成本。这是邻避设施设址中的“公共利益悖论”，也是邻避设施设址受到局部地区居民的反对而引发邻比冲突的关键原因。通常而言，支持者重视的是邻避设施设址所能够带来的公共效用，而反对者则主要是出于邻避设施现实或潜在的负外部性影响而反对设施设址，这实际上是为了保护局部地区居民的生存和生活环境。因此，邻比冲突治理首先需要确定邻避设施设址中的公共利益悖论问题的处置原则，而这需要考量两个核心问题：一是邻避设施的外部性影响治理；二是邻避设施整体公共效用与负外部性影响之间的二元冲突问题。

客观而言，现代科学技术的发展催生了各种现代设施的出现，但科学技术存在不确定性和局限性，这种不确定性和局限性导致能够提供特定公共效用的现代技术设施往往存在某种难以控制的负面影响，使其成为“大规模杀伤性武器”，如能够提供通信功能的现代通信设备存在电磁辐射、能够提供电能的核电站有潜在安全隐患、能够提供各种生活和生产产品的化工厂会污染周边环境、能够处理生活垃圾并提供电能的垃圾焚烧发电厂会产生致癌物质二噁英，等等。通过技术手段减少和消除邻避设施的负外部性影响因而是治理邻比冲突的治本之策，但技术不确定性和局限性决定了发展技术以治理设施的负外部性影响并不现实：新技术可能会消除现存的负外部性影响，但它同样会催生存在特定负外部性影响的新型邻避设施，而且新技术的发展会使我们不断“发现”既有设施存在的“未知”负外部性影响，而某些设施的负外部性影响事实上难以消除，发展技术以治理邻比冲突只能是一种理想。在不能通过发展技术以有效治理邻避设施负外部性影响的情况下，如果为了获得邻避设施的公共效用而设址邻避设施则必然意味着会对周边居民生存和生活环境的负外部性影响，而如果为了避免对周边居民生存和生活环境产生负外部性影响，则通常意味着要终止设施设址，邻比冲突治理的核心问题因而即邻避设施整体公共效用与设施负外部性影响之间的二元冲突问题。

从经济学角度来看，邻避设施整体公共效用和负外部性影响之间的二元冲突问题似乎不难抉择：只要厘清邻避设施公共效用和设施负外部性影响之间的净收益值即可，如果设施社会净收益值为正，应该以同意设施设址为前提；如果设施净收益值为零或为负，则应该终止设施设址。然而实际问题远非如此简单。首先，邻避设施的公共效用难以衡量。除了邻避设施的长远公共效用和短期公共效用、有形公共效用和无形公共效用难以计量之外，在现实邻避设施设址过程中，由于信息及权力的双重不对称，地方政府或其领导者、企业或专家等可能会出于某种政治或经济利益的驱动而将个人利益、团体利益、企业利益“公共化”，将某类设施对特定区域整体的公共效用夸大，以推动建设政绩工程、形象工程或引进一些污染严重或潜在危害巨大的设施。这些设施在一定时期、一定程度上可能符合地方某种政治或经济需要，给特定区域整体带来某种效用，但却未必是社会发展和公众生活之必需，其政治或经济效用也未必能惠及一般公众。换言之，虽然邻避设施一般确实存在某种效用，但有时其“收益”存在“被公共”或“被需要”的情形。其次，邻避设施的负外部性影响难以计量。

邻避设施负外部性影响的直接表现一般是对周边环境的影响，并因对环境的影响而影响周边居民的财产价值、身体健康、生命安全等。从现实案例来看，由于信息及权力不对称，邻避设施的负外部性影响常常会被设施支持者或企业否认，如湖南省衡东县大浦镇化工厂附近300多名儿童被查出血铅超标，该镇时任镇长苏某某认为孩子们血铅超标是因为他们常常咬铅笔导致的。另外，即便设施负外部性影响能够得到确证和承认，如血铅对儿童的智力影响、辐射造成的身体健康影响、饮用水或地下水资源的破坏、土壤重金属污染等，其负外部性影响的成本也无法衡量。最后，即便设施的公共效用和负外部性影响可以衡量，邻避设施设址还涉及深层次的政治伦理问题。

20世纪80年代以来的大量研究表明，由于社会弱势群体难以组织有效的抗争活动，邻避设施被大量设置于贫穷和弱势群体社区，这是因为少数或弱势群体地区人群在政治上、经济上都处于弱势地位，面对不合理的邻避设施设址，即便他们提出反对设施设址的意见，也由于其相对贫穷的经济地位、知识的缺乏、对设施危害性严重程度认识的不足、对自身权利或长远利益的认识不清晰、组织化程度和政治地位低等原因，容易被低廉的经济补偿所收买或分化，或者被强势集团的强力政治能力场所屏蔽或弹压等，难以有效阻止邻避设施设址，因而容易被置于不正义的生存环境之中。然而，环境正义论者认为人类生于自然，人不分世代、种族、文化、性别或经济、社会地位等，均具有同等享有安全、健康以及永续性环境的权利，而且任何人无权破坏或妨碍这种环境权利。[①] 邻比冲突治理需要考虑邻避设施设址对经济社会发展和人类自身文明进步的主体性需要，更需要坚持环境保护以促进人类可持续的永续发展，还要直面环境哲学关于环境正义的基本伦理，任何拥有经济、政治、组织化或暴力优势的强势利益集团或个人，都没有利用手中的经济、政治、组织化或暴力优势以迫使社会弱势团体接受环境不正义的邻避设施设址的权利，这是政治伦理对邻避设施设址和邻比冲突治理的基本要求。

因此，在面对邻避设施整体公共效用和局部负外部性影响的二元冲突时，可以在综合考虑设施公共效用的必要性及其负外部性影响的破坏性程

---

① 彭国栋：《浅谈环境正义》，《自然保育季刊》1999年第28期。

度的基础上，考量环境正义伦理向度，建构邻避设施设址决策分析框架（见表 5-1），通过分析邻避设施整体公共效用、负外部性影响、环境正义伦理，确定邻避设施设址与否的“净值”，以确定继续或终止邻避设施设址。表 5-1 中，白色底框栏表示设施必要性，因必要性支持设施设址，故根据设施必要性程度强弱赋 1—3 个“+”，为设施必要性程度得分；黑色底框栏表示设施对周边地区负外部性影响的破坏程度，因设施负外部性影响降低设施设址的合法性与合理性，故根据设施负外部性影响的破坏程度高低赋 1—3 个“-”，为设施负外部性影响破坏程度得分；深灰色底框栏为设施政治伦理向度，因邻避设施环境不正义程度同样降低设施设址的合法性与合理性，且环境不正义程度按照破坏性程度递增，故根据设施环境不正义程度强弱赋 1—3 个“-”，为设施政治伦理得分。浅灰色表示设施“决策净值”，即设施三项得分总值，“+”越多，设施设址决策支持度越高，反之，设施设址决策支持度低；当“+”达到或超过 5 个时，支持设施设址；当“+”少于 5 个时，不支持设施设址；当有不可或缺型设施的设址时，应以最小化设施的负外部性影响为前提，加强设施选址和运营管理的科学化、民主化和透明化，并考虑给予负外部性影响受众以必要补偿。

表 5-1　　邻避设施设址决策分析框架

环境不正义	弱			中			强			必要性
决策净值	+ + -	+ + -	+ - -	+ - -	+ - -	+ - -	- - -	- - -	+ - -	弱
	+ + -	+ + -	+ + -	+ - -	+ - -	+ + -	- - -	- - -	+ + -	中
	+ + -	+ + -	+ + +	+ - -	+ - -	+ + +	- - -	- - -	+ + +	强
破坏度	低			中			高			

二　从严界定邻避设施的负外部性影响

邻比冲突的直接发生逻辑是邻避设施对周边社区环境和居民的负外部性影响导致周边居民反对设施设址而引发冲突，邻避设施负外部性影响的有无和严重程度因而成为邻比冲突双方支持或反对邻避设施设址争论的焦点。一般而言，邻避设施支持者倾向于弱化设施的负外部性影响以降低设施设址的阻力及补偿额，提高设施成功设址的可能性；邻避设施反对者倾向于夸大设施的负外部性影响而增强反对设施建设的说服力，增加他们反对设施设址的筹码，或者为支持设施设址谋求更大数量的补偿额；邻避设施支持与反对双方对设施负外部性影响界定的异质倾向导致邻比冲突双方对设施负外部性影响的有无和严重程度的判断标准截然不同，增加了邻比冲突过程中达成一致意见的难度。以何种标准界定邻避设施负外部性影响的严重程度，或者说对邻避设施负外部性影响的界定应该从宽还是从严，既是确定设施补偿额的决定性要素，也是决定设施整体公共效用和负外部性影响程度的关键变量，因而成为邻比冲突治理必须考量的又一关键问题。然而，在实际邻比冲突治理过程中，信息不对称、技术不确定性和局限性等使设施负外部性影响的界定成为难题。

环境哲学的基本问题是人与自然的关系问题，环境哲学关于人与自然关系的哲学思考为从宽还是从严界定邻避设施的负外部性影响提供了理论基础。环境哲学对人与自然的关系存在两种截然不同的观点：以自然为中心的环境哲学和以人为中心的环境哲学。以自然为中心的环境哲学坚持自然的中心地位，认为人是自然环境的客体和对象物，自然为人的生存和发展提供了生活空间和物质资料。而以自然为中心的环境哲学认为，人的生产、生活与发展等实践活动受自然环境的制约，在自然环境面前，人的自主能力、对自然环境的改造空间有限；为了人类自身的可持续发展，各种经济活动不应以污染和破坏自然环境为代价，否则必然会招致自然环境的反噬和报复。以人为中心的环境哲学坚持人的中心地位，立足于人的主体性需要，认为人是自然环境的主体，自然是人类实践活动的客体和主体性需要的对象物，人类的实践活动是为了征服和改造自然以使其适应自己的生存和发展。根据以人为中心的环境哲学，人类在自然界中的一切行为都应该立足于自身生存与发展的主体性需要，以利于增进和提升人类生活品质为前提，离开了人类“自我”生存与发展的主体性需要，自然环境毫无意义。

以人为中心的环境哲学对人主体性需要的强调常常被批评为忽视自然环境保护，这可能是一种误解。从满足人的主体性需要出发，如果为了人自身的主体性需要而无视自然环境的承载能力，过度“征服和改造自然”，一旦这种“征服和改造”突破自然环境的自我调适能力，自然环境必然会被破坏而发生根本性改变，那么已经适应了现实自然环境的人类势必面临生存危机。当然，在不断改造破坏环境的同时，人类或许可以不断进化以适应被改造和破坏的环境，但姑且不论人的进化和适应步伐是否能跟上人类改造和破坏环境的速度，即便人类能及时进化以适应被改造和破坏的“新环境”，可以想象：当人某一天在污浊腥臭的污染水、充满雾霾和异味的空气中生活得“其乐融融”时，人类还是不是现在的人类？可见，以人为中心的环境哲学从人的主体性需要出发，同样要强调人对自身生存与发展环境的保护。

从人和自然的历史发展规律来看，在长期生存与发展的互动中，人和自然之间事实上已经形成了路径依赖式的“互适性”：自然孕育了人类，它可以通过自身的渐进调适以适应人类对自然环境的渐进影响和改造，而人产生并生活于自然环境之中，人在长期的生存与发展过程中已经在整体上适应了地球自然环境现状。然而，随着人类人口数量的快速膨胀、生产和生活方式的急剧变化，尤其是现代工业技术发展带来的人类改造和破坏自然能力的增强，人类对自然环境的改造和破坏已经逐步突破了自然环境对人类活动的自我调适能力。换言之，人和自然之间的“互适性”已经被打破，其直接表现是自然环境的持续恶化，而持续恶化的自然环境已经开始“反噬”和“报复”人类，在此背景下，当我们反思以人为中心的环境哲学和以自然为中心的环境哲学基本观点后可以发现：以人为中心的环境哲学对人主体性需要和经济发展的强调与以自然为中心的环境哲学对保护自然环境的吁求之间并不矛盾，而以自然为中心的环境哲学对保护自然环境的吁求事实上是为了更好地满足人的主体性需要，两种不同的环境哲学观在本质上是辩证统一的，都要求在邻比冲突治理过程中要以坚持环境保护为基本原则。

环境哲学关于环境保护的基本原则和设施负外部性影响的经验判断都要求从严界定邻避设施的负外部性影响。简言之，从严界定邻避设施的负外部性影响即坚持可持续发展的基本理念，按照保护环境和周边居民身体健康的原则，在没有确认邻避设施没有负外部性影响或负外部性影响较小的情况下，认定邻避设施的负外部性影响较大、较重，并变负外部性影响受害者承担举证责任的传统为受控企业或政府承担不存在负外部性影响的举证责任，借以促进环境保护，增强社会可持续发展能力，保障弱势群体的利益。

布拉德指出邻比冲突治理应该在危害发生前采取预防措施将环境危

害降低到最小，并变受害者环境污染举证责任为受控者环境污染举证责任。[①] 这实际上是为界定邻避设施的负外部性影响的有无和轻重方面提供了从严的判断标准。在设施负外部性影响的有无和严重程度方面采取从严的判断标准是对环境哲学、环境保护精神和环境正义原则的遵从。如果在设施负外部性影响有无和严重程度的判断方面采取从宽原则，意味着只有在存在确凿证据证明的情况下，才能判定设施设址的不合理性。如果反对者无法证明设施负外部性影响确切存在，设施支持者会倾向于否认设施负外部性影响的存在而夸大设施的潜在公共效用，其结果必然是设施设址的优先选择。而一旦设址，如果负外部性影响确实存在或真实发生，那么对自然环境和设施周边居民来说即意味着要承担负外部性影响爆发的灾难性后果，这显然不可取，也不符合环境正义的基本原则。

此外，如果采取从宽的判定标准，实际上意味着邻避设施负外部性影响的严重程度及发生概率的等级判断会被降低，而这往往又会进一步导致设施成功设址和管理者安全管理与防范意识的降低，此时一旦存在严重危害的邻避设施的负外部性影响真实发生，其结果可能是灾难性的。切尔诺贝利核电站建设之初，苏联政府和专家对设施负外部性影响采取了从宽的判断标准，在社会无法证明设施危害会真实发生的情形下，宣称设施是最安全的，最终让设施周边居民承担了从宽判断设施风险发生率的灾难。2013 年 11 月 12 日的青岛中石化输油管道爆炸案也是从宽界定风险的恶果，可以说，正是从宽界定风险才导致相关决策者对环评风险采取不作为的态度，也正是从宽界定风险才导致发现泄漏后七个小时都没有做出疏散居民的决策。无论是血铅对儿童智力的破坏，还是二噁英致癌的可能性，以及核电站和化工设备事故的现实警示，都表明从严界定邻避设施负外部性影响的必要性和重要性。此外，按照从严界定邻避设施负外部性影响的基本原则，根据布拉德变受害者环境污染举证责任为受控者环境污染举证责任的提议，综合考虑邻避设施负外部性影响的不确定性、潜在性以及信息和知识的不对称性等因素，在界

① Bullard，R. D.，"Decision Making"，In Westra，L. & Wenz，P. （eds.），*Faces of Environmental Racism*：*Confronting Issues of Global Justice*，London：Rowman and Littlefield，1995，pp. 3-28. 参见黄之栋、黄瑞祺《正义的本土化：台湾对欧美环境正义理论的继受及其所面临之困难》，《应用伦理评论》2009 年第 4 期。

定邻避设施负外部性影响的过程中，应该改变由负外部性影响受害者承担负外部性影响举证责任的传统，由受控企业或政府承担设施不存在负外部性影响的举证责任，如果受控企业或政府不能举证证明设施不存在负外部性影响，则判定设施存在受害者指控的负外部性影响。当然，这需要制度化的规定，因为，“制度能够持续地和稳定地提供社会秩序，而稳定的秩序又为行动的确定性提供保证”①。

三　重视邻比冲突治理过程中的公共参与及其价值

在对现代政策执行困境进行分析的过程中，政策分析理论家认为造成传统政策执行困境的关键原因在于传统政策执行过程中自上而下的政策执行模式和自下而上的政策执行模式的内在弊端。他们认为自上而下的政策执行模式和自下而上的政策执行模式立基于传统官僚制组织理论之上，是传统官僚制的重要组成部分和典型表征，它们把行政部门内部的命令服从原则应用于公共政策过程中的政府与社会关系之中，将政策对象置于公共政策执行的被动服从地位，是导致行政国家日益强大、民间社会日益萎缩、政府公信力下降和公民利益受损的重要原因，也是导致公共政策执行困境的内在原因；随着信息化技术的进一步发展、公民意识的逐步兴起、民主政治的持续进步，传统自上而下的政策执行模式和自下而上的政策执行模式已经不能满足现代公共政策过程的现实需要。正因如此，现代政策理论家认为，政府官僚虽然在公共政策过程中无处不在，但他们并非万能，有必要在公共政策过程中引入公民参与，这是破解各种政策执行困境的有效途径。

公民参与公共政策过程有其合理性、合法性和必要性。首先，公民是社会公共权力的“产权所有者”，有权参与公共政策过程。在民主社会，政府公共权力是公共利益的代言人，公民是政府公共权力的产权所有者和“委托人”，公共政策过程因而应该尊重和反映公民的意志和利益诉求，如果将公民排除在政策过程之外，往往意味着对公民利益的忽视和侵犯，因此公民有参与公共政策过程的权利和必要性。其次，公民参与公共政策过程是社会主义民主政治的必然要求。我国是社会主义国家，人民是国家的主人，我国宪法明确规定：“公民依法享有参与国家政治生活、管理国

---

①　张康之：《面向后工业社会的德制构想》，《学海》2013年第3期。

家以及在政治中表达个人见解和意见的权利。”公民参与公共政策过程是社会主义民主政治的必然要求。最后，公民参与能有效监督公共政策过程，提高公共政策的科学性、有效性和合法性。当代中国，各种社会矛盾凸显，各方利益主体的自主利益意识日益增强，面对复杂的社会利益问题，任何个人或组织的信息、时间、资源、智慧和决策能力都极为有限，缺乏公民参与，往往意味着公共政策的非科学化、低效和失误，有时甚至意味着公共政策执行的阻滞、失误、冲突乃至腐败，要有效提高解决各种社会问题的公共政策的科学性和有效性，就需要提高公共政策过程的民主性，在公共政策过程中引入公民参与，这可以为政府公共政策过程提供更多、更为全面的政策信息和资源，也能增强政府公共政策的合法性和社会认知认同度，对政府公共政策主体形成监督和制约。正如罗森鲍姆所言：公共政策过程中的公民参与能够使官僚机构对公众关心的问题更负责任、提高解决公共政策冲突的可能性、增强行政决策的合法性、提高政策执行成功的可能性。①

邻比冲突的本质是公共政策过程中的公共利益悖论的集中体现，在邻比冲突治理过程中引入公民参与因而得到政策理论家和实务界的广泛认可，大量实证研究表明，邻避设施选址决策过程中的公民参与有其积极意义。如沃的研究表明邻避设施选择决策过程中的公民参与至关重要，因为：公众期待参与影响邻避设施选址决策过程而反感被排除在政策决策过程之外；公民参与能增强决策进程的合法性，并对政策决策形成支持；公民参与有利于从社会、经济、政治、技术等角度综合讨论政策问题，因而可以为解决政策争议带来更为广阔的视野和更为合理的政策方案。② 内尔金对瑞典、荷兰、澳大利亚的比较研究证明，尽管政府寻求提高邻避设施设址成功率的政策目标未必能够得到保障，但有效设计的公民参与能够有效增进公众对相关技术问题的了解。③ 卡斯普森的研究表明邻避设施选址决策过程中增加设施风险的沟通是影响公众对设施设址问题理解度的重要

---

① Rosenbaum, W. A., “The Paradoxes of Public Participation”, *Administration and Society*, No. 8, 1976, pp. 355-383.

② Waugh, W. L., “Valuing Public Participation in Policy Making”, *Public Administration Review*, Vol. 62, No. 3, 2002, pp. 379-382.

③ Nelkin, D., *Technological Decisions and Democracy: European Experiments in Public Participation*, Beverly Hills, CA: Sage, 1977.

变量，公民参与能够有效提高公民对政府决策的信任度和信心。[①] 而米切尔和柯恩的实证研究则显示，虽然邻比冲突治理过程中的公民参与成本很低，但却能极大提高邻避设施设址成功的可能性。因此，很多学者都强调要扩大和深化邻比冲突治理过程中的公民参与，特别是要通过创造性的教育和参与机制对公民施加有实质意义的政治影响以促进各方共同寻求邻比冲突治理方案。[②]

虽然倡议者相信公民参与有助于增进邻比冲突治理和邻避设施设址成功的机会，但怀疑者担心：公众缺少专业知识、公共参与会给决策制定带来额外的行政复杂性和低效率、参与者可能不会对公共利益负责、不一定采取负责任的行为等。[③] 如莫瑞尔和曼格瑞恩的实证研究表明，邻避设施选址决策过程中的公民参与常常会导致持续的社区反对和政治僵局，因而反对邻避设施选址决策过程中的公民参与。[④] 极端者甚至认为邻避设施选址只需对联邦机构的评论而不是对公民的反对做出反应，邻避设施设址决策过程中的公民参与不仅无助于邻比冲突治理，反而会降低邻避设施设址成功率。[⑤] 邻避设施设址过程中的公民参与会降低设施设址成功率或使设施设址陷入困境，这在当前我国邻比冲突治理过程中似乎也得到了经验证明：从厦门 PX 项目事件到南京汉口路西延工程再到浙江余杭中泰垃圾焚烧发电厂设址争议，几乎所有邻比冲突治理过程中的公民参与，其结果往往都是邻避设施设址政策的暂停或终止。

2014 年 5 月 8 日至 5 月 10 日，一场因垃圾焚烧发电厂设址引发的上万居民聚集堵路表达邻比抗争诉求的邻比冲突事件在浙江余杭上演。事件过程中，邻比抗争主体打着横幅和标语，聚集在当地高速公路的桥洞下和收费站附近，并高喊口号要求停建拟建中的九峰垃圾焚烧发电

---

① Kasperson, R. E., "Six Propositions on Public Participation and Their Relevance for Risk Communication", *Risk Analysis*, Vol. 6, No. 3, 1986, pp. 275-281.

② Kraft, M. E. & Clary, B. B., "Citizen Participation and the NIMBY Syndrome: Public Response to Radioactive Waste Disposal", *The Western Political Quarterly*, Vol. 44, No. 2, 1991, pp. 299-328.

③ Ibid.

④ Morell, D. & Magorian, C., *Siting Hazardous Waste Facilities: Local Opposition and the Myth of Preemption*, Cambridge, MA: Ballinger, 1982.

⑤ Willrich, M., "The Energy-Environment Conflict: Siting Electric Power Facilities", *Virginia Law Review*, Vol. 58, No. 2, 1972, pp. 257-336.

厂。聚集的人群最高峰时超万人，他们阻断高速公路并掀翻了近十辆警车和一辆移动通信车；多名民警、辅警、群众不同程度受伤。这场争议的最终结局是当地政府刑事拘留 53 人、行政拘留 7 人，并承诺在项目没有履行完法定程序并征得公众理解支持的情况下，一定不开工建设。在经过暴力冲突的代价后，项目被暂时搁置。实际上，有资料显示，早在 2012 年 4 月杭州市就已经启动了垃圾焚烧发电厂的规划和建设议程。此后，在垃圾焚烧发电厂建设的前期系列准备工作中，当地政府都没有通过任何正式渠道向公众发布相关信息，更没有引入任何形式的公民参与。然而，设施建设信息正式披露后立刻引发了公民的持续关注，并最终演变成暴力冲突事件，在付出高昂的社会成本和政治成本后，设施建设被暂时搁置。

浙江余杭中泰垃圾焚烧厂设址冲突事件表明，虽然引入公民参与的政策效果未必理想，公民参与并不能必然保证设址标的社区居民能够接受邻避设施设址，但如果不引入公民参与，一旦引发公民的非正式参与，其结果将不仅是设施建设政策受阻，还可能要付出高昂的社会成本和政府公信力。此外，从设施潜在风险发生的概率论角度出发，如果及时公开信息，使设施周边居民了解设施可能的风险，既可以增强居民监督设施运营的主动性，也可以提高设施周边居民的风险防范意识，唯其如此，一旦设施意外风险真实发生，才可以提高周边居民的应急反应意识和危机应对能力，降低风险发生的损失。由此，可以得出结论，邻比冲突治理过程中的公民参与未必总是十分有效，也无法确保设施设址决策的成功执行，但政府主动引导的公民参与比刻意将公民排除在政策之外的“隐蔽决策”更为理性和必要。

四 邻比冲突治理过程中的补偿机制及其有效性

虽然在邻比冲突治理过程中应该遵从环境保护的基本原则，从严界定邻避设施的负外部性影响，但当面对人类不可或缺的公共效用的主体性需要时，环境保护优先的原则只能让位于公共效用的主体性需要，或者说此时必须要综合考量环境保护原则和公共效用的主体性需要之间谁更为重要，如面对 1/3 城市的垃圾围城危机，垃圾处理设施显然不可或缺。客观而言，垃圾处理设施的建设事实上也是为了更好地保护环境。如垃圾处理设施这类对公共利益不可或缺的必要型邻避设施的设址显然具有合法性和正当性。在承认部分对公共利益不可或缺的邻避设施设址的合法性和正当性的情形下，邻避设施设址的负外部性影响不可避免，这是为了获得对人类不可或缺的公共效用和人类社会发展所必需的成本。在此情境下，补偿论者提出，为了对设施负外部性影响的利益受损者给予适当补偿，也为了有效提高设施设址的支持率，可以将补偿（compensation）和回馈（feed-back）作为推动邻避设施设址的促进手段。

补偿论者主张给予设施负外部性影响者以补偿或回馈的基本逻辑是因邻避设施设址对周边环境或居民身体健康、财产价值等存在某种影响而使他们利益受损，因此需要对他们的损失给予一定的“补偿”或“回馈”。补偿与回馈的基本逻辑存在一定差异：补偿是由于设施设址使周边社区及其居民受到某种损失，因而给予他们一定的经济、就业等待遇以“补偿”其损失；而回馈则是因设施设址使设施经营者得到收益，为了感谢设施周边社区及其居民对设施设址的支持，由设施设址者给予周边社区或居民以一定的“回馈”以示回报。补偿的前提是被补偿者受到了某种损失；而回馈的前提是被回馈者对回馈者的支持与帮助，它不以利益受损为前提，被回馈者可能受到利益损失也可能没有受到利益损失。在实际邻比冲突治理中，回馈常常被企业或政府作为补偿的替代性策略，因为这样可以改善设施形象、提升设施周边居民对设施的认同和支持度，亦可以向周边居民传达企业并非因设施负外部性影响而给予补偿的信息，借以弱化设施负外部性影响的存在感及周边居民要求补偿的权益意识，改变企业和政府的谈判地位。在此情境下，回馈与补偿实际上没有本质不同。

然而，从环境哲学视域来看，经济学对设施负外部性影响和补偿与回馈的简单成本收益分析并不能反应环境哲学的价值追求，邻避设施的负外部性影响具有不可补偿性，邻避设施负外部性影响的补偿与回馈机制无法解决环境哲学的伦理困境。反对者认为，邻避设施的负外部性影响，如身体健康和生命安全的威胁、下一代的健康风险、人类自身生存环境的彻底破坏等，都无法用金钱衡量与补偿。环境正义论者用无可辩驳的事实表明，邻避设施被大量设置于社会弱势群体社区，使社会弱势群体生活于不正义的环境之中，邻避设施设址过程中的补偿机制实际上违背了环境正义的基本原则，它是强势利益集团利用自身经济和政治地位的优势，对处于经济和政治劣势地位的弱势群体的诱导和欺骗。[①] 此外，设施周边居民如果接受补偿，会使邻避设施设址者认为居民邻比抗争的目的并非是真正关心环境问题，而是为了获得补偿金，因而只是出钱打发抗争者而不会真正关心设施的负外部性影响治理，因为治理设施负外部性影响的成本常常会高于补偿额；而对设施周边居民而言，“会哭的孩子有奶吃”和补偿金的获得，会使他们“食髓知味”，认为既然抗争失败没有任何损失而成功则有钱可赚，所以会通过抗争以获取补偿来赚取外快。综上，补偿措施潜藏着诸多缺点。

在受到道德批评的同时，实证研究资料显示，依靠补偿激励机制治理邻比冲突的州并没有比使用其他方法治理邻比冲突的州获得更为明显的成功，补偿和回馈机制实际上并不能真正提高邻避设施设址接受度。[②] 研究表明，尽管使用了丰厚的补偿金，但从20世纪70年代中期以来，美国只成功设置了一个小型放射性废弃物处理设施和一个危害性废弃物堆积场。[③] 在并不存在内在动机激励的政策领域或不必担心公共精神和公民责任被挤出的领域，使用补偿措施是赢得地方支持的有效策略，但在公共精神盛行的地方，金钱补偿也许会降低地方对邻避设施设址的接受度，因为金钱奖励剥夺了个人享受利他感觉的可能性，使用经济补偿激励机制会对公民精神和公民责任形成挤出效应，导致最终付出的价格一般要比经典经济学理论提出的价格高，[④] 在特殊情形下甚至会被视为贿赂行为而引发更为激烈的邻比抗争，[⑤] 传统经济学的补偿理论忽视了道德规则的影响，贿赂效应和对内在道德动机的挤出效应常常会造成补偿机制的失败。在公共精神发达的地方，补偿等经济手段常常对公民的公共精神形成挤出效应，

---

① 丘昌泰、苏瑞祥：《破解选票政治、回馈情结与公共政策的三角难题：以环保政策为观察焦点》，《法商学报》1999年第35期。

② Portney, K., *Siting Hazardous Waste Treatment Facilities: The NIMBY Syndrome*, New York, Auburn, 1991, pp. 28-29.

③ Gerrard, M. B., *Whose Backyard, Whose Risk: Fear and Fairness in Toxic and Nuclear Waste Siting*, Cambridge, Mass.: MIT Press, 1994, p. 35.

④ Field, P., Raiffa, H. & Susskind, L., “Risk and Justice: Rethinking the Concept of Compensation”, *Annals of the American Academy of Political and Social Science*, Vol. 545, 1996, pp. 156-164.

⑤ Kasperson, R., Goldin, D. & Tules, S., “Social Distrust as a Factor in Siting Hazardous Facilities and Communicating Risk”, *The Journal of Social Issues*, Vol. 48, No. 4, 1992, p. 161-187.

降低设施设址接受度。①

即便可能存在诸多弊端，但补偿论者为了获取不可或缺型公共效用而给予利益受损者以补偿和回馈的观点，不仅对人类自身发展的主体性需要有其合理性和积极意义，在经济学上也有理论支撑。根据现代经济学理论，成本收益分析是决定经济主体经济行为的判断依据：如果某种行为所获得的收益小于行为的成本，人们常常会选择不为某种行为，而如果某种行为所获得的收益大于行为的成本，人们常常会选择为某种行为。因此，对邻避设施设址倡导者而言，如果邻避设施设址的社会净收益大于邻避设施设址的社会净成本，那么应该继续设施设址；如果邻避设施设址的社会净收益小于社会净成本，那么应该终止设施设址。而就反对设施设址的设施周边居民而言，虽然一般情况下如果所获得的补偿和回馈收益小于设施设址负外部性影响的潜在成本，他们会选择反对设施设址，但如果他们所获得的补偿或回馈收益大于设施负外部性影响所带来的成本，他们会选择支持设施设址。因此，理论而言，通过补偿和回馈有助于提升邻避设施设址标的地区居民对设施设址的支持度，提高设址成功设址的可能性。实证研究也表明，邻避设施设址过程中的补偿和回馈确实有助于提高邻避设施设址的成功率，尤其当补偿和回馈额巨大时更是如此。②

除直接的经济逻辑之外，补偿措施的提出实际上还有两个更为重要的潜在理由，即补偿是避免必要型邻避设施设址冲突和矫治必要型邻避设施设址可能造成的环境不正义。导致邻比冲突的直接原因是邻避设施设址标的地区周边居民觉得利益受损而反对邻避设施设址，面对对公共利益不可或缺的强必要型邻避设施设址，支持设施设址的开发商或政府只能通过给予民众一定数额的“补偿金”，以期消除或减缓其反对邻避设施设址的强度以避免冲突。另外，必要型邻避设施设址的直接收益通常为区域整体、政府或企业所得，却要周边居民承担额外的负外部性成本，而邻避设施设址的现实逻辑肯定不可能设置于闹市繁华地区或社会强势群体社区，这实际上是一种难以避免的环境不正义现象，但通过给周边居民适当补偿可以在一定程度上达到矫治环境不正义的目的。在此

---

① Frey, B. S., Oberholzer-Gee, F. & Eichenberger, R., “The Old Lady Visit Your Backyard: A Tale of Morals and Markets”, *The Journal of Political Economy*, Vol 104, No. 6, 1996, p. 1297-1313.

② Ibid.

情境下，不食人间烟火式的泛道德化环境正义伦理显然并不适用，邻比冲突治理的环境正义伦理必然要服从于现实生活的强必要性需求。因此，对支持设施设址的设施周边居民予以补偿与回馈，在实践上具有必要性、在政治伦理上亦具有正当性，它有利于必要型邻避设施设址和邻比冲突治理。

第六章

多元协作型邻比冲突治理模式的理论建构

模型指的是模仿真实系统内各个组成部分之间相互联系、配合、渗透、制约所形成的内在结构和运行方式所建构起来的拟态仿真系统，运行模型通常会体现有机体内部的动态运行过程。通过主观意识、语言、绘图或物品来再现某一现存物品或虚拟物品的具象、主要特征和运行规则的仿真物品就是对研究对象进行建模，建模能够生动形象地展现或再现研究对象各构成要件之间的内在联系和运行规则。邻比冲突治理模式是邻比冲突治理的方法论，是治理邻比冲突实践方案的理论抽象，它包括邻比冲突治理的理论基础、治理目标、基本原则和运行机制等基本要素。不同邻比冲突治理模式，其理论基础、治理目标、基本原则、运行机制必然存在一定差异，其中运行机制构成邻比冲突治理模式的核心。多元协作型邻比冲突治理模式的运行模型即用语言和图像展现多元协作型邻比冲突治理模式的治理主体、治理机制和治理方式这三个主要构成要件之间的相互关系、主要特征和运行规则，本章从理论上建构多元协作型邻比冲突治理模式的理论模型。

第一节　多元协作型邻比冲突治理模式的理论内涵

所谓协作，即平等自愿基础上的理性互动与协调、合作，它要求必须遵守和尊重基本道德规范和既定制度规则，强调多元平等主体相互尊重与信任基础上的充分表达、利益协调、互动说服和志愿性的偏好调整。多元协作型治理模式之所以强调“协作”，主要源于对“合作”类型的反思。

按照现实驱动力，可以将合作分为平等自愿基础上的理性互动式合作、强制胁迫下的被动服从式合作、利益诱导下的交易式合作三种形式。多元协作型邻比冲突治理模式认为，强制胁迫和利益诱导下的合作只能是社会矛盾被暂时搁置的虚假治理状态，并没有实现社会冲突的真正治理。就邻比冲突治理而言，如果依赖政府强制暂时压制任何一方的不同意见和利益诉求，或者通过利益诱导“购买”或“贿赂”任何一方达成合作，都可能会埋下未来冲突“风云再起”的隐患。因此，邻比冲突治理必须在明确多元治理目标的基础上，按照多元协作治理模式的基本原则，通过多元协作激励保障机制，坚持多元主体平等互动基础上的协商合作，根据邻避设施的具体类型，实现邻比冲突的类型化治理，这是多元协作型邻比冲突治理模式的基本内涵。

一　多元协作型邻比冲突治理模式的治理目标

治理目标是邻比冲突治理的首要问题，没有明确的治理目标，邻比冲突治理也就失去了基本方向，难以取得实在的治理成效。多元协作型治理模式从邻比冲突的本质特征出发，认为邻比冲突问题既是环境问题，又是社会问题，邻比冲突治理既涉及环境正义的伦理价值，又涉及多元利益主体的经济利益纠葛，因而在实际邻比冲突治理过程中坚持多元化的治理目标。

（一）对象目标

多元协作型治理认为，要有效治理邻比冲突，首先必须厘清邻比冲突治理的对象，把握邻比冲突治理的对象目标。从表面上看，如何消除邻比抗争主体的邻避情结和邻比抗争行为是邻比冲突治理必然需要面对的关键问题，这导致各地政府和各种邻比冲突治理模式在现实邻比冲突治理中，一般都将邻比抗争主体视作需要治理的首要对象，着力于化解邻比抗争主体的邻避情结和邻比抗争行为，有的甚至直接采用政府强制的方式实现针对邻比抗争主体的“治理”，但却忽视了邻避设施负外部性影响以及企业经营行为的治理。然而，邻避设施负外部性影响的存在和企业邻避设施负外部性影响治理不力常常是产生邻比冲突的直接原因，将邻比抗争主体视作邻比冲突治理的主要对象有本末倒置之嫌。

多元协作型治理模式改变了其他各种治理模式在治理对象目标上的缺点，认为邻比冲突治理的首要对象应该是邻避设施的负外部性影响及企业针对设施负外部性影响的经营管理行为，其次是邻比抗争主体的邻避情结和邻比抗争行为。具体而言，多元协作型治理模式首先强调邻避设施负外部性影响治理与企业经营管理行为监督管理，即主张将减少或降低邻避设施的负外部性影响或设施潜在危害性事件的发生概率，终止非必要且危害严重型邻避设施设址，终止不合理的邻避设施设址，作为邻比冲突治理的首要目标。与此同时，多元协作型治理模式还强调必要型邻避设施成功设址，这是多元协作型治理模式对公共利益的坚持和维护，但强调必要型邻避设施设址的科学性和合理性。

此外，多元协作型治理模式坚持将邻避设施经营企业视作第二位的对象目标，主张加强企业降低设施负外部性影响和设施安全经营管理行为的监督管理，防止企业在降低设施负外部性影响或安全管理方面的各种机会主义行为。同样，多元协作型治理模式借鉴公共选择理论关于政府也是理性经济人的论断，主张要防止政府出于自身利益的考量而在邻比冲突治理过程中出现不当行为。最后，多元协作型治理模式强调加强对邻比抗争主体的协作治理，通过协作治理机制降低或消除邻比抗争主体针对必要型邻避设施设址的邻避情结与邻比抗争行动。

（二）环境目标

邻比冲突治理问题在某种程度上实际上是一种环境问题，它是环境保护运动兴起的产物。邻比抗争主体产生邻避情结的主要原因在于邻避设施的负外部性影响，而邻避设施负外部性影响的主要表现便是邻避设施对周边地区自然环境的破坏。多元协作型治理模式对此有清醒的认识，它承认自然环境关乎邻避设施周边地区居民的生活品质和身体健康，更关乎经济社会的可持续发展，认为如果忽略了邻比冲突治理对环境治理重要性的认识，那么即便暂时通过补偿等治理机制实现了邻比抗争主体邻避情结和邻比抗争行为的消解与治理，也违背了经济社会可持续发展的基本要义，破坏了自然环境的代际正义。因此，多元协作型治理模式强调邻比冲突治理中的环境治理目标，认为环境治理目标是邻比冲突治理目标的重要组成部分，也是实现经济社会可持续发展和环境代际正义的必然要求。

（三）利益目标

邻避设施具有成本集中、收益分散的特性，即虽然会给设址标的地区施加一定的负外部性影响，需要设址标的地区和周边社区居民承担一定的负外部性成本，但同时却对一定区域范围整体具有一定的公共效用，这是邻比冲突公共利益悖论本质的体现，也是导致邻比冲突治理困境的关键原因，尤其当邻避设施为必要型设施时更是如此。多元协作型治理模式既重视治理对象目标的优先顺序，还关注必要型邻避设施公共效用的实现程度，认为不论是终止非必要且危害严重型邻避设施设址，还是终止或迁移不合理设址的邻避设施以及合理设置必要型邻避设施，都应坚持公共利益导向，将公共利益尤其是长远公共利益作为邻比冲突治理的关键目标，但多元协作型治理模式同时还强调对多元利益关系的统筹兼顾，认为在维护和增进公共利益的同时，还应该促进企业、设施周边社区居民利益的综合平衡发展，将统筹兼顾多元主体利益作为邻比冲突治理的关键利益目标。

（四）社会目标

多元协作型治理模式强调邻比冲突治理的环境属性，更强调邻比冲突治理的社会属性，认为邻比冲突治理既是环境问题，更是社会问题。阶梯发展性是邻比冲突的重要特征，萌芽阶段的邻比冲突如果不能得到及时治理，极有可能发展成邻避性群体性事件乃至大范围的社会冲突事件，严重时甚至会危及社会的和谐与稳定。从政治伦理而言，邻比冲突反映了社会的环境正义问题，而从经济学本质来看，邻比冲突体现了公共利益悖论问题，因此，多元协作型治理模式在坚持邻比冲突治理的环境目标的同时，还坚持邻比冲突治理的社会目标，主张通过邻比冲突治理以维护社会和谐稳定和公平正义，防止邻比冲突问题对社会弱势群体的不正当侵害，导致社会弱势群体的生活环境和生存状态陷入恶性循环的窠臼。不仅如此，多元协作型治理模式还主张通过邻比冲突治理促进社会弱势群体生活环境和生存状态的改善，减小社会不同阶层之间的贫富差距，维护和增进社会公平与正义。

二 多元协作型邻比冲突治理模式的基本原则

理论研究需要为实践服务，在确定邻比冲突治理目标之后，接下来应该确定邻比冲突治理应该遵循的基本原则。邻比冲突治理的基本原则规定邻比冲突治理的基本尺度和行为方向，是邻比冲突治理应当遵循的必要准则。邻比冲突治理目标的多元多样性决定了多元协作型邻比冲突治理模式必须坚持以下基本原则。

（一）坚持统筹兼顾的利益均衡原则

统筹兼顾的利益均衡原则指的是在邻比冲突治理中，既要以维护和增进公共利益为目标，又要合理协调各种利益关系，尤其是政府、企业和邻避设施周边社区和居民等核心利益相关者之间的利益关系，实现各种利益之间的和谐共处和均衡发展。首先，邻比冲突治理公共利益包括两个方面，一方面是邻避设施公共效用带来的公共利益增长。另一方面是设施环境危害及负外部性影响所造成的公共利益损失。因此，多元协作型治理模式首先主张邻避设施正、负效用之间的统筹兼顾，强调坚持邻避设施社会净收益为正的基本原则。其次，政府在邻比冲突治理中是关键利益相关者。在邻比冲突治理中，政府一方面是公共利益的代表，另一发面也有自身政绩、合法性、财政税收等利益诉求，个别情况下甚至还包括邻避设施设址的寻租和腐败收益，多元协作型治理模式因而强调必须在遏制腐败和寻租收益的同时兼顾政府利益。再次，多元协作型治理模式认为企业既是邻避设施设址的直接经济利益获得者，又是邻避设址周边居民负外部性成本的直接施加者，邻比冲突治理既要合理兼顾企业的经营收益，又要综合考虑终止设施建设或邻比冲突治理给企业带来的利益损失。最后，多元协作型治理模式认为邻避设施周边社区和居民在邻比冲突治理问题中是核心利益相关者，他们是邻避设施负外部性影响成本的集中承担者，是邻比冲突治理必须重点关注的核心利益主体，因而主张在增进和维持公共利益、政府利益、企业利益的同时，必须兼顾和维护邻比抗争主体的利益诉求。此外，多元协作型治理模式还承认专家、媒体、第三部门等多元社会主体与邻比冲突治理的利益相关性和主体相关性，主张必须同时兼顾多元社会主体的利益诉求，实现不同利益相关者之间的利益均衡。

（二）坚持环境正义的政治伦理

从邻避设施设址实践来看，邻避设施一般都设置在弱势群体社区或人口密度相对较小的社区，这既是因为弱势群体社区难以组织有效的反对活动，也是出于尽可能降低设施负外部性影响范围的现实考量，但这种设址策略在事实上造成了环境不正义的现实政治伦理问题。如果任其发展，它将对自然环境和社会公平正义造成恶性循环的潜在影响。首先，因为弱势群体和人口密度小的地区往往难以有效组织邻比抗争活动，在没有形成有效公民参与和监管制度的情况下，也难以对企业的降低危害措施和安全管理行为形成有效监督。在没有有效的外部监督制约的情况下，经济人理性极易使企业出现各种机会主义行为，如为了降低运营成本而减少甚至停止使用各种废弃物处理设备，或者对设施的各种负外部性影响听之任之，对设施周边居民的利益诉求采取消极态度，进而导致环境破坏现象的加剧。其次，弱势群体本就处于弱势地位，他们的经济、政治和社会地位都可能处于社会的底层，邻避设施的各种负外部性影响会加剧他们生活环境和生存状态的恶化。如健康状态的影响会加剧设施周边社区居民的医疗成本，并进而影响其工作、生活和经济状况，严重时甚至会对其家庭造成灾难性的打击，使其无法摆脱贫穷落后的现状，降低其反对邻避设施的能力，使其面临环境不正义和生活状态的双重恶性循环，甚至出现代际环境不正义的环境伦理问题，这显然违背了社会公平正义的环境政治伦理。因此，多元协作型治理模式强调必须将维护环境正义的政治伦理作为邻比冲突治理的基本原则。

（三）坚持动态平衡的科学稳定观

关于社会稳定，存在两种稳定观。一是将稳定视作死水一潭、封闭式的“绝对稳定”状态，这是静态稳定观；二是将稳定理解为一种动态平衡的发展过程，这是动态稳定观。[①] 静态稳定观把稳定理解为现状的静止不动，常常通过社会控制的手段维持现有秩序的静止不动。静态稳定观实际上是将社会秩序和社会发展视作一个静止不动或循环不前的静态系统，否认社会是一个不断发展变化的有机体，是一种形而上学的稳定观。静态稳定观是“一种不可持续的稳定，是周期性的治乱循环的稳定，必然伴随着间歇性的社会政治动荡”[②]。

动态稳定观认为社会是一个不断发展变化的过程，随着社会政治、经济事业以及思想观念、文化习惯等方面的不断发展，社会必然需要不断调整以适应新的社会发展水平，动态稳定观允许社会秩序在一定范围内的变化和调整。当然，动态稳定观并不意味着社会秩序的彻底丧失，动态稳定观主张社会是一个不断发展的过程，是维持基本秩序基础之上的动态平衡。动态稳定观是符合历史发展趋势的辩证唯物主义稳定观。坚持动态的稳定观，就是要用发展的眼光看待社会发展和社会稳定，科学认识社会转型和发展过程中必然面对的各种不稳定因素或事件，通过动态化的发展机制及时消除和化解各种社会利益矛盾和社会冲突。

动态稳定观承认社会的多元化利益格局以及不同利益主体的利益诉

① 俞可平：《动态稳定与和谐社会》，《中国特色社会主义研究》2006 年第 3 期。

② 胡联合、胡鞍钢：《科学的社会政治稳定观》，《政治学研究》2004 年第 4 期。

求，它“不但要求经济稳定的可持续，而且要求政治稳定和文化（思想）稳定的可持续；不但要求人类社会政治稳定的可持续，保障不间断的人们稳定生活的需要，而且也要求生态稳定的可持续，保护自然环境和资源，并努力实现人类社会稳定与自然生态稳定的协调平衡”[①]。公民反对邻避设施的邻比抗争行动是公民对自身利益诉求的积极表达，虽然它往往对社会秩序和公共利益构成一定的影响，但它不仅有利于保护自然环境和自然资源，还有利于促进邻避设施的自我完善和公共利益的良性发展，并有助于促进社会的公平正义，在很大程度上有助于实现社会的动态稳定和科学发展。多元协作型治理模式认为，如果不能坚持动态稳定观，其结果要么是设施无法设置，导致公共利益无法实现；要么是绝对强力的控制，使社会失去公平正义而走向人为粉饰的和谐，导致更为严重的社会动荡。因此，多元协作型治理模式强调动态平衡的稳定观，认为既不能对公民的邻比抗争行动视若无闻、听之任之，又不能以影响社会稳定为借口轻易对邻比抗争主体采取强制措施，这是多元协作型治理模式的基本原则。

（四）坚持危害降低原则和协作保护原则

邻比冲突的直接根源在于邻避设施的负外部性影响，某些邻避设施的负外部性影响甚至会危及周边居民一代或几代人的身体健康和生命安全，“如果忽视科技或其他相关学科的分析工作，仅仅依靠伦理学与哲学来解决环境问题也将毫无作用。完全转向哲学、伦理学而不再借助科技，这是与期待科技快速解决环境问题相类似的另一个极端”[②]。环境正义的基本原则要求必须尽可能减少或降低邻避设施的负外部性影响以维护利益受损群体的根本利益和根本权利，多元协作型治理模式将危害降低作为协作治理的基本前提和基本原则。

多元协作治理主张多元主体在邻比冲突治理中的协作行为，但经济人自利性的理性行为可能会使协作过程中出现各种可能的机会主义行为，当出现机会主义行为时，采取协作行为的主体利益必然会受损，如同公共池塘资源问题的治理一般，如果听任机会主义行为的发生，那么最终必然会导致所有主体都会采取非协作行为，多元协作治理最终必然会被破坏殆尽。因此，多元协作治理在强调危害降低原则的同时，还强调协作过程中

---

① 胡联合、胡鞍钢：《科学的社会政治稳定观》，《政治学研究》2004 年第 4 期。

② DesJardins, J. R., “Ethics, Sciences, and the Environment”, *Environmental Ethics: An Introduction to Environmental Philosophy*, California: Wadsworth Publishing Company, 1993, p. 10.

的协作保护原则，主张通过制度化的协作保护机制，防止和惩罚各种机会主义行为，并对各种协作行为予以嘉奖和激励。

（五）坚持法治精神和公共精神相互融合的原则

在邻比冲突治理中，传统政府强制型治理模式更多地体现了人治色彩，个人意志和权力本位对邻比冲突治理有重要影响，政府在邻比冲突治理中常常不遵守甚至无视现行法律法规中的某些与邻避设施设址或邻比冲突治理实际相关的程序性规定或制度条款的现象广泛存在，如环境评价制度、公开听证制度、信息公开制度等未能得到很好的遵守与执行，这由典型案例中部分地方政府官员在实际邻比冲突治理过程中一再宣称的“我们可以补办手续”就可见一斑。在政府官员的观念中，“程序”由他们制定并负责具体执行，因此，法定的“程序”要不要办、怎么办、何时办等，都可以根据他们的好恶而定，或者说都是根据他们的实际需要而定，这显然违背了程序正义的基本精神。多元协作型治理模式主张在邻比冲突治理中应该消除这种有法不依、无视法律法规的做法，既要及时制定相关法律法规制度，更要做到有法必依，这是邻比冲突治理应该秉持的基本原则。

在主张邻比冲突治理依法进行的同时，多元协作型治理模式认为，由于邻避设施设址可能会对周边社区群众的身体健康、生命财产、环境正义、生活品质等基本权利形成一定的负外部性影响，需要周边社区群众做出一定的利益牺牲，但却对公共利益、企业利益和政府利益存在一定的促进作用，尤其是必要性邻避设施的设址对公共利益更是不可缺少，这就必然要求社会公众，尤其是邻比抗争主体要对必要型邻避设施设址给予一定的包容和理解，必要时必然需要他们做出一定的利益牺牲，这是公共利益的必然要求。在现代法治和公平正义的伦理语境下，要让邻比抗争主体做出利益牺牲必须要以他们的同意为前提，这依赖于邻比抗争主体为公共利益做出利益牺牲的公共精神。因此，多元协作型治理模式主张要实现邻比冲突治理还必须在坚持公平正义伦理和法治精神的同时，充分发挥邻比抗争主体的公共精神，在邻比冲突治理中坚持将法治精神和公共精神相结合，既要强调法治秩序，也要强调抗争主体为公共利益尤其是必要性公共利益做出利益牺牲的公共精神，离开邻比抗争主体的公共精神，不可能达成真正意义上的邻比冲突治理。当然，多元协作型治理模式在强调邻比抗争主体公共精神的同时，还同等强调政府、企业、专家和社会等多元利益主体在邻比冲突治理过程中的公共精神。

主张邻比冲突治理过程中应坚持法治精神和公共精神相结合，这是多元协作型治理模式的又一基本原则，但多元协作型治理模式强调法治精神和公共精神方面也各有侧重。首先，针对政府与企业，多元协作型治理模式更强调要坚持法治精神。政府与企业都是相对强势的参与主体，如果过于强调其邻比冲突治理过程中的公共精神，则易于忽略对他们的制约和监督，一旦他们忘却自身的公共精神而采取机会主义行为时，则可能会危害社会。因此多元协作型治理模式在强调他们要坚持公共精神，以公共利益为导向的同时，还主张不能过多地依赖于对其公共精神的期望，必须要用法律和制度来规范其行为，因此更主张多元协作过程中对政府和企业法治精神的强调，主张依法“行政”、依法“治企”和依法“经营”。其次，针对其他多元参与主体，多元协作型治理模式更强调要坚持公共精神。毋庸置疑，多元主体在邻比冲突治理过程中应该坚持依法参与，在法治的框架下进行利益交流、调适与合作，但多元协作型治理模式对社会参与主体及邻比抗争主体更强调其公共精神，这是因为多元协作型治理模式中，多元主体的参与治理更多地体现了社会的公共精神和参与精神，而且社会主体是一个庞大的群体，面面俱到的监管事实上不可能且必然会耗费大量资源。因此，多元协作型治理模式认为，在强调社会参与主体依法行为的同时，更倾向于强调他们的公共精神，主张社会主体在公共精神支配下的自觉行为。简言之，多元协作型治理模式认为，公共事务治理过程中应该法治和德治并重，但对政府和企业更应该强调“法治”，而对社会主体更应该强调“德治”。

三　多元协作型邻比冲突治理模式的基本内涵

所谓多元协作型邻比冲突治理模式是指政府在邻比冲突治理中，积极发挥多元利益主体和社会力量的治理主体作用，统筹兼顾多元利益相关者的利益诉求，通过多元协作治理机制调动多元主体参与邻比冲突治理的积极性和协作意识，促进多元主体之间的协作以实现邻比冲突治理的治理模式。

首先，多元协作型邻比冲突治理模式强调多元主体在邻比冲突治理中的平等主体地位和作用。邻避设施负外部性影响的复杂性、邻比冲突环境不正义的政治伦理和公共利益悖论的经济学本质，使邻比冲突治理成为一个复杂的治理难题。邻比冲突治理实践表明，靠任何单一主体或几方主体的治理努力，或者某几方主体将另外某个或几个利益相关者视作治理对象而采取单方面的治理行动，邻比冲突治理都可能会变成一厢情愿的努力。利益相关者理论和多元治理理论表明，只有平等地发挥政府、企业、邻比抗争主体、技术专家、新闻媒体、第三部门、社会公众等多元主体在邻比冲突治理中的积极作用，合理兼顾多元主体的利益诉求，引导和激励多元主体积极参与邻比冲突治理，才能实现邻比冲突的有效治理。离开多元主体之间的协作，忽视任何一方主体在邻比冲突治理中的平等参与、监督建议、支持与合作，都不可能真正达成邻比冲突治理。发挥多元主体在邻比冲突治理中的主体作用，依靠多元主体的制衡协作以实现邻比冲突的民主治理，是多元协作型治理模式的基本内涵。

其次，多元协作是实现邻比冲突治理的必要基础。所谓协作指的是多元治理主体之间的协商、协调与合作。多元协作型邻比冲突治理模式的协作依赖于多元主体之间的偏好协商与利益协调，这种偏好协商和利益协调所实现的协作，既不同于市场主导型治理模式中通过市场谈判达成的合作，也不同于设施管理型治理模式中通过政治谈判和设施管理所达成的合作，更不同于政府强制型治理模式下政治强制所达成的“合作”。市场谈判强调各方主体之间的讨价还价，政治谈判强调各方权利主体之间的付出与索取之间的利益博弈，而偏好协商和利益协调式的协作强调的是观点的说服、偏好的调整以及对利益受损者的尊重、承认和褒奖，同时强调利益获得者对社会的回馈与反哺以及对利益受损者的主动积极的补偿或回馈。多元协作型治理模式认为，合作意识是多元主体进行协商的前提，多元主体之间的协商又是达成合作的基础。没有基本的合作意识，便不可能有多元主体之间的平等协商和利益偏好的倾听与调整；没有协商，多元主体的平等志愿的合作也不可能达成。协商与合作形成了一对辩证互动的理论关系，二者可以互为前提，相互促进，它们的有机融合便形成了多元协作型邻比冲突治理模式“协作”的基本内涵。此外，协作理念还强调利益关系和合作行为的协调，没有利益关系和参与行为的统筹协调，多元协作也不可能达成。质言之，协作即平等协商和利益协调基础上的自愿合作。

再次，政府是邻比冲突治理的主要主体，应该发挥政府在邻比冲突治理中的主导作用。多元协作型邻比冲突治理模式强调多元主体在邻比冲突治理中的平等主体地位，但这并不意味着对政府在邻比冲突治理中主导作用的否定。作为邻比冲突多元社会治理主体中的“龙头老大”，政府依然是多元主体中的重要一元，对邻比冲突治理具有不可推卸的主导责任。但与传统政府强制型邻比冲突治理模式中政府作为垄断邻比冲突治理权力的单一主导性治理主体不同，多元协作型邻比冲突治理模式中政府主导作用的发挥，不再依赖于政府对公共权力的垄断和强制工具的使用，不再是垄断邻避设施选址决策、执行以及邻比冲突治理事务的单一权力主体，多元协作型邻比冲突治理模式中政府主导作用的发挥有其合理的边界，主要表现为邻比冲突治理的制度供给、政策引导、利益协调、监管规制、仲裁处罚以及多元协作过程的引导者和主持人角色等统筹协调作用的发挥。

最后，多元协作型邻比冲突治理模式强调统筹兼顾多元利益主体的利益诉求。邻比冲突公共利益悖论的经济学本质决定了邻比冲突治理必须实现多元利益关系的统筹兼顾。多元协作型邻比冲突治理模式承认公共利益的必要性和优先性，但同样坚持维护和增进局部利益和个人利益，尤其强调维护和增进局部群体和个人的核心根本利益，认为在实现和增进公共利益的同时不能以牺牲局部或个人的核心根本利益如身体健康和生命安全为代价，至少这种牺牲必须以局部群体和个人的清醒认知、自愿同意以及得到合理补偿为前提。多元协作型邻比冲突治理模式强调多元主体参与邻比冲突治理过程，就是为了便于多元利益相关者在参与邻比冲突治理过程时积极表达和维护自身的利益诉求，从而达到统筹兼顾，尤其是兼顾各方利益主体核心利益的利益均衡原则。统筹兼顾多元主体的利益诉求是多元主体进行协作治理的基础。

四　多元协作型邻比冲突治理模式的一般特征

治理模式的关键要素在于治理主体、治理机制和治理方式的综合构成。多元协作型邻比冲突治理模式强调平等协作的多元治理主体在邻比冲突治理中的主体性地位，通过多元主体对多元协作激励和保障机制的运用来促进多元主体平等协作目标的达成，并根据邻避设施的具体类型对邻比冲突实施类型化的治理，这是多元协作型邻比冲突治理模式的基本运行轨迹（见图 6-1）。

（一）平等协作的多元主体

治理主体多元平等化是多元协作型邻比冲突治理模式的首要特征。不同于传统政府强制型邻比冲突治理模式政府垄断邻比冲突治理权力的单一

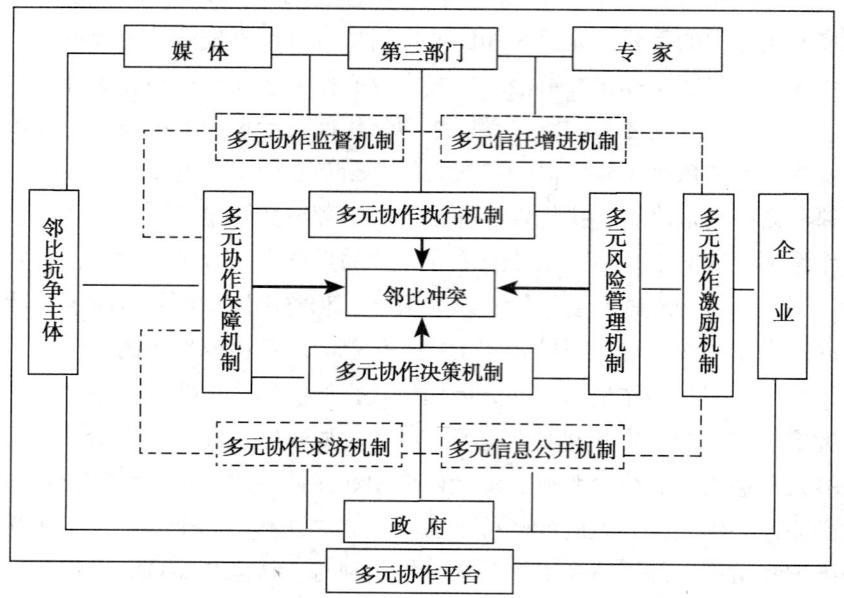

图 6-1 多元协作型邻比冲突治理模式的运行模型

主导性治理主体格局，多元协作型邻比冲突治理模式在邻比冲突治理中引入利益相关者参与和多元主体共治的治理格局，发挥多元主体在邻比冲突治理中的功能作用。与此同时，不同于市场主导型和设施管理型邻比冲突治理模式中多元主体地位之间不平等的现实以及社区治理型邻比冲突治理模式中政府与企业的被动地位，多元协作型治理模式坚持多元利益主体的平等地位，尤其反对将邻比抗争主体视作治理对象的主体—客体式治理理念。换言之，多元协作型邻比冲突治理模式中多元治理主体之间是一种平等对话与协商、互动合作与回应的新型主体关系，但这并不妨碍多元协作型邻比冲突治理模式对政府在邻比冲突治理中的主导责任和主导作用的强调，也不妨碍多元协作型邻比冲突治理模式赋予政府和企业在邻比冲突治理中更多的责任，多元协作型邻比冲突治理模式要求政府和企业应该在邻比冲突治理中展现出更为积极的态度，表现出更为积极的主动性、回应性和责任性，这是因为政府是公共利益的代言人，很多情况下又是设施利益的获得者，而企业更是设施经营收益的主要占有者。

（二）多元协作型治理机制

多元协作型治理模式致力于多元主体之间的协作共治以实现邻比冲突

治理，多元协作治理机制因而成为多元协作型治理模式的核心运营机制，也成为多元协作型治理模式区别于其他治理模式的关键特征。多元协作型治理机制主要包括多元协作决策机制、多元协作执行机制和多元协作保障机制。首先，多元协作决策机制是多元协作型治理模式的决策制定方式。多元协作决策机制强调邻比冲突治理或邻避设施选址决策中的多元参与和平等协作，主张利益相关者和多元社会主体秉持统筹兼顾多元利益的合作诚意，共同参与决策过程，自主自由地表达自己的意见，尊重其他主体的尊严和权利，倾听他们的心声并做出积极的回应。邻比冲突治理过程中邻避设施设址的必要性、邻避设施设址科学性合理性的讨论、邻避设施设址地点的选择、冲突争议解决方案的制定以及补偿与回馈方式与标准等，都应由多元主体在平等协商的基础上做出决策，为此，必须实现多元协作决策的程序化和规范化。其次，多元协作执行机制。由多元主体通过平等协作的方式讨论政策执行过程中出现的各种问题，既能保证多元协作决策的有效执行，又可以实现政策方案的持续优化，增进多元主体对政策内容的认知和支持，减少政策执行中的内耗和执行成本，提高多元决策政策的执行效率，有效达成多元决策过程中的决策目标。最后，多元协作保障机制。虽然坚持多元主体有出于整体利益和个人利益而秉持合作意识和采取协作行为的利益动力，但多元协作型治理模式并不否认邻比冲突治理过程中各种机会主义行为的可能性，因而强调多元协作保障机制促进、保障和维持多元协作行为，认为多元信息公开机制、多元信任增进机制、多元协作激励机制、多元协作监督机制、多元协作救济机制等多元协作保障机制，能够有效增进信息透明度、提升多元主体之间的信任水平，增进多元主体的合作意识和合作行为、补偿激励协作者、提高监督各种机会主义行为的有效性，并对多元协作过程中积极实施协作行为的主体实施权利救济，因而对促进多元主体调整价值偏好，增进政府与企业对邻比抗争主体利益诉求的回应性以及设址标的地区对必要型邻避设施设址的回应性等，都有积极意义，能够达到消除协作障碍的目的。

（三）类型化治理方式

邻避设施的负外部性影响是导致邻比冲突的直接根源，邻避设施因而应该是邻比冲突治理的“节点”所在。现实邻避设施的多样性和复杂性决定了邻比冲突治理的复杂性。表面而言，如何消除邻比抗争主体的邻避情结和邻比抗争行为是邻比冲突治理的关键问题，这导致政府强制型治理模式将邻比抗争主体视作邻比冲突治理的主要对象，着力于化解邻比抗争主体的邻避情结和邻比抗争行为，甚至采用政府强制机制来“治理”邻比抗争主体，但对邻避设施负外部性影响治理以及企业经营管理行为的监督管理重视不足，这既可能是政府强制型治理模式对邻比冲突本质认识不足的原因，也可能是发展型政府的必然行动逻辑，[①] 因为经济发展指标的政绩利益驱动及问责有限的分权会导致经济人理性的地方政府出现“选择性无视”。然而，邻比冲突问题源于邻避设施设址，不同类型的邻避设施设址，其负外部性影响的对象、内容、严重程度、对不同主体的利益影响程度各不相同，所引发的邻比抗争强度，治理过程中所关涉的利益关系和利益诉求，针对邻避设施负外部性影响治理的治理要求、标准以及适用的具体机制和政策工具等核心问题，也必然存在很大差异。因此，在具体邻比冲突治理中，不应该也不可能采用千篇一律式的单一治理方式，邻比冲突治理必须改变传统政府强制型治理模式不考虑具体邻避设施类型的单一治理理念和治理路径，根据邻避设施的不同类型，采用不同的治理标准、治理机制和治理策略，对邻比冲突实施类型化治理，实现邻比冲突治理的路径创新。

第二节　平等多元：多元协作型治理模式的主体构成

不同治理模式对不同治理主体功能作用的发挥并不相同，政府强制型治理模式以政府为主导，将邻避设施经营企业和邻比抗争主体视作治理对象，未能充分发挥利益相关者和多元社会主体在邻比冲突治理中的功能作用；市场主导型治理模式将邻比冲突治理的主导权交给企业，寄希望于企业和设址标的社区与居民之间的市场谈判来治理邻比冲突问题，但企业和设址标的社区与居民之间政治、经济地位的事实不平等显然不利于环境正义的实现，也难以保证必要型邻避设施的成功设址；设施管理型治理模式注重设施管理，并引入政治谈判和市场激励机制，同时发挥政府、企业以及邻比抗争主体在邻比冲突治理中的主体作用，但三者地位不平等的事实

① 郁建兴、高翔：《地方发展型政府的行为逻辑及制度基础》，《中国社会科学》2012 年第 5 期。

以及对社会公众、技术专家、第三部门、媒体等利益相关者和多元社会主体治理作用发挥的不足，都对邻比冲突治理效果形成一定的制约；社区治理型治理模式试图通过社区治理的自主努力以获得企业和政府的积极回应，但它对企业和政府缺乏约束力和监督制约作用，难以保证企业和政府的积极回应，更难以有效解决社区自主治理的动力问题，政府、企业、社区之间仍然处于事实上的不平等地位。多元协作型治理模式强调多元主体之间的平等协作，政府不过是多元协作过程的组织者和主持人，除此之外，多元主体之间的地位平等，在平等的基础上进行协作治理，这是多元协作的基本条件，没有平等，就没有协作。

一　多元协作型治理模式中的政府角色及其功能

利益相关者理论和多元治理理论表明，政府已经不再是也不可能依然是高高凌驾于社会和各种利益主体之上的唯一的社会权力和社会问题垄断治理机构，它不过是多元社会平等利益主体和治理主体之中的一元。当然，这并不意味着政府社会问题治理主体地位的丧失和责任的放弃，政府依然是社会问题治理和公共产品供给的主要责任主体，而且是多元主体多元协作过程中起主导作用的一元。但多元协作型治理模式中政府主导作用的发挥不同于传统全能政府下的超然地位，而是与其他多元主体处于平等地位，是多元协作主体中平等的一元，其主导作用的发挥不是依赖于传统垄断式决策和强制性执行方式，而是主要体现为两个层面，即中央政府层面负责邻比冲突治理制度供给，地方政府层面则是对多元主体利益进行协调与仲裁、对企业协作行为及微观经营管理行为进行监督和规制的多元主体中的一元。具体而言，政府在多元协作型治理模式中的角色和功能主要有以下几方面。

政策和制度供给者。政府要加强邻避设施多元协作型选址决策程序的制度建设，为多元协作治理提供政策引导和制度依据。政府在政策制定中既要统筹兼顾多元主体利益的平衡发展和环境治理的环境目标，又要关注邻比冲突治理的环境正义和社会发展目标，坚持维持环境正义和利益均衡的动态稳定原则，真正转变观念，积极听取多方主体的利益诉求，引导、鼓励多元主体平等地参与邻比冲突治理的政策制定和制度建设过程，为多元主体平等参与邻避设施选址建设决策和监督设施环境安全运营管理行为提供制度依据。在多元协作型治理模式中，中央和省级政府应当是宏观政策和制度供给的主要承担者，而地方政府则应该主要负责结合地方实际，制定地方邻比冲突治理的发展规划和具体执行政策。

多元协作过程的主持人。多元协作治理意味着多元主体之间的平等参与和协作互动，这种多元主体的平等参与和协作互动需要一个组织发起者和统筹协调者引领协作治理过程，换言之，多元协作需要一个有效的组织和引导者以防止协作过程中的混乱和无序。“在当代政治哲学视野中，政府被视作协调个体公民利益的集体行为以便达成某种公正目的的有价值的工具。”① 政府政治地位的特殊性决定了它在作为多元协作之平等一元的同时，还必须承担起协作过程的组织、统筹和协调责任，担任多元协作过程的引导者和主持人。对多元主体中的一方或多方主体提出协作治理的要求给予积极的回应，及时组织、启动并主持多元协作的治理过程，并在协作过程中维护动态稳定、统筹各方利益、协调利益矛盾、增进社会公正、监督和惩罚机会主义行为，这是各级地方政府作为协作过程主持人的当然职责。

多元协作过程的参与者。在多元协作治理过程中，作为参与者的政府需要承担四种角色。一是多元协作治理过程的倡导者。政府作为社会公共产品和公共服务的重要提供者之一，为了维护和增进公共利益，它既有提出某些邻避设施建设，尤其是必要型邻避设施建设的义务，又有倡导提出针对某些项目启动协作治理的责任。这两种情况下，政府都是多元协作治理过程的倡导者。二是协作过程的参加者。作为多元平等主体中的重要一元，无论是其他社会主体提出多元治理的倡议，还是其自身作为倡导者，政府都应该将自己作为平等主体的一元，积极参与协作过程，和其他主体同等地发出自己的声音。三是多元协作过程的监督者。这是所有多元主体在多元协作过程中都应承担的角色和功能。多元协作治理强调多元主体的合作意愿，倡导多元主体的合作行为，但同时也承认可能的机会主义行为，因而主张多元协作过程中多元主体之间的相互监督，强调每个参与主体都有进行监督的同等权利和责任。四是协作行为的激励者。政府既是协作过程的参加者，又是设施税收收益和政绩收益的获得者，同时还是社会利益和社会公平的增进和维护者，这决定了它具有多元协作激励者的重要

① ［加］莱斯利·雅各布：《民主视野》，吴增定、刘凤罡译，中国广播电视出版社2000年版，第88页。

责任。政府通过宣传教育、政策引导或补偿激励等多种协作激励机制，能够促进相关主体协作行为的达成。

二　多元协作型治理模式中的企业角色及其功能

在多元协作的多元主体中，作为核心利益相关者的企业既是负外部性影响的施加者，又是实施收益的主要占有者，还是邻比抗争行动的主要针对者，因而是多元协作过程的重要参与主体，它在多元协作过程中角色和功能作用的发挥程度是影响多元协作有效程度的关键因素。

首先，邻避设施负外部性影响和危害性风险的自主治理者。邻避设施的负外部性影响是产生邻比冲突问题的直接根源，企业是邻避设施的运营管理者，应该积极承担降低设施风险的责任。主动接受社会监督，公开邻避设施负外部性影响信息和设施运营管理过程，主动检视设施的负外部性影响和产业发展的必要性，主动推动技术发展和产业转型，消除和减少设施的负外部性影响，终止非必要型邻避设施或危害严重型邻避设施设址，尽可能降低和治理设施给周边社区的负外部性影响和危害性风险等，都是企业应该采取的协作行为，也是增进其他主体协作行为的重要举措。

其次，多元协作行为的激励者。企业是设施负外部性影响的施加者和设施收益的占有者，同时又是邻比抗争行动的主要“受害者”，它在邻比冲突治理中应该主动承担多元主体协作行为激励者的角色。企业可以通过税收、配套设施建设、增加就业岗位、促进经济发展、提供公私产品等取得政府和社会公众的支持与合作；主动降低或消除设施负外部性影响或危害性风险的概率，是企业获得政府和设施周边社区与居民协作行为的有效举措，而补偿、回馈等激励措施，为周边社区提供就业岗位、增加居民收入等，则是增进设施周边社区和居民协作意识、促进协作行为的必要选择。

再次，设施建设必要性和设址科学性与合理性的证明者。作为邻避设施的经营管理者，企业更多地掌握了邻避设施的技术以及运营管理信息，它们对设施的必要性、负外部性影响以及设址地点的科学性和合理性等，都有更为清楚的认识、更为详细的信息。因此，多元协作过程中，企业应该是设施建设必要性和设址科学性与合理性的主要论证者，是说服相关主体采取合作行为的主要责任者。

最后，邻避设施负外部性影响否定性结论的举证者。如前所说，企业掌握着邻避设施的技术和运营信息，又是邻避设施设址受益者，知识和信息的不对称以及技术的不确定性等，都决定了社会以及邻比抗争主体对设施负外部性影响的认识程度和详细信息不如企业。因此，多元协作型治理模式认为，企业在多元协作过程中应该承担更多的责任，除了降低和消除设施的负外部性影响、采用多种协作激励措施以及证明设施的必要性和设址的科学性与合理性之外，有必要赋予企业邻避设施负外部性影响否定性结论的举证责任。具体而言，当邻比抗争主体提出设施负外部性影响的质疑或可能的危害性事实后，如果政府或企业否定设施负外部性影响的存在或否定设施负外部性影响与可能危害性事实的关联性，那么企业应该承担否定关联性的举证责任；如果企业不能提供否定危害关联性的确切证据，应该认定设施负外部性影响和危害性事实的关联性，只要危害关联性的提出者能给出合乎逻辑的基本事实和理由。

三 多元协作型治理模式中的邻比抗争主体

邻避设施设址标的地区或设施周边社区及其居民通常是邻避设施的主要反对者，它们统称为邻比抗争主体。在传统治理模式中，邻比抗争主体一般被视作被治理的对象而非邻比冲突治理的主体，但多元协作型治理模式强调邻比抗争主体在邻比冲突治理中的主体地位，赋予邻比抗争主体以下角色。

邻避设施设址的质疑者。邻比抗争主体通常是邻避设施负外部性影响的承担者，因此，多元协作型治理模式赋予邻比抗争主体质疑邻避设施负外部性影响以及设施设址科学性、合理性的当然权利，并剥离邻比抗争主体的举证责任，这是出于保护弱势群体利益尤其是弱势群体核心利益的需要。虽然多元协作治理中的各方主体都可以对邻避设施设址的合理性和科学性以及危害提出质疑，都应该承担质疑者的角色，但邻比抗争主体应该而且事实上是主要质疑者，因为它们有维护自身利益的利益动力和权利。

治理决策的参与者。邻比抗争主体是邻比冲突治理的核心利益相关者，邻比冲突的有效治理离不开它们的合作与支持。沃认为，邻比抗争主体参与邻比冲突治理决策有如下价值：一是邻比抗争主体期待参与影响他们社区的决策，讨厌被排除在决策之外；二是邻比抗争主体的参与能够增进决策程序的合法性并提高对政策选择的支持度；三是邻比抗争主体的参与和讨论常常给邻比冲突治理带来更广阔的视野；四是邻比抗争主体的参与能够提升个人和社区解决当前或未来问题的能力。①

多元主体协作行为的监督者。作为核心利益相关者和多元协作治理的平等主体，邻比抗争主体在邻比冲突治理中可以监督政府的协作行为，防止政府政策失灵以及政府官员的寻租与腐败；还可以监督企业的安全运营管理过程以防止企业的各种机会主义行为。为维护弱势群体的利益，多元协作型治理模式强调赋予邻比抗争主体监督各方参与者的权利，主张畅通各种监督渠道，如决策参与、信访监督、司法诉讼、政治投票、公民选举、舆论监督以及市场选择等，为邻比抗争主体监督政府和企业及相关参与主体的行为提供便利，促进多元主体协作行为的达成。

积极的自主治理者。社区治理型治理模式给邻比冲突治理的重要启示是，邻比抗争主体可以采取主动的行动如实行垃圾分类、改变环境习惯、崇尚绿色消费、加强社区自主治理等自主治理的协作行为，这有利于社会资本的积累，促进政府、企业以及其他多元主体的协作行为。

四　多元协作型治理模式中的专家角色及其功能

研究表明，专家政治是邻比冲突治理的重要影响因素，专家角色在邻比冲突治理中发挥着重要作用。然而，虽然民主国家在邻比冲突治理中引入了公民参与，但无论在参与人员的组成还是在最终决策机制上，邻比冲突治理决策都是立基于科层体制上的专家政治，公民参与仅能提出意见供专家与官僚决策。② 由于对“科学理性”、数据及法规的不同认识和使用，以及由于所属阵营及发言角度的不同，不同专家对拥有的知识及学术身份的使用方式和界定方式都不尽相同。③ 这导致在面对选址程序的困境时，各种利益集团都倾向于利用他们阵营的专家来提出或许和其他阵营专家资料相冲突的资料。④ 专家之间的不一致性放大了他们之间争论的风险的特

① Waugh, W. L., “Valuing Public Participation in Policy Making”, *Public Administration Review*, Vol. 62, No. 3, 2002, pp. 379-382.

② ［马来西亚］谢伟伦：《“反垃圾焚烧”反什么——垃圾焚烧争议中的社会文化逻辑》，http：//www. penangmedia. com/html/67/777. html。

③ 胡湘玲：《核工专家 V. S. 反核专家》，台北前卫出版社 1995 年版，第 190 页。

④ Tesh, S., “Citizen Experts in Environmental Risk”, *Policy Sciences*, Vol. 32, No. 1, 1999, pp. 39-58.

性，因为他们的不一致性使公众对风险感到更加混乱。① 因此，专家政治常常被认为是产生邻比冲突的重要原因。②

陈俊宏反对政策官员以及科技专家掌握政策最后决定权的决策模式，他认为由于环境问题涉及科技的不确定性和复杂性，因而形成了以专家科技为主的决策导向。每当发生邻避争议时，决策者常常会以环境议题的高度复杂性以及科技对污染和资源使用的控制能力为由，来为制定和执行政府倡导的政策提供辩护，并借以阻滞民众参与的渠道，因而造成民众对邻避设施的反弹与抗争，增加了社会成本。他借用罗尔斯的用语，认为环境问题是“政治的，而非科学的”，主张环境议题的解决，必须在符合社会正义的基本原则下，同时认为，只有通过公民参与的民主程序，才能化解公民对政府官员和科技专家的不信任。③

尽管倾向于拒绝专家评估意见，设施选址程序的参与者通常并不像他们想象的那样不信任专家的意见。④ 多元协作型治理模式承认专家政治和官僚与专家相结合的决策方式的负面作用，但同时认同专家态度对多元主体尤其是社会公众对待邻避设施态度的影响作用，专家是影响多元协作治理的重要因素。邻避设施科学技术的相关性决定了邻比冲突治理离不开专家的参与和协作，应该发挥专家在多元协作治理中的环境影响评价和咨询、多元协作决策参加者、邻避设施技术支持者以及社会公民身份的角色作用。

首先，专家是邻避设施负外部性影响的评价者。多元协作性治理模式认为，邻避设施负外部性影响的技术相关性和专业性，以及其他主体技术知识不足的现实，决定了邻比冲突治理离不开专家对设施负外部性影响的客观公正的评价，主张应当正确发挥专家对邻避设施负外部性影响的技术评价作用。

---

① Covello, V. & Mumpowe, J., “Risk Analysis and Risk Management: an Historical Perspective”, *Risk Analysis*, Vol. 5, No. 2, 1985, pp. 103-120.

② Schively, C., “Understanding the NIMBY and LULU Phenomena: Reassessing Our Knowledge Base and Informing Future Research”, *Journal of Planning Literature*, Vol. 21, No3, 2007, pp. 255-266.

③ 陈俊宏：《邻避症候群、专家政治与民主审议》，《东吴政治学报》1999 年第 10 期。

④ O'Hare, M., Bacow, L. & Sanderson, D., *Facility Siting and Public Opposition*, New York: Van Nostrand Reinhold, 1983, p. 135.

其次，专家是多元协作决策的参加者。多元协作型治理模式坚持邻比冲突问题的政治伦理和经济利益本质，但也不否认邻比冲突治理的技术相关性，因而主张要正确发挥专家在多元协作决策中的参谋咨询和决策参加者的协作主体作用。

再次，技术支持者。邻避设施的技术相关性决定了邻比冲突问题的治理必然要依赖专家的技术支撑作用，多元协作型治理模式主张将正确发挥专家的技术支撑作用，作为多元协作治理的重要影响要素和协作治理前提，充分发挥专家对降低和消除邻避设施负外部性影响的知识和动力作用。

最后，特殊的社会公民。多元协作型治理模式强调专家的公民身份，主张专家应该正确认清自己特殊公民身份的事实，秉持应有的学术良心和职业道德。但同时坚持对专家专业技术行为的监督，主张通过合理的制度建设形塑专家的协作行为。如建立专家的学术能力和职业道德评价信用记录，对信用记录不善的无良专家给予应有的惩罚，防止某些无良专家借助邻比冲突治理而违背社会公德，牟取个人利益的机会主义行为。

五　多元协作型治理模式中的其他主体

（一）媒体

舆论监督的广度和深度是一个国家政治民主程度的重要标志。① 从我国邻比冲突典型案例可以看出，作为社会治理多元主体的新兴一元，现代媒体在邻比冲突治理中正发挥着越来越重要的作用。多元协作型治理模式主张应该正确发挥媒体在多元协作治理中的功能作用。首先，媒体是多元协作治理的宣传者。媒体可以广泛宣传多元协作治理的必要性和可能性，在全社会树立起重视邻比冲突治理的多元协作意识。其次，媒体是多元协作治理的监督者和推动者。媒体对邻避设施建设事件的报道、对邻避设施危害性事件的关注、对相关专家和多元主体声音的宣传等，都可能会形成强大的舆论压力，对各方主体形成事实上的监督作用和促进作用，促使多元主体采取协作行为，推动邻比冲突治理。再次，媒体是邻比抗争主体利益诉求的表达者。现实邻比冲突治理实践表明，现代媒体可以有效放大弱势群体邻比抗争的声音，使邻比抗争主体的利益诉求得到多元主体的倾听

① 代福华：《媒体舆论监督要“常回头看看”》，《新闻三昧》2008 年第 1、2 期合刊。

与重视，起到邻比抗争利益主体利益诉求表达者的作用。最后，多元主体声音的传播者和治理信息的公开者。福泰尔指出因为“未能澄清项目风险的冲突、矛盾、多个派系、多方向交流”等，会在参与者之中形成“信息迷雾”，当“迷雾”达到一定程度时，公众会从询问额外信息转向“更有争议性的、积极的反对”。① 多元主体可以通过媒体及时发布各种声音，公开各种信息，使多元协作主体及时了解和“倾听”相关主体的利益要求和价值偏好。对邻比抗争主体来说，如何利用网络传播和传统媒体的互动效应来增加邻比抗争效率，维护自身合法权益，是一个值得学习的过程。对现代政府和企业来说，如何有效地利用传统媒体和网络媒体宣传互动的积极意义，发挥传统媒体和网络传播互动的积极意义来为邻比冲突治理服务，及时利用网络传播和传统媒体来公开各种信息，引导公众舆论，已经成为邻比冲突治理的全新课题。

（二）第三部门

近年来，随着中国政治民主化程度的推进和公民社会的发展以及社会环保意识的成长，各种民间环保组织和第三部门正在蓬勃兴起。第三部门作为社会治理的新兴一元具有志愿性的基本特征，它们在多元协作治理中必将是邻比冲突多元协作治理主体的重要一元。在多元协作中发挥重要的角色作用。一是环境影响的评价者。第三部门的志愿性、独立性和专业性使第三部门能够作为独立的社会主体，对设施的环境影响和经营管理行为进行客观公正的评价，从而增加社会信任度。二是邻避设施负外部性影响的治理者和危害性事件的救助者。第三部门的志愿性使它们能够扮演邻避设施环境影响的预防和治理以及设施危害性事件的救助者角色，从而推动邻比冲突治理。三是邻避设施的提供者。公共产品和公共服务供给主体的多元化决定了第三部门可以成为各类邻避设施的提供者。第三部门的志愿服务性和非营利性以及良好的社会声誉，使它们能够更容易获得社会的信任与合作，第三部门作为邻避设施提供者更容易推动邻比冲突多元协作治理的达成。四是多元协作过程的参与和监督者。第三部门地位的超然性，使它们更容易得到多元主体的信任，也使它们的参与和监督更容易得到多元主体的认同和支持，第三部门参与和监督多元协作过程有利于多元协作

① Futrell, R., “Framing Processes, Cognitive Liberation, and NIMBY Protest in the U. S. Chemical-weapons Disposal Conflict”, *Sociological Inquiry*, Vol. 73, No. 3, 2003, pp. 359-386.

行为的达成。

（三）社会公众

社会公众是邻避设施公共效用的直接或间接受益者，他们也应当是多元协作治理主体中的重要一元。对于必要型邻避设施设址，社会公众的声援、支持和智慧是推动必要型邻避设施设址的重要力量，而对于非必要型邻避设施设址，尤其是对非必要且具有严重环境影响和潜在威胁的邻避设施设址，社会公众的声援和支持，又是阻止设施设址的重要力量；社会公众的立场、价值偏好和参与监督还是推动政府、企业、邻比抗争主体、专家和第三部门采取合作行为的重要推动力量。此外，社会公众还是第三部门参与多元协作过程的资源提供者和依靠力量。当然，由于邻避设施整体公共效用和局部负外部性影响特征的存在，其设址对社会公众存在公共效用却让设址周边承担负外部性成本，邻比冲突治理过程中应该防止“多数人的暴政”对局部地区公民根本权益的侵犯。

第三节　激励保障：多元协作型治理模式的机制阐释

政府强制型治理模式主要依靠政府垄断决策和强制执行机制实现邻比冲突治理，而市场主导型治理模式则主要通过市场谈判的价格激励机制、补偿激励机制以及相对多元的监督救济机制来争取公民对邻避设施的支持；设施管理型治理模式综合运用政治谈判和第三方调解机制、负外部性影响降低机制以及补偿激励机制来促进邻比冲突治理；社区治理模式强调社区的自主治理和补偿、回馈机制对邻比冲突治理的积极意义。受各种治理模式运行机制的启示，多元协作型治理模式综合借鉴运用多元协作治理机制以促进多元主体的协作共治。

一　多元协作决策机制

多元协作决策机制是多元协作治理的首要机制。无论是邻避设施建设决策、邻避设施选址决策，还是整个邻比冲突治理中的各种争议处理，都采用多元协作的方式进行决策，这是多元协作型治理模式的重要特点。所谓多元协作决策是指决策过程中，多元主体秉持平等合作的决策前提，充分倾听各方主体的利益诉求、意见、建议，并对各方主体的利益诉求、意见、建议进行充分讨论和论证，根据合理的意见和建议调整自己的价值偏好和利益主张，最终在统筹各方意见和利益的基础上，达成一致认可的决策并付诸执行。

多元协作需要协商。在英语中，协商一词是“deliberative”，它的基本含义是审议、聚集或组织起来进行协商辩论、慎重地商议等意思。一般认为，协商“是指特殊的讨论，它包括认真和严肃地衡量支持和反对某些建议的理由，或者是衡量支持和反对行为过程的内部过程”①。作为特定社会政治过程的参与者，各方协商主体能够在互动过程中根据他人的立场改变自己的判断、偏好和观点，这种互动依靠说服而不是强制、控制或欺骗。② 协商就是各种观点不受限制地交流，这些观点涉及实践推理并总是潜在地促进偏好变化。③ 协商可以揭示私人信息、减少或克服有限理性、推动或鼓励一种赋予需求或要求正当化的特殊模式、在团体的监督下促进最终选择的合法化、加强团体团结或促进政策实施的可能性、提高参与者的道德素养和知识水平、独立于讨论结果，做正确的事情。④ 在既有民主的替代模式中，协商包含这样几方面的基本内容：参与主体的平等地位、自由开放的讨论、批判性审议、理性思考、通过协商达成共识。⑤ 因此，协商有助于协作的达成，但协作并不同于协商。协作强调合作意识基础上的协商和利益协调，并强调协商对达成进一步合作的可能性。

具体而言，多元协作决策机制的决策过程是：多元协作决策可以由多元主体中的一元或多元主体提出所要决策的问题，如某一方主体提出邻避设施建设的议题并及时公布相关资料和信息，经过各方主体充分酝酿后，由政府作为协作决策的组织者和召集人，主持多元主体的协作决策过程，由多元主体在开放的状态下就邻避设施建设的各种相关问题展开一轮或多轮协作决策讨论过程，但多元主体的协作参与和讨论应以推进合作为前提。如果经讨论从根本上否定设施建设的必要性，即终止决策过程或启动对现有设施的治理决策过程；如果认可设施建设的必要性，那么确定设施

① Elster, J. (ed.), *Deliberative Democracy*, Cambridge University Press, 1998, p. 63.

② 陈家刚：《协商民主引论》，《马克思主义与现实》2004 年第 3 期。

③ Cooke, M., “Five Arguments for Deliberative Democracy”, *Political Studies*, Vol. 48, Iss. 5, 2000, pp. 947-969.

④ Elster, J. (ed.), *Deliberative Democracy*, Cambridge University Press, 1998, p. 44.

⑤ 陈家刚：《协商民主引论》，《马克思主义与现实》2004 年第 3 期。

的必要性类型，并组织进入下一轮选址决策的协作决策过程。在选址决策中，由社会多元主体根据设施的实际情况，共同协作讨论设施设址的要求和限制条件等，换言之，由多元主体协作讨论得出设施设址的最佳地点所需条件及其优先解。与此同时，公开邻避设施相关信息并征集自愿接受设施的自愿社区。在充分听取各备选社区意见和利益诉求的基础上，初步确定可能的备选设址地点，并将标的社区和居民作为独立的一元，进行最终设址决策，并由多元主体协作确定补偿与回馈的方式和标准，以及多元主体监督设施安全管理运行的程序和方法，再将政策付诸实施。

二　多元协作政策执行机制

政策执行是政策过程的关键环节，“是一种为了实现政策目标，把政策内容转化为现实的动态优化过程”①。公共政策执行中的多元主体协作能够增加公民对公共政策执行内容的认知和支持，提高多元主体对政策合法性和合理性的认识，降低和减少政治执行过程中的内耗和执行成本，有利于公共政策的有效执行。所谓多元协作政策执行机制就是在政策执行过程中引入多元利益相关者及多元主体共同参与，由多元主体平等协作完成政策执行的政策执行机制。多元协作执行机制强调多元主体在政策执行中的平等地位，更强调平等协作对政策执行有效性的重要作用，主张应该由多元主体共同讨论政策执行中遇到的各种问题，提出各自对解决问题的意见、建议和利益诉求，并秉持积极的合作行为，不断地调整、修正自己的价值倾向、利益主张和协作行为，使政策得以顺利执行。此外，还应根据不同的邻避设施类型以及其他具体实际情况，制定多元协作的制度化决策机制和运行程序，保证多元协作决策的科学性、有效性和协作性。

三　多元协作激励保障机制

多元协作是达成邻比冲突治理的有效手段，但多元主体之间价值偏好的差异性、利益诉求的矛盾性甚至不相容性、公共精神和对公共利益认知认同度的不同以及知识水平的差异等，都决定了多元协作治理存在一定障碍，多元协作型治理模式承认协作障碍的存在，并主张通过多元协作激励保障机制促进和保障多元协作的有效达成。

---

① 陈庆云：《公共政策分析》，中国经济出版社 1996 年版，第 232 页。

（一）设施负外部性影响治理机制

邻避设施的负外部性影响是导致邻比冲突的直接原因，多元协作治理认为虽然应该强调政治和环境伦理对邻比冲突治理的重要作用，但如果过分强调政治和伦理因素对邻比冲突治理的意义而忽视现代科技和管理技术对邻比冲突治理的关键影响，只能使邻比冲突治理流于表面的空洞和道德的无力，必须承认科技和管理对邻比冲突治理的重要作用。"如果忽视科技或其他相关学科的分析工作，仅仅依靠伦理学与哲学来解决环境问题也将毫无作用。完全转向哲学、伦理学而不再借助科技，这是与期待科技快速解决环境问题相类似的另一个极端。"① 虽然科技的不确定性决定了依赖科技治理邻避设施负外部性影响以实现邻比冲突治理可能只能是遥远的乌托邦，但不管是从邻比冲突环境不正义的伦理本质，还是从邻比冲突治理的现实需要出发，对邻避设施负外部性影响的治理都是邻比冲突治理的重要影响因素。卡恩莱尤瑟和伊斯特林的实证研究表明，在感知的安全门槛得到确保而且谈判中已经建立了信任的情况下，补偿更容易起作用。② 可见邻避设施负外部性影响治理对邻比冲突治理的基础性作用。

多元协作型治理模式主张将邻避设施负外部性影响治理机制作为多元协作治理的首要激励保障机制，认为邻比冲突治理的首要出发点应该是降低或消除邻避设施的负外部性影响，至少应该是尽可能将邻避设施的负外部性影响范围和程度控制在最低限度。③ 设施负外部性影响治理机制应该包括：一是终止非必要且社会净收益为负的邻避设施设址。通过对邻避设施社会净收益及设施必要性的合理讨论和计算，确定邻避设施的必要性类

① DesJardins, J. R., "Ethics, Sciences, and the Environment", *Environmental Ethics: An Introduction to Environmental Philosophy*, California: Wadsworth Publishing Company, 1993, p. 10.

② Kunreuther, H. & Easterling, D., "Are Risk-Benefit Tradeoffs Possible in Siting Hazardous Facilities?", *American Economic Review*, Vol. 33, 1991, pp. 252-256.

③ 实际上，在邻比冲突治理中，政府和企业更多情况下首先考虑的是邻避设施的运营成本，如它们通常更喜欢将设施设置于交通便利的地方以降低运输成本。但多元协作型治理模式认为，邻避设施（即便是必要型邻避设施）设址首先应该考虑设施负外部性影响和范围的最小化而不是设施的运营成本，因为在很多情况下，和设施负外部性影响危害可能造成的社会成本相比，企业的运营成本也许可以忽略不计，如设施对自然环境和社会可持续发展的影响，对公民的健康危害和生命成本的代价以及危害性影响事件的后续治理所需成本等，通常都可能要远大于设施运营所能节约的社会成本。

型和社会净收益状况，最终终止非必要型且社会净收益为零或为负，尤其是危害性巨大的邻避设施是必要的。二是实现技术革新或使用新型设备、替代技术或产品以减小设施的负外部性影响。这是实现降低或消除邻避设施负外部性影响的渐进策略，也是实现邻比冲突治理的必要选择。三是对各种负外部性影响的治理；采用污水处理技术、噪声消除技术、环境治理技术等，尽可能对各种负外部性影响进行治理，这是多元协作的必要前提。四是加强设施运行的安全性管理，减小危害性事件发生的概率；在设施运营中，引入多元协作可以对设施负外部性影响和安全性措施实现有效的管理和监督。

（二）多元协作信任增进机制

福山认为，所谓信任是一个社会团体之中的成员对彼此常态、诚实、合作行为的期待，基础是社团成员共同拥有的规范，以及个体隶属于那个社团的角色。① 信任是一种个人或群体信念，是任何个人或群体都努力在行动上遵循的、明确或不明确的承诺，都忠诚于协商产生的承诺，即便在有机可乘的情况下也不谋取任何额外利益。② 信任可以减少对机会主义行为的顾虑，有利于形成合作行为以有效解决社会冲突。③ 组织成员之间的信任可以形成相互之间善意的感知，利于协调组织间的联系和行为，促进成员对合作效果的信心。④

邻避设施选址程序中，支持者和反对者之间的不信任已经成为有效选址决策的巨大挑战。⑤ 一般说来，民众与政府、民众与企业之间存在着普遍的双向不信任问题，政府与企业认为民众出现邻比冲突多是为了争取更多的补偿和利益而已，邻比抗争中的民众通常会被当成以环境为借口的贪

---

① ［美］福山：《信任：社会道德与繁荣的创造》，李宛蓉译，远方出版社1998年版，第35页。

② Tyler, T. R. & Lind E. A., "A Relation Model of Authority in Groups", *Soc. Psychology*, Vol. 25, 1992, pp. 115-191.

③ 赵文红、邵建春：《参与度、信任与合作效果的关系》，《南开管理评论》2008年第3期。

④ Chen, B. & Graddy, E. A., *Inter-Organizational Collaborations for Public Service Delivery: A Framework of Preconditions, Processes, and Perceived Outcomes*", Paper presented at the 2005 ARNOVA Conference, November 17-19, Washington, D. C., 2005.

⑤ Smith, E. & Marquez, M., "The other side of the NIMBY Syndrome", *Society and Nature Resources*, Vol. 13, No. 3, 2000, pp. 273-280.

得无厌者；而民众也不相信政府与企业关于设施安全状况的承诺，不相信他们所发布的关于对设施及周边环境情况的鉴定结果。民众不仅会怀疑企业降低设施负外部性影响的诚意，还会怀疑政府对企业的监管力度，甚至会怀疑政府会和企业相互勾结，隐瞒事实等。对卷入邻避设施选址程序的专家的感觉也会成为不信任的重要来源。[①] 邻比冲突治理过程中的各种不信任问题，尤其是公众对政府缺乏信任已经被证明是激起对邻避设施反对意见的关键原因，[②] 低水平的公共信任与邻避设施的不成功设址具有直接相关性。[③]

多元协作型治理模式主张通过信任增进机制来保障和增进作为社会资本的信任，从而增进多元协作治理的可能性和有效性。首先，协作信息公开。信息不对称是影响信任程度和各种机会主义行为的温床，应该建立有效的信息公开和信息查询制度，改变多元协作过程中可能出现的信息不对称状态。其次，制度化的信任激励机制。建立各种制度，鼓励和嘉奖信守信任承诺和采取协作行为的社会主体，不断增进多元协作过程中的信任基础。最后，制度化的信任保障机制。建立各种防止和惩戒机会主义行为的制度，严惩多元协作过程中的各种机会主义行为和道德陷阱，增加机会主义行为的边际成本和机会成本，保障多元协作信任的有效形成。

（三）程序化的协作治理机制

“程序通过促进意见疏通、加强理性思考、扩大选择范围、排除外部干扰来保证决定的成立和正确性。”[④] 缺少科学合理的治理程序常常是造成邻比冲突治理诸多问题的重要原因，邻比冲突治理程序的随意性对邻比冲突治理至少存在三个方面的重要影响：一是程序的随意性容易导致邻比冲突治理的实质不正义。治理程序的随意性是人治、腐败和各种机会主义的温床，它为强势利益集团控制邻比冲突治理过程和政策结果提供了可

---

① O'Hare, M., Bacow, L. & Sanderson, D., *Facility Siting and Public Opposition*, New York: Van Nostrand Reinhold, 1983, p. 136.

② Hunter, S. & Leyden, K., "Beyond NIMBY: Explaining Opposition to Hazardous Waste Facilities", *Policy Studies Journal*, Vol. 23, No. 4, 1995, pp. 601-619.

③ Ibitayo, O. O. & Pijawka, K. D., "Reversing NIMBY: An Assessment of State Strategies for Siting Hazardous Waste Facilities", *Environmental and Planning*, Vol. 17, No. 4, 1999, pp. 379-389.

④ 季卫东：《法律程序的意义》，中国法制出版社2004年版，第18页。

能，也阻滞了弱势群体参与邻比冲突治理过程的可能性，这是导致邻比冲突治理环境不正义的重要原因。二是程序的随意性常常导致邻比冲突治理决策的非科学性。程序的随意性意味着决策制定和执行的随意性，因而很难保证邻比冲突治理决策的科学性。三是程序的随意性容易增加邻比抗争主体反对邻比冲突治理决策的强度。现代公民意识的成长使公民的法制意识和程序意识得到了极大发展，缺乏法定程序的邻比冲突治理决策常常难以取得应有的认同度和合法性，因而增加邻比抗争主体反对邻比冲突治理决策的可能性和强度。灌阳福星村村民反对垃圾填埋场建设的一个重要理由便是选址决策没有按照法定程序进行。

"在纯粹程序正义中，不存在对正当结果的独立标准，而是存在一种正确的或公平的程序，这种程序若被人们恰当地遵守，其结果也会是正确的或公平的，无论它们可能会是一些什么样的结果。"① 程序正义是实现邻比冲突治理环境正义的实体正义、保证多元协作型邻比冲突治理决策正确性的必要保证。我国法治进程的发展已经为邻比冲突治理程序的制度化提供了一定的法律基础。2003 年 9 月 1 日正式施行的《环境影响评价法》就对邻避设施设址程序做出了一些原则性规定："对可能造成不良环境影响并直接涉及公众环境权益的规划，应当在该规划草案报送审批前，举行论证会、听证会，或者采取其他形式，征求有关单位、专家和公众对环境影响报告书草案的意见"，这实际上为邻比冲突治理提供了一定的程序化基础。但在实践中，很多引入公民参与的制度化程序都流于形式，各方主体在参与中的地位和处境以及话语权严重不对等，部分参与主体尤其是来自公民和社会的声音常常被无视或扭曲。多元协作治理主张进一步优化相关程序，坚持多元主体在相关程序中平等协作的主体地位，真正倾听和采纳多元主体的意见和建议，因此，有必要进一步建立包括多元协作决策程序、平等志愿的招标竞争程序、多元参与的安全监督管理程序、多元协作型争议仲裁程序等在内的邻比冲突多元协作治理程序。

（四）多元协作利益激励机制

经验观察提出了邻避设施设址争议的三个理论问题，第一个问题与冲突的模式和强度有关，第二个问题集中于不同权力和市场之间及内部的权

① ［美］约翰·罗尔斯：《正义论》，何怀宏等译，中国社会科学出版社 1988 年版，第 82 页。

力结构，第三个问题关注解决设址争议的再分配机制的本质和有效性。[①]邻比冲突的本质是公共政策过程中的公共利益悖论，利益问题是邻比冲突治理的核心问题，因此，建立多元主体协作治理的利益激励机制是多元协作型治理模式的必要机制，它实际上是解决设址争议的再分配机制的体现。邻比冲突治理的相关利益主体中，政府、企业、邻避设施周边社区和居民是核心利益相关者，根据三者在邻比冲突治理中的实际利益地位和利益关系的不同，多元协作型治理模式主要强调对利益受损主体的利益激励机制以激励利益受损者协作治理的主动性和积极性。多元协作型治理模式的利益激励机制包括补偿和回馈，虽然它们在实践中和理论上受到了质疑和批评，但多元协作治理强调利益激励机制对达成多元协作治理的必要性和正当性，尤其对必要型邻避设施设址更是如此。

在西方学者关于邻比冲突治理的研究文献中，补偿（compensation，payback）是一个受到广泛讨论的研究术语，主要用于指称政府或企业在邻比冲突治理中向设址标的地区或设施周边社区和居民提供的金钱或物质利益。西方学者的研究文献中很少使用回馈（feedback）这一概念，也很少对邻比冲突治理中的补偿和回馈做出严格的区分。我国台湾学者在邻比冲突治理中引入了回馈的概念并对补偿和回馈做出了一定程度的区分。在台湾学者的研究中，回馈的原意是“以某种行动或物品返回对方”，原本有“补偿受损者”的意味，后来逐渐衍生出“要求受利得还收于社会”的意思，[②]回馈用于“表示外部成本内部化，因受到利益而回报的意思”[③]。

林文渊对回馈金和补偿金做出了区分，他认为二者的支付对象和使用方式存在差异：回馈金的支付对象是社区，补偿金的支付对象是个人；回馈金的使用受到一定限制，一般只能用于环境卫生治理、自然环境美化、提升生活环境品质、提高社区教育文化水平和医疗保健水平、进行环境监

---

① Lesbirel, S. H., *NIMBY Politics in Japan: Energy Siting and The Management of Environmental Conflict*, Ithaca and London: Cornell University Press, 1998, p. 4.

② 张效通：《农地变更工商综合区开发利得之研究》，博士学位论文，台湾中山大学，1999年。转引自林文渊《国内都市垃圾焚化厂回馈金制度之探讨》，硕士学位论文，台湾南华大学，2005年。

③ 赖宗裕：《从美国判例论土地使用变更回馈之课征观念与原则》，《经社法制论丛》1998年第21期。

测鉴定等与公共设施兴建或公共服务供给相关的领域；而补偿金的使用则不受限制，主要由个人支配。① 这种区分在一定程度上指出了补偿和回馈的区别，但存在一定的局限性。实际上，补偿指的是通过金钱或物质的方式对利益受损者所给予的权利救济；回馈则是利益获得和占有者对利益来源或为利益形成提供条件或便利者所给予的反哺与报答。补偿的对象并不一定局限于个人，而回馈的对象也不一定局限于社区，但支付于个人的补偿或回馈应该由个人支配，而支付于社区的补偿或回馈则应该由社区整体共同支配，支付于社区的补偿或回馈一般应该用于治理邻避设施相关的负外部性影响或用于社区建设与社区公共产品和公共服务的供给。

多元协作激励机制应该包括三个方面，一是政府和企业对邻避设施周边社区和居民的补偿。个人、社区或少数民族在面对可能的环境不正义时，应有四项基本权利：充分信息权、公开听证权、民主参与和社区团结权、赔偿权。② 邻避设施周边社区和居民承担了邻避设施设址的主要负外部性成本，它们应该得到来自政府或企业或二者共同提供的利益补偿，因为政府和企业都可能是邻比冲突治理的受益者，政府同时还是公共利益的代言人。政府对设施周边社区和居民的补偿可以采取多种形式，如直接的金钱补偿，或采用间接的财产税信用保证以及给地方学校和公路提供基金，③ 或者为财产价值影响提供财产价值担保、④ 提供房屋财产保险等。⑤ 为了增加补偿的有效性，还应该注意补偿的额度和补偿策略的使用。

二是企业给邻避设施周边社区和居民的回馈。没有邻避设施周边社区和居民的利益牺牲，公共利益和企业利益都无法实现，公共利益尤其是企业利益的获得和占有者因而应该给予邻避设施周边社区和居民一定

① 林文渊：《垃圾焚化厂回馈金制度之探讨》，《环境与管理研究》2009 年第 2 期。

② Capek, S., "The Environmental Justice Frame: A Conceptual Discussion and Application", *Social Problems*, Vol. 40, No. 1, 1993, pp. 5-24.

③ Bacot, H., Boven, T. & Fitzgerald, M., "Managing the Solid Waste Crisis: Exploring the Link between Citizen Attitudes, Policy Incentives, and Siting Landfills", *Policy Studies Journal*, Vol. 22, No. 2, 1994, pp. 229-144.

④ Zeiss, C. & Atwater, J., "Waste Facility Impacts on Residential Property Values", *Journal of Urban Planning and Development*, Vol. 115, No. 2, 1989, pp. 64-80.

⑤ Fischel, W. A., "Why Are There NIMBYs?" *Land Economics*, Vol. 77, No. 1, 2001, pp. 144-152.

的利益回馈。但由于政府是公共利益的代言人，邻避设施周边社区也是邻避设施公共利益的受益者，因此利益回馈的提供主体应该局限于企业。企业的利益回馈形式可以多种多样，可以是就业机会的提供、社区环境的治理、社区公共产品和公共服务的供给，还可以是各种形式的现金支撑等。

三是政府和社会对企业和相关利益者的利益补偿。在邻比冲突治理中，为了达成邻比冲突治理，可能需要终止某些在建邻避设施或建成运营邻避设施的设址，也可能为了实现邻比冲突治理而增加企业的技术革新或安全管理成本。因此，为了促进企业和相关利益主体的协作行为，也有必要对它们采取一定的利益补偿激励机制。这种利益补偿激励机制的提供主体应该是政府和社会，可以由政府通过税收、财政补贴、政府补偿或国家赔偿的方式进行，也可以由社会成立基金或捐助、购买产品等方式进行。这种利益补偿还可以包括制定相应的激励和补偿措施，如为企业提供产业转移或转向的政策引导和支持等。

（五）多元协作监督管理和权利救济机制

多元协作型邻比冲突治理模式主张多元主体的平等自主协作，但同时承认协作决策和政策执行过程中出现机会主义行为的可能性，因而强调制度化的多元协作监督管理机制和权利救济机制对促进和保障邻比冲突治理的必要性，这是坚持协作促进和保护原则的体现。

多元协作监督管理机制。所谓多元协作监督管理机制指的是在邻比冲突治理中，建立多元利益相关者和多元社会主体共同参与的协作监督管理机制。在多元协作监督管理中，每个参与主体既是多元协作监督的对象，又是多元协作监督的平等主体，都应该主动自觉地接受其他主体的监督，还应该积极主动地参与针对其他主体的多元协作监督过程。多元协作治理强调多元利益主体和多元社会主体进行协作监督的利益自觉与责任意识，但同时强调建立协作监督过程中制度化的信息公开和协作监督管理程序的重要性。国家应该加强多元主体监督的制度化建设，建立健全多元主体参与邻比冲突治理决策以及邻避设施安全运营管理监督的制度化的多元协作监督制度，保证多元协作监督管理的合法性、有效性和制度化。

多元协作权利救济机制。多元协作权利救济机制指的是通过多元主体的共同协作为邻比冲突治理过程中的利益受损者，尤其是基本权利和权益受到侵害者提供多元化的权利救济机制。多元协作治理主张通过多元主体的协作构建多元主体参加的、全方位保障的权利救济机制。具体而言，既可以通过政府、企业、社会、第三部门等多元主体提供的主动性协作救济，也可以通过司法途径或法定的争议仲裁机制和权利保障途径来实现制度化的社会救济，但不管是什么主体和途径的救济渠道与救济形式，多元协作治理模式强调多元主体协作救济的社会责任和义务，同时强调利益受损者在人格、地位、权利上的平等性。

（六）多元协作信息公开和协作交流机制

多元协作型邻比冲突治理的信息公开和协作交流机制是有效治理邻比冲突的重要措施。传统邻比冲突治理模式基本都采用了封锁信息的黑箱式邻比冲突治理方式，黑箱式的邻比冲突治理不存在多元主体之间的信息公开和信息交流。关于邻比冲突治理和邻避设施风险的相关信息都在政府或企业的严格控制下进行，这显然不利于邻比冲突治理。多元协作型治理模式认为有效的信息交流可以增加多元主体之间的信任和合作，并能增加邻避设施开发商、政府官员以及公民团体的可信性，[①] 而且主张多元协作式的信息公开和协作交流方式不仅应该关注邻比冲突治理中的负外部性影响的技术风险问题，还应该关注邻避设施对居民财产价值和生活质量的影响，[②] 关注“谁得到了利益和谁失去了利益，以及在多大程度上、采用什么方式给利益损失者以补偿”等。[③]

（七）合理的城市规划和邻比冲突预警机制

邻比冲突问题在很大程度上体现了城市规划的合理性问题。实际上，从我国邻比冲突实践来看，很多邻比冲突都是由于城市规划的不合理或随意改变城市规划布局以及城市规划缺少长期远景目标所造成的。因此，要有效治理邻比冲突，必须改变城市规划随意性大且没有延续性的现状，同

---

① Peters, R. G., Covello, V. T. & McCallum, D. B., “The Determinants of Trust and Credibility in Environmental Risk Communication: an Empirical Study”, *Risk Analysis*, Vol. 17, No. 1, 1997, pp. 43–54.

② Lober, D. J. & Green, D. P., “NIMBY or NIABY: A Logic Model of Opposition to Solid-Waste-Disposal Facility Siting”, *Journal of Environmental Management*, Vol. 49, No. 1, 1994, pp. 33–50.

③ Sabatier, P. & Mazmanian, D., “The Conditions of Effective Implementation”, *Policy Analysis*, Vol. 5, No. 4, 1979, pp. 481–504.

时对城市的区域发展方向进行合理规划并保持稳定性，这是防止发生邻比冲突问题的必要机制。此外，鉴于邻比冲突的现实影响，现代政府必须要加强邻比冲突的预警预防机制建设，而合理的城市规划显然有助于推进城市化进程以及城市发展进程中的邻比冲突预警和防范机制建设。有必要建立一定的邻比冲突预警预防机制，如建立现代设施设址的“邻避风险评价制度等”，将各种可能的邻比冲突消除于萌芽状态，是有效治理邻比冲突的必然要求和必然趋势。

第四节　类型化治理方式：多元协作型治理模式的路径选择

邻比冲突问题源于邻避设施的负外部性影响，因此，邻比冲突治理的相关问题也主要围绕邻避设施而展开，邻避设施是邻比冲突治理问题的核心。邻避设施类型多样，主体利益关系复杂，多元协作型治理模式因而主张结合邻避设施的具体类型选择不同的治理路径。邻比冲突治理的类型化是多元协作型治理的独特特征。从实际邻比冲突治理案例来看，邻避设施的必要性程度、设施现存状态以及负外部性影响对象是影响邻比冲突治理具体路径选择的重要因素，多元协作型治理主要根据这三种类型划分标准所做的分类对邻比冲突进行类型化治理。① 邻避设施类型的复杂性决定了综合考虑不同划分标准的类型化治理是一个复杂的系统工程，详尽阐述每一种类型化治理的具体路径将会流于烦琐的重复语言过程，本书仅就邻比冲突治理的类型化做出原则性的一般阐释，而不试图详尽描述类型化治理的每一种具体路径。

---

① 类型化治理主要根据这三种划分标准来进行，一方面是因为部分类型划分对邻比冲突治理的实质性影响不大，另一方面也是出于简化研究问题的需要。如设施危害的确定性对邻比冲突治理存在很大影响，但多元协作型治理秉持严格保护原则，对危害不明型邻避设施视同危害确定型邻避设施，因为“只要是危及居民生命安全的，还是应该谨慎为妙。……等到科学能够论证这个问题（危害）恐怕就来不及了”（复旦大学教授张梓太语，参见赵倩倩《南京 PX 项目距离仙林大学城只有 3 公里》，http：//news. qq. com/a/20081125/002295. htm？ADUIN = 1024404515&ADSESSION = 1227600051&ADTAG = CLIENT. QQ. 1791 _ SvrPush _ Url. 0）。此外，设施的提供主体、产品类型等，都对邻比冲突治理存在很大影响，在具体治理方式中都会有所涉及，但不再单独进行讨论。

一　不同类型邻比冲突治理路径的一般原则

（一）根据设施现存状态为标准的类型化治理

根据邻避设施现存状态可以将邻避设施分为拟建设施、在建设施、建成运营设施。邻避设施现存状态的不同决定了邻比冲突治理中所涉及的利益关系复杂性程度存在很大差异，不同治理机制和治理措施可能导致的结果也存在很大不同，因此，设施现存状态是影响邻比冲突治理路径选择的重要因素。

拟建设施要根据设施的必要性类型、危害对象及其他综合因素，由多元主体协作确定拟建计划的具体治理路径。一般说来，拟建设施经多元协作决策的结果应该包括终止项目计划、暂时搁置以及继续项目进程。拟建邻避设施建设项目的终止或搁置一般不涉及实际利益损失问题，所以只要决定终止或搁置，除非重启被搁置项目的新一轮协作治理过程，一般无须采用后续治理措施，如果确定要继续设施建设，则需多元主体协作确定后续项目进程中的各种利益统筹、政策制定和政策执行过程。

在建设施应由多元主体根据项目的必要性、危害性类型等因素，协作确定继续项目进程、迁址还是终止项目建设。如经多元协作确定需要继续项目进程，则需要经多元主体协作进行后续决策和执行。如确定迁址则应终止项目建设工程，同时启动项目重新选址的多元协作决策过程，并考虑给予相关利益受损者尤其是企业（特别是个人或社会主体投资建设的项目）以恰当的利益补偿。经多元协作确定终止项目建设，则需要给利益相关者的利益损失以恰当补偿，并综合考虑设施提供主体等相关因素，通过适当的政策规划或政策激励，确定或引导实现在建设施用地的合理开发使用或产业转型。

建成运营设施的邻避争议问题一旦提出，首先应该由多元主体根据争议问题的状况讨论确定是否应该暂停设施的运行，再由多元主体综合考虑设施的其他类型状况，确定继续设施运行、迁址或是终止设施运行。如确定继续设施运行，则应该由多元主体根据设施的危害类型综合运用多元协作治理机制，确定后续治理政策与执行。如确定迁址或终止项目运营，则可以参照终止在建设施的治理路径由多元主体协作完成后续治理决策及其执行。

（二）根据设施必要性程度为标准的类型化治理

根据邻避设施对公共利益的必要性程度可以将其分为强必要型设施、中必要型设施、弱必要型设施。设施必要性程度是影响设施治理路径的关键因素。

根据多元协作确定为强必要性设施的邻避设施设址冲突的一般治理路径是通过多元主体的协作治理和综合激励机制继续推进强必要型设施设址，但需要综合考虑强必要型设施设址的负外部性影响对象、设施存在状态等综合性因素确定后续治理路径。强必要型设施设址冲突治理问题是邻比冲突治理中最为复杂也是最需要认真对待和治理的关键问题。

中必要型设施对公共利益的不可或缺性决定了要综合考虑设施替代效用情况以及设施所属其他类型情况，综合确定终止或是继续设施设址。如果难以为中必要型设施获得替代效用或获取替代效用的社会净收益为零或为负，则可以将中必要型设施视作强必要型设施，由多元主体通过协作治理机制，继续推进中必要型设施设址进程。但如果可以为中必要型设施寻求替代效用的产品以及获取替代效用的社会净收益为正或社会净成本较小，则可以考虑终止设施设址。

弱必要型设施对社会公共利益的必要性程度决定了当弱必要型邻避设施设址遭遇邻比抗争时，一般应该直接终止设施设址，但需要通过多元协作治理机制，综合使用对企业的补偿激励、产业转型政策引导与协作激励机制等，并综合考虑企业员工的补偿安置等问题，促进企业终止弱必要型设施设址以实现冲突治理。

（三）根据设施负外部性影响对象为标准的类型化治理

根据设施负外部性影响的对象可以将邻避设施分为多种类型，主要有：健康危害型设施、财产贬损型设施、风景影响型设施等。设施负外部性影响对象对公民邻比抗争行动的形式和强度存在很大影响，不同负外部性影响造成的环境不正义问题以及可治理和补偿性也各不相同，因而其类型化治理的路径和策略也存在很大差异。

健康危害型设施治理的一般前提是要尽可能降低或消除设施的健康影响，并坚持终止非必要型—健康危害型设施设址的原则，根据设施对健康的影响类型和程度等相关因素综合确定不同的治理路径。如果健康影响一般且可逆，则应考虑给予利益受损群体相应的医疗治疗和利益补偿，并鼓励利益受损者对必要型设施设址的支持和协作。如果健康影响严重且不可逆，甚至会威胁生命和几代人的健康，那么基本原则是应该尽可能寻找替代公共效用而终止设施设址进程。健康影响型设施治理中要注意三个关键问题：一是要防止高额医疗费或长期健康损害导致利益受损群体陷入生活环境恶性循环和环境不正义恶性循环的窘境；二是要坚持弱势群体基本权利保护原则，由企业或政府承担健康危害否定性结论的举证责任；三是坚持尽可能终止设址非绝对必要且危害严重型设施的原则。

财产贬损型设施指的是邻避设施的负外部性影响主要表现为对周边居民财产尤其是房地产价值的贬抑。财产贬损型设施的治理主要应该是对受贬损群体的利益补偿，通过相关激励措施的使用如财产价值保险等保障周边居民的财产价值。但实际邻比冲突治理中，单一财产贬损型设施并不多见，它常常伴随着其他负外部性影响而出现。换言之，邻避设施的其他负外部性影响如健康危害常常会导致周边社区房地产等财产价值的下降。因此，财产贬损型设施治理应该要综合考虑其他负外部性影响。

风景影响型设施指的是邻避设施对周边自然环境的风景构成破坏，导致设施周边社区的自然风景遭到破坏，如空气质量的影响、自然风景的破坏等。风景影响的负外部性影响通常也有可能伴随着周边居民身体健康的危害与财产价值的下降。因此，风景影响型设施的治理应该以保护或恢复自然风景为基本原则，同时要对相关利益受损者的利益损失进行合理补偿。

此外，邻避设施还可以根据提供主体、产品类型等进行分类，而且每种分类对邻比冲突治理路径都存在一定影响，它们都是邻比冲突治理中需要综合考虑的因素。如根据不同主体提供的邻避设施或是设施产品类型不同，政府在邻比冲突治理中所起的作用应该有所区别。与此同时，由于各种历史遗留问题以及经济、技术、公民意识发展的现状，很多暂时没有遭到邻避反对的现有运行设施，其负外部性影响可能还没有完全显现，或者因为各种原因导致周边居民暂时还没有提出邻比抗争意见，但随着历史的发展和技术的进步，某些具有负外部性影响的设施有可能会成为邻比抗争的对象，这些设施可以称作潜在型邻避设施。多元协作型治理模式主张需要关注这些潜在型邻避设施的治理，政府、企业和社会要适时对这些设施进行“自查自纠”，并积极做好各种潜在影响的风险管理工作，加强设施运营的安全管理，积极主动地预防邻比冲突的发生。

二　多元协作类型化治理的路径阐释

根据不同划分标准可以将特定邻避设施分为不同类型，而不同类型的邻比冲突治理需要遵循不同的治理路径，这意味着实际邻比冲突治理过程中要根据邻避设施的具体类型，综合考虑邻比冲突治理机制使用和路径选择（见图 6-2）。

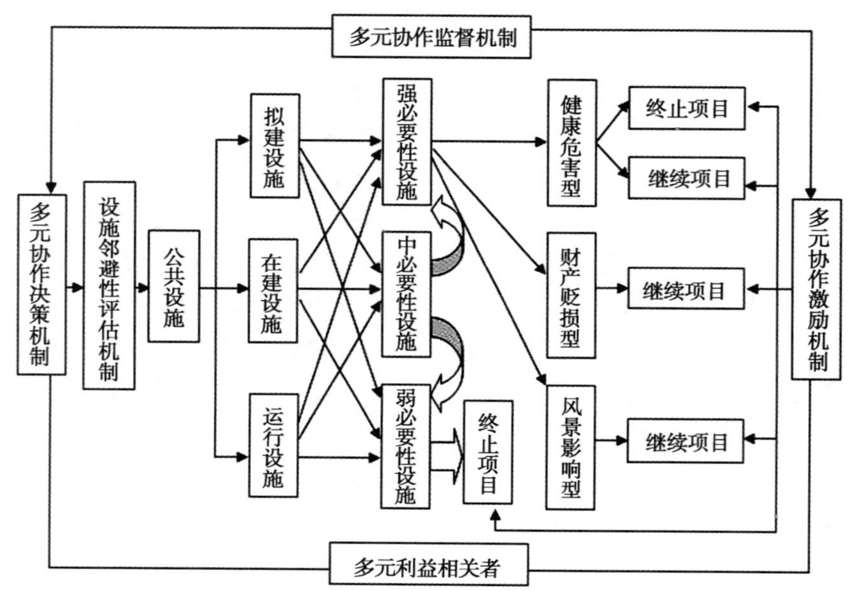

图 6-2　邻比冲突治理的类型化治理路径

从图 6-2 可以看出，如果沿着设施“现存状态—必要性—危害对象”这一演进路径对邻比冲突进行类型化治理，则基本存在 27 种类型化的治理路径选择。如果再加上设施提供主体、公共产品的类型、危害性影响的确定性等因素，则邻比冲突的类型化治理路径选择将成倍增长，这充分体现了邻比冲突治理的复杂性。与此同时，多元主体在治理实践案例中的实际功能作用、主体意识、责任精神等的不同，也使这种演进路径的具体过程更为复杂。此外，由于实际情况的不同，不同类型设施情况下的利益影响和治理路径选择，其实际情况和影响也不尽相同，仍然需要与其相对应的治理策略或治理机制的权变性运用，如在建设施项目的终止建设和建成运营设施项目的终止，其治理决策的影响范围和后续治理路径有很大不同，终止在建设施和建成运营设施对企业、企业员工、设施周边居民、社会各方利益的影响各异，需要采取的相应协作激励机制及相关配套治理策略选择等，必然存在更大差异。因此完整描述各种类型化治理的演进路径及具体过程不仅烦琐亦不可能，本书主要选择几种重点类型对具体治理路径选择做出一般性描述，以为邻比冲突治理的类型化路径提供一般性范例。具体邻比冲突治理过程中，还依赖于多元主体的协作意识、公共精神和政治智慧以及制度环境、文化传统等综合因素之间的互动与“协作”。

（一）“拟建—强必要—健康危害型”设施设址冲突的治理路径

拟建设施如果是强必要型邻避设施，一般需要结合其影响对象类型进行综合治理。在“拟建—强必要—X”型设施的进一步类型化治理中，财产贬损性设施和风景影响性设施设址所涉及的环境正义问题相对较弱，这两种类型的邻避设施的负外部性影响对公民权益侵害的可补偿性较高，因此相对较易治理。而“拟建—强必要—健康危害型”设施设址冲突治理是邻比冲突治理的关键难题，其类型化治理应该遵循以下路径。

首先，通过多元协作决策确定拟建设施的潜在健康危害影响程度。多元协作决策确定拟建设施的可能健康危害影响情况，既是一个摆事实讲道理的过程，又是一个多元信息交流和综合讨论的过程。在协作决策过程中，各方主体应该秉承平等合作意愿，充分公开相关信息，运用多元信息公开和交流机制，充分讨论健康危害的类型，在健康危害讨论中，专家对相关危害的论证和评价应该是一个主要参数，而其他同类设施设址的实际情况也应该是影响讨论结果的主要变量。如果存在其他运营设施的现实安全性与专家、政府或企业所提供信息不一致的情况，在专家、政府、企业不能给出否定危害性影响质疑的确切证据时，应该按照从重评估设施负外部性影响的原则，给出设施存在负外部性影响的肯定结论，这是为了防止因技术不确定而妄下安全结论可能造成的危害性后果。与此同时，对可能存在重大危害影响、危及身体健康和生命，或可能存在长期危害性影响的设施，应该坚持非必要则不建的原则，这是因为身体健康和生命安全的基本权利不应该受到“可能没有威胁”的保障。

其次，多元协作进行设施选址决策。在确定设施影响状况和强度后，由多元主体根据邻避设施的危害状况及设址所需条件，综合各方意见，确定设施选址所需条件并对照确定可能的“最佳”设址地址，鼓励社区自愿接受设施设址。在初步确定备选设址地点后，由多元主体协作讨论确定最终设址地点并付诸执行。经过多元选址决策过程的全程参与，最终设址标的社区对选址的科学性与合理性及程序公正的质疑应该能降到最低，也可以相应降低设址标的地区居民邻避情结的强度。

最后，多元协作确定对危害性影响的治理与补偿。健康危害型设施建设除了应该坚持非必要则不建设的原则，还需要综合考虑危害性影响的治理和补偿。尤其要防止因节约企业运营成本而无视社会成本的现象，要通过多元协作的方式确定设施的技术安全性和安全运营管理方面的预期保障措施，尽可能将设施安全危害降到最低，必要时应该考虑因设施设址而外迁设址标的地区周边居民。此外，还需要综合考虑实际危害情况对利益受损者进行利益补偿，并由企业提供回馈激励措施以提高达成多元协作治理的可能性。

（二）“在建—强必要—健康危害型”设施设址冲突的治理路径

在建设施治理首先需要通过多元协作治理综合确定设施的必要性类型，再进行后续治理。若在建设施属于强必要型设施，则可以参照“拟建—强必要—X”型设施的治理路径完成设施的建设和运营。但“在建—强必要—X”型设施设址冲突治理需要考虑原先设施设址可能存在选址不科学、不合理的问题。如果“在建—强必要—X”型设施原先存在选址不科学、不合理的问题，则需要通过多元协作对在建设施进行重新选址。此时一般需要由多元主体协作做好两方面问题的治理：一是对设施进行重新选址决策，可以参照“拟建—强必要—X”型设施设址冲突治理的治理方式，由多元主体协作完成重新选址的决策和执行；二是要由多元协作确定原址土地的开发利用、对原址周边居民的利益损失提供补偿以及为迁址企业提供迁址补偿等问题。

在建设施如果是中必要型邻避设施，则首先需要确定中必要型设施替代效用的可能性。中必要型设施设址的公共效用对公共利益的不可或缺性决定了中必要型设施的必要性。中必要型设施设址冲突治理需要根据三个关键问题来确定后续治理路径：一是是否可以通过其他途径获得中必要型设施设址所提供的产品或服务，如国际购买；二是是否存在替代产品和服务；三是获取替代公共效用（包括购买和替代产品）的社会净收益。如果难以通过其他途径购买产品或不存在替代产品和服务（可以统称为“替代公共效用”）或是获得替代公共效用的社会成本过高，则应该将中必要型设施视作强必要型设施，参照“在建—强必要—X”型设施设址冲突的后续治理路径，完成“在建—中必要—X”型设施后续设址冲突治理。

如果可以为中必要型设施获得替代公共效用且社会净收益不为负或社会负收益值较小，则应该根据可持续发展和以人为本的基本理念，选择通过替代效用以完成“在建—中必要—X”型设施设址冲突治理并终止在建设施设址。并由多元主体协作完成终止设施建设的后续问题治理，如对设施建设企业给予终止设施建设与前期投入的补偿、引导企业进行产业转型、对设施设址土地进行综合开发利用等。

（三）“运行—弱必要—健康危害型”设施设址冲突的治理路径

运行设施的邻比冲突治理问题，首先需要通过多元协作决策确定设施的必要性类型。当运行设施为强必要型设施时，可以参照“拟建—强必要—X”型设施设址冲突治理路径对“运行—强必要—X”型设施设址冲突进行综合治理，但需要注意运行设施同样可能存在设址不科学、不合理的问题，这时也需要对“运行—必要—X”型设施进行重新选址。“运行—强必要—X”型设施的重新选址及后续问题治理可以参照“在建—必要—X”型设施重新选址的治理路径来进行。

当运行设施为中必要型设施时，同样可以参照“在建—中必要—X”型设施设址冲突的后续治理方式进行设址冲突治理。但需要综合考虑终止运行设施和在建设施对企业、企业职工以及设施周边居民存在不同的利益影响，需要对相关主体进行适当的利益补偿。对于企业来说，应该考虑企业终止设施运行的损失并给予适当补偿，同时应该通过政策引导企业进行产业转型。对于企业职工来说，终止设施运营很大程度上便意味着部分企业职工可能面临失业的风险，因此要做好终止设施运营企业的职工安置和利益补偿问题。对于设施周边居民来说，设施已经投产运营，其负外部性影响的危害必然已经成为现实，这时应该综合考虑负外部性影响的实际情况给予周边居民利益补偿。

当运行设施是弱必要型设施时，一般应该考虑直接终止设施建设。此时应该主要考虑通过政策引导或相应激励措施，促进企业实现产业转型。同时给予各方利益受损者应有的权利救济和利益补偿。

需要指出，根据各种设施实际情况的不同，不同路径选择中多元主体之间的角色地位和功能作用的实际体现应该有所不同，这是为了更好地治理邻比冲突问题的需要。当然，这并不是对不同主体之间平等地位的否定，无论哪一种类型化治理的路径选择，必须要坚持多元主体之间的平等协作。

第五节 治理场域：形构多元协作治理平台

多元协作治理本质上是多元主体之间的平等协商和合作共治，它要求多元主体，尤其是政府、企业和邻比抗争主体之间能够进行平等对话、信任合作，建立协作共治的伙伴关系以促进邻比冲突的有效治理。但多元主体之间如果没有一个有效的协作活动场域供多元主体进行协作互动，那么多元治理主体尤其是作为主要治理主体的政府、企业和邻比抗争主体之间势必难以形成有效的协作行动，它们更容易倾向于按照自己的行动逻辑和行为方式自行其是。但如果完全由政府按照自己的行动逻辑和行为方式自行其是，则政府代表民意不足、长官意志强烈情况下的权力滥用以及政府强制就几乎是一种必然现象，其最终结果通常会导致邻比冲突治理的交易成本过高或腐败行为滋生等政府失灵问题。如果完全按照市场主体的利益逻辑行事，那么邻比冲突治理就必然会出现破坏社会公平、保障激励不足、权利救济机制缺损等现象，而资源过量消耗、不合理的市场投入以及环境不正义等市场缺陷和市场失灵情况也不可避免。如果完全按照邻比抗争主体以及社会的意愿来治理邻比冲突，那么虽然基于社会资本的共同规范与协商互惠的方式能够达成合作，但因缺乏权威体系的认可，难以构成对多元主体尤其是政府和企业的权威性约束，很难保证邻比冲突决策的权威性和有效性，往往会使邻比冲突治理局限于邻比抗争主体的局部利益，而使必要型邻避设施难以成功设址或设址的交易成本过高，使邻比冲突治理失去应有的本意。

科恩指出，“理想的民主不应仅仅让公民在汤姆和哈里之间选择了一个就算参与管理，而应该让他们在力所能及的范围内识别问题，提出建议，权衡各方面的证据与论点，表明概念并阐明立场。一般而论，即促进并深化思考”①。多元协作治理本质上是多元利益主体相互信任、倾听、理解、互动、协商、调适、合作的过程。“政府的强制机制、市场的竞争

① ［美］科恩：《论民主》，聂崇信、朱秀贤译，商务印书馆1988年版，第22页。

机制和社会的合作机制各成为其最显著的特点。但是，其总体功能各有优劣利弊之处，三者可以在适当的条件下实现不同配置方式的整合而不可互相替代。”① 这就需要为多元主体，尤其是政府、企业和邻比抗争主体之间提供一个表明观念和阐明立场，以及倾听、讨论，发挥不同主体优势治理机制协作作用的协作互动平台。在这个平台中，每个主体都有平等的机会去被人倾听、提出建议和批评意见，并在相互信任和协作的基础上达成共识。

哈贝马斯在解释协商政治概念时深刻地阐明了平等协商的要义：一是协商过程是通过论辩形式发生的，也就是说，是提出建议的一方和批判地检验建议的一方之间对信息和理由的有序交换。二是协商在原则上是包容和公共的。原则上没有人可以被排除在外，被决策所影响的任何人都可能具有同等的机会进入和参与讨论。三是协商的方式是排除外在强制的。协商过程中，对于参与者的约束仅仅是交往的预设和论辩的规则，就此而言他们是拥有主权的。四是商议是排除任何可能有损于参与者的平等的内在强制的。② 协商民主理论家科恩从能力角度阐释了平等的含义，“说公民是自由的，意思是说，广泛的道德或宗教观念无法提供明确的成员资格条件，也无法提供行使行政权力权威的基础；说他们是平等的，意思是说，每个人都具有参与授权行使权力讨论的能力”③。由此可以看出，协商的平等性主要包括两点：第一，公民应该有平等的或至少有公平的机会参加决策过程或使他们的意见或理由能够进入或影响决策过程。第二，“现存的权力和资源分配不能影响参与者在协商中的地位，有权者也不能因为手中的权力而增加其发言的分量”④。当然，这里的平等并非是不承担责任的平等，而是有着特定责任与要求的平等。参与公共决策的公民主体所承担的责任应该包括：“提供协商过程中所有人都能接受的理由；倾听并真

---

① 黄健荣：《论现代社会根本性和谐——基于公共管理的逻辑》，《社会科学》2009 年第 11 期。

② 转引自［德］尤尔根·哈贝马斯《在事实与规范之间——关于法律与民主法治国的商谈理论》，童世骏译，生活·读书·新知三联书店 2003 年版，第 379 页。

③ Cohen, J., “Procedure and Substance in Deliberative Democracy”, in Bohman & Rehg (eds.), *Deliberative Democracy*, Cambridge MA: MIT Press, 1997, pp. 408-409.

④ Cohen, J., “Deliberation and Democratic Legitimacy”, in Hamlin, Alan & Pettit, Philip (eds.), *The Good Polity*, Basil Blackwell, 1989, pp. 22-23.

诚回应他人的理由和观点；尽力达成所有人都能接受的意见。”①

借鉴以上思想家的论述，多元主体的协作平台至少包含以下几个方面：一是协作主体有两个以上，即强调邻比冲突治理主体的多元化。二是坚持多元主体之间关系和地位的平等性，以公平、公正、平等为原则，被决策所影响的任何人都应该具有同等的参与机会；这主要是强调除政府以外的多元主体在治理决策中的话语权，社区居民必须有足够的权利和渠道参与邻比冲突治理决策的制定、执行和监督。三是治理决策中不仅要求有多元主体的积极参与和利益表达，同时还要求政府和企业及相关主体对其他主体利益诉求的有效回应。

要实现有效的协作治理，最重要的就是要保证参与主体的平等地位。戴维·米勒在论述理想民主存在的条件时，深刻揭示了平等的价值，他认为，理想民主的实现必须满足三个条件：包容性、理性与合法性。其中包容性是指所有与公共决策相关的政治共同体成员都应该在平等的基础上参与决策。② 邻比冲突治理过程中的平等参与权利对建立并保障不同主体的平等影响力有重要影响。公民主体需要通过一个持续不断的平等参与和交流的过程来承诺彼此的权利，而这一进程有助于他们以包容和非强制性的方式更好地参与公共决策。具体来说，首先，平等协作平台有助于解决有限理性造成的决策困境。一方面，多元主体能够通过相互协作来获取来自他人的意见与信息，进而调整或修正自己的价值偏好，弥补有限理性造成的缺陷；另一方面，多元主体通过相互协商能在现有资源、信息基础上形成更具有“双赢”或“多赢”意义的决策意见。其次，平等协作平台有利于保障治理过程的公开性。一方面，平等协作平台要求治理过程必须被置于公开的协作场景中，以供多元主体公开讨论和批评。政策制定的过程与程序也都应该是公开的，任何参与主体都有权知道与自己利益密切相关的治理方案是如何制定的。另一方面，平等协作平台要求决策主体必须公

① ［英］马修·费斯廷斯泰因：《协商、公民权与认同》，载［南非］毛里西奥·帕瑟林·登特里维斯主编《作为公共协商的民主：新的视角》，王英津等译，中央编译出版社 2006 年版，第42 页。

② ［美］戴维·米勒：《协商民主不利于弱势群体?》，载［南非］毛里西奥·帕瑟林·登特里维斯主编《作为公共协商的民主：新的视角》，王英津等译，中央编译出版社 2006 年版，第 140 页。

开其决策的理由，从而也有利于对隐蔽议程和不决策的抵制。[①] 再次，平等协作平台要求加强多元主体的互动，通过营造平等的氛围确保决策更能体现民意。最后，平等协作有利于培养行政人员的执政美德与多元主体的社会责任感。平等协作要求政治共同体成员之间相互理解，相互尊重，要求人们通过充分了解他人的观点、信仰，更好地相互理解各自的期望与需要，有利于在政策执行过程中培养行政人员的一种自觉自愿地遵守社会道德规范、为公众服务并对公众负责的执政美德。此外，平等协作要求多元主体积极参与治理过程，从而能够增强多元主体，尤其是公民承担社会责任的意愿。

多元主体协作治理场域的协作平台应该具有以下功能：一是多元主体利益博弈的平台。虽然多元协作治理强调邻比冲突治理中的多元主体之间的协作共赢而不是讨价还价或“一报还一报”式的利益博弈，但当前的实际利益竞争和公共精神及社会资本现状都使完全协作式的合作共赢仍然只是一种理想，因此，当下的多元协作平台首先应该是多元主体进行平等利益竞争的利益博弈平台。二是信息公开和协作交流平台。多元平等协作的前提首先在于信息的公开和协作交流，没有信息公开和利益诉求、思想和意见的协作交流，一切利益诉求和决策与执行都在黑箱里操作，平等、信任和协作便失去了基础，因此，多元协作平台应该是信息公开和协作交流的平台，这是实现邻比冲突多元协作治理的基础。三是协作治理平台。邻比冲突多元协作治理的目标是实现邻比冲突的协作共治，并在多元协作式邻比冲突治理过程发挥邻比冲突对政策发展和民主政治发展的促进作用，锻炼和提升社会公民的民主参与意识和参与能力，培养和壮大公民社会的社会资本。因此，邻比冲突治理的多元协作平台应该是多元主体协作进行决策的决策平台、政策执行平台、协作激励平台和权利救济平台，同时也是公民参与平台、公民意识培养平台和参与能力训练平台。四是多元协作监督平台。虽然强调多元协作治理的信任基础和协作治理机制，但多元协作治理模式并不否认协作治理过程中可能的机会主义行为，因而强调多元协作监督在协作达成和社会资本培养中的重要作用，主张将多元协作场域同时作为多元协作监督平台以防止各种可能的机会主义行为。

① 黄健荣：《公共管理学》，社会科学文献出版社 2008 年版，第 218 页。

第七章

多元协作型治理模式的运行条件、可能困境及破解之道

多元协作型邻比冲突治理模式是在借鉴政府强制型邻比冲突治理模式、市场主导型邻比冲突治理模式、设施管理型邻比冲突治理模式、社区治理型邻比冲突治理模式治理经验启示的基础上，从理论上建构的理想邻比冲突治理模式。“理论是灰色的，实践之树常青”，理论通常都有其前提假设，“灰色”的理论模型要在实践中得到有效运用需要具备一定的运行条件，要真正实现邻比冲突的多元协作型治理，还要克服多个可能存在的现实问题，只有有效破解这些可能困境，满足多元协作治理所必需的基础条件，多元协作型邻比冲突治理模式才有可能从理论建构变成促进邻比冲突治理的现实方略。

第一节　多元协作型治理模式的运行条件

多元协作型治理模式强调多元主体的平等协作，因而需要多元主体对自身权益、公共利益有清醒的认知，具备现代公共参与所需要的知识和能力，拥有协商合作所需要的同理心、倾听精神、宽容精神和妥协精神，这是多元协作型邻比冲突治理模式所需要的基本主体性条件。同时，多元协作型治理模式必然需要改变传统政府治理理念，为多元协作型治理提供制度基础，培育社会和市场力量，形成政府、社会、市场相互支持、合作与制衡的多元协作型治理所必需的社会力量结构。

一　主体条件：多中心治理结构的形成

单一治理主体的政府主导型邻比冲突治理模式中，政府是邻避设施选

址决策的推动者、制定者、执行者和最终裁决者，又是邻比抗争意见的倾听者、控制者、安抚吸纳者，还是设施运营安全的监管者；在多元协作型治理模式中，包括政府在内的多元社会利益主体都应该是邻比冲突治理的平等参与主体，发挥邻比抗争主体、企业、专家、媒体、公众等多元社会利益主体在邻比冲突治理过程中的协作治理作用，将有利于打破政府主导型邻比冲突治理的现实困境，实现邻比冲突的有效治理。

多元协作型治理模式主张由政府、公民、企业、专家、媒体和社会组织等各方主体平等参与，通力协作，形成有效的协作治理网络，各种组织（包括公共的和私人的）和公民个人只要具有志愿参与的热情，并被确认为有参与能力和资格，就可以参与到治理过程之中。诚如英国学者斯托克所言："治理指出自政府，但又不仅限于政府的一套社会公共机构和行为者。"① 德雷泽克的观点则更为清楚直白："应该将更多的个人、利益集团和团体纳入到协商的过程中来，尽管他们一直以来都被排除在决策的大门之外。"② 因此，多元协作的治理结构必然是一个多元主体平等互动的多元治理结构，政府不再以单一权威的身份参与治理过程，而是以与其他团体、公民平等的身份参与多元协作治理过程，与它们协商合作，共同决策，其价值在于将社会看作各要素相互关联的整体系统，重视系统内各要素的互动协作。在这里，公共行政人员、人大代表、企业、专家学者、政党组织、利益集团、民间组织、社区居民等，都成为可能的协作共治者。在这样一种多元主体参与的协作过程中，多元主体就各方利益进行对话、交流和论辩，在协作中体现平等、公平的对话方式，协作参与者排除了身份、地位、职业、年龄等方面的偏见，从而致力于共识的达成。其一，公共行政主体不仅要将自己重新界定为"负责的参与者"与"服务者"，以"服务"为中心，既不试图实施控制，也不假定自身为对话和共同价值的代理人，而且要与公民社会分享权力，不断扩大公共参与的边界。在邻比冲突治理过程中主要担当公共论坛的主持者、博弈规则的制定者、利益纷争的整合者、公共利益的维护者、公民权和民主对话的促进者或协作治理的催化剂、邻比冲突的协调者等角色。其二，社区居民是多元协作型治理模式的主体，他们能够通过对话的形式来表达各自的偏好，在互相尊重的

① 转引自俞可平《治理与善治》，社会科学文献出版社 2000 年版，第 35 页。

② ［澳］约翰·S. 德雷泽克：《协商民主及其超越：自由与批判的视角》，丁开杰等译，中央编译出版社 2006 年版，第 77 页。

前提下发挥对邻比冲突治理的影响作用，并通过交流与沟通达致最终的共识从而解决问题。在邻比冲突治理过程主要担当治理议程的发起者、协作治理的合作者、民主对话的参与者、补偿方案的选择者、治理过程的监督者等角色。其三，企业是多元协作治理模式中的重要参与者，它应积极提供一定的人力、财力、物力资源参与邻比冲突的治理活动，主要承担协作过程的参与者、负外部性影响的治理者、补偿和回馈机制的提供者等多重角色。其四，第三部门也是多元协作治理过程的参与者，他们应该协助政府加强与民众的沟通、协助居民表达和维护自身权益、动员和组织周边居民参与冲突治理过程，主要承担公共利益表达者、邻比冲突的协调者、负外部性影响治理监督者和参与者等角色。其五，在邻比冲突治理过程中，专家学者应充分发挥自己的智力资源，在邻避设施选址、负外部性影响治理等方面提供客观真实的信息，承担起方案论证解释、技术创新、环境评价等角色。其六，媒体应在邻比冲突治理过程中发挥重要作用，及时有效地传播信息，进行监督。为发挥多元主体在邻比冲突治理中的作用，促进多中心治理结构的形成，社会系统还应包含以下变革。

（一）公共权力从集中走向分散

多元协作型治理模式强调以多元平等参与的思想来替代单一权威秩序的垄断性思维，它意味着为有效进行邻比冲突治理，应该由社会多元主体如公民个人、公民组织、党政组织、利益团体、政府组织等，基于一定的集体行动规则，通过相互协作、互相调适、共同参与合作、通过协商和对话等方式形成互动，从而达成邻比冲突治理的治理模式。这就要求实现世界银行所总结的“体制外分权”，即政府职能的削减和转移，从不应该干预的领域退出或者将中央政府的某些职能转移到地方政府或半公共组织中。①

（二）价值取向从一元走向多元

多元协作型治理模式要求政府在解决邻比冲突时，既要实现公共利益的最大化，又要确立公民本位、社会本位理念，即由“政府主体的单元价值取向”转向“公民、社会与政府主体相结合的多元价值取向”，实现以政府为中心的管理向以社会和公众为中心的服务转变，实现由政府本位、官本位体制向社会本位、民本位体制转变。

① 世界银行：《变革世界中的政府》，中国财政经济出版社 1997 年版，第 120 页。

（三）治理过程的合作与互动

多元协作型治理模式强调的协作是指在决策过程中的利益冲突都应通过协商、协调与合作的手段来解决。多元主体参与邻比冲突治理过程，其利益和价值倾向不可能完全一致，这就需要通过协作以达成决策共识。邻比冲突治理过程中多元主体之间的充分互动是民主决策的实现机制。当多元主体之间存在着利益冲突时，应该通过对话、协作的手段，实现各主体之间的良性互动，达成多元主体之间的协作共赢。

二　制度条件：协作型治理机制的全面形成

多元协作治理的本质是各种利益不断博弈、协商、调适、合作的过程。多元协作治理可以归纳为平等协商、利益妥协、合作共治三个阶段，其中包含利益表达、利益整合、偏好转换、利益妥协、权利救济等环节，每个环节的有序展开与多元主体之间的有效协作都需要制度化的协作机制来保障。

首先，健全的信息公开制度是基础。受传统行政理念的影响，由于对社会缺乏信任，在邻避设施的选址和运营中，政府一般对设施选址和负外部性影响程度严格保密，或者倾向于隐瞒设施设址，或者倾向于隐瞒或淡化设施的负外部性影响。这种信息不公开、不透明的做法往往会造成谣言盛行，导致社会对政府的不信任，使协作难以有效达成。只有通过信息公开，才能激发多元主体有效参与协作过程，增进政府、企业、社会之间的信任，增进设施选址的科学性和合理性。

达尔认为，使公民有机会对政治事务获得充分的知情，这既是民主本身的部分内容，又是民主的前提条件之一。① 没有健全的信息公开制度，社区居民乃至专家学者就难以平等地参与协作过程，难以有效监督治理决策的过程及其执行，他们参与协作的积极性会因而下降甚至消失；没有健全的信息公开制度，媒体就无法发挥有效的监督作用。信息的公开透明是实行政治民主的必要条件，只有遵循透明性原则才能保证公民有效参与，才能促成多元协作。在多元协作治理中，个人的自由选择权是不可侵犯的，个人偏好的转换依赖于志愿而不是强制。为保障个人能够抵制公共压力的胁迫或金钱利益的诱惑，必须增强提升个人的经济社会地位和谈判能

① ［美］罗伯特·达尔：《论民主》，李柏光、林猛译，商务印书馆1999年版，第86页。

力，为协作参与者提供充分信息，对公共权力进行有效监督。

其次，有效的利益表达机制。多元协作最基础的方面就是为多元主体提供对话平台，并使它们能够发挥实质性作用，从而促进有效的协作。这需要保证各个主体拥有平等的表达权、论辩权，从而使全体公众的利益能够充分表达，不同群体的利益能够被充分地反映。有效的利益表达机制需要关注三个方面：一是公开的表达，即多元主体进行公开的协作讨论。这种公开的表达可以较好地防范隐蔽议程和幕后交易，因为多元协作的过程实质是多元主体利益博弈和交换的过程，而隐蔽议程和幕后交易很容易变成强势集团对弱势群体的利益漠视或排斥，致使弱势者的利益主张得不到有效的表达和维护。公开表达还有利于多元主体达成治理目标和评价标准的一致性，并接受社会公共理性和公共道德的公开审视与评判，从而保障决策和评价标准的公正性。二是平等的表达。平等的表达程序制度不仅以平等的自由权利保障公民或团体组织平等参与协商合作，更重要的是保障社会弱势群体的表达权，防止强势集团将弱势群体排斥在利益表达之外，这是维护弱势群体利益的基本前提。三是非程序化表达和程序化表达的有效结合。非程序化表达就是通过沙龙、讨论会等非正式渠道进入公共协作讨论平台。非程序化表达可以使多元主体通过多种途径表达意见，可以使各种意见在低层次的公开交流和互动中进行初步整合，形成具有一定社会性的意见主张。程序化表达的渠道可以是正式的协作表达机制，也可以是其他各种制度化的意见表达渠道。多元协作需要遵循明确的议事规则，程序化表达将社会性的民意吸纳进这些正式的协商合作体制，让公众议程进入政策议程，两方面的有效结合才能促进多元主体间的协作交流。因此，有效的协作表达机制是保障多元协作治理成效的前提。

再次，多元主体互动回应机制。这里的互动回应指的是多元主体相互间的互动交流和对其他主体利益、意见的回应，尤其强调政府和企业对邻比抗争主体的回应。罗茨认为，多元主体的互动影响到治理政策的执行，“虽然在政策执行中存在着秩序，但是这种秩序不是上级制定的，而是在几个受到影响的主体相互妥协中产生的”①。在这种互动关系中，一方面每个个体都是平等的，每个社会成员都被赋予了某种社会责任，任何人都

① ［英］罗伯特·罗茨：《新的治理》，转引自俞可平主编《治理与善治》，社会科学文献出版社 2000 年版，第 92 页。

没有权利破坏公共利益和他人的利益，任何人都有义务去维护大家公认的道德原则；另一方面每个公民都要走出自私自利的藩篱，把道德关怀的目光投向社会和他人，并愿意仔细倾听和关切对方利益，通过持续不断的互动交流来对彼此愿望进行回应，达成协作。

作为利益矛盾的协调者，政府是否能够对社区居民进行及时、有效的回应，决定了多元协作治理能否有效达成。斯塔林（Grover Starling）在《公共部门管理》一书中指出，回应（responsiveness）意味着政府对公众对政策变革的接纳和对公众提出诉求及时做出反应，并采取积极措施解决问题。① 政府回应要求政府对公民的要求做出及时的和负责的反应，必要时还应当定期地、主动地向公民征询意见、解释政策和回答问题。这是政府合理决策，及时向社会提供社会所需要的公共产品和服务的必要基础。狄小华和冀莹认为，在公共治理中，如果政府缺乏有效的回应，容易引发各种群体性事件。②

最后，有效的利益整合机制。邻比冲突究其本质是公共政策负外部性导致的公共利益悖论，即整体公共利益与局部公共利益之间的矛盾。邻避设施的危害性特征以及某些必要型邻避设施对公共利益的不可或缺性，决定了邻比冲突治理中的利益冲突常常难以消解。因此，有效的利益整合机制便是解决多元协作困境必不可少的关键条件。多元协作型治理模式中，多元协作主体地位的平等性决定了利益整合的难度，但也为平等协作达成利益一致提供了契机与可能。要达成多元主体的有效合作，政府必须通过建构实现多元利益的统筹平衡机制，对各方利益主体的利益需求进行及时有效的吸纳和整合。

一是利益导向机制。利益导向机制是利益协调机制发挥作用的基础和前提，旨在引导人们树立正确的利益观。“人们为之奋斗的一切，都同他们的利益有关”，转型期的中国社会，公民的权利和利益意识逐步觉醒，但受多种因素的影响，人们还缺乏对自身利益和公共利益、短期利益和长远利益之间关系的正确认识，不会有效协调自身利益和公共利益、短期利益和长远利益之间的矛盾，这往往增加了公共问题治理过程中协调各方利益的难度。邻比冲突治理过程中，利益的不一致使各方利益主体难以达成

---

① 张成福：《公共管理学》，中国人民大学出版社 2001 年版，第 324—325 页。

② 狄小华、冀莹：《民意表达与政府回应机制之完善》，《政治与法律》2009 年第 7 期。

共识，这需要政府引导人们理性看待经济社会结构变革过程中的利益分化，合理选择利益目标，自觉调整利益需求，科学选择利益行为，正确处理利益关系矛盾，学会通过相互沟通、平等协作以达成共识；并动员多元利益相关者采取持续的合作行为以维护和增进公共利益，“使民意表达始终富于理性、与正义和谐一致”①。

二是平等论辩机制。有必要建构一个公共协作论坛，在此论坛中，每个参与者可以充分表达自己的利益需要，可以反对任何参与主体的观点，但要求参与者对自己的观点“给出理由”，能经受住他人的公开检视，又要以他者的意见主张为参照，尊重他人的利益或价值诉求，在论辩中消除矛盾，达成共识。哈贝马斯就曾高度地评价了论辩的价值，“本来意义上的公共性是一种民主原则，这倒不是因为有了公共性，每个人一般都能有平等的机会表达其个人倾向、愿望和信念——即意见；只有当这些个人意见通过公众批判而变成公众舆论时，公共性才能实现”②。通过平等论辩，使各种获得类化积聚的公民意见在公共理性和公平正义的引导下实现交融整合，最终形成具有整体性的社会民意。

三是利益补偿救济机制。这就是政府要在坚持公共利益的基础上，建立起各方利益主体一种既竞争又合作的平等、互利、协作的利益伙伴关系，兼顾最大多数人的共同利益与不同群体的具体利益，实现各方利益的协调、均衡，并通过建立相应的规范的利益补偿机制和救济机制，对利益受损群体给予合理的补偿和救济。没有对多元协作过程中利益受损者的利益补偿和救济机制，不仅会影响和降低多元主体的协作意愿，还有可能会增强各方主体维护自身利益的内驱力，导致协作谈判过程的紧张状态，最终使多元协作流于形式而难以达成协作治理所期待的结果。

四是利益约束机制。利益约束机制主要是通过法律和道德对人们获取利益的行为进行约束。具体来说，就是要通过加强法制建设，强化对利益主体的法律约束，引导人们以合法的手段和方式获取利益，同时通过道德约束，引导个体合理确定利益目标、选择利益行为，增强人们利益行为选择的确定性，减少多元利益主体的机会主义行为，以及他们之间的利益矛盾和利益冲突，推动社会的良性运行和有序发展。

---

① 胡东、李雪沣：《关于民意的民主性思考》，《政治学研究》2006 年第 2 期。

② ［德］哈贝马斯：《公共领域的结构转型》，曹卫东等译，上海学林出版社 1999 年版，第 1—20 页。

三　环境条件：政府、市场、社会之有效制衡机制的形成

当下中国，由于社会力量在资源配置中的弱势地位，政府、市场、社会三者难以形成有效的制衡，这导致了现实生活中政府对市场的过度介入，妨碍了市场机制的有效运行；政府对社会生活的不当介入，或实施了过度或错误的干预致使公民权利受到侵害；市场行为过度介入社会生活导致社会公共精神和公益精神的丧失，公共利益受到破坏。在邻比冲突治理中表现为政府为实现其政绩目标单方面就邻避设施的立项、选址以及补偿做出决策；邻比抗争主体维权式、反抗式乃至泄愤式邻比抗争方式时有发生，以致多元协作所必需的信任和共识难以形成。“社会资本指的是社会组织的特征，例如信任、规范和网络，它们能够通过推动协调的行动来提高社会的效率。”[①] 要形成政府、市场、社会三元之间的有效制衡，就需要推动公民社会建设，促进社会资本的形成以建立社会的信任、规范和网络。

“一个强大的市民社会对有效的民主政府和良性运转的市场体系都是必要的。”[②] 对于理性的政府而言，在邻比冲突治理过程中积极维护自身权威、政绩利益和合法性利益几乎是其必然选择，因此，只有通过公民社会建设以形成有效的社会资本，才能对政府形成有效的制约，也才能最大限度地消除市场逐利性的负面效应。多元协作型治理模式的核心在于协作，而多元主体之间的谅解、信任和合作是这种模式得以有效运行的基础条件，但这种信任与合作却难以避免陷入“集体行动的困境”，这就需要一种为促进共同利益而采取集体行动的正式和非正式的规范和网络，即需要通过发展社会资本来建构多元主体之间的普遍信任和开放性的网络结构，才能实现多元主体之间最大限度的平等合作。

首先，多元主体之间的合作需要提供社会网络与非正式规则的社会资本。非正式规则是组织成员间通过习惯、传承、教育和经验等方式形成的默认规范，它可以使人们自发地遵循某种行为准则，并将这些准则转化为

① ［美］罗伯特·帕特南：《使民主运转起来》，王列、赖海榕译，江西人民出版社2001年版，第195页。

② ［英］安东尼·吉登斯：《第三条道路及其批评》，孙相东译，中共中央党校出版社2002年版，第29页。

个人偏好，内化为自己的行动逻辑，并始终一贯地遵从。内化规则既是个人偏好，又是约束性规则，它能使人们免受本能的短视和机会主义之害，并常常能够减少人们的协调成本和冲突。① 社会资本所结成的网络和成员间的相互信任，可以使处于网络中的成员在维持自我意识和个人利益的同时，形成群体意识和公共利益观念，进而增进组织成员对群体和公共利益的责任意识和责任行为，使组织可以突破集体行动的困境。正如奥斯特罗姆所言，对小规模的公共池塘资源来说，"当人们在那里生活了多年以后，会形成许多共同的互惠规范和模式，这就是他们的社会资本。利用这一资本，他们能够建立起制度难以解决的公共资源使用中出现的困境"②。社会资本形成的社会网络和非正式规则能够增进多元主体间的协调和沟通，并促使他们及时调整和修正自己的目标，与其他主体之间达成理解、宽容和协作。

其次，多元主体之间的合作需要信任与互惠规范。沃伦认为，一个合作性共同体通常包括以下要素：第一，双方存在有分歧的利益，但他们知道相互依赖。第二，通过有代表性的社团整合利益。第三，这些集体行动者有发言人和谈判者，他们像个体那样相互接触、相互交流和让步，由此建立相互间的个人信任。③ 对于怎样解决合作中的信任问题，帕特南认为社会资本所包含的信赖与互惠规范有助于促成自发性的合作与协调，因而可以促进社会信任，改变集体行动的困境。"社会资本所蕴含的信任与互惠规范能够解决组织成员之间的信任与承诺问题，从而更好地解决集体行动问题。"④ 社会资本能使多元主体从过去的协作行为中获得对他人协作行为的预期，并能增进组织成员间的协调与沟通，使人们及时获知其他成员的行为信息，从而自己也会采取一致的协作行为。

最后，多元协作需要社会资本为其提供监督激励机制。要促进多元主体之间的协作，关键问题就是要解决好多元主体之间的相互监督问题。社

① ［德］柯武刚、史漫飞：《制度经济学——社会秩序与公共政策》，商务印书馆 2000 年版，第 123 页。

② 转引自［美］罗伯特·帕特南《使民主运转起来》，王列、赖海榕译，江西人民出版社 2001 年版，第 198 页。

③ ［美］马克·E. 沃伦：《民主与信任》，吴辉译，华夏出版社 2004 年版，第 78 页。

④ ［美］罗伯特·帕特南：《繁荣的社群——社会资本与社会发展》，转引自李惠斌、杨雪冬主编《社会资本与社会发展》，社会科学文献出版社 2000 年版，第 158 页。

会资本所形成的制度规范、关系网络和信任，能够对集体行动的多元主体形成强有力的外部监督。一方面，在邻比冲突治理过程中，任何一方协作参与主体都希望他们在未来的互动行为中能够获得对方的支持和协作，这可以使多元主体都愿意采取协作行为来防止未来会遭到其他主体对其不合作行为的惩罚和报复。另一方面，过去的协作行为能够使多元主体从中获益，这可以使多元协作主体愿意进一步采取协作行为以增加自己的收益。此外，在社会资本所形成的关系网络和协作体系中，多元主体有监督其他主体以维护自己利益的动力。

第二节　多元协作型治理模式的可能困境：制度与现实层面的考量

多元协作型邻比冲突治理模式所需的主体、制度和环境条件如不能得到满足，则多元协作治理的过程和愿景难免会陷入困境。多元协作型邻比冲突治理模式可能面临治理机制困境、个人理性难以聚合为集体理性、多元协作治理难以实现资源最优配置、平等协商的多元协作格局难以达成、统治型国家观和人治传统的路径依赖、邻避设施治理制度供给不足、公民理性不足和参与能力匮乏等制度困境和现实困境，虽然如此，深厚的理论基础，可资借鉴的现实参照，切实可行的治理机制，以及初步发展的制度与现实环境，为开展多元协作以治理邻比冲突提供了可能。

一　多元协作型治理模式的制度困境

道格拉斯·诺斯认为，“制度在一个社会中的主要作用是通过建立一个人们相互作用的（但不一定是有效的）结构来减少不确定性”①。制度的主要功能在于其可以降低交易成本、促进合作的实现、为个人选择提供激励系统、提供人们关于行动的信息、约束行为主体的机会主义行为、减少外部性等。② 邻避设施的特殊性和邻比冲突过程关涉利益主体的多元复杂性决定了必须要用制度来减少多元协作过程中的不确定性，防止和约束

① ［美］道格拉斯·诺斯：《制度、制度变迁与经济绩效》，刘守英译，上海三联书店 1994 年版，第 7 页。

② 卢现祥：《新制度主义经济学》，武汉大学出版社 2004 年版，第 136—141 页。

多元主体各种可能的机会主义行为，借以保障多元协作治理的有效达成，然而现实制度供给的不足可能会使多元协作型邻比冲突治理模式面临制度缺失的困境。

（一）多元协作治理机制之困境

多元协作治理的众多机制中，多元协作决策和执行以及协作保障激励机制都离不开多元主体之间的参与和合作以及对利益受损者的补偿激励。然而，参与合作和补偿激励机制都面临一定的实践、制度和伦理困境。首先，参与合作机制存在一定困境。虽然民主化的邻比冲突治理鼓励邻比冲突治理过程中的公民参与，但实证研究表明，广泛传播的“事实”和关于邻避设施负外部性影响的各种信息都可能会对邻比抗争主体形成事实上的帮助和激励作用而使邻比冲突治理适得其反。邻比冲突治理过程中的“民主的困境”已经在很多邻避设施治理案例中广泛显现，并引起了人们对邻比冲突治理过程中引入公共参与的广泛质疑。① 公众缺少专业知识、公共参与会给决策制定带来额外的行政复杂性和低效率、参与者可能不会对公共利益负责、不一定采取负责任的行为、公共参与可能会额外增加决策及其执行成本，② 邻避设施选址决策中的公民参与常常会导致持续的社区反对和政治僵局，都是人们质疑公民参与邻比冲突治理过程的重要原因。③ 其次，邻比冲突治理中的补偿机制存在伦理困境。补偿并不能消除邻避设施的负外部性影响。生命安全和健康安全的影响，生存环境的改变等，都无法通过有限的金钱来进行补偿。补偿还有可能会成为减少邻比抗争主体从事防卫性抗争行为的诱因，因而导致过多的弱势人群居住于受各种污染影响的区域，从而造成更大的污染性损害。④ 与此同时，通过补偿和回馈机制获取弱势群体对邻避设施的支持，这被认为是强势集团利用金钱诱因不合理地将贫穷和弱势群体置于危害和危险之中，因而在伦理道德

---

① Kraft, M. E. & Clary, B. B., “Citizen Participation and the NIMBY Syndrome: Public Response to Radioactive Waste Disposal”, *The Western Political Quarterly*, Vol. 44, No. 2, 1991, pp. 299-328.

② Ibid.

③ Morell, D. & Magorian, C., *Siting Hazardous Waste Facilities: Local Opposition and the Myth of Preemption*, Cambridge, MA: Ballinger, 1982.

④ Baumol, W. J. & Oates, W. E., *The Theory of Environmental Policy*, Cambridge: Cambridge University press, 1988.

上存在非正义性。[①] 此外，补偿还有被视作“贿赂”行为而引发更大邻比抗争行动的可能，它可能会对公共精神和公共道德形成挤出效应。[②]

（二）个人理性难以聚合为集体理性

要实现多元主体之间的协作，关键在于能在一个多样化的社会中促进共识，因此，多元协作治理过程就是针对公共问题找寻并实践共识性方案的过程。然而，“阿罗定理”告诉我们，不可能存在一种能够把个人对N种备选方案的偏好秩序转换成为社会偏好秩序的社会选择机制，“如果我们排除效用人际比较的可能性，各种各样的个人偏好秩序都有定义，那么把个人偏好总合成为表达社会偏好的理想的方法，要么是强加的，要么是独裁性的”[③]。在阿罗看来，任何力图将个人偏好聚合进集体选择机制的努力都不可能同时满足五个看似简单与容易满足的条件，即全体一致性、非独断性、可传递性、自由选择、非相关替代的独立性。奥尔森也表达了类似的担忧：由于“搭便车”行为的存在，理性、自利的个人一般不会为争取集体利益做出贡献。公民的“理性无知”也导致其不愿为集体理性做出贡献，因为显示个人偏好或参加集体行动都需要支付一定的成本，比如收集各种情报信息、研究相关策略以及参加投票等，不仅需要花费一定量的金钱而且还要耗费时间和精力，更主要的是，个人不这样去做，同样可以享受别人为此努力而带来的种种好处。因此，理性人在经过成本和收益分析之后对自己行为最“经济”的选择就是不行为，即“理性的无知”。[④] 多元主体的经济人理性可能会导致在协商决策的过程中难以解决政府利益与公民利益、公共利益与私人利益、强势群体利益与弱势群体利益之间的矛盾。

（三）多元协作治理难以实现资源最优配置

多元协作治理尝试通过谈判和协商、反思可以达成关于社会目标的共

---

① Field, P., Raiffa, H. & Susskind, L., “Risk and Justice: Rethinking the Concept of Compensation”, *Annals of the American Academy of Political and Social Science*, Vol. 545, Issue 1, 1996, pp. 156-164.

② Kunreuther, H. and Easterling, D., “The Role of Compensation in Siting Hazardous Facilities”, in Daigee Shaw (eds), *Comparative Analysis of Siting Experience in Asia*, Taipei: Academia Sinica, 1996.

③ Arrow, K. J., *Social Choice and Individual Values*, New Haven CT: Yale University Press, 1963, p. 59.

④ ［美］曼瑟尔·奥尔森：《集体行动的逻辑》，陈郁等译，上海人民出版社2005年版。

识，并通过合作共治的途径最大限度地实现公共利益。但是，这个过程未必是达成社会资源最优配置的路径。多元协作治理主张协作基础上的多元共治。它认为政治共同体内的所有公民对公共事务都具有平等的协商参与、共同管理的权力，同时也有为了公共利益而协作共治的公共精神。这可能会存在五个方面的问题：一是政府基于公开性、服务性的要求，如果其所需提供的众多邻避设施设址都必须与利益相关者进行反复协商才能达成理性共识，这虽能更好地体现治权对主权的从属性和服务性，但在客观上会导致整个政治运作较为迟缓与低效，有时甚至会使必要型公共设施供给成为不可能。二是协作决策中参与者的相互否决权和社会对理性共识的需要，还可能导致协作决策过程的僵持不决。正如科恩所言："评价民主决议规则时，必须权衡其保护作用与效率。不幸的是，这两大目的之间存在着颇为紧张的关系。"① 三是烦冗的协作程序设计可能会降低公众的参与热情，而且提供公民自由平等参与协作的理想程序应用于制度设计领域可能还存在一定的可行性问题。② 四是类型化的治理方式可能会导致邻比冲突治理的经验化和教条主义。五是对达成多元协作的公共精神基础要求可能过高，并不符合当前我国公民公共精神的实际现状。

（四）平等协商的多元协作格局难以达成

多元协作治理强调平等开放的协作共治，这必然需要面对多元主体之间力量和资源不对称的现实问题。在协作治理过程中，常常都是教育程度高、社会经济地位高、善于言说的参与主体更容易主导讨论过程，这可能会导致降低弱势群体说明其地位、观点和主张的机会，从而使弱势群体在多元协作治理中处于事实上的不利地位。弱势群体参与公共事务，除了表达能力与机会不如强势集团和精英外，他们在议程控制与议事规则建立的参与上，也天然不足，还缺乏平等的途径和能力来反映他们的观点，弱势群体的参与往往可能只是被收编与安抚。比如，普通社区居民与具有庞大而成熟的利益集团的企业相比，在资金、能力、社会地位以及对信息的掌握上都相去甚远，主体身份的差异会导致在邻避设施选址、补偿方案上难以实现真正的平等协商。另外，参与者的自我表述能力和辩论能力的差异，也将在很大程度上影响到能否进行有效协商。詹姆斯·博曼表达了这

① ［美］科恩：《论民主》，李柏光译，商务印书馆 1999 年版，第 65 页。

② 陈家刚：《协商民主》，上海三联书店 2004 年版，第 250 页。

种担忧：能力的不平等导致协商中的边缘群体不能有效地运用机会以利于自己成员的方式影响协商过程。[①] 爱丽丝·杨也曾指出，协商是一种竞争，参与辩论的各方旨在赢得辩论，而不是达成互相理解，由此就能得出下面的结论：协商过程更为偏向那些喜欢竞争并了解游戏规则的人。[②]

二　多元协作型治理模式的现实困境

多元协作型治理模式的有效运行需要深厚的社会资本存量，多中心治理结构，多元平等协商的博弈平台，协作型治理机制，政府、市场、社会之有效制衡机制等为支撑条件。然而，当下中国，现实统治型行政理念和人治主义传统的路径依赖、邻比冲突治理的制度供给不足、公民参与能力不足和能力匮乏等现实缺陷，都可能会使多元协作型治理模式陷入难以运行的困境。

（一）统治型行政理念和人治传统的路径依赖

随着中国社会公共事务的多样性与复杂性不断增强，我国公共治理的主体也呈现出多元化趋势。但由于传统人治文化的影响，邻比冲突的治理仍然难以形成多元共治的局面，第三部门、企业、社区、社区居民、非政府组织、媒体、专家智囊等非公共权力机构依然难以成为邻比冲突治理的主体。

首先，公共治理的权力过分集中于政府。改革开放以来，我国政府仍然延续了权力高度集中的决策体制，运用高度集中的行政权力进行社会资源分配，社会公众在治理过程中只能处于被动接受的地位，没有多少选择余地。这种集权治理模式下，政策科学性和政策绩效（包括政策的公正性）过度依赖于决策者的能力和素质，导致不仅政策问题的确立主要取决于政策主体的“问题意识”及其价值偏好，决策方案的选择也在很大程度上主要取决于政策主体的知识水平、视野和理性自觉，政策实施的效果更是明显依赖于决策者的权威和政治资本。其在邻比冲突治理过程中的主要表现是：一是精英决策模式。当代中国邻比冲突治理的决策权主要还

---

① ［美］詹姆斯·博曼：《公共协商：多元主义、复杂性与民主》，黄相怀译，中央编译出版社 2006 年版，第 246 页。

② See Young, I. M., “Communication and the Other: Beyond Deliberative Democracy”, in Benhabib, S. (ed.), *Democracy and Difference: Contesting the Boundaries of the Political*, Princeton University Press, 1996, pp. 123–124.

是控制在政府手中，虽然随着民主化进程的加快，社会力量对邻比冲突治理存在一定的影响作用，但这种影响力存在很大的偶然性，在很大程度上依赖于政府决策主体的开明性。邻比冲突治理在根本上还是一种精英决策，“从现实实践来看，我国的决策模式实际上是民众参与、精英决策，因而主要属于精英决策模式”①。二是经验决策依然盛行。科学技术专家难以进入决策中枢系统或受到重视，专家很多时候还是政府决策“合理性”的论证者。“一言堂”“三拍决策”仍是常见的决策方式。

其次，邻比冲突治理中的人治色彩浓郁。由于邻比冲突治理在中国还是新生事物，尚缺乏完善的法律法规来规范多元主体在冲突治理过程中的行为。现实邻比冲突治理中人治色彩浓厚，传统强制性行政理念和行政方式有很大市场。由于缺乏法制规范，诸多邻比冲突治理决策和执行行为常常被限制在封闭的环境中进行，个人意志和长官意志广泛存在。南京 PX 项目选址、环评及建设过程都是在严格的信息控制下进行的，几乎未经任何社会讨论就投入了运行。人治主导下的邻比冲突治理过程常常以决策主体的“利益直觉”替代公众的利益表达，导致公共政策的公共性和公正性缺乏坚实的制度保障，使现实冲突治理过程常常成为政府官员的“一言堂”。

最后，民主参与治理的“形式”与“实质”脱节。尽管在现实政治生活中，民主参与的各种形式已经得到广泛应用，但民主的实质和成效还没有得到真正显现。一是群众参与的意见还没有真正得到重视，成效不明显。很多地方邻避设施选址召开了听证会，但往往是“证而不听”，将听证会作为贯彻和佐证政府决策合理性的工具，而不是听从社会的意见和建议。二是专家咨询论证在一定程度上走形式。在不少地方，在专家论证前，或已经定了调子，或决策方案已经确定，为了符合相关规定要求的专家论证程序，为了使方案顺利通过，在“专家”的构成上，有很多是各相关部门的官员，还有部分是与决策有利益关系的说客，这样的论证会只是对有关领导决策意图进行论证和注释，很难保证决策的科学性和民主性。三是咨询机构缺乏应有的法律地位和独立性。官方决策咨询机构，如政策研究机构隶属于政府，人员由政府安排，经费由政府支付，在参与决策咨询论证中难以保持独立性。而非官方的咨询机构尽管在人身、财产上

---

① 李杰、吴永辉：《我国决策模式剖析》，《社会科学研究》2006 年第 6 期。

具有一定独立性，但其本身与决策者的利益关系十分复杂，受决策者制约的成分较大，常常成为决策者决策科学性、合理性的论证者。

（二）邻避设施治理制度供给不足

1. 社区居民利益表达机制匮乏

首先，公民民意表达渠道过窄。我国现有公民参与渠道主要有：选举、政治党派及人民团体的活动、社会协商对话和人民信访等，直接参与渠道相对较少。参与渠道缺乏主要表现为两个方面：一是现实参与途径不足，除集中传统的参与方式外，缺少有效的公民参与途径；二是现实参与途径虚化，导致实践中轰轰烈烈的公民参与往往成为走过场式的形式主义。首先，我国的人民代表大会制度虽然是表达民意的一种最制度化的形式，但在目前的条件下，由于人民代表大会的代表自身素质高低良莠不齐、选举制度不够完善、代表大会会期短、弱势群体代表不足等原因，使得人民代表大会制度还难以真正发挥代表民意的主渠道作用。其次，宪法赋予公民的政治表达方式如集会、结社、游行、示威等政治参与权利缺乏系统的疏导、支持、规范和约束机制。最后，社会协商与人民信访制度因缺乏政治体系的强力支持而难以发挥实质性作用。公民意见难以得到有效的倾听和回应，而一些新兴参与渠道，如听证制度、公民评议政府等还没有得到有效的贯彻和执行，这导致公民利益诉求难以得到有效表达，制约了公民参与的有效性。

其次，缺乏落实“民本”取向的组织载体。现代公共治理活动需要一定的组织载体才能得到有效开展。但我国民主集中制的组织决策架构在很大程度上无法落实以人为本的执政理念。民主集中制权力集中、决策集中、利益集中，但责任“民主”的现象广泛存在，在问责制还没有得到有效运行的情况下，民主集中制的组织决策体制常常会成为少数领导者贯彻自己个人意志、推卸决策责任的工具。

最后，民意表达保障制度不完善。其一，政治信息公开制度的不完善致使公众缺乏充分知情权。完整的信息是多元协作有效性的前提之一。但目前邻比冲突治理领域乃至整个政府公共管理过程中，信息不透明的现象广泛存在。出于对自身利益的保护或是受某些利益集团的压力，一些政府部门不愿公开有关邻避设施负外部性影响的相关信息。邻比冲突治理信息的不对称，造成公众不能准确理解治理的价值目标，缺乏对公共邻避设施治理的认同感，从而不能对如何治理发表正确的意见和建议，使公众参与的热情和效力大大降低。其二，行政决策权力运行倾向于自上而下地单向化，忽视自下而上的民意表达和沟通协商，阻碍了民意自下而上的有效表达。其三，监督与制约机制缺乏。地方纪检监察部门事实上受当地党委、政府的领导，他们很难对同级政府形成有效的监督和制约。没有制度化的监督渠道和法律保障，媒体、专家、社会都很难对政府的行为形成有效的监督和制约。其四，引导机制缺位。邻比冲突问题往往涉及个人利益与公共利益、局部利益与整体利益之间的诸多矛盾，加之其专业性较强，导致大多数公民在面对邻比冲突问题时，往往只能认识其表象，不能从全局层面上去把握，有时甚至会采取一些非理性的、非法的举措来进行表达，从而影响和削弱了其表达效能。这就需要政府对广大民众进行合理、有效的引导，使他们能够及时有效地表达自己的利益诉求。保障公众的发言权（包括反对意见）、影响权和否决权，是有效治理邻比冲突问题的根本途径之一。

2. 政府公共治理回应机制乏力

首先，回应性制度资源供给不足导致政府回应能力有限。政府决策回应方面的制度虽然在不断创新之中，如公示制度、听证制度等都已经相继出现并得到广泛推行，也在一定程度上取得了切实成效，但总体来说，这些能够提高政府治理水平和决策效率的制度形式还没有得到真正全面的推广和应用，并且也缺乏制度保障。缺乏足够的来自政府系统的回应载体与保障措施，导致在实践中未能建构起全面有效的政府决策回应制度，进而导致政府决策回应能力非常有限。

其次，政府公共服务社会化程度低导致政府回应效率低下。从某种程度来说，政府公共服务供给和公共决策回应效率取决于公共服务社会化供给的程度，因此，公共服务社会化往往能有效提高政府的公共服务能力和行政效率。然而，公共服务供给是政府对社会资源的权威性分配，政府机构常常可以从垄断公共服务供给中获得收益，经济人的自利性使政府难以放弃既得利益以推进公共服务供给制度改革，这些都导致现实公共服务供给的社会化程度较低且公共服务供给不足，进而导致政府对社会公共服务需求的回应意愿不足、效率低下。

最后，政府回应载体建设不完善导致政府回应能力不足。虽然多数地方政府都已设立政府信箱、群众热线，接受民众投诉举报，但《人民日报》和人民网在 2009 年年初的联合调查显示，参加调查的 7111 名网友中，有68.7%不知道所在省、自治区、直辖市的政府联系方式，40%的网友遭遇过相关部门推诿，更有超过一半的网友表示电话很难打通，邮件发出也经常石沉大海。① 这表明政府回应载体建设的实质性效果还有待提升。

3. 平等博弈的制度平台尚未建立

毋庸讳言，现代社会是一个多元社会利益主体不断分化、显现而且立场泾渭分明的时代，是一个利益博弈无时无处不在的时代。现代博弈论表明，最优均衡可以在不同利益主体的长期重复博弈中产生。多次重复博弈是消除分歧和建立互信的必由之路，而构建一个公正的利益博弈平台，则是主体之间从非合作博弈到合作博弈的前提条件。然而当前中国尚未建立起合作博弈所需的公平、公正的平台。

首先，利益博弈主体发育的非均衡性。多元主义集团政治理论认为，在复杂的多元社会中，集团是个人与国家政体之间的中介。一个社会集团力量的大小，往往不取决于它所包含的成员数量的多少，而取决于它的组织程度或组织形态。在邻比冲突治理中，最主要表现为公众与企业的博弈、公共利益与政府利益的博弈、政府组织化的公共利益和局部群体无组织化的局部利益的博弈等。企业通常是获得巨大利益的强势群体，其集团意识较强、组织化程度较高，它们在政府中通常有自己的代言人，并同时运用资本的力量对地方政府的决策施加影响，在利益博弈中居于主导地位。公众是松散而潜在的大集团，但由于组织成本高、激励机制缺乏，因而难以成为有效的利益博弈主体；再加上他们拥有的社会资源较少，在与强势利益集团的博弈中常常处于劣势地位。另外，公共选择理论认为，政府及其官员也是经济人，他们也会出于“经济人理性”的考量，追逐自身利益。因此，当政府从某一部门的利益出发进行公共治理行为时，与公众利益产生冲突常常是一种必然，于是公众便会针对该利益问题对政府提出诉求，从而引起双方的利益博弈。在这一博弈中，如果权力过于集中于政府而公民又难以对政府形成有效的监督，难免会出现公共利益让位于政府利益的情况。

其次，缺乏制度化的利益博弈机制。从某种意义上来讲，邻比冲突治理过程也即公共选择过程，是多元主体之间不断讨价还价、影响邻比冲突

① 纪雅林：《社情民意通道“通不通”?》，《人民日报》2009年1月5日第10版。

治理决策的利益博弈的公共选择过程。由于制度设计的缺陷，我国弱势群体在现有制度框架内缺乏畅通的利益表达渠道，很难正常行使话语权和准确表达利益诉求。同时，由于代表弱势群体利益的社会组织发育不足，导致他们缺乏凝聚自身利益、与政府和企业等强势利益集团进行讨价还价、展开利益博弈的能力，其利益诉求因而很难与强势群体平等地进入决策系统中，导致政府决策在预期政治收益的诱导下，更多地偏向于影响力较大的强势集团。

最后，没有建立多元平等的博弈平台。在多元利益博弈中，听证会是我国目前已经建立起来的最主要的博弈平台，但目前的听证会存在如下主要问题：一是参加听证会的代表性不足。参与听证会的代表一般都由政府指定，无法保证每个人平等参与的权利，难以摆脱被操控的命运。二是听证会代表掌握的信息不足。很多代表对所要听证讨论的问题相关信息和专业知识储备不足，也就无法提出有效意见。三是专家缺乏独立性。专家常常受政府或企业控制，经济人的自利性使专家很难真正代表公众利益。因此，听证会的结果往往难以很好地反映民众利益和愿望。

由于缺乏平等的博弈权，公众及社会团体无法有效地把自己的愿望输入体制化的协作渠道，无法形成具有广泛代表性和高度认同性的理性共识，从而影响公民对多元协作治理的效能和所内含的公平、正义的信任，导致有效参与度下降。

4. 邻比冲突治理法制不健全

邻比冲突治理应该坚持法治的基本原则，这对建立相关法律制度规范提出了要求，但就邻比冲突治理相关法律制度现状来说，我国邻比冲突治理制度供给存在很大滞后性。目前我国虽然已经建立了环境评价制度、重大决策社会稳定风险评估制度以及一些突发应急事件预警处理制度等，但就邻比冲突治理来说，显然存在法律制度供给不足与滞后的现状，现实邻比冲突治理法律不健全。

首先，邻比冲突治理立法意识不足。我国邻比冲突治理的理论储备和实践经验双重不足，多数地方政府常常将邻比冲突视作一般性社会冲突，有的将邻比冲突视作邻比抗争主体的“无理取闹”，认为邻比冲突是阻碍社会经济发展、影响政府政绩甚至是破坏社会和谐稳定的群体性事件，因而基本都是将邻比冲突纳入传统群体性事件治理框架中，采用传统政府主导的强制式治理方式来进行应对，基本上还没有形成就邻比冲突相关问题进行立法规范的立法意识，或者说对邻避设施设址相关问题进行立法规范和对邻比冲突治理进行专项立法的立法意识，以及对立法以规范邻避设施设址和进行邻比冲突治理的重要性的认识都不足。

其次，邻比冲突法律法规缺失。由于邻比冲突问题在中国社会问题治理中是一个“新”问题，对相关问题治理仅仅是地方政府按照传统的政府主导的强制型治理方式进行治理（极端情况下，省级甚至中央政府会介入处理），更多地表现为传统统治型行政下的政府本位和权力本位的人治色彩，缺少完整的程序性规定和法律制度。从我国现有法律法规来看，除了 2003 年 9 月 1 日起开始实施的《环境影响评价法》与邻避设施设址在事实上存在一定关系，以及其他一些法律法规中存在的与邻比冲突问题间接相关的对突发事件、群体性事件等予以治理法律法规条款外，专门治理邻比冲突的相关法律法规条款还基本处于空白状态。

最后，地方政府在邻比冲突治理过程中有法不依的现象普遍存在。通过典型邻比冲突案例可以看出，一些地方政府在邻避设施设址以及邻比冲突治理过程中，常常存在知法犯法、执法违法的现象，邻比冲突治理更多地凸显了人治的色彩，依赖于权力与权威者的个人意志与“能量”而不是法定的程序和标准，邻比冲突治理领域有法不依的现象广泛存在。

（三）公民理性不足和参与能力匮乏

多元协作治理模式的成功运作以普通公民精神和公民理性以及较强的政治参与能力为前提。但邻比冲突所涉及的问题往往带有较强的专业技术性，由于普通公民或公民组织所掌握的知识有限，因而难以有效地表达自己的利益诉求，也无力在多元协作过程中驳斥高度组织化和专业化的专家群体与政府精英的意见。知识和理性的不足使普通公民参与能力不足。而精英对普通民众政治参与的排斥和选举引发的政治参与冷漠心理又加剧了公民政治能力的贫困。政治能力的贫困使得普通公民难以有效表达自己的需求，并且不得不总是听命于信息占有者。正如哈贝马斯担忧的那样：“公共领域的结构反映了获得信息即平等获得信息的生产、有效性、控制和提供的机会上，具有不可避免的非对称性。”① 除信息力之外，公民的认知能力还包括“理解力、想象力、欲求力、讲述力以及对修辞和辩论

① Habermas, *Between Facts and Norms*, Cambridge: MIT Press, 1996, p. 325.

的运用能力"①。多元协作治理要求公民具有较强的政治参与和话语沟通能力，参与能力的不足影响了多元主体之间的良性互动，进而影响邻比冲突的有效治理。

三 多元协作型治理模式的理论与现实基础再审视

虽然必然要面对诸多制度与现实困境，但多元协作型治理模式并非空中楼阁，多元协作型治理模式有其深厚的理论基础，可资借鉴的现实参照，切实可行的治理机制，以及初步发展的制度与现实政治社会生态环境，这是开展多元协作以治理邻比冲突的希望所在，也是实现邻比冲突治理的希望所在。

（一）深厚的理论基础

多元协作型邻比冲突治理以利益相关者理论、多元治理理论、协商民主理论、合作治理理论以及权变理论为主要理论基础，利益相关者理论为多元主体参与邻比冲突治理过程提供了现实利益视角的必要性说明，多元治理理论为邻比冲突治理过程中的多元主体参与提供了政治学视角的理论支撑，协商民主与合作治理理论为邻比冲突治理过程中的多元协作治理以及合作机制的达成提供了政治学视角、利益视角的可能性说明，权变理论为实现邻比冲突治理的类型化治理提供了科学性证明，这些理论的综合运用为多元协作型治理模式的理论建构提供了丰富的理论资源，构成了多元协作型治理模式的深厚的核心理论基础。与此同时，多元协作型治理模式还综合借鉴和运用了公共选择理论、博弈论理论等宏观和微观经济学理论，以及合法性理论、心理学理论等理论资源作为理论分析和实践分析的理论支撑，这些理论共同构成了多元协作型治理模式的深厚的理论基础。

（二）可资借鉴的现实参照

在综合借鉴现有各种治理模式治理经验和困境启示的基础上，本书提出了多元协作型治理模式的理论建构，因而多元协作型治理模式虽然是一种对邻比冲突治理模式的理论预期和理论建构，但它绝不是脱离实际的理论幻想。多元协作型治理模式系统总结了我国传统政府强制型邻比冲突治理模式的经验教训，尤其关注并吸纳了近年来我国典型邻比冲突治理案例的发展趋势和成功经验，在此基础上还系统地对美国、日本、我国台湾地

① Cohen, J. & Rogers, J., *On Democracy*, New York: Penguin, 1983, p. 151.

区的邻比冲突治理实践进行了深入研究和比较分析，借鉴和吸纳了其成功经验，因而多元协作型治理模式实际上具有丰富的实践参照，是来源于实践的理论抽象和理论建构，具有深厚的现实实践基础，因而增加了理论构建的现实可行性，这是多元协作型治理模式不同于一般理论建构的突出之处，也极大地增强了多元协作型治理模式的现实应用性和说服力。

（三）切实可行的治理机制

多元协作型治理模式在借鉴和学习各种治理模式成功经验的基础上，采用务实的态度，综合借鉴和运用多元协作决策机制、多元协作政策执行机制、多元协作激励保障机制如设施负外部性影响治理机制、信任增进机制、程序化的协作治理机制、多元协作利益激励和监督管理及权利救济机制、信息公开和协作交流机制、城市规划和邻比冲突风险预警机制等以推动邻比冲突治理，为邻比冲突治理提供了更多、更为有效、更能促进邻避设施设址接受度的邻比冲突治理机制，主张在维护社会公平正义的基础上，积极谋求必要型邻避设施的成功设址，同时主张按照邻避设施的类型对邻比冲突进行类型化治理，切实考虑邻避设施的负外部性影响和邻比抗争主体的现实利益诉求，及时治理邻避设施的负外部性影响，终止或搬迁负外部性影响严重的设施等，并跳出了狭隘或不食人间烟火式的空谈环境正义伦理的非务实态度，主张采用经济补偿和回馈激励机制以增进必要型邻避设施设址的接受度，推动必要型邻避设施设址，这些都使多元协作型治理模式显得更为务实和积极，因而也更有可行性。

（四）初步发展的制度与现实环境

虽然存在诸多制度和现实困境，但多元协作型治理模式实际上已经具备了一定的制度和现实环境。公民精神的发育发展为多元主体参与邻比冲突治理提供了社会基础。现代社会主义政治文明的发展和政治空间的拓展，则为多元主体表达各种利益诉求和参与邻比冲突治理过程，提供了多种利益表达渠道和现实政治空间。法治政府和法治国家的推进也在一定程度上为邻比冲突治理提供了日益完善的制度环境，中央政府近年大力推进的重大工程项目环境影响评价制度、重大决策社会稳定风险评估制度等，都是国家完善邻比冲突治理制度的积极尝试。社会主义法治文明、道德文明、物质文明、生态文明建设成果，以及现代科学技术的极大发展等，都为推动邻比冲突治理提供了必要的法治基础、社会资本条件以及物质文明和技术文明基础，这些都为推动多元协作型邻比冲突治理提供了制度与现实条件。

第三节　多元协作型治理模式困境的破解之道

邻比冲突治理是一项复杂的社会系统工程。从邻避设施的类型界分可以发现，如果不考虑必要型邻避设施对经济社会发展和人民生活的必要性，如果可以为所需设址的弱必要型邻避设施寻求到替代产品或低风险性设施，则可以直接终止邻避设施设址以达成邻比冲突治理。然而现实邻比冲突治理必然要面对强必要型邻避设施设址的刚性需求，必然要面对弱必要型邻避设施设址冲突治理的多元利益诉求。正是因为这些复杂因素的制约，使邻比冲突治理成为理论界和实务界都难以解决的世界性公共治理难题。但也正因为这些复杂因素的存在，使多元社会利益主体有破解多元协作型邻比冲突治理模式可能面临的困境、促进邻比冲突治理的动力。通过加强社会信任建设建构多元协作治理的心理基础、加强平等权保护机制建设以优化多元协作治理的内部运作机制、加强社会资本建设以优化多元协作治理的内部运行环境、加强平衡利益关系的制度建设以优化多元协作治理的外部运作方式，可以有效破解多元协作型邻比冲突治理模式在邻比冲突治理实践中可能面临的困境。

一　建构多元协作治理的心理基础：信任关系

信任是社会资本的重要组成部分，以信任关系为支撑的协作治理，在协作者之间能够产生安全感和确定感，从而达成协作意愿，这是多元协作治理的保证。在一个共同体中，多元主体之间的信任水平越高，能够达成合作的可能性就越大。[①] 建立相互协作的信任关系，关键在于利益趋同和信息互通，它们在制度和道德的保护下，能形成信任双方共同的期望和愿景，进而产生协作意愿。

（一）形成以共同利益为基础的多元协作自觉

协作治理过程也是利益的整合过程，公民在协作治理中合法反映了

① ［美］罗伯特·帕特南：《使民主运转起来》王列、赖海榕译，江西人民出版社 2001 年版，第 200 页。

利益诉求，获得了凭借个体无法得到的社会资源。正因为协作带来了利益，各个治理主体才能继续合作并在持续的合作中不断增进信任水平。可见，协作治理的信任关系能否有效建立，关键取决于多元协作主体间利益的同构性，只有利益需求一致，才能形成协作的发展目标并产生协作行为。

在邻比冲突治理中，难点就在于对多元主体各自利益的协调。如何协调？这就要形成一个多元主体公共认同的公共利益目标。“只有公民本身以独立之身份，在公共责任感指导下，参与讨论所得到之共识，方可称为公共利益。”① 李景鹏教授更直接地阐述了公共利益的形成过程，“交易就是利益妥协的最经常和最方便的办法”②。社区及其居民对政府的信任来自社会组织自身本能的自利性，政府若不能满足协作者的基本利益需求甚至损害他们的利益，不信任和冲突必然难以避免，协作治理也就无法实现。

（二）以制度保障具有稳定预期的信任关系

制度作为一系列规则，暗含着道德的合理性和强制性，以及对协作主体治理权利的保护性，形成协作主体安全和可预测的信任感。协商民主理论认为，公共决策过程中的协商与对话不仅能够缩短公共决策参与成员之间的距离，而且还能保证决策结果的客观性与合理性。玛莎·L. 麦科伊以及帕特里克·L. 斯卡利曾指出：“对话过程能为公民带来许多好处——建设性的交流，摈弃陈词滥调，诚实地传达思想，注意倾听并理解他人。……对话和协商的结合能够促进相互理解并将个人与公共问题联系起来。人们利用这种公开交流——我们称之为协商对话——建立关系，解决公共问题，以及处理政策议题。”③ 因此，可以通过建立良好的协商制度来稳定多元协作主体间的持续信任关系，促进多元主体的合作，如通过建构协商对话的召集制度来保障多元协商对话的启动权，消除人们对协商的真实性的怀疑；通过建构信息公开和意见反馈制度来保障民众对治理过程

① Denhardt, R. B. & Denhart, J. V., “The New Public Service: Serving Rather the Steering”, *Public Administration Review*, Vol. 60, No. 6, 2000, pp. 549-559.

② 李景鹏：《政策制定的两个维度：科学决策与民主决策》，《北京行政学院学报》2000 年第 1 期。

③ McCoy, M. L. & Scully, P. L., “Deliberative Dialogue to Expand Civic Engagement: What Kind of Talk Does Democracy Need?”, *National Civic Review*, Vol. 91, Iss. 2, 2002, pp. 117-118.

的充分参与和监督，以制度建设来稳定参与者的信任预期，保障协作治理的持续性；等等。

（三）培养协作者的道德自律性

信任的可持续需要以道德作为屏障。制度作用并不能完全消除信任具有的脆弱性，持久稳定的信任关系的维持还需要增进被信任者的伦理坚定性和道德诉求。利益观念是人们逐利行为的动机，可以从思想道德层面引导人们的求利行为。可以通过教育、宣传、舆论等形式，引导社会成员处理好义与利、公与私、奉献与索取等道德关系，在培养公民自立意识、竞争意识、效率意识、民主法制意识和开拓创新精神的同时，正确引导社会成员理智地对待理想与现实、公平与效率的关系，增强全局观念，形成积极、健康、正确的利益价值观。

二 优化多元协作治理的内部运作机制：基于平等权保护的协作治理

多元协作治理机制的有效运行，关键在于保障多元主体之间的平等权，如果不能保障多元主体的平等权，那么他们就可能对协作失去信任和信心，从而选择放弃合作或拒绝合作。韦尔贝尔认为，公民参与的平等权包括：第一，任何人认为他可能受到协商结果影响时，必须具有平等的机会去参与讨论；第二，每一个讨论的参与者，必须具有平等的机会提供可理解性、真实性和规范的有效性理由；第三，每一个讨论的参与者，必须具有平等的机会去挑战和质疑他人所做出的可理解性、真实性和规范的有效性理由；第四，每一个讨论的参与者，必须具有平等的机会去影响如何做成有效性的最后决定，以及决定中止讨论（即判定没有任何共识存在）。[①]保障多元主体参与邻比冲突治理过程的平等权需要优化平等、共识、对话、互动、程序等为核心的协作治理机制。

（一）平等机制

奈特与约翰逊强调协商民主的平等只有建立在机会平等的基础上才是真实的，这表明需要在制度上限制任何想利用非对称性优势强迫其他参与的行为者，防止利用“承诺”与“威胁”影响民主程序。博曼更

---

① Welber，T.，“Right Discourse in Citizen Participation：An Evaluative Yardstick”，Renn，O.，Webler，T. & Wiedemann，P.，*Fairness and Competence in Citizen Participation：Evaluating models for Environmental Discourse*，Boston：Kluwer Academic Publishers，1995，pp. 35–86.

加强调能力平等，因为“能力平等体现着协商民主理论的根本特征”[1]。他进一步认为，公共能力不平等才是协商民主平等的障碍，因为公共能力的形成是公民平等的基石。他认为政治贫困导致了能力不平等。就多元协作治理而言，最重要的是偏好表达能力、语言与文化能力、认知能力和技能等方面的平等。因此，可以从以下几个方面保障协作过程中的能力平等：一是增强参与主体明确表达真实偏好的能力。现实中，由于资源的不平等可能会促使参与者表达非自主性偏好，从而削弱公民对参与的平等影响。因此，协作参与在强调以消极自由为核心的机会平等、权利平等作为表达真实偏好的法律保障的同时，也主张以适度的资源平等作为表达真实偏好的基础和社会的体制性保障。二是增强参与主体的文化资源有效利用能力。杨认为，少数族群很不熟练或者极端地说完全无法利用主导群体的语言和概念，无法表达他们的特殊需求，就不能对政策产出施加平等的影响。因此，多元协作治理强调必须加强弱势群体利用文化资源的能力，以保障邻比冲突治理过程能够维护弱势群体利益。三是增强参与主体的基本认知能力与技能。“公共领域的结构反映了获得信息即平等获得信息的生产、有效性、控制和提供的机会上，具有不可避免的非对称性。”[2] 那些缺乏必要政治信息的公民，无法有效地参与政治活动，并且总是会受制于信息占有者。因此，“除非每个参与者都具备有效表达和维护说服性观念的认知能力与技巧，否则，他们将没有真正的政治影响的机会平等”。[3] 四是增强参与主体的沟通能力。多元协作过程就是要在多元主体之间达到权力与利益的相对均衡与统筹协调。这就需要公民不仅要有倾听他人意见的能力，还必须具有表达自己和别人思想的能力，能为自己的观点提出论据并进行论证，能合理地表达对别人观点的批评意见，而且能及时吸纳、接受别人合理的观点，调整自己的价值偏好。

（二）共识机制

在高度复杂、文化多元的前提下，不可能使所有人的价值偏好和理想都达到完全一致，多元协作治理允许不同意见和观点的存在，然而，要达

---

① 陈家刚：《协商民主引论》，《马克思主义与现实》2004 年第 3 期。

② Habermas, “Between Facts and Norms”, Cambridge: MIT Press, 1996, p. 325.

③ Cohen, J., “Pluralism and Proceduralism”, *Chicago-Kent Law Review*, Vol. 69, No. 3, 1994, pp. 589-618.

成协作行动必然意味着基本的共识，这就离不开不同主体之间多元利益的协调与合作。“在多元社会中，不是说单一一致无法通过公开的正当性而实现；相反，融合不是公共理性或讨论的必然要求，而是民主公民的理想。这种理想并不要求所有公民出于相同理由而同意，它只要求在相同的公共协商过程中，公民能够持续合作与妥协。”① 黄振辉、王金红认为，要使结果能让各方达成共识须满足三个条件：（1）明显不合理、站不住脚的观点不能决定与主导协商结果；（2）决策的结果必须吸纳弱者意见；（3）协商结果具有开放性，少数对暂时性协商结果不满意的参与者能合理地期待在未来有机会修正协商结果。② 这就需要多元主体能够及时了解和表达他人和自己的观点，并展开充分的讨论和协作对话，保证协作过程的动态平衡，这是达成多元主体持续合作的基本要件。

（三）对话机制

民主过程的核心要义在于可以对共同利益进行讨论与界定，而不是就各种私利展开竞争，因此，在多元协作中，平等对话机制处于核心位置。为了促进形成平等有效的对话，可以在公共治理的过程中建立较为包容、平等、自由的话语机制，以求达成公共利益基础上社会成员广泛接受的共识，促成协作治理。其一，可以通过开展“市民论坛”“社区论坛”等活动促进多元主体之间的协作对话。其二，借助互联网、电子邮件、电子布告栏等现代信息和通信技术建立政府与公民、第三部门之间在公共治理中的广泛对话、沟通网络，打破时间、空间及行政组织部门与层级之间的限制，达成各主体间的良好沟通。其三，建立政府社情民意反映制度、重大社会事项公示制度和社会听证制度等，促进建构多元协作治理的话语表达机制。

（四）互动机制

多元主体之间的互动不足构成了对协作治理的最大挑战。为了保证协作的有效性，必须保证多元主体之间的互动。如何解决互动问题，当前的研究认为，方案主要有三种：一是协商做出方案。即先进行民主协

---

① Bohman, J., “Public Deliberation and Cultural Pluralism”, *Public Deliberation: Pluralism, Complexity and Democracy*, Cambridge Mass.: MIT Press, 1996, p. 89.

② 黄振辉、王金红：《协商民主与中国地方治理创新》，《经济社会体制比较》2009 年第 5 期。

商，推动偏好的转变，接着引进聚合程序，最终将转变后的偏好转变为结果。[①] 二是民主裁决方案。当协作进程中出现无法达成一致的情况时，为了防止迁延日久，影响公共利益，需要建立多元主体协作进行的民主仲裁以做出决策。三是"分工—拓展"方案。博曼认为，非正式的公共领域与制度性机构之间互动的最大困难来自权力不受制约，解决方法是承认非正式领域与制度性机构之间的分工，但要拓展制度性机构自身的公共领域。[②] 协作治理的互动应强调以下几个方面：一是强调参与主体的多元化：互动主体至少应有两个或两个以上。二是要强调互动主体之间关系和地位的相对平等性，保证除政府以外的多元主体，尤其是弱势群体在决策中的话语权。三是多元协作的互动应该是双向的，即要强调政府、企业对弱势群体等社会主体意愿的倾听与回应，也要强调社会对政府与企业合理政策和经营行为的理解与回应。四是互动方式可以是多元的，但要接受公开的监督。五是互动过程要坚持动态平衡，在一个持续的过程中实现多元主体利益的均衡，但要防止暂时均衡的固态化和路径依赖。

（五）程序机制

要实现协作治理，必须要建立规范的程序来保障参与主体的平等协商权。实现公共治理程序的法制化和民主化，就需要为利益博弈提供公平公正的"游戏规则"。詹姆斯·菲什金认为，民主改革的一个主要问题就是如何建立一种机制，使其能够同时兼顾民主理想中的平等与协商。[③] 程序性的设计如听证会、论证会、座谈会不仅可以使多元主体进行面对面的交流，也可以通过程序正义让最后结果更具公信力。保障多元主体的平等协作，借鉴菲什金协商民意调查的模型，可以通过以下程序达成：一是以面访的方式询问受访者是否愿意参与小组讨论的意愿；二是将愿意参与讨论的公民邀请到一起，发给他们代表不同立场的相关资料供其学习；三是组成讨论小组进行协商讨论，同时，邀请专家学

---

① ［南非］登特里维斯：《作为公共协商的民主》，王英津等译，中央编译出版社2006年版，第24页。

② ［美］詹姆斯·博曼、威廉·雷吉编：《协商民主：论理性与政治》，陈家刚等译，中央编译出版社2006年版，第56—59页。

③ 参见詹姆斯·菲什金《实现协商民主：虚拟和面对面的可能性》，载陈剩勇、何包钢主编《协商民主的发展》，中国社会科学出版社2006年版，第27页。

者、民意代表以及政府官员针对相关议题与公民进行对话，使多元主体对议题有更为深入的了解与思考；四是组织讨论者填写民意测量表，并通过各种方式公布结果。

三 优化多元协作治理的内部运作环境：基于协商机制的社会资本建设

著名政治学家汉斯·科曼认为："社会资本被看成公民社会的黏合剂，许多集体行为的问题只通过个人行为无法解决，但是由遥远的国家调节或间接的正式民主程序也不容易解决。相反，社群的自我调节，结合民主国家及其机构的威权，倒可以使问题得到解决。"① 帕特南根据对意大利中北部地区的长期跟踪研究发现信任与合作的社会资本能协调人们的行动，福山也认为社会资本有利于促进两个或更多个人之间的合作，可见加强社会资本建设有利于优化多元协作治理的内部环境。

（一）培育具有公共理性的公民：培育社会资本的路径之一

"多元分化的利益主体之所以能够达成共识，关键在于参与者具有的公共理性和责任。"② 这意味着要有效达成多元协作过程中的共识，必然需要培育具有公共理性的公民，离开了多元主体和公民的公共理性，协作便难以达成。培育具有公共理性的公民需要政府和社会之间的协作与互动，它是一个长期持续和实践锻炼的过程。一是要求政府和社会要加强公共理性的宣传和教化。这需要政府更多地引导和示范，尤其是政府自身在公共决策中表现出来的理性行为往往是促进社会公共理性的催化剂。二是提供公民参与的各种渠道。要实现公共理性，只有让多元主体不断参与公共活动过程，在持续的公共参与实践中得到锻炼和学习，这是增强多元主体公共理性的必要良方。三是建立非理性行为的惩戒制约机制。经济人理性、知识及智力的稀缺性，决定了理性行为的稀缺性，多元协作过程中难免会存在机会主义行为的倾向，这就需要建立多元协作的监督和制约机制，对各种非理性的机会主义行为进行惩戒和制约。

---

① 李惠斌：《什么是社会资本》，转引自李惠斌、杨雪冬主编《社会资本与社会发展》，社会科学文献出版社 2000 年版，第 5—6 页。

② ［美］约瑟夫·熊彼特：《资本主义、社会主义与民主》，吴良健译，商务印书馆 2000 年版，第 370—378 页。

（二）协商民主：培育社会资本的路径之二

协商民主的运用将有助于形成公民积极参与“网络”，提升社会资本。帕特南将“社会资本”理解为社会组织的特征，诸如信任、规范以及网络，它们通过促进合作行为来提高社会效率。妥协与宽容，包容差异与分歧是协商民主的应有之义，协商民主的实施意味着承认社会的多样性，承认利益的分化及其正当性。一方面，公民参与网络可以有效地促进多元主体为了共同利益进行合作。帕特南认为，公民参与网络可以“培育强大的互惠规范”，“体现的是以往合作的成功，可以把它作为一种具有文化内涵的模板，未来的合作在此之上进行”①。亨德里克斯认为：“协商民主更像是公共论坛而不是竞争的市场，其中，政治讨论以公共利益为导向。在协商民主模式中，民主决策是平等公民之间理性公共讨论的结果。正是通过追求实现理解的交流来寻求合理的替代，并做出合法决策。”② 另一方面，以公民、社团的广泛参与为标志的协商民主将有助于增进公民责任意识。在一个共同体中，协商民主既维护权利，又促进参与；既尊重自由，又重视平等，能够纠正个人主义和自利道德，有效地增进公民责任意识。协商民主是一种对话规则，不是通过对抗来达到制约权力的目的，而是通过交往、理解来达成一致，以对话、沟通、交往以及对公共理性的共识为手段，从而有利于公民增强对政府的信任、对规则的认可。

（三）公民社会：培育社会资本的路径之三

信任、规范、网络是社会资本的基本要素。培育社会资本，促进公民参与，不仅需要完备的政策参与机制和规范，而且还需要参与型的政治文化培养公民的自主意识和参与意识。在公民社会中，公民可以通过对公共问题的协商和讨论而形成“共识”，并能通过公民话语权力来制衡政府的体制化权力，而根据这种“共识”实施公共治理。

首先，培育公民参与的“公民话语权力”。公民参与的“公民话语权力”主要包括四个内涵——动议权、表决权、听证权、监督权，可通过以下几种机制得以实现：（1）谈判、协商。多元协作治理主张多元主体

① ［美］罗伯特·帕特南：《使民主运转起来》，王列、赖海榕译，江西人民出版社2001年版，第203—204页。

② ［澳］卡罗琳·亨德里克斯：《公民社会与协商民主》，郝文杰、许星剑译，载陈家刚主编《协商民主》，上海三联书店2004年版，第125页。

对邻比冲突治理决策的动议权，允许多元主体通过彼此间的协作形成解决问题的初步方案。（2）公告、评论。政府有义务及时向社会公开各种关于协作治理方案的信息，接受社会的评论和批评，并及时根据各种反馈信息对方案做出调整，并向社会说明行为原因。（3）投票、公决。投票、公决是实现公民表决权的重要方式。一些重大决策方案，尤其是涉及弱势群体根本利益的方案，应该采用投票表决的方式，但应防止"多数人暴政"。（4）通告、听证。由于邻比冲突治理所涉及的对象及其利益的复杂性，通过通告、听证的方式来解决争议问题能较好地达成多元主体的协作，公共部门将有关决策的方案、地点、时间通告相关利害关系人，并告知其听证和表达的权利，有利于充分保障公民参与决策。

其次，推进公共媒体的发展。公共媒体在推动多元利益主体和社会各界参与社会公共事务的讨论中具有重要作用。公共媒体不应成为公共权力机关的"喉舌"和"传声筒"，它应具有自主表达的独立性和自主性，只有如此才能保障公共媒体能真正充分表达社会的多元利益诉求和各种反对与批评声音，这是实现决策科学化、民主化的重要保证。只有公共媒体得以形成，公众的"话语权力"才能得以发挥作用，公众才能真正通过他们"话语权力"来制约政府的体制化权力，也才能在决策中形成真正的意见交锋和互动回应。

再次，培育和发展第三部门。作为社会协作治理主体，第三部门不以营利为目的，以满足社会、企业和公众的需求为中心。因此，可以通过建立一系列科学的内部质量控制、业务培训、人事管理制度等提高第三部门为社会服务的意识和能力。同时应该鼓励公民发展自己的利益表达组织。"在政府之外需要形成多种多样的群体性的利益表达组织，从而可以从各个不同的方面来强有力地反映公民的利益。"①

最后，培育参与型政治文化。阿尔蒙德和维巴在《公民文化：五国的政治制度和民主》中将政治文化分为三种基本类型——地域型（或村民）政治文化、依附型（或臣民）政治文化和参与型（或公民）政治文化。在阿尔蒙德看来，与臣民文化相比较，公民文化更强调公民广泛的政治参与、公民的政治责任感、公民的能力和公民的主体性地位等，参与型政治文化

① 李景鹏：《政策制定的两个维度：科学决策与民主决策》，《北京行政学院学报》2000 年第 1 期。

存在于高度发达的政治社会中，人们积极参与政治、极其自觉地关注其权利和职责，“如果有机会的话，参与型文化更易于动员人民”①。如何培育公民文化，阿尔蒙德认为，公民文化不是仅靠教育来完成的，而是需要通过公民在长期的民主政治实践中不断孕育和成长。“正规教育不能在时间上完全替代公民文化的其他一些成分的创造。补充正规教育的一种方法，可能是发展政治社会化的其他渠道。……同时发展国家认同感、臣民和参与者能力、社会信任以及公民的合作。”② 促进社会信任和公民的合作，协作参与是重要渠道。政府可以通过各种制度化和非制度化的参与渠道，引导公民参与公共生活过程，使其在参与中得到成长，参与是培养公民实际参与能力的基础渠道和平台。

四　优化多元协作治理的外部运行环境：基于利益平衡的制度建设

行政生态学理论特别重视外部生态环境对行政系统的影响，多元协作型邻比冲突治理模式的有效运行离不开良好的社会生态环境。通过社会资本建设和协作治理机制的优化，可以促使多元主体积极参与邻比冲突的协作治理过程，但多元主体参与邻比冲突协作治理的主要目的在于在增进整体公共利益的同时维护自身利益，因此，只有有效协调、统筹兼顾多元利益主体的利益关系，才能为多元协作治理提供良好的治理生态环境，这就需要为多元协作型治理模式建构平衡多元利益关系的制度保障体系。

（一）建立顺畅通达的利益表达机制

1. 完善的信息公开制度

协作参与者掌握充分的信息是开展深入理性讨论的基础。多元主体协作治理必然要面对信息不对称的问题。多数情况下，只有强势集团才能拥有充分的信息资源，而弱势群体对于相关信息了解不充分是常态，这常常会导致幕后交易和隐蔽议程，从而影响各方主体对协作的信任，这就需要促进信息公开。信息公开制度不仅要求作为协作组织者和主持人的政府要及时公开议题讨论的目的、规则和背景，要求相关各方，尤其是政府和企

① ［美］阿尔蒙德、维巴：《公民文化：五国的政治制度和民主》，马殿君等译，浙江人民出版社 1989 年版，第 293 页。

② 同上书，第 550 页。

业要把相关议题的材料提供给多元协作参加者，使其能够进行独立思考和征询；而且还要求政府和企业要在公开讨论的过程中，及时向各方主体就相关质疑和咨询问题进行解释说明。多元协作治理还要求及时公开协作治理的结果以及政府对各方意见采纳情况的说明。

2. 完善公开听证制度

公开听证制度是一种直接民主的制度建构，也是公民参与公共治理过程的有效方式。针对公开听政制度存在听证范围过窄、缺乏法制保障、听证流于形式、听证参加人员代表性不足等问题，需要在以下几个方面作进一步完善的努力：一是健全听证程序及规则，切实实现听证的透明化。公开听证的透明化要求听证会召开之前要及时向社会公开相关信息，保证公众的知情权；听证过程应该进行公开，甚至可以通过广播、电视现场直播，听证结果与效果也应该公开。公开听证过程、结果和效果，是保证听证结果得到社会信任的重要方式，厦门 PX 项目听证会最终得到广泛认可即是明证。二是合理确定代表比例及来源，保证参与者的广泛代表性以及利益分配的公正性。三是扩大听证制度的实施范围。在邻比冲突治理中，听证和公开讨论应该是一个常态。四是明确听证的功能定位。应当明确听证活动中所表达的意见对最终决策的影响性质和程度，防止“证而不听”现象的发生，即防止公开听证只是作为证明政府决策科学性、民主性、科学性的形式化手段，而在事实上并不倾听与尊重民意。

3. 深化社情民意反映制度

邻比冲突治理往往涉及不同社会群体的切身利益，因此，每一个利益受损或受益的相关主体的意见表达都应当在治理过程中得到充分体现和尊重。可以借鉴发达国家的经验，将各种独立调查机构，尤其是民间调查机构所做的民意测验作为了解社情民意的新途径、新手段，并明确将其作为邻比冲突治理政策出台的前置条件。在具体操作上，可以由专门的政府机构研究设定需要进行民意测验的具体事项，委托有一定社会信誉的民间调查机构具体执行，并将民意测验结果所反映的社情民意作为政府制定决策方案、出台和实施政策的重要依据。政府还应大力提倡民间社会调查机构围绕邻比冲突治理进行民意测验，并鼓励其发表独立的、与公民利益密切相关事项的民意调查结果。

4. 推广社会讨论决策制度

社会讨论决策即通过建立各种渠道与平台，如座谈会、对话会、专家评议会等形式，使社会公众能够对公共政策问题进行分析论证，交换意见，而后提出各自的意见供政府决策时参考，并且在必要时与之商议。将社会讨论方式运用于邻比冲突治理决策，一方面可以扩大决策资源的提取范围，增强政策体系的利益整合功能；另一方面，也可以满足社会公众参与公共生活的心理需要。因此，可以通过面对面的对话、走访与座谈方式，完善日常性利益沟通机制，化解冲突、实现利益均衡，避免邻避型群体性事件，尤其是暴力冲突事件的发生。

5. 建构制度化和非制度化的民意耦合机制

大多数民意表达都发生在非制度化的公共领域，公民或社会团体常常用非制度化的方式来谈论问题，并在公共理性和内含着公正的道德标准基础上进行利益或价值的交融，从而形成确切、真实、全面、理性和内含着公正的普遍社会民意。而要将这种普遍的社会民意真正纳入政府最终决策的视野，则必然需要建立起将非制度化民意上升为制度化民意的耦合机制，如媒体耦合机制，由媒体对非制度化的民意加以传播，形成舆论压力，引起政府对民意的关注，将之纳入公共决策视野；如代表传导机制，由民意代表基于对民意的考察或履行其代表职能，把为其所感受到的社会公共问题及民意通过提案等方式提交给政府，使其进入正式决策议程。

（二）完善互动透明的政府回应机制

要建立有效的协作关系，关键在于形成多元主体之间特别是社区居民与政府之间的良性互动，在互动中达成利益平衡，因此，在畅通民意表达的同时，还需要完善政府回应机制和其他主体之间的互动机制。

在本质上，政府公共治理回应是民众意愿与政府公共治理行为的互动选择。政府回应制度实质上是国家权力向社会回归、还政于民的制度设计，是政府与公民之间合作良好的体现。完善政府公共治理回应机制可以从以下几个方面着手：一是政府决策承诺制。承诺制是政府回应民意的基本路径。承诺的内容通常是对各种邻比冲突问题的最终解决时间、方案和治理目标的承诺。二是政务公开与决策公示制。政务公开是指政府向全社会公开其所从事的行政管理等各项政务工作，并接受社会监督的制度。政务公开的重要制度是公示制。“公示制是具有行政管理职能的政府行政机关，按照法律、法规、规章的规定，通过向全社会公开表明自己的职责范围、行政内容、行政标准、行政程序、行为时限和惩戒办法，自觉接受社会监督，从而提高行政运作的效率和质量，保证公正、合法地实现行政职能，主动为社会提供优质高效政务服务的行政管理机制。”[①] 三是公开听证制度。公开听证制度应该是邻比冲突治理的常态。四是信息反馈制度。信息反馈制度也是社会对政府协作治理执行情况的监督。政府应该及时向社会反馈各种邻比冲突治理决策和执行相关的各种信息，自觉接受社会监督。六是政府行政决策责任制度。行政决策责任是行政决策主体在行政决策活动中应履行和承担的义务，它包括作为与不作为责任。对决策行为和决策结果承担政治和法律责任是决策回应责任制度的基本内涵。

（三）建构公正平等的利益博弈机制

1. 坚持政府在利益博弈中的超然性

蒂格勒在国家俘获理论中指出，立法者和管制机构也追求自身利益的最大化，特殊利益集团“俘获”立法者和管制者使政府提供有利于它们的管制。因此，为了切实维护普通民众的权益，政府必须具有超越性，站在公共利益的角度更多地关注与追求社会公平的实现。一方面，政府应当根据利益集团的形态、性质、资源的不同，采取不同的方针政策，为利益集团特别是弱势群体参与邻比冲突治理过程提供制度平台，实现其利益的表达与协作博弈，促进利益集团在相互博弈和沟通中达成利益取向上的共识，协调社会矛盾；另一方面，政府作为多元主体中的重要一员，不但要制定出合理的规则，同时，又要对冲突各方的意见和利益诉求做出公正的裁决，并逐渐形成制度化的利益冲突协调治理机制。

2. 提升弱势利益集团地位，塑造多元利益博弈主体

要形成邻比冲突治理过程的公平博弈，就要增强弱势群体的博弈能力，提高他们对政策的影响力，形成均衡的力量格局。在利益表达和博弈的过程中，组织相较于分散的个人能够发挥更大的作用，建立弱势群体自主治理组织是维护弱势群体权益的根本途径。弱势群体只有建立起自己的维权组织，才能在每一个具体的权利与利益面前与其他利益集团进行博弈。对弱势群体而言，可通过个体自身的主动增权和外力推动的增权两种模式来增强自己的博弈能力。“个体主动模式”强调个人在增权过程中的决定作用，这种模式认为，当个人通过增权获得更好的自我感觉、自我价值及自我发展能力之时，就意味着他有了更多的处理人际关系和社会事务

① 陈水秘：《政府回应的理论分析与启迪》，《地方政府管理》2000 年第 11 期。

的知识、技巧、资源和机会。如果个体没有增权意识，不想改变现状，任何人的帮助都是无能为力的。因此，要加强对弱势群体的法律知识和文化知识教育，培育他们的利益表达意识，唤醒其公民意识，开阔他们的利益表达视野，提高他们的利益表达质量。“外力推动模式”则强调增权过程中外部力量的推动和促进作用，主张通过外力去激活弱势群体主体，并通过客体与主体互动的不断循环和建构以达到持续增权的目的。因此，要进行制度安排，为各利益集团的利益表达和利益博弈制定规则，从而实现公共政策的均衡博弈，构建多元主体进行公平博弈的机制平台，保障利益博弈能够健康有序地进行。

3. 设计科学的多元主体博弈程序

在邻比冲突治理中，各个主体围绕实现自身利益展开博弈，结果可能会出现一方侵害另一方的利益，引起邻比冲突。这就需要为多元协作治理制定规则、设计程序，从而保障协作能够健康有序地进行。通过程序设计，使得多元利益群体进行公平充分的利益表达，理性深入地讨论各方观点和论据，识别利益分歧、发现冲突焦点，通过协作博弈，寻找创造性的共赢之道，实现各方利益的协调和均衡。

（四）构建公平高效的利益整合机制

多元协作治理最基本的特征就是多元主体的平等协作。邻比冲突治理过程中，政府有通过强制手段追求公共利益的倾向，企业也有通过交易和竞争手段谋求利益最大化的动力，而邻比抗争主体则有通过各种手段维护自身根本利益或从邻比冲突治理中获取利益的心愿，多元主体之间的利益差异和内在矛盾，常常导致不同主体在面对邻比冲突治理问题时会产生不同的利益需求，并采用不同的利益实现手段以实现自身利益，这常常会造成彼此之间的利益冲突。在实际治理过程中，公民参与、协商和诉求表达并不一定代表着公共利益，公民参与更多的是作为“理性经济人”出现的，其追求的是自身利益的最大化，他们往往缺乏公共利益的价值取向。因此，在协作治理过程中可能会暴露公共利益与私人利益、强势集团利益与弱势群体利益之间的矛盾。因此，如何有效、规范地影响各个主体的利益偏好，就成为利益整合的关键。克里基恩等人的理论研究表明，依靠一定规则下的对话、协商、斡旋和解决问题的途径，渐进地调适利益关系，整合价值认知，建立共识基础，增强角色间资源、信息、知识的互补，可以形成共赢局面（见表 7-1）。

表 7-1 网络组织管理的策略

	行为者间策略博弈管理	网络管理
行为主体	选择性参与	互动关系的调整
资源	技巧性动员	配置形态的调整
规则	权宜性运用	渐进地修正和调整
认知	联合意向的形成	价值与认知的整合

资料来源：Klijn E., Klppenjan, J., and Termeer, K., "Managing Networks in the Public Sector: a Theoretical Study of Management Strategies in Policy Networks", *Public Administration*, Vol. 73, No. 3, 1995, p. 442。

认知层面强调各个利益主体之间形成共同的认知，这是利益整合的基础和起点，它通过转变多元利益主体的观念以形成各个利益主体之间的共识，并进而影响各自的利益偏好。规则层面则为利益整合提供具体的、可操作性的手段和策略。资源层面主要是对利益整合的对象和价值进行调整。行为主体则强调了行为的选择性，即利益主体在行动中可以通过彼此关系的修正以选择具体的利益整合渠道和冲突协调治理机制。可以从以下方面建构多元主体的利益整合机制。

1. 建立多元主体合作的利益分享和利益补偿机制

每个主体是否愿意合作，关键在于他们能否从合作中受益或者受益的多少。因此，有必要建立协作利益分享机制和利益补偿机制以增进多元利益主体的合作意愿。利益分享机制和利益补偿机制的建设既要考虑公平公正的原则，也要考虑保障弱势群体根本利益的原则，如此才能促使弱势群体的参与合作，如鼓励企业对社区的利益回馈。

2. 建立多元主体合作的诱导与动员机制

诱导机制可以促使行动者的主动参与。一般来说，多元主体之间的自发合作主要靠利益驱动。因此，必须在协作诱导机制的设计上突出协作者的利益需求，使协作者看到协作带来的好处。而动员机制与诱导机制紧密相连，能促使协作者主动参与协作治理过程，并采取促进协作治理的行为。如媒体的宣传引导可以树立各方主体对于协作必要性、可行性的认识和信任，增进协作治理的可能性。

3. 建立健全科学有效的利益调处机制

建立健全利益调处机制就是要通过谈判、对话、协商等方式，把社会冲突置于理性的基础之上，并将其控制在社会可承受的范围之内。利益冲突通常有多种协调方式，包括法律协调、行政协调、社会自我协调等。法律协调就是要从立法和司法两个环节来预防和协调邻比冲突治理中的利益冲突。行政协调就是通过政府体系来协调邻比冲突治理中的各方利益。社会自我协调则是通过社会组织、公民个人自我协调利益冲突的方式协调冲突各方的利益。要善于综合运用教育、协商、协调等行之有效的利益矛盾协调方法，充分发挥“第三部门”即社会中介组织、民间组织的优势，来协调邻比冲突治理过程中的各种利益冲突。

4. 建立健全有效的权益救济机制

邻比冲突的多元协作治理过程实际上包含了多元主体之间的利益博弈、利益妥协过程。在这个过程中，可能会产生一方利益受损、一方获益的情况，这就需要为多元主体尤其是弱势群体和利益受损者提供利益救济的机会与渠道。一方面，要明确多元权利救济主体并向社会公布，使利益受损者能通过有效、高效的渠道实现自己的利益救济；另一方面，要通过减少诉讼费、普法教育、司法独立等方式来畅通和推进利益受损主体的司法诉讼通道，使利益受损主体能有效地救济自己的权益。此外，还要建立社会救济管道，鼓励各种社会主体和第三部门积极为利益受损者提供司法帮助、经济援助、医疗救济等手段，为利益受损者，尤其是为弱势群体提供各种救济和帮助，借以有效补充制度化救济渠道的不足与低效。

余　论

公共政策过程中的公共利益悖论再审视

约瑟夫·皮珀指出：人之所以为人，便在于可以超越功能性的效益目的，以最领受性的眼光注视现实世界进而去探索“事物的本质”。① 学者在进行一项学术研究时应该不停地对问题进行追问，以期深入探寻该问题背后所折射出来的更为深刻的内在本质，使研究能够为社会知识的积累和社会实践服务。公共利益悖论问题是公共政策过程中的常见现象，它是导致很多政策，尤其是改革政策（如当前亟待推进的政治体制改革）难以有效推进的关键原因，公共利益悖论问题理应成为学术研究和公共政策实践重点关注的理论和现实问题。

“公共政策是对社会价值的权威性分配”②，公共政策尤其是社会再分配性公共政策在对社会价值进行分配和调整的过程中，常常会触及一部分既得利益群体的利益，即促进整体公共利益的公共政策常常会损害整体内部特定群体的公共利益，由特定群体承担对整体利益有利的公共政策执行的主要负外部性成本，这就是公共利益悖论。公共利益悖论问题在公共政策过程中广泛存在。以改革为例，“随着改革的深入，各种利益博弈错综复杂，最大阻力就是利益集团”③。改革在很大程度上是对既有利益格局的调整，这意味着改革必然要触及某些既得利益集团的

① ［德］约瑟夫·皮珀：《闲暇：文化的基础》，刘森尧译，台湾立绪文化事业有限公司2003年版，第149—169页。

② ［美］戴维·伊斯顿：《政治体系——政治学状况研究》，商务印书馆1993年版，第122页。

③ 吴南生：《调整利益格局仍须“杀出一条血路”》，《南方日报》2010年8月30日第2版。

利益，换言之，有利于整体公共利益的改革政策常常意味着对局部既得利益群体既得利益的调整或剥夺，因而必然会遭到既得利益群体的反对，从而使有利于整体公共利益的改革政策在制定和执行过程中面临既得利益集团的阻滞。

公共政策过程中的公共利益悖论现象的表现千差万别。以反对特定政策的利益集团为例，部分公共政策的反对者可能是不合理地占有大量社会资源的强势利益集团，部分公共政策的反对者可能是为了维护自身基本权益的社会弱势群体。因此，公共利益悖论问题比邻比冲突更为复杂。但一般而言，公共利益悖论问题对公共管理和公共政策，尤其是对社会的公共利益存在一定影响是客观事实。与此同时，如同邻比冲突一般，部分公共利益悖论问题在影响和制约公共利益的同时，又有助于促进公共政策制定的科学化和合理化，因而对促进社会民主政治和公共管理的发展、促进政府转变公共管理的管理理念和行为方式等，都具有重要意义。因此，如何正确认识邻比冲突类公共利益悖论问题的本质和影响，如何利用公共利益悖论式公共政策问题的治理经验来发挥其对社会公共管理和公共政策的促进作用，有效防止公共利益悖论现象对公共利益所造成的阻滞，是中国乃至世界公共管理和公共政策发展必然要面对的重要理论和实践课题。

加勒特·哈丁通过“对所有人都开放的牧场”来说明公地悲剧问题：在一个对所有人都开放的牧场中，每个放牧人都能从自己放牧的牲畜得到直接收益，但当其他人过度放牧时，每个放牧人都将承担牧场退化带来的延期成本，因此，理性的放牧人都有增加自己放养牲畜数量的动力，因为他能从自己放养的牲畜身上得到直接收益，却只需承担过度放牧所造成损失中的一份。哈丁由此认为，公共牧场会陷入过度放牧的境地而出现退化，最终导致所有人利益受损，即“公地悲剧”。从表面上看，公共利益悖论问题似乎是公共利益和局部利益（个人利益）之间的利益偏好问题，人们不愿意为了公共利益而牺牲自己的局部利益，因此，公共利益悖论似乎可以转化为公地悲剧或公共池塘资源之类的集体选择问题。但事实并非如此，公共利益悖论与公地悲剧或公共池塘资源之类的集体选择问题存在很大差异。

有两种理论用来解释公地悲剧问题形成的原因：囚徒困境博弈和集体行动困境。“囚徒困境博弈被概括为一种对局人都拥有完全信息的非合作博弈。”[①] 在囚徒困境博弈中，博弈参加人之间不存在信息交流，而且即便存在交流，其口头协议也不存在约束力，与此同时，所有人都知道博弈的全部结构及其结局，而博弈参与者是否知道其他参与者的当前选择取决于这些选择是否是可观察的。囚徒困境博弈中的每一个参加者都有一个支配策略，即不管其他人会选择什么策略，都选择背叛策略，这会使他们的情况变得更好。但实际上，囚徒困境博弈的最终结局并不是帕累托最优的结局，因为“在两人的囚犯困境博弈中，双方都把（合作、合作）的结局视为优于（背叛、背叛）的结局。因此均衡的结局是帕累托较差的”。

集体行动困境理论认为，理性的个人行为一般不会导致理性的集体结果。[②] 奥尔森指出，集体利益是集团的公共物品，具有非排他性，这意味着集团内的任何成员为集体利益所做贡献的收益都会由集团内所有成员所共享，即便有人可能不付出任何成本。集体利益的这种非排他性的特性导致了集团成员可能出现“搭便车”行为，经济人的理性自利性使集团成员要做出成本与收益的权衡之后才确定是否参与集体行动，他们倾向于只享受收益而不愿意付出成本，导致最终影响集体利益目标的达成，“除非一个集团中人数很少，或者除非存在强制或其他某些特殊手段以使个人按照他们的共同利益行事，有理性、寻求自我利益的个人不会采取行动以实现他们共同的或集团的利益”[③]。

囚徒困境博弈和集体选择困境都说明了个人理性策略导致集体非理性的结局这一悖论。由此看来，公地悲剧问题似乎与公共利益悖论存在很大的共同性：公共利益悖论也是理性的个人为了自己的利益而无视合作所能得到的公共利益。然而，公地悲剧理论实际上暗含了一个假设：“公地”处于一个封闭的系统中，系统内的“公共利益”和系统外的公共利益并不存在竞争，换言之，系统内的资源有其发展限度，即便所有放牧人都对其进行精心维护，系统资源的产出也不能突破特定量的限度，这实际上限

① ［美］埃莉诺·奥斯特罗姆：《公共事物的治理之道——集体行动制度的演进》，余逊达、陈旭东译，上海三联书店2000年版，第14页。

② Olosn, M., “Increase the Incentives for International Cooperation”, *International Organization*, Vol.25, No.4, 1971, pp.866-874.

③ ［美］曼瑟尔·奥尔森：《集体行动的逻辑》，陈郁等译，上海三联书店、上海人民出版社1995年版，第2页。

制了通过合作以增进系统总产出量并从中获益的可能性和动力。

囚徒困境和集体行动困境理论忽略了这样一种状态：合作所得的最低收益要大于不合作状态下的短暂收益，并且能够使这种收益保持恒常性以及持续增长。这是公共利益悖论所关注的整体公共利益和局部公共利益相冲突的基本前提，它与公地悲剧所描述的情形存在很大差别。具体而言，公共利益悖论说明的是这样一个状态：系统处于一个开放竞争的更大系统之中，与此同时，系统内的资源虽然受资源稀缺性的影响，但如果系统内的成员达成合作，并实现资源的优化配置，那么系统内资源的产出总量就可以达到一种渐进发展的状态。换言之，系统内成员如果采取合作行为就可以使系统突破现有产出总量受限的状态，实现资源产出总量的不断发展与成长，并进而增进个人收益。

依然以改革为例，随着社会政治经济持续深入发展，原先能够促进整体发展的政治经济体制必然会成为进一步发展的阻力，如果不能通过改革以打破现有的制度均衡，那么社会的整体发展和公共利益的发展就会进入某种瓶颈甚至倒退，这是公地悲剧所描述的状况。但如果能够进行改革，社会的资源总量实现优化配置后，既可以使系统内的资源总量实现极大发展，也可以使系统在更大系统的竞争中获得更多的竞争优势，从而增加系统在更大系统中所能获得的资源总量，突破系统内资源总产出受限的状态，这是公共利益悖论问题不同于公地悲剧的重要方面，因为公共利益悖论讨论的问题是“可以促进整体公共利益的”公共政策同时需要特定群体承担政策的负外部性成本。

为了更清楚地说明问题，我们在此引进物理学中的液体压强理论，通过物理学液体压强理论来说明公地悲剧和公共利益悖论之间的区别。物理学中的液体压强理论说的是这样一种物理现象：液体的压强与液体的密度和液面的高度成正比，物理公式即：$p=\rho gh$，这里 p 表示压强，ρ 表示液体密度，g 是地球重心引力常量，而 h 则是液体内受力点离液面的高度。对于同一种液体来说，其密度不变，液体对容器内受力点的压强随液面高度的变化而变化，液面越高，受力点所受压强越大，反之，液面越低，受力点所受压强越小。

由于离液面的高度不同，其所受的压强不同，如果我们在容器底部开一个小孔，那么小孔流出液体的速度也就随着液面高度变化而变化：液面处于恒常状态，则小孔出水速度也处于稳定状态，单位时间内出水量不变；液面越高，小孔出水速度越快，单位时间内出水量也就越大；液面越低，小孔出水速度越慢，单位时间内出水量也就越少；如果在容器底部同一高度开若干直径相同的小孔，那么在液面高度不变的情况下，不同小孔的出水速度一样，同样时间内的出水量也相同；如果在容器内的不同高度开若干直径相同的小孔，则容器底部的出水速度最快，越接近液面的地方，出水速度越慢；如果液面不变，不同高度出水速度和单位时间的出水量也处于恒常状态，如果液面增高，同一小孔的出水速度和单位时间内的出水量都会增加，反之，如果液面降低，同一小孔的出水速度和单位时间内的出水量就会降低；如果要在相同时间内得到更多的出水量，要么增加小孔直径，要么增加液面高度。

液体压强理论对社会公共利益分配的启示在于，如果社会资源总量不变，其对社会各个阶层的供给量也基本处于恒常状态，但如果社会资源总量增加，假设不同社会阶层的社会地位及其在社会资源分配中所占份额比例不变，则所有阶层或个人所获得的收益都会增加，而如果社会资源总量倒退，则所有阶层或个人所得收益都会减少。可以将容器底部小孔的出水量比作社会强势集团所得利益，在社会资源总量和社会分配比例维持不变时，他们一般在社会资源分配中所得份额较大。越接近液面表面，则越代表社会地位的下降，从社会资源分配中获得的收益量也随之下降。当社会资源总量增加时，如果社会资源分配比例不变，则所有群体所得收益都会随之增加，而社会资源总量减少时，所有群体所得收益都会随之减少。因此，假设社会分配比例不变，或者分配比例有所调整，但整体分配比例不会出现根本性变化的情况下，社会资源总量决定了群体内每个阶层的收益量，当总量发展到一定程度时，社会最低阶层的实际收益量可能会超过原先中层或上层的实际收益量，而上层的收益量自然亦随之增加。

以此和公地悲剧以及公共利益悖论相比较可以发现，社会资源总量存在一定发展限度是公地悲剧的重要理论前提，处于公地悲剧语境下的放牧人可以维持公地的放养总量和既有比例（有时比例可能做出调整），但却不能突破放养总量的限度，因而每个放牧人在合作状态下的收益只能维持在既定的恒常水平，这相当于容器内液面高度始终保持不变。在这种状态下，如果某个个体或所有个体想获得更多的收益就必然要采取不合作行为，而所有放牧人都采取不合作行为则意味着公地悲剧的开始：不合作行为必然导致公地悲剧的出现，这相当于所有人都希望从容器内得到更多的出水而扩大小孔直径，却不愿意付出努力向容器内注水，其结果必然是容器内液面高度开始下降并最终枯竭。

公地悲剧向我们描述的现象实际上是上述资源总量受限状态下可能的合作前景，然而，实际生活中存在“公地”资源总量不断发展或者说整体公共利益可以持续增长的情况：采取合作的态度和行为能够不断增加社会资源总量，假设社会分配比例保持不变，则合作的结果将是每个人的收益量会超出公地悲剧状态下的不合作行为所能获得的最大收益量，并且能保持持续增加。换言之，公共政策过程中的公共利益悖论问题以社会可分配资源总量不断发展为前提，即合作行为可以促进公共利益和个人收益的持续增加，而且在分配比例中占最小份额的社会成员未来预期收益可能会达到甚至超过中、上阶层的现有收益水平。这是公共利益悖论与公地悲剧的根本差别所在，也是公共利益悖论比公地悲剧易于达成合作的优势所在。

公共利益悖论与公地悲剧的另一个关键区别在于合作行为的利益受损主体和合作行为的执行成本不同。公共利益悖论中的合作行为意味着既得利益或根本权益（如邻比冲突中如果设施周边居民采取合作行为，则意味着设施周边社区和居民的环境正义权、身体健康权乃至生命安全权）的让渡和牺牲，而且这种利益让渡和牺牲只是系统内特定个别群体而不是所有合作利益所得者。公地悲剧中的合作行为意味着所有利益相关者都失去机会主义行为所带来的短暂超额收益，但却能得到合作行为带来的长期持续增长的收益，在这个意义上而言，公地悲剧中的合作行为实际上并不存在真正的利益受损主体，它不存在对公民合法利益的利益剥夺。公共利益悖论的利益受损主体集中于特定群体，需要特定群体为公共利益而让渡或牺牲自己的部分利益，这是对公民合法权利的利益剥夺。当这种利益让渡或牺牲是利益让渡或牺牲主体的应得权益或根本权益时，便存在一定的正义伦理问题，尤其是当需要社会弱势群体牺牲其根本权益时更是如此。公共利益悖论式公共政策的制定和执行需要特定群体让渡或牺牲部分既得利益和根本权益，而且常常包含着社会公平和正义问题，这是公共利益悖论区别于公地悲剧的另一个关键特点。

经济学家常用“帕累托最优”（Pareto Efficiency）来描述这样一种理想的资源分配状态：在不减少任何一方福利的情况下，就不能增加另外任何一方的福利；换言之，当达到帕累托最优时，要想改善某些人的境遇，则必然要使另一些人利益受损。而“帕累托改进”是达到“帕累托最优”的有效方法。所谓“帕累托改进”（Pareto Improvement）是指在不减少任何一方福利的情况下，通过改变现有资源配置来提高某一方的福利。持续帕累托改进的最终结果会达成帕累托最优。帕累托改进实质上是人们对公共政策的理想预期，即促进整体公共利益的公共政策最好能够不以部分人的利益牺牲为政策成本。换言之，符合帕累托改进的公共政策不应使组织内部分成员利益受损。遵守帕累托改进的原则来制定和执行公共政策，看起来可以减少和降低公共政策的制定和执行阻力，但按照帕累托改进原则制定和执行公共政策，就需要对政策方案的利益影响进行全面评估，只要政策可能涉及任何一人的利益损失，就需要对政策方案进行调整以确保不能损害任何一人的既得利益，这显然需要巨大的政策制定成本以使公共政策达到“最优”或“最为满意”的结果，它势必会造成政策制定的阻滞和延宕，部分有利于整体公共利益的公共政策甚至因而无法得到及时有效的制定和执行。如此，看起来可以减少政策阻力的公共政策实际上会阻碍公共政策尤其是改革类公共政策的制定和实施。[①]

按照帕累托改进的原则，只要存在使任何一人利益受损的公共政策就无法执行，这个条件显然过于严苛，追求帕累托改进的公共政策只能是一种政策理想和理想目标。受各种因素的影响，从实际公共政策实践来看，非帕累托改进的公共政策现象广泛存在。大量公共政策尤其是各种改革政策常常涉及不同利益集团之间利益格局的调整，这类政策在促进整体公共利益或使部分人群获益的同时常常使另一些人利益受损。如果按照帕累托改进的原则，这些政策势必无法制定和执行，经济学家因此提出更为宽松的“卡尔多—希克斯改进”（Kaldor-Hicks Improvement）原则。如果某类政策变革能使受益者的利益所得足以补偿受损者的利益损失，即是卡尔多—希克斯改进。换言之，根据卡尔多—希克斯改进原则，如果一个人因变革而受益，并且这种受益能够补偿另一个人因变革所遭受的利益损失而且还有剩余，那么整体公共利益就得到了改进，这样的政策变革便具有合法性。卡尔多—希克斯改进实际上表明一项政策变革应该主要考虑社会价值最大化，即便这种最大化可能会带来某种意义上的“不正义”。另外，

---

① 关于帕累托最优和帕累托改进的详细论述，参见胡代光、高鸿业《西方经济学大辞典》，经济科学出版社 2000 年版，第 106—107 页。

当社会资源配置达到帕累托最优时，要继续实现公共利益的持续增长，就必然需要打破原有的利益均衡状态，这就需要进行持续的政策变革，而帕累托最优状态下的持续政策变革最终必然会打破原有的“最优”状态。换言之，需要局部群体为公共利益的持续增长而承担某种政策成本的公共政策有其存在的必要性和必然性，政策变革的卡尔多—希克斯改进对公共利益的持续发展具有重要理论意义。①

根据卡尔多—希克斯改进的基本原则，公共利益悖论式公共政策的制定和执行有其必要性和必然性，但由于公共利益悖论式公共政策在促进社会整体公共利益的同时，需要特定群体做出利益让渡和牺牲，而且常常涉及社会公平正义伦理，因此，公共利益悖论式公共政策要得到特定利益群体的合作和支持，其制定和执行至少应该坚持四个基本原则：一是以促进公共利益为目标；二是尊重和兼顾利益受损群体的根本权益；三是必须得到利益受损群体的自愿同意；四是有助于公共利益的公共政策必须要对利益受损者进行利益补偿。违背了这四个原则中的任何一个原则，公共政策的合法性就可能会遭到质疑，要么面临利益受损群体的反对而陷入制定和执行困境，要么根本不能被提上议事日程。

首先，公共政策的制定和执行必须以促进公共利益为目标。“政府的任务就是服务和增进公共利益……我敢肯定，倘若问到公共政策应与公共利益还是私人利益保持一致，绝大多数读者将倾向于公共利益。”② 公共政策应以公共利益为出发点，公共利益是现代公共政策的合法性基础。公共政策是现代政府进行公共管理的重要工具，而现代政府的合法性基础首先便在于其对公共利益的维护和实现，只有促进而不是削减公共利益的公共政策才有可能得到社会的认同和支持，否则便不具备社会合法性基础，必然难以得到有效执行。但如果公共政策仅将公共利益作为唯一价值基础，在利益日益分化和多元的现代社会，其价值正当性显然不足。

其次，尊重和兼顾利益受损群体的根本权益。公共政策以促进社会整体公共利益为目标，但不能以牺牲系统内特定群体或个人的基本权益为代价，不能违背社会的基本正义伦理，这是社会公平正义和基本人权的必然要求，也是有效制定和执行公共政策的必然要求。一项有利于整体公共利

① 关于卡尔多—希克斯改进，参见王治平《从帕累托效率到卡尔多—希克斯效率》，http://blog.sina.com.cn/s/blog_4aac45cf0100gica.html。

② ［美］詹姆斯·安德森：《公共政策》，唐亮译，华夏出版社1990年版，第222页。

益的公共政策，却需要局部群体做出利益牺牲，让局部具体承担政策的主要负外部性成本，这显然违背了社会主体通过契约加入社会组织的本意。当然，特定群体的利益“牺牲”也有其差别：一是要求特定群体放弃不合理占有的公共利益。特定群体因为历史以及制度等原因，不合理地占有了社会资源，公共政策的“负外部性”要求这部分群体承担主要政策成本，让渡出其不合理占有的利益，经济体制改革和政治体制改革基本属于这种情形。此种利益“牺牲”实质上是利益占有者放弃不合理占有的利益，符合社会公平正义的基本原则，利益“牺牲者”应该采取合作的态度。二是特定群体一般权益的牺牲。公共政策要求特定群体做出一定的利益牺牲，这种利益是利益牺牲主体的应得利益，属于其基本权利范围，但为了公共利益的实现，需要其做出让渡和牺牲，部分邻避设施的设址冲突属于此种范畴。由于不涉及根本权益，为了公共利益的发展和预期利益回报，这种利益牺牲主体也应该采取合作的态度，但其利益牺牲应该得到合理的利益补偿。三是特定群体基本权益或根本权益的牺牲。公共政策以特定群体的根本利益牺牲为代价，某些健康危害型邻避设施设址即属于此例。这种情况下的利益牺牲在很大程度上是对社会公平正义原则的根本侵犯，因此政策的制定和出台需要做出严格的科学性和必要性论证，只有绝对必要的项目才具有一定的合法性前提，而且必须以危害最小化为基本原则，并且要使利益受损者获得完全的信息，对其对自身利益受损的内容有清醒的认识，并征得利益受损者的志愿同意，否则不得实施和执行。

再次，必须得到利益受损群体的自愿同意。公共利益悖论式公共政策的制定和执行通常以特定群体的既得利益或基本权益的损失为代价，因此要使特定政策得到有效制定和执行，减少政策制定和执行的政策成本与社会成本，应该要以特定群体的自愿同意为前提。这一方面是为了维护社会的和谐与稳定，另一方面也是为了保障弱势群体的基本权益，维护社会的公平正义。

最后，对利益受损者进行利益补偿。对不合理占有利益的让渡，一般不应该有补偿，但为了达成公共政策的有效执行，减小有利于社会整体利益发展的公共政策的制定和执行阻力，可以适当给予激励性补偿。此外，政策执行的正外部性效果必然在很大程度上增进利益让渡者的利益，这也是某种程度的实际利益补偿。而对特定群体一般权益的牺牲，应该要给予合理的利益补偿与回馈，如邻比冲突治理。虽然根本利益可能无法补偿，但对特定群体的根本利益牺牲，也应该通过合理的利益补偿以减少必要型公共政策的不正义程度，维持社会基本正义伦理。

亚里士多德说：“凡是属于最多数人的公共事物常常是最少受人照顾的事物，人们关怀着自己的所有，而忽视公共的事物。对于公共的一切，他至多只留心到对他个人多少有些相关的事物。”[①] 公共利益悖论中的公共利益有被社会成员忽视的倾向，而达成公共利益的政策负外部性成本却需要特定群体来承担，关系到特定群体的切身利益甚至根本利益，此时特定群体的“合作”行为便意味着由他们承担了政策的主要负外部性成本，因此，这是公共利益悖论式公共政策难以取得利益受损群体合作的关键原因。如何在坚持四个基本原则的前提下，克服公共利益悖论式公共政策的合作困境是公共政策制定和执行，尤其是改革政策的制定和执行必然要面对的治理难题。

达尔在论述多元主义民主的困境时指出：既然社会经济结构的改变仍然不能保证社会和谐，那么多元主义民主要想摆脱困境只能依赖于公民意识，寻求高尚的公民美德是唯一途径。[②] 在邻比冲突治理中，人们将邻比抗争主体的邻比抗争行为责难为“自私自利的、固执化的情绪化反应”，这显然是试图通过道德审判式的道德途径来实现邻比冲突的治理，然后，正如本书所论述的那样，通过道德审判式道德责难为邻比冲突式公共利益悖论治理悬设一个不公正的道德标准，这本身便是不道德的行为。我们强调主体美德在公共利益悖论式公共政策制定和执行中的合作促进作用，但试图用道德的枷锁让既得利益者让渡其既得利益，这显然要么是乌托邦式的幻想，要么是专制主义的专制思维，而让社会弱势群体牺牲其基本权益或根本权益来达成公共利益悖论式公共政策过程的合作，也显然是比弱势群体不合作行为的“不道德”更为不道德。

公共利益悖论式公共政策过程中的合作应该要求利益受损群体或各方主体的道德行为，但依赖于对公民美德的良好渴望来促进公共利益悖论式公共政策过程中的合作，显然很难使合作行为成为现实，应该要强调利益增长的利益动力和制度的约束作用，这也许才是公共利益悖论式公共政策问题治理需要关注的方向。毕竟：“（个人）通常既不打算促进公共的利

① ［古希腊］亚里士多德：《政治学》，吴寿彭译，商务印书馆1965年版，第48页。

② 辛向阳：《罗伯特·达尔的多元主义民主论评析》，《东岳论丛》2010年第5期。

益，也不知道他自己是在什么程度上促进那种利益……他所盘算的只是他自己的利益。也并不因为事非出于本意，就对社会有害。他追求自己的利益，往往能使他能比真正出于本意的情况下更有效地促进社会的利益。”①这点，我们从液体压强理论的对比中，也许能够得到某种有益的启示。当每个人都意识到增加液面高度就可以提高每个小孔的出水量而无须扩大自己的出水孔直径时，合乎正义的理性选择应该是努力增加液面高度而非扩大出水孔直接。换言之，当社会多元主体中的每个个体都清醒地认识到合作可以持续增加社会资源总量，并进而能够持续增加个人收益时，采取合作行为也许会为成为一种利益驱动下的主动自觉，而不仅是一厢情愿式的道德诉求。此外，只有制度的刚性作用，尤其是发挥多元主体监督的刚性监督作用，才能防止合作中的各种机会主义行为。

“利益，不论是个人的或集体的，最后必须像饥饿或发痒那样，落实到个人，为个人所感觉到。换句话说，不存在不能落实到个人利益的国家利益或社会的集体利益。国家或社会利益与个人利益所不同的只是体现的渠道不同，在利益这两个字上是相同的，而且利益必须被具体的人所得到。”② 由此可以看出，通过利益动力的利益激励机制才是推动公共利益悖论式公共政策问题治理的关键所在，它可以消除利益集团尤其是强势利益集团阻挠改革的利益动力，因而也是当前突破中国政治改革困境的希望所在，但它依赖于社会多元利益集团，尤其是强势集团对通过合作可以增进社会整体利益和集团利益的清醒认识。如果能够达成这一认识状态，那么也许更易于克服公共利益悖论式公共政策过程中的合作困境。如何使社会多元利益群体尤其是强势利益集团认识到合作可以增加公共利益总量而带来更高预期收益，并能使预期收益保持长期稳定的持续增长，这或许是治理公共利益悖论式公共政策过程中的合作问题应该要发展的方向，因为只有具有了合作的基本意识，公共利益悖论式公共政策的制定和执行才具有基本前提。

埃莉诺·奥斯特罗姆在论述公共池塘资源的自主组织和自主治理框架时认为，在偏远地区，当外部政治制度的变化对内部选择的影响很小时，

---

① ［英］亚当·斯密：《国民财富的性质和原因的研究》（下卷），郭大力等译，商务印书馆 1974 年版，第 27 页。

② ［美］约翰·罗尔斯：《正义论》，何怀宏等译，中国社会科学出版社 1998 年版，第 257 页。

公共池塘资源的占用者原意采用一系列渐进变革来提高共同福利的可能性与以下内部特征呈正相关：[①]

1. 大多数占用者都认为，如果不采取替代规则，他们就将受到损害；

2. 所提出的规则变更对大多数占用者会有类似的影响；

3. 大多数占用者对在公共池塘资源上继续生产活动给予高度评价，即他们的贴现率较低；

4. 占用者所面临的信息成本、转换成本和实施成本较低；

5. 大多数占用者有互惠的共识，并相信这种共识能作为初始的社会资本；

6. 使用公共池塘资源的群体相对较小，也较稳定。

虽然这六个条件中的第2、4、6条很大程度上说明了公共池塘资源问题和公共利益悖论式公共政策问题的差异性，但第1、3、4、5条对公共利益悖论式公共政策问题具有很大的启发作用：占用者对合作行为的好处应该要有清醒的认识，并且应该尽可能降低合作行为的信息成本和执行成本。

2011年3月中下旬，日本大地震引发的核危机让几乎所有核国家都开始重新审视核电站的安全性，中国政府更是暂停了核电项目审批，并全面审查在建核电站的安全性。日本核危机事件的发生充分印证了本书主张在健康危害型设施设址方面采取“保守”态度，严格保证设施安全的正确性。本书认为，对于健康危害型邻避设施设址应该坚持不能保证安全则不建的原则，虽然看起来有点矫枉过正或因噎废食，但如核设施之类存在巨大健康安全隐患的邻避设施一旦发生危害性事件，任何一位出于某种利益考量而侃侃其谈诸如核设施之类的邻避设施的安全性的专家或政客，都将无法承担其后果。就在福岛核电站危机还在持续之时，面对世界范围内的反核浪潮，很多核电设施的鼓吹者依然在重申其一贯的政策主张，坚持核设施的“安全性”和“必要性”，这再次说明了多元主体平等参与对社会公共政策和维护公共利益的必要性。

多元协作型治理模式强调邻比冲突治理中的多元主体之间的平等协作和多元治理机制的综合运用，并强调政府、企业、专家在邻比冲突治理中

① ［美］埃莉诺·奥斯特罗姆：《公共事物的治理之道》，余逊达、陈旭东译，上海三联书店2000年版，第311页。

的角色作用，尤其强调邻比冲突治理中的政府、企业、专家对保障邻避设施设址政策制定的科学性和合理性的责任性，同时强调邻比抗争主体、媒体、第三部门等多元主体在邻避设施设址决策和运行安全管理中的主体性管理和监督功能，主张根据邻避设施的类型实行类型化治理的治理路径。虽然这些治理模式和治理机制的理论建构还仅停留于理论构想，尚需要实际治理案例的经验检验，但它应该能为公共利益悖论式公共政策的制定和执行提供一定的借鉴和启示，这也是本书在更广范围、更深层次的理论和实践意义所在。

参考文献

一 中文著作

曹荣湘选编：《走出囚徒困境——社会资本与制度分析》，上海三联书店 2003 年版。

陈家刚：《协商民主》，上海三联书店 2004 年版。

陈庆云：《公共政策分析》，中国经济出版社 1996 年版。

陈剩勇、何包钢：《协商民主的发展》，中国社会科学出版社 2006 年版。

陈新民：《德国公法学基础理论》（上），山东人民出版社 2001 年版。

陈振明主编：《政策科学：公共政策分析导论》，中国人民大学出版社 2003 年版。

郭咸纲：《西方管理学说史》，中国经济出版社 2003 年版。

何显明：《信用政府的逻辑》，学林出版社 2007 年版。

何增科：《公民社会与第三部门》，社会科学文献出版社 2000 年版。

黄健荣等：《公共管理新论》，社会科学文献出版社 2005 年版。

黄健荣：《公共管理学》，社会科学文献出版社 2008 年版。

孔繁斌：《公共性的再生产》，江苏人民出版社 2008 年版。

李惠斌、杨雪冬主编：《社会资本与社会发展》，社会科学文献出版社 2000 年版。

李瑞昌：《风险、知识与公共决策》，天津人民出版社 2006 年版。

季卫东：《法律程序的意义》，中国法制出版社 2004 年版。

卢现祥：《西方新制度经济学》，中国发展出版社 1996 年版。

乔耀章：《政府理论》，苏州大学出版社 2003 年版。

彭和平：《国外公共行政理论精选》，中共中央党校出版社 1997 年版。

桑玉成、刘百鸣：《公共政策学导论》，复旦大学出版社 1991 年版。

孙柏英：《当代地方治理——面向 21 世纪的挑战》，中国人民大学出版社 2004 年版。

孙立平：《转型与断裂：改革以来中国社会结构的变迁》，清华大学出版社 2004 年版。

王翔：《设计模式》，电子工业出版社 2009 年版。

汪凯：《转型中国：媒体、民意和公共政策》，复旦大学出版社 2005 年版。

谢岳：《大众传媒与民主政治》，上海交通大学出版社 2005 年版。

严强、张凤阳、温晋锋：《宏观政治学》，南京大学出版社 1998 年版。

杨光斌：《中国经济转型中的国家权力》，当代世界出版社 2003 年版。

杨光斌：《政治学导论》，中国人民大学出版社 2007 年版。

俞可平：《权利政治与公益政治》，社会科学文献出版社 2005 年版。

俞可平：《治理与善治》，社会科学文献出版社 2000 年版。

袁方等：《中国社会结构转型》，中国社会出版社 1998 年版。

张成福：《公共管理学》，中国人民大学出版社 2001 年版。

张凤阳：《现代性的谱系》，南京大学出版社 2004 年版。

张金马主编：《政策科学导论》，中国人民大学出版社 1992 年版。

张继良、王宝治、褚江丽：《公民权利与宪政历程》，中国社会科学出版社 2004 年版。

张康之：《行政伦理的观念与视野》，中国人民大学出版社 2008 年版。

张康之：《公共管理伦理学》，中国人民大学出版社 2003 年版。

张维迎：《博弈论与信息经济学》，上海三联书店、上海人民出版社 2004 年版。

张永桃：《行政管理学》，南京大学出版社 1989 年版。

张永桃：《行政管理学》，高等教育出版社 2003 年版。

胡湘玲：《核工专家 V. S. 反核专家》，台北前卫出版社 1995 年版。

丘昌泰：《剖析我国公害纠纷问题》，台北淑馨出版社 1995 年版。

丘昌泰：《台湾环境管制政策》，台北淑馨出版社 1995 年版。

丘昌泰：《建构利害关系人取向的环境风险政策》，台北时英出版社 1996 年版。

丘昌泰：《邻避情结与社区治理》，台北韦伯文化国际出版有限公司 2007 年版。

黄锦堂：《由德国法之比较论我国邻避性设施设立许可程序之变革》，研究报告，台湾大学，2004 年。

丘昌泰：《社区主义在环保政策过程中的困境与实践》，研究报告，台湾“行政院”国家科学委员会，1999 年。

吴泉源：《邻避冲突的社会学研究：以焚化炉为例》，研究报告，台湾“行政院”国家科学委员会、台湾清华大学社会学研究所，2003 年。

萧代基、黄德秀：《补偿对邻避冲突的影响——以乌坵低放射性废料场址为例》，研究报告，台湾中华经济研究院，2007 年。

纪俊杰：《环境正义：环境社会学的规范性关怀》，载《第一届环境价值与环境教育学术研讨会论文集》，台湾，1997 年。

二　中文论文

陈宝胜：《公共管理模式善变的系统动力学分析》，《安徽大学学报》2009 年第 4 期。

陈宝胜：《公共政策过程中的邻避冲突及其治理》，《学海》2012 年第 5 期。

陈宝胜：《邻避冲突基本理论的反思与重构》，《西南民族大学学报》2013 年第 6 期。

陈宝胜：《国外邻比冲突研究的历史、现状与启示》，《安徽师范大学学报》2013 年第 2 期。

陈宝胜：《邻比冲突治理若干基本问题：多维视阈的解读》，《学海》2015 年第 2 期。

陈宝胜：《邻比冲突治理模式比较研究》，《理论与改革》2015 年第 3 期。

陈宝胜：《从“政府强制”走向“多元协作”：邻比冲突治理的模式转换与路径创新》，《公共管理与政策评论》2015 年第 4 期。

陈家刚：《协商民主引论》，《马克思主义与现实》2004 年第 3 期。

陈家刚：《协商民主：概念、要素与价值》，《中共天津市委党校学报》2005 年第 3 期。

陈瑞华：《走向综合性程序价值理论》，《中国社会科学》1999 年第 6 期。

陈水秘：《政府回应的理论分析与启迪》，《地方政府管理》2000 年第 11 期。

代福华：《媒体舆论监督要“常回头看看”》，《新闻三昧》2008 年第 1、2 期。

狄小华、冀莹：《民意表达与政府回应机制之完善》，《政治与法律》2009 年第 7 期。

董聚山、刘晶昊：《日本垃圾处理考察见闻》，《广西城镇建设》2010 年第 4 期。

高春芽：《集体行动的逻辑及其困境》，《武汉理工大学学报》2008 年第 1 期。

高国荣：《美国现代环保运动的兴起及其影响》，《南京大学学报》（哲学・人文科学・社会科学）2006 年第 4 期。

何晟、钱丽燕：《日本东京 23 区生活垃圾处理现状及启示》，《环境保护与循环经济》2010 年第 1 期。

何艳玲：《“中国式”邻避冲突：基于事件的分析》，《开放时代》2009 年第 12 期。

何艳玲：《“邻避冲突”及其解决：基于一次城市集体抗争的分析》，《公共管理研究》2006 年第 4 期。

何艳玲：《后单位制时期街区集体抗争的产生极其逻辑》，《公共管理学报》2005 年第 3 期。

胡东、李雪沣：《关于民意的民主性思考》，《政治学研究》2006 年第 2 期。

胡峰：《城市邻避性设施规划的思考》，《建筑与环境》2009 年第 4 期。

胡联合、胡鞍钢：《科学的社会政治稳定观》，《政治学研究》2004 年第 4 期。

黄瀚：《百名政协委员难阻厦门百亿化工项目》，《瞭望东方周刊》

2007 年第 20 期。

黄健荣:《论现代社会根本性和谐——基于公共管理的逻辑》,《社会科学》2009 年第 11 期。

黄健荣:《论现代政府合法性递减:成因、影响与对策》,《浙江大学学报》(人文社会科学版)2010 年第 9 期。

黄振辉、王金红:《协商民主与中国地方治理创新》,《经济社会体制比较》2009 年第 5 期。

金太军:《当代西方多元民主论评析》,《中国青年政治学院学报》1996 年第 3 期。

蒋勤:《马歇尔公民资格理论述评》,《社会》2003 年第 3 期。

金通:《垃圾处理产业中的邻避冲突探析》,《当代财经》2007 年第 5 期。

乔艳洁、曹婷、唐华:《从公共政策角度探析邻避效应》,《郑州航空工业管理学院学报》(社会科学版)2007 年第 1 期。

李杰、吴永辉:《我国决策模式剖析》,《社会科学研究》2006 年第 6 期。

李景鹏:《政策制定的两个维度:科学决策与民主决策》,《北京行政学院学报》2000 年第 1 期。

李晓晖:《城市邻避性公共设施建设的困境与对策探讨》,《规划师》2009 年第 12 期。

林曦:《利益相关者管理理论的发展脉络与研究方向》,《学习与实践》2010 年第 5 期。

刘忠定、孙辉:《社会转型期人民内部矛盾产生的根源及对策分析》,《理论与改革》2003 年第 2 期。

马瑞萍:《改革开放以来我国公民意识研究述评》,《教学与研究》2008 年第 10 期。

史云贵、王海龙:《合作治理视域中的我国乡镇治理结构重塑》,《社会主义研究》2010 年第 3 期。

陶鹏、童星:《邻避型群体性事件及其治理》,《南京社会科学》2010 年第 8 期。

王太高:《公共利益范畴研究》,《南京社会科学》2005 年第 7 期。

王敏、代晓君:《生态环境保护理论与实践的历史探究》,《辽宁工程技术大学学报》（社会科学版）2007 年第 3 期。

王颖：《转型时期中国政府利益研究的必要性分析》，《中国行政管理》2007 年第 7 期。

吴燕芳：《欧洲国家的垃圾处理及对我国的借鉴意义》，《财经界》2008 年第 2 期。

谢良兵：《厦门 PX 事件：新媒体时代的民意表达》，《中国新闻周刊》2007 年第 6 期。

辛向阳：《罗伯特·达尔的多元主义民主论评析》，《东岳论丛》2010 年第 5 期。

熊孟清：《推动垃圾处理同城化》，《广西城镇建设》2009 年第 10 期。

许红兵：《市场失灵、政府实效及对策》，《求实》2003 年第 6 期。

薛子进：《一个提案如何推倒了国家立项审批》，《法人》2008 年第 6 期。

杨明奇：《南京 PX 项目深陷民意困局》，《瞭望东方周刊》2008 年第 44 期。

雍自成：《大学生的情绪化行为及其初探》，《扬州大学学报》（高教研究版）1999 年第 3 期。

雍自元、黄鲁滨：《论公民意识的内涵和特质》，《法学杂志》2010 年第 5 期。

袁祖社：《“人类公共利益”正当性的探求与“公共悖论”的有效化解》，《中国井冈山干部学院学报》2006 年第 1 期。

郁建兴、高翔：《地方发展型政府的行为逻辑及制度基础》，《中国社会科学》2012 年第 5 期。

俞可平：《动态稳定与和谐社会》，《中国特色社会主义研究》2006 年第 3 期。

俞可平：《中国特色民主政治建设的成就与经验》，《学习月刊》2010 年第 2 期。

张大维、殷妙仲：《社区与社会资本：互惠、分离与逆向》，《理论与改革》2010 年第 2 期。

张康之：《走向合作治理的历史进程》，《湖南社会科学》2006 年第 4 期。

张康之：《面向后工业社会的德制构想》，《学海》2013 年第 3 期。

张晓娟：《厦门 PX 危机中的新媒体力量》，《国际公关》2007 年第 5 期。

张红樱：《日本垃圾处理“八大怪”》，《政府法制》2010 年第 12 期。

张玮：《各地争抢核电投资“盛宴”》，《今日工程机械》2008 年第 11 期。

张昱青、孔繁德：《试论中国环境保护的历程和发展趋势》，《中国环境管理干部学院学报》2002 年第 2 期。

赵文红、邵建春：《参与度、信任与合作效果的关系》，《南开管理评论》2008 年第 3 期。

中华环保联合会：《中国环保民间组织发展状况报告》，《环境保护》2006 年第 10 期。

周义程、黄菡：《用“合作的治理”取代“民主的治理”》，《理论探讨》2010 年第 4 期。

［英］蒂姆·佛西：《合作型环境治理：一种新模式》，《国家行政学院学报》2004 年第 3 期。

陈俊宏：《邻避症候群、专家政治与民主审议》，《东吴政治学报》1999 年第 10 期。

陈明健：《经济发展与环保问题：以发电厂的区位选择为例》，《农业与经济》1991 年第 6 期。

陈锡镇：《解决邻避设施设置管理问题之新议：创意思考之实例与应用》（上），《人与地》1996 年第 8 期。

陈锡镇：《解决邻避设施设置管理问题之新议：创意思考之实例与应用》（下），《人与地》1998 年第 9 期。

何纪芳、李永展：《都市服务设施接收意愿与影响因子之探讨》，《建筑学报》1996 年第 12 期。

洪鸿智：《空间冲突管理：策略规划方法之应用》，《法商学报》1995 年第 31 期。

侯锦雄：《由居民态度观点探讨不宁适设施的环境冲突：以台中市垃圾焚化厂设置过程为例》，《中国园艺》1997 年第 3 期。

黄之栋、黄瑞祺：《正义的本土化：台湾对欧美环境正义理论的继受及其所面临之困难》,《应用伦理评论》2009 年第 4 期。

纪骏杰、萧新煌:《当前台湾环境正义的社会基础》,《国家政策季刊》2003 年第 3 期。

简龙凤:《林口发电厂污染事件冲突管理过程探讨》,《计划经济》1992 年第 6 期。

赖宗裕:《从美国判例论土地使用变更回馈之课征观念与原则》,《经社法制论丛》1998 年第 21 期。

李国雄、冯国豪:《输电线路及变电所遭遇抗争解决之研究》,《台电工程月刊》2001 年第 4 期。

李永展:《邻避症候群之解析》,《都市计划书》1997 年第 1 期。

李永展:《邻避设施对社区环境品质之影响:以台北市三个垃圾焚化厂为例》,《国立政治大学学报》1996 年第 5 期。

李永展、翁久惠:《邻避设施对主观环境生活品质影响之探讨:以居民对垃圾焚化厂之认知态度为例》,《经社法制论丛》1995 年第 16 期。

李永展、陈柏廷:《从环境认知的观点探讨邻避设施的再利用》,《国立台湾大学建筑与城乡研究学报》1996 年第 8 期。

李永展、何纪芳:《环境正义与设施选址之探讨》,《规划学报》1999 年第 12 期。

李永展、林启贤:《邻避型公共设施之环境态度与更新接受意愿之研究:以台北市为例》,《都市与计划》1998 年第 9 期。

李永展、翁久惠:《邻避设施对主观环境生活品质影响之探讨:以居民对垃圾焚化炉之认知与态度为例》,《经济法制论丛》1995 年第 16 期。

林茂成:《邻避型设施区位选择与处理模式之探讨:以都会捷运系统为例》(上),《现代营建》2001 年第 5 期。

林茂成:《邻避型设施区位选择与处理模式之探讨:以都会捷运系统为例》(下),《现代营建》2001 年第 7 期。

林文渊:《垃圾焚化厂回馈金制度之探讨》,《环境与管理研究》2009 年第 2 期。

彭春翎:《从中坜北帝国事件浅谈邻避冲突与身心障碍者人权》,《应用伦理研究通讯》2007 年第 43 期。

彭春翎:《从新竹科学园区焚化炉事件浅谈邻避冲突与环境正义》,《应用伦理研究通讯》2006 年第 37 期。

彭国栋：《浅谈环境正义》，《自然保育季刊》1999年第28期。

丘昌泰：《以社区主义破解公害纠纷的困境》，《台湾环境保护》1998年第9期。

丘昌泰：《公害社区风险沟通之问题与对策》，《法商学报》1999年第34期。

丘昌泰：《从“邻避情结”到“迎臂效应”：台湾环保抗争的问题与出路》，《政治科学论坛》2002年第17期。

丘昌泰、陈钦春：《台湾实践社区主义的瓶颈与愿景：从抗争型到自觉型社区》，《行政暨政策学报》2001年第3期。

丘昌泰、苏瑞祥：《破解选票政治、回馈情结与公共政策的三角难题：以环保政策为观察焦点》，《法商学报》1999年第35期。

汤京平：《邻避性环境冲突管理的制度与策略：以理性选择与交易成本理论分析六轻建厂及拜耳投资案》，《政治科学论丛》1999年第10期。

汤京平、陈金哲：《新公共管理与邻避政治：以嘉义县市跨域合作为例》，《政治科学论丛》2005年第23期。

汤京平、翁伟达：《解构邻避运动——国道建设的抗争与地方政治动员》，《公共行政学报》2005年第14期。

吴再益、林唐裕：《当前民营电厂兴建遭遇之问题与因应对策》，《经济情势与评论》1996年第8期。

萧代基：《污染性设施之设置与民众信心之建立》，《台湾经济预测与政策》1996年第7期。

解宏宾等：《邻避设施外溢效果隐含市场之研究》，《国防管理学院学报》1995年第9期。

许雅斐、叶颖超：《抗争下的环境“异议”：大林反焚化炉事件分析》，《政策研究学报》2005年第5期。

曾宪郎：《生活素质与公共政策的评估：以高雄焚化炉的兴建为例》，《台湾经济金融月刊》1995年第12期。

曾明逊：《邻避设施管理策略》（一），《现代地政》1995年第9期。

曾明逊：《邻避设施管理策略》（二），《现代地政》1995年第10期。

曾明逊：《邻避设施管理策略》（三），《现代地政》1995年第11期。

曾明逊：《邻避设施管理策略》（四），《现代地政》1995年第12期。

曾明逊、谢潮仪：《住户逃避邻避设施之自我防卫支出：以垃圾处理场为实证对象》,《都市与计划》1995 年第 2 期。

朱斌好、汪铭生:《台湾公害纠纷机制未来发展方向》,《中山管理评论》1999 年第 1 期。

丁秋霞:《邻避设施之外部性回馈原则之探讨》,硕士学位论文,台湾淡江大学,1998 年。

柯宇芳:《论一般废弃物处理政策冲突问题》,硕士学位论文,台湾大学,2007 年。

黄廷宜:《高科技政策中的风险沟通》,硕士学位论文,台湾世新大学,2007 年。

黄德秀:《补偿对邻避冲突的影响》,硕士学位论文,台北大学,2001 年。

刘彦麟:《核四与四周居民之邻避情结历程》,硕士学位论文,台湾世新大学,2007 年。

黄仲毅:《居民对于邻避设施认知与态度之研究》,硕士学位论文,台湾中国文化大学 1998 年。

林俊夫:《邻避设施与社区发展互动关系之探讨》,硕士学位论文,台湾铭传大学,2002 年。

叶颖超:《环境正义的实践:大林反焚化炉抗争运动个案分析》,硕士学位论文,台湾南华大学,2003 年。

林文渊:《国内都市垃圾焚化厂回馈金制度之探讨——以鹿草焚化厂为例》,硕士学位论文,台湾南华大学,2005 年。

柳海滨:《转型时期我国政府自利与公共利益冲突问题研究》,博士学位论文,吉林大学,2008 年。

彭春翎:《邻避冲突之环境伦理涵义:以效益主义环境正义考察为例示》,硕士学位论文,台湾中央大学,2007 年。

曾明逊:《不宁适设施对住宅价格影响之研究》,硕士学位论文,台湾中兴大学,1992 年。

三 译著

[美] 阿尔蒙德:《比较政治学:体系、过程和政策》,曹沛霖译,上海译文出版社 1987 年版。

[美] 阿尔蒙德、维巴:《公民文化:五国的政治制度和民主》,马殿

君等译，浙江人民出版社 1989 年版。

［英］汤普森：《共有的习惯》，沈汉等译，上海人民出版社 2002 年版。

［美］博登海默：《法理学》，邓正来译，中国政法大学出版社 2004 年版。

［意］葛兰西：《狱中札记》，曹雷雨等译，中国社会科学出版社 2000 年版。

［英］吉登斯：《第三条道路及其批评》，孙相东译，中共中央党校出版社 2002 年版。

［美］利奥波德：《沙乡年鉴》，侯文蕙译，吉林人民出版社 1997 年版。

［德］哈贝马斯：《公共领域的结构转型》，曹卫东等译，学林出版社 1999 年版。

［美］奥尔森：《集体行动的逻辑》，陈郁等译，上海三联书店、上海人民出版社 1995 年版。

［英］边沁：《立法论》，丁露等译，中国人民公安大学出版社 2004 年版。

［美］波普诺：《社会学》（下），刘云德等译，辽宁人民出版社 1987 年版。

［美］伊斯顿：《政治体系——政治学状况研究》，马清槐译，商务印书馆 1993 年版。

［德］滕尼斯：《共同体与社会》，林荣远译，商务印书馆 1999 年版。

［美］福山：《信任：社会道德与繁荣的创造》，李宛蓉译，远方出版社 1998 年版。

［美］吉登斯：《批判的社会学导论》，郭忠华译，上海译文出版社 2007 年版。

［美］科恩：《论民主》，李柏光译，商务印书馆 1999 年版。

［德］柯武刚、史漫飞：《制度经济学——社会秩序与公共政策》，商务印书馆 2000 年版。

［加］雅各布：《民主视野》，吴增定等译，中国广播电视出版社 2000 年版。

［美］达尔：《论民主》，李柏光等译，商务印书馆 1999 年版。

［美］帕特南：《使民主运转起来》，王列等译，江西人民出版社2001年版。

［美］沃伦：《民主与信任》，吴辉译，华夏出版社2004年版。

《马克思恩格斯全集》（第1卷），人民出版社1995年版。

《马克思恩格斯全集》（第2卷），人民出版社1957年版。

《马克思恩格斯选集》（第4卷），人民出版社1972年版。

［南非］登特里维斯：《作为公共协商的民主：新的视角》，王英津译，中央编译出版社2006年版。

［美］斯坦因：《荣格心灵地图》，朱侃如译，台湾立绪文化事业有限公司1989年版。

［英］鲍曼：《共同体》，欧阳景根译，江苏人民出版社2007年版。

［美］蕾切尔·卡逊：《寂静的春天》，吕瑞兰等译，吉林人民出版社1997年版。

［美］萨缪尔森、诺德豪斯：《经济学》，萧琛主译，人民邮电出版社2004年版。

［美］亨廷顿：《变化社会中的政治秩序》，王冠华等译，生活·读书·新知三联书店1988年版。

［美］潘恩：《潘恩选集》，马清槐等译，商务印书馆1981年版。

［古希腊］亚里士多德：《政治学》，颜一、秦典华译，中国人民大学出版社2003年版。

［美］英格尔斯：《人的现代化——心理、思想、态度、行为》，殷陆君编译，四川人民出版社1985年版。

［德］哈贝马斯：《在事实与规范之间——关于法律与民主法治国的商谈理论》，童世骏译，生活·读书·新知三联书店2003年版。

［美］熊彼特：《资本主义、社会主义与民主》，吴良健译，商务印书馆2000年版。

［美］罗尔斯：《正义论》，何怀宏等译，中国社会科学出版社1988年版。

［澳］德雷泽克：《协商民主及其超越：自由与批判的视角》，丁开杰等译，中央编译出版社2006年版。

［美］博曼：《公共协商：多元主义、复杂性与民主》，黄相怀译，中央编译出版社2006年版。

[美] 博曼、雷吉：《协商民主：论理性与政治》，陈家刚等译，中央编译出版社 2006 年版。

世界银行：《变革世界中的政府》，中国财政经济出版社 1997 年版。

四 外文著作

G. A. Almond and S. Verba, *The Civic Culture: Political Attitudes and Democracy in Five Nations*, Boston: Little, Brown & Co., 1989.

K. J. Arrow, *Social Choice and Individual Values*, New Haven: Yale University Press, 1963.

W. J. Baumol and W. E. Oates, *The Theory of Environmental Policy*, Cambridge: Cambridge University press, 1988.

Ulrich Beck, *Risk Society: Towards a New Modernity*, London: Sage Publication, 1992.

Seyla Benhabib, *Democracy and Difference: Contesting the Boundaries of the Political*, NJ: Princeton University Press, 1996.

James Bohman, *Public Deliberation: Pluralism, Complexity and Democracy*, Cambridge, Mass: MIT Press, 1996.

John Bohstedt, *Riots and Community Politics in England and Wales, 1790–1810*, Cambridge, Mass, 1983.

Richard C. Box, *Citizen Governance: Leading American Communities Into 21st Centuries*, Thousand Oaks, CA: Sage, 1998.

Jeffery Broadbent, *Environmental Politics in Japan: Networks of Power and Pretest*, Cambridge: Cambridge University Press, 1998.

B. Bryant, *Environmental Justice: Issue, Policies, and Solutions*, Washington, D. C.: Island Press, 1995.

Robert D. Bullard, *Environmental Justice for All. Unequal Protection: Environmental Justice and Communities of Color*, San Francisco: Sierra Club Books, 1994.

Charles E. Davis and James P. Lester, *Dimensions of Hazardous Waste Politics and Policy*, New York: Greenwood Press, 1988.

Jon Elster, *Deliberative Democracy*, Cambridge University Press, 1998.

Michael B. Gerrard, *Whose Backyard, Whose Risk: Fear and Fairness in*

Toxic and Nuclear Waste Siting, Cambridge, Mass:MIT Press, 1994.

Brian Haresnape, *Railway Design since 1830*, London: Ian Allan Ltd, 1968.

Stewart Holbrook, *The Story of American Railroads*, New York: Crown Publishers, 1947.

Chalmers Johnson, *MITI and the Japanese Miracle: The Growth of Industrial Policy, 1925-1975*, Stanford: Stanford University Press, 1982.

S. H. Lesbirel, *NIMBY Politics in Japan: Energy Siting and the Management of Environmental Conflict*, Ithaca: Cornell University Press, 1998.

D. Morell and C. Magorian, *Siting Hazardous Waste Facilities: Local Opposition and the Myth of Preemption*, Cambridge, MA: Ballinger, 1982.

Michael O'Hare, Lawrence Bacow and Debra Sanderson, *Facility Siting and Public Opposition*, New York: Van Nostrand Reinhold, 1983.

Kent E. Portney, *Siting Hazardous Waste Treatment Facilities: The NIMBY Syndrome*, New York: Auburn, 1991.

Barry G. Rabe, *Beyond NIMBY: Hazardous Waste Siting In Canada and the United States*, Washington D. C. : The Brookings Institution, 1994.

John Ruskin, *The Seven Lamps of Architecture*, London: Smith, Elder, and Co.,1849.

Richard J. Samuels, *The Business of the Japanese State: Energy Markets in Comparative and Historical Perspective*, Ithaca: Cornell University Press, 1987.

Allan R.Tallbot,*Settling Things:Six Case Studies in Environmental Mediation*, Washington D. C. : The Conservation Foundation, 1983.

United Church of Christ, *Toxic Wastes and Race in the United States: A National Report on the Racial and Socioeconomic Characteristics of Communities Surrounding Hazardous Waste Sites*, New York. : Public Data Access, Inc.,1987.

Laura Westra and Bill Lawson, *Faces of Environmental Racism: Confronting Issues of Global Justice*, London: Rowman and Littlefield, 2001.

五 外文论文

D. Adams and M. Hess, "Community in Public Policy:Fad or Foundation", *Australian Journal of Public Administration*, Vol. 60, No. 2, 2001.

Daniel P. Aldrich, "Controversial Project Siting State Policy Instruments and Flexibility", *Comparative Politics*, Vol. 38, No. 1, 2005.

Daniel P. Alarich, "Controversial Facilities in Japan, 1955-1995", *The Singapore Economic Review*, Vol. 53, No. 1, 2008.

A. M. Armour, "The Siting of Locally Unwanted Land Uses: Towards a Cooperative Approach", *Progress in Planning*, Vol. 35, No. 1, 1991.

K. Arrow, "Social Responsibility and Economic Efficiency", *Public Policy*, Vol. 21, 1973.

C. M. Austin, "The Evaluation of Urban Public Facility Location: An Alternative to Benefit - cost Analysis", *Geographical Analysis*, Vol. 6, No. 4, 1974.

Kenneth Bachrach and Alex J. Zautra, "Coping with a Community Stressor: The Threat of a Hazardous Waste Facility", *Journal of Health and Social Behavior*, Vol. 26, No. 2, 1985.

Hunter Bacot, Terry Boven and Michael Fitzgerald, "Managing the Solid Waste Crisis: Exploring the Link between Citizen Attitudes, Policy Incentives, and Siting Landfills", *Policy Studies Journal*, Vol. 22, No. 2, 1994.

Louise W. Bedsworth, Micah D. Lowenthal, and William E. Kastenberg, "Uncertainty and Regulation: The Rhetoric of Risk in the California Low-Level Radioactive Waste Debate", *Science, Technology, & Human Values*, Vol. 29, No. 3, 2004.

David A. Bella, Charles D. Mosher, and Steven N. Calvo, "Establishing Trust: Nuclear Waste Disposal", *Journal of Professional Issues in Engineering*, Vol. 114, No. 1, 1988.

R. D. Benford, H. A. Moore, and J. A. Williams, "In whose backyard?: Concern about siting a nuclear facility", *Sociological Inquiry*, Vol. 63, No. 1, 1993.

S. Bowles and H. Gintis, "Social Capital and Community Governance", *The Economic Journal*, Vol. 112, Iss. 483, 2002.

R. D. Bullard, "Unplanned Environs: The Price of Unplanned Growth in Boomtown Houston", *California Sociologist*, No. 7, 1984.

K. Burningham, "Using the Language of NIMBY: a Topic for Research,

Not an Activity for Researchers", *Local Environment*, Vol. 5, No. 1, 2000.

J. E. Burkhardt, "Community Reactions to Anticipated Highways: Fears and Actual Effects", *Highway Research Record*, No. 470, 1973.

S. Capek, "The Environmental Justice Frame: A Conceptual Discussion and Application", *Social Problems*, Vol. 40, No. 1, 1993.

Chiou Chang-Tay, "NIMBY Syndrome and Facility Siting", *The Chinese Public Administration Review*, Vol. 14, No. 3, 2005.

Bin Chen and E. A. Graddy, *Inter-Organizational Collaborations for Public Service Delivery: A Framework of Preconditions, Processes, and Perceived Outcomes*, Paper presented at the 2005 ARNOVA Conference, November 17—19, Washington, D. C., 2005.

Joshua Cohen, "Pluralism and Proceduralism", *Chicago—Kent Law Review*, Vol. 69, No. 3, 1994.

F. C. Colcord, "Transportation and the Political Culture", *Highway Reseach Record*, No. 356, 1971.

Maeve Cooke, "Five Arguments for Deliberative Democracy", *Political Studies*, Vol. 48, Iss. 5, 2000.

Vincent Covello and Jerylr Mumpowe, "Risk Analysis and Risk Management: An Historical Perspective", *Risk Analysis*, Vol.5, No.2, 1985.

K. H. Craik, "Transportation and the Person", *High Speed Ground Transportation*, Vol. 3, No. 1, 1969.

Maria Csutora, "The Mismanagement of Environmental Conflicts", *Annals of the American Academy of Political and Social Science*, Vol. 552, No. 52, 1997.

Charles Davis, "Public Involvement in Hazardous Waste Siting Decisions", *Polity*, Vol. 19, No. 2, 1986.

Michael Dear, "Understanding and Overcoming the NIMBY Syndrome", *Journal of the American Planning Association*, Vol. 58, No. 3, 1992.

J. R. DesJardins, "Ethics, Sciences, and the Environment", *Environmental Ethics: An Introduction to Environmental Philosophy*, California: Wadsworth Publishing Company, 1993.

Robert B. Denhardt and Janet Vinzant Denhart, "The New Public Service:

Serving Rather the Steering", *Public Administration Review*, Vol. 60, No. 6, 2000.

Riley E. Dunlap and Rodney K. Baxter, *Public Reaction to Siting a High-Level Nuclear Waste Repository at Hanford: A Survey of Local Area Residents*, Report prepared by the Social and Economic Sciences Research Center, Pullman: Washington State University, 1988.

R. E. Dunlap and W. R. Catton, "Environmental Sociology", *Annual Review of Sociology*, Vol. 5, No. 1, 1979.

H. J. Dyos, "Railways and Housing in Victorian London", *Journal of Transport History*, Vol. 2, No. 1, 1955.

Susana Ferreira and Louise Gallagher, "Protest Responses and Community Attitudes toward Accepting Compensation to Host Waste Disposal Infrastructure", *Land Use Policy*, Vol. 27, No. 2, 2010.

Eli Feinerman, Israel Finkelshtain and Iddo Kan, "On a Political Solution to the NIMBY Conflict", *The American Economic Review*, Vol. 94, No. 1, 2004.

Patrick Field, Howard Raiffa and Lawrence Susskind, "Risk and Justice: Rethinking the Concept of Compensation", *Annals of the American Academy of Political and Social Science*, Vol. 545, 1996.

G. J. Fielding, "Transport Impanct Research: Problems of Location Decisions at the Community Level", *Annals of Regional Science*, Vol. 4, No. 2, 1970.

Glaberson, William, "Coping in the Age of 'Nimby'", *New York Times*, 1988, June 19, Section 3, 1.

Daniel J. Fiorion, "Environmental Risk and Democratic Process: A Critical Review", *Columbia Journal of Environmental Law*, Vol. 14, No. 2, 1989.

Daniel J. Fiorion, "Technical and Democratic Values in Risk Analysis", *Risk Analysis*, Vol. 9, No. 3, 1989.

William A. Fischel, "Why Are There NIMBYs?", *Land Economics*, Vol. 77, No. 1, 2001.

Frank Fischer, "Citizen Participation and the Democratization of Policy Expertise: From Theoretical Inquiry to Practical Cases", *Policy Sciences*,

Vol. 26, 1993.

J. Flynn, W. Burns, C. Mertz, and P. Slovic, "Trust as a Determinant of Opposition to High-level Radioactive Waste Repository: Analysis of a Structural Model", *Risk Analysis*, Vol. 12, No. 3, 1992.

J. Flynn and P. Slovic, "Nuclear Wastes and Public Trusts", *Forum For Applied Research and Public Policy*, Vol. 8, No. 1, 1993.

Sheila Foster, "Justice from the Ground Up: Distributive Inequities, Grassroots Resistance, and the Transformative Politics of the Environmental Justice Movement", *California Law Review*, Vol. 86, No. 4, 1998.

Bruno S. Frey, Felix Oberholzer-Gee, "The Cost of Price Incentives: An Empirical Analysis of Motivation Crowding-out", *The American Economic Review*, Vol. 87, No. 4, 1997.

Bruno S. Frey, Felix Oberholzer-Gee and Reiner Eichenberger, "The Old Lady Visit Your Backyard: A Tale of Morals and Markets", *The Journal of Political Economy*, Vol. 104, No. 6, 1996.

Robert Futrell, "Framing Processes, Cognitive Liberation, and NIMBY Protest in the U. S. Chemical - weapons Disposal Conflict", *Sociological Inquiry*, Vol. 73, No. 3, 2003.

Marks Gary and Detlof von Winterfeldt, "Not in My Back Yard: Influence of Motivational Concerns on Judgments About a Risky Technology", *Journal of Applied Psychology*, Vol. 69, No. 3, 1984.

Peter Groothuis and Gail Miller, "Locating Hazardous Waste Facilities: The Influence of NIMBY Beliefs", *Amercian Journal of Economics and Sociology*, Vol. 53, No. 3, 1994.

Peter A. Groothuis, Jana D. Groothuis and John C. Whitehead, "Green vs. Green: Measuring the Compensation Required to Site Electrical Generation Windmills in a Viewshed", *Energy Policy*, Vol. 36, No. 4, 2008.

J. T. Hamilton, "Testing for Environmental Racism: Prejudice, Profits, Political Power?", *Journal of Policy Analysis and Management*, Vol. 14, No. 1, 1995.

Troy W. Hartley, "Environment Justice: An Environmental, Civil Rights Value Acceptable to All World Views", *Environmental Ethics*, Vol. 17,

No. 3, 1995.

John Haley, "Governance by Negotiation: A Reappraisal of Bureaucratic Power in Japan", *Journal of Japanese Studies*, Vol. 13, No. 2, 1987.

Hélène Hermansson, "The Ethics of NIMBY Conflicts", *Ethical Theory and Moral Praticec*, Vol. 10, No. 1, 2007.

V. D. Horst, "NIMBY or Not? Exploring the Relevance of Location and the Politics of Voiced Opinions in Renewable Energy Siting Controversies", *Energy Policy*, Vol. 35, No. 5, 2007.

Susan Hunter and Kevin Leyden, "Beyond NIMBY: Explaining Opposition to Hazardous Waste Facilities", *Policy Studies Journal*, Vol. 23, No. 4, 1995.

O. O. Ibitayo and K. D. Pijawka, "Reversing NIMBY: An Assessment of State Strategies for Siting Hazardous Waste Facilities", *Environmental and Planning*, Vol. 17, No. 4, 1999.

Herbert Inhaber, "Of LULUs, NIMBYs, and NIMTOOs", *Public Interest*, Vol. 107, No. 1, 1992.

R. R. Jenkins, K. B. Maguire and C. L. Morgan, "Host Community Compensation and Municipal Solid Waste Landfills", *Land Economic*, Vol. 80, No. 4, 2004.

Pamela Johnson and Betty Mushak, "Environmental Equity: A New Coalition for Justice", *Environmental Health Perspectives*, Vol. 101, No. 6, 1993.

Roger E. Kasperson, "Six Propositions on Public Participation and Their Relevance for Risk Communication", *Risk Analysis*, Vol. 6, No. 3, 1986.

R. Kasperson, D. Goldin and S. Tules, "Social Distrust as A Factor in Siting Hazardous Facilities and Communicating Risk", *The Journal of Social Issues*, Vol. 48, No. 4, 1992.

R. C. Kearney, "Low-level Radioactive Waste Management: Environmental Policy, Federalism, and New York", *The Journal of Federalism*, Vol. 23, Issue 3, 1993.

Michael E. Kraft and Bruce B. Clary, "Citizen Participation and the NIMBY Syndrome: Public Response to Radioactive Waste Disposal", *The Western Political Quarterly*, Vol. 44, No. 2, 1991.

H. Kunreuther, W. Desvousges and P. Slovic, "Nevada's predicament:

Public Perceptions of Risk from the Proposed Nuclear Waste Repository", *Environment*, *Vol.* 30, No. 8, 1988.

H. Kunreuther and D. Easterling, "The Role of Compensation in Siting Hazardous Facilities", in Daigee Shaw (eds.), *Comparative Analysis of Siting Experience in Asia*, Taipei: Academia Sinica, 1996.

Howard Kunreuthe and Douglas Easterling, "Are Risk-Benefit Tradeoffs Possible in Siting Hazardous Facilities?", *American Economic Review*, Vol. 33, 1991.

H. Kunreuther, K. Fitzgerald and T. Aarts, "Siting Noxious Facilities: A Test of The Facility Siting Credo", *Risk Analysis*, Vol. 13, No. 3, 1993.

Howard Kunreuther and Paul Kleindorfer, "A Sealed-bid Auction Mechanism for Siting Noxious Facilities", *The American Economic Review*, Vol. 76, No, 2, 1986.

H. Kunreuther, P. Kleindofer and P. Knez, "A Compensation Mechanlism for Siting Noxious Facilities: Theory and Experimental Design", *Journal of Environmental Economics and Management*, Vol. 14, No. 1, 1987.

D. H. Leroy and T. S. Nadler, "Negotiate Way out of Siting Dilemmas", *Forum For Applied Research and Public Policy*, Vol. 8, No. 1, 1993.

Douglas J. Lober and Donald P. Green, "NIMBY or NIABY: A Logit Model of Opposition to Solid Waste Disposal Facility Siting", *Environmental Management*, Vol. 40, No. 1, 1994.

Marks G., & von Winterfeldt, D., "Not in My Back Yard: Influence of Motivational Concerns on Judgments about a Risky Technology", *Journal of Applied Psychology*, Vol. 69, No. 3, 1984.

Matheny, Albert R. & Williams, Bruce A., "Knowledge vs. NIMBY: Assessing Florida's Strategy for Siting Hazardous Waste Disposal Facilities", *Policy Studies Journal*, Vol. 14, No. 1, 1985.

Daniel Mazmanian and David Morell, "The NIMBY Syndrome: Facility Siting and the Failure of Democratic Discourse", in Vig, Norman J. & Kraft, Michael E. (eds.), *Environmental Policy in the 1990s: Toward a New Agenda*, Washington, D. C.: CQ Press, 1990.

McAvoy, Gregory E., "State Autonomy & Democratic Accountability:

The Politics of Hazardous Waste Policy", *Polity*, Vol. 26, No. 4, 1994.

McConkey, D. D., "Ecology's Impact on Transportation", *High Speed Ground Transportation*, Vol. 7, No. 1, 1973.

McCoy, Martha L. & Scully, Patrick L., "Deliberative Dialogue to Expand Civic Engagement: What Kind of Talk Does Democracy Need?", *National Civic Review*, Vol. 91, Iss. 2, 2002.

McGurty, Eileen Maura, "From NIMBY to Civil Rights: the Origins of the Environmental Justice Movement", *Environmental History*, Vo. 2, No. 3, 1997.

Minehart, Deborah & Neeman, Zvika, "Effective Siting of Waste Treatment Facilities", *Journal of Environmental Economics and Management*, Vol. 43, No. 2, 2002.

Mitchell, Robert Cameron & Carson, Richard T., "Property Rights, Protest, and the Siting of Hazardous Waste Facilities", *The American Economic Review*, Vol. 76, No. 2, 1986.

Mohai, Paul & Bryant, Bunyan, "Demographic Studies Reveal a Pattern of Environmental Injustice", in Petrikin (ed.), *Environmental Justice*, Jonathan S. San Diego, CA: Greenhaven Press, 1995.

Murphree, David W., Wright, Stuart A. & Ebaugh, Helen Rose, "Toxic Waste Siting and Community Resistance: How Cooptation of Local Citizen Oppositon Failed", *Sociological Perspectives*, Vol. 39, No. 4, 1996.

Mumphrey, Anthony J. & Wolpert, Julian, "Equity Considerations and Concession in the Siting of Public Facilities", *Economic Geography*, Vol. 49, No. 2, 1973.

Muranmatsu, Michio, "Center-local Political Relations in Japan: A Lateral Competition Model", *Journal of Japanese Studies*, Vol. 12, No. 2, 1986.

Nichols, Alan B., "Nation Copes with Garbage's Rising Tide", *Journal of Water Pollution Control Federation*, Vol. 60, No. 5, 1988.

O'Hare, Michael, "Not on My Block You Don't: Facility Siting and the Strategic Importance of Compensation", *Public Policy*, Vol. 25, No. 4, 1977.

O'Hare, Michael & Sanderson, Debra, "Facility Siting and Compensation: Lessons from the Massachusetts Experience", *Journal of Policy*

Analysis and Management, Vol. 12, No. 2, 1993.

Olosn, Mancur, "Increase the Incentives for International Cooperation", *International Organization*, Vol. 25, No. 4, 1971.

Peters, Richard G., Covello, Vincent T. & McCallum, David B., "The Determinants of Trust and Credibility in Environmental Risk Communication: An Empirical Study", *Risk Analysis*, Vol. 17, No. 1, 1997.

Popper, Frank J., "Siting LULUs", *Planning*, Vol. 47, No. 4, 1981.

Pomper, David, "Recycling Philadelphia v. New Jersey: The Dormant Commerce Clause, Postindustrial 'Natural' Resources, and the Solid Waste Crisis", *University of Pennsylvania Law Review*, Vol. 137, No. 4, 1989.

Portney, Kent. E., "Allaying the NIMBY syndrome: The Potential for Compensation in Hazardous Waste Treatment Facility Siting", *Hazardous Waste*, Vol. 1, No. 3, 1984.

Portney, K. E., "The Role of Economic Factors in Lay Perceptions of Risk", in C. E. Davis & J. P. Lesur (eds.), *Dimensions of Hazardous Waste Politics and Policy*, New York: Greenwood Press, 1988.

Pendakur, V. S. & Brown, G. R., "Accessibility and Environmental Quality", *Highway Research Record*, No. 277, 1969.

Pijawka, K. D., & Mushkntel, A. H., "Public Opposition to the Siting of the High-level Nuclear Waste Repository: The Importance of Trust", *Policy Studies Review*, Vol. 10, No. 4, 1991/1992.

Rothman, R., "Access Versus Environment?", *Traffic Quarterly*, Vol. 27, No. 1, 1973.

Ruckelshaus, W. D., "Transportation and Environmental Protection", *Traffic Quarterly*, Vol. 27, No. 1, 1973.

Ryan, C. R., et al., "An Evaluation of the Feasibility of Social Diagnostic Techniques in the Transportation Planning Process", *Highway Research Record*, No. 470, 1972.

Sabatier, Paul & Mazmanian, Daniel, "The Conditions of Effective Implementation", *Policy Analysis*, Vol. 5, No. 4, 1979.

Sandman, P. M., "Getting to Maybe: Some Communications aspects of Siting Hazardous Waste Facilities", *Seton Hall Legis*, Vol. 9, No. 2, 1986.

Schively, Carissa, "Understanding the NIMBY and LULU Phenomena: Reassessing Our Knowledge Base and Informing Future Research", *Journal of Planning Literature*, Vol. 21, No. 3, 2007.

Shaw, D. & Shaw, R., "The Resistibility and Shiftability of Depletable Externalities", *Journal of Environmental Economics and Management*, Vol. 20, No. 3, 1991.

Siddall, William R., "No Nook Secure: Transportation and Environmental Quality", *Comparative Studies in Society and History*, Vol. 16, No. 1, 1974.

Smith, Eric & Marquez, Marisela, "The Other Side of the NIMBY Syndrome", *Society and Nature Resources*, Vol. 13, No. 3, 2000.

Spencer, J., "A Case Study of Seabrook Nuclear Station", *Public Participation in Energy Related Decision Making: Six Case Studies, Washington, D. C.*: Mitre Corp, 1976.

Swallow, Stephen K., Opaluch, James J. & Weaver, Thomsa F., "An Approach That Integrates Technical, Economic, and Political Considerations", *Land Economics*, Vol. 68, No. 3, 1992.

Visocki, K., & Breman, S. S., "Regional Compacts and Waste Disposal", *Forum For Applied Research and Public Policy*, Vol. 8, No. 3, 1993.

Tesh, Sylvia, "Citizen Experts in Environmental Risk", *Policy Sciences*, Vol. 32, No. 1, 1999.

Tyler, T. R. & Lind E. A., "A Relation Model of Authority in Groups", *Soc Psychology*, Vol. 25, 1992.

Vittes, M. E., Pollock, Ⅲ, P. H. & Lilie, S. A., "Factors Contributing to NIMBY Attitudes", *Waste Management*, Vol. 13, No. 2, 1993.

Waugh, William L., "Valuing Public Participation in Policy Making", *Public Administration Review*, Vol. 62, No. 3, 2002.

Wheeler, James O., "Locational Dimensions of Urban Highway Impact: An Empirical Analysis", *Geografiska Annaler* (Series B, Human Geography), Vol. 58, No. 2, 1976.

Wildavsky, A., & Dake, K., "Theories of Risk Perception: Who Fears What and Why?", *Daedalus*, Vol. 119, No. 4, 1990.

Williamson, O.E., "Administrative Decision Making and Pricing: Externality and Compensation Analysis Applied", in J. Margolis (ed.), *The Analysis of Public Output*, New York: National Bureau of Economic Research, 1970.

Willrich, Mason, "The Energy - environment Conflict: Siting Electric Power Facilities", *Virginia Law Review*, Vol. 58, No. 2, 1972.

Witheford, D. K., "Engineers, Urban Freeways, and the Public", *Traffic Quarterly*, Vol. 27, No. 1, 1973.

Wolsink, M., "Entanglement of Interests and Motives: Assumptions behind the NIMBY - theory on Facility Siting", *Urban Studies*, Vol. 31, No. 6, 1994.

Wright, S. A., "Citizens' Information Levels and Grassroots Opposition to New Hazardous Waste Sites: Are NIMBYists informed?", *Waste Management*, Vol. 13, No. 3, 1993.

Yandle, Bruce, "Externalities and Highway Location", *Traffic Quarterly*, Vol. 24, No. 4, 1970.

Zeiss, Chris & Atwater, James, "Waste Facility Impacts on Residential Property Values", *Journal of Urban Planning and Development*, Vol. 115, No. 2, 1989.

六 报刊网络类

《千人中毒事件疑被瞒报》,《楚天金报》2009年5月20日。

纪雅林:《社情民意通道"通不通"》,《人民日报》2009年1月5日。

《破解中小城市垃圾围城 路在何方》,《科技日报》2010年12月10日。

苏永通:《厦门人:以勇气和理性烛照未来》,《南方周末》2007年12月27日。

《济源血铅之痛:搬工厂还是迁村庄》,《时代周报》2009年第52期。

唐晓锋:《我们想要干净的肺》,《钱江晚报》2010年9月11日A4版。

徐琦：《历史的跨越》，《中国环境报》2009 年 9 月 16 日。

朱红军：《厦门百亿项目引发剧毒传闻 政府叫停应对危机》，《南方周末》2007 年 5 月 31 日。

宗禾：《日本成田机场“钉子户”抗争 40 年使首相谢罪》，《南方周末》2007 年 12 月 26 日。

《中国环境报》1984 年 1 月 1 日—2017 年 12 月 31 日。

艾建萍：《CCTV 公开广州番禺垃圾焚烧厂全国性公共政策事件》，http：//blog. sina. com. cn/s/blog_ 4faedc540100g8cx. html。

晨声：《意大利因新垃圾场选址爆发警民冲突》，http：//news. sina. com. cn/w/2008-05-30/180215652308. shtml。

狄金华：《台湾乡村社区营造——以高雄县美浓镇为例》，http：//nhjy. hzau. edu. cn/kech/shx/cgzs_ view. asp？id=178。

国家环保总局：《环保总局公布各大水域环境风险排查中期结果》，http：//news. xinhuanet. com/politics/2006-04/05/content_ 4386543_ 1.htm。

郭剑：《有毒垃圾社区居民集会抗议》，http：//epaper.usqiaobao.com：81/qiaobao/html/2010-01/28/content_ 262559.htm。

胡作华：《浙江 GDP 代价分析：耕地锐减　环境污染》，http：//www. xici. net/#d33332168. htm。

何为乐：《富士康内迁引各地争抢》，http：//tech. sina. com. cn/it/2010-07-23/15054464544. shtml。

李柯勇、南婷：《中国三成城市深陷垃圾围城　焚烧厂建设引担忧》，http：//news. xinhuanet. com/2010-10/31/c_ 12720525. htm。

火兴才、刘树锋、冯军：《广西灌阳：生活垃圾填埋场选址风波调查》，http：//www. cet. com. cn/20100726/a2. htm。

李永展：《邻避效应前瞻》，http：//e - info. org. tw/news/Taiwan/special/2002/tasp2002-10. htm。

刘向晖、周丽娜：《保卫厦门发起者讲述厦门 PX 事件始末》，http：//news. sina. com. cn/c/2007-12-28/101314622140. shtml。

念安居士：《一个小镇对抗“国家”的战争：台湾抵制美浓水库运动简史》，http：//www. tianya. cn/publicforum/Content/no01/1/322758. shtml。

青岩：《李坑癌症高发与垃圾焚烧项目的相关性和因果性》，http：//www. licaiyizhou. com/content. jsp？category=0010E&id=1485。

史哲：《决策不能“千里走单骑”》，http：//opinion. people. com. cn/GB/70240/10346668. html。

时代周报：《国内资本各地开始争抢风电开发》，http：//www. escn. com. cn/news/show-148402. html。

王忠会：《反对核电厂延长运营　德国10万人手牵手抗议》，http：//www.chinanews.com.cn/gj/gj-oz/news/2010/04-25/2245861. shtml。

吴小山：《关于南京仙林地区限制新建大型化工项目的建议》，http：//ta. njzx. gov. cn/taview. jsp？chrjytabh=1002010120131。

［马来西亚］谢伟伦：《“反垃圾焚烧”反什么——垃圾焚烧争议中的社会文化逻辑》，http：//www.penangmedia.com/html/67/777.html。

许夏颖：《南京PX真相调查》，http：//ccyb2010. blog. sohu. com/160973490.html。

薛涌：《草根总统里根》，http：//nf. nfdaily. cn/rwzk/20040616/gg/200407120138.asp。

杨仕省：《4800亿内陆核电蓄势多地争项目　今年高层八次表态》，http：//finance.sina.com.cn/chanjing/cyxw/20140723/235719799141. shtml。

阳暄：《灌阳卫生填埋场建设有序推进　依法处置阻碍施工人员》，http：//www. gx. chinanews. com. cn/news/SHEHUI/2010/1118/10111823059IFBF81063I7K7G5CFA1A. html。

佚名：《切尔诺贝利核电站泄漏事故20周年邻近　欧洲反核情绪蔓延》，http：//news. sina. com. cn/w/2006-04-17/12008718237s. shtml。

袁越：《厦门PX事件》，http：//news. sina. com. cn/c/2007-09-27/165713986641. shtml。

《红利显现　各地争抢高铁过路》，http：//v. ifeng. com/news/mainland/201501/01d9f5fe-1244-4482-8aae-c5f011713498. shtml？autoPlay=true&lan=cn。

Hendriks, C., *The Ambiguous Role of Civil Society in Deliberative Democracy*, Refereed Paper Presented to the Jubilee Conference of the Australasian Political Studies Association, Canberra: Australian National University, http：//arts. anu. edu. au/sss/apsa/Papers/hendriks. pdf, 2002.

后　记

2008年年底，一个很偶然的机会，我听说南京市龙江小区有居民多次上访要求该小区内早先设立的电视发射塔迁址，因为他们认为电视发射塔的辐射对他们的身体健康构成了危害。意识到这可能是一个很有意思的研究选题，我便设法联系并拜访了反对电视塔运营行动的重要参加人黄乃海先生，从他那里听到了很多有意思的故事，并进一步了解到他在多方设法、希图阻止南京PX项目设址，也由此让我进一步了解了南京PX项目设址冲突的一些具体事情，认识到邻比冲突所反映出来的深刻理论和实践意义。进一步调研和检索发现，以2005年的浙江东阳画水事件、2007年的福建厦门PX项目事件为代表，国内邻比冲突已进入多发期，但学界对此却没有给予足够重视，当时中国知网检索显示只有不到十篇相关期刊论文，且研究明显缺乏系统性，由此，我确定了聚焦邻比冲突研究的学术旨趣。

从事邻比冲突研究十年来，研究越深入，我对邻比冲突问题的理论研究兴趣越强，而对其所折射出来的深刻的政治、经济、技术、法律、伦理、生态、可持续发展等理论和实践意蕴则越发敬畏，也使我对邻比冲突及其治理相关话题的理论观点越趋于审慎。2011年，在一次学术交流会上，有一位学者“果断”地说：我不认为邻比冲突有什么值得研究的地方，反对政府建设各类设施，抓人就是了。不久之后，我听说这位学者因参加当地反对建设垃圾焚烧厂的行动而受到了不公正的待遇，后来态度与性情发生巨大变化。在同一场学术会的私下交流中，另一位学者则明确提出，邻避设施设址必须以周边群众是否同意为前提，周边群众不同意则不得建设。而在2016年的一场学术交流会上，一位演讲者认为通过诉讼途径即可有效治理邻比冲突。然而，诉讼显然不能有效解决邻避设施设址和邻比冲突治理问题，否则西方学者就无须无奈地把邻避设施称作“Better on the Moon Facilities”了。本书是我从事邻比冲突及其治理研究十年来的最新成果，虽然在写作与修改过程中已力图审慎，但由于学力、研究能力所限，也由于学者可能无可避免的理想化色彩，书中必然存在这样那样的缺点与不足，在付诸出版之际，敬请专家学者与各界批评指正！

本书研究过程中得到了很多师长和同仁的指导和帮助，在此，我要衷心感谢他们！感谢我的硕士、博士导师黄健荣教授、师母姜秀珍老师！黄老师和姜老师在我读书期间给予我诸多教导、关心和帮助，在我走上工作岗位后，他们依然一如既往地关心和支持我的成长，黄老师的严格严谨、姜老师的宽厚包容，都使我终身受益；本书的写作、我的学术生涯都凝聚了黄老师和姜老师太多的鼓励、指导和提点。感谢我的博士后导师郁建兴教授、师母严国萍老师以及他们的家人！郁老师给我的学术指导与帮助自不待言，他做人做事的品格与气度是我需要终身学习的榜样；严老师和他们的千金桐桐，以及桐桐爷爷和外婆使我在杭州期间感受到了家人般的温暖。感谢高小平老师、张康之老师、孔繁斌老师、乔耀章老师、周显信老师、陆江兵老师、王诗宗老师、陈丽君老师、尚虎平老师、沈玉平老师、余潇枫老师、陈大柔老师、徐力老师、田传浩老师等师长前辈，以及刘晶博士、高翔博士、沈永东博士、黄飚博士、向淼博士、钟裕民博士、刘伟博士、鲍林强博士、吕鹏博士等同仁、同门！感谢他们对本书及前期研究成果写作与修改提出的指导性意见！感谢给本书前期研究成果发表提供了指导和帮助的知名与不知名的期刊编辑和审稿专家们！感谢为本书出版提供了诸多帮助的梁剑琴女士，她的耐心细致使本书避免了许多低级错误。感谢那些接受本书前期调研、在本书研究过程中给予了各种帮助的知名、不知名的朋友们！

最后，我要感谢我的父母家人！感谢我的父亲！他用一生的勤劳、正直、诚实和坚忍，抚养、教育并激励着我，使我能积极进取，希望可以用我的著作告慰九泉之下的父亲！感谢我的母亲！母亲的勤劳、节俭、善良、宽容、乐于助人永远是我学习的榜样，唯愿母亲康健，少些病痛！感谢我的姐姐，她牺牲了自己读书学习的机会，毫无怨言地和父亲、母亲一起辛勤地劳动，十几岁时候的她甚至和父亲一起走村串户卖艺，用挣来的一分、两分给我交学杂费和购买学习用品；在我读硕、读博期间，姐姐更是在承担照顾母亲义务的同时还给我提供了很多资助。感谢我的妻子！感谢她和我一起忍受贫寒、感谢她的勤劳、对我的照顾和激励！感谢我的儿子陈卓！年龄尚幼的他曾经和我一起租住在学校寝室，过早地承受了很多本不该由他承受的艰辛，现在又孤身在海外求学，希望我的著作能够给他些动力。

陈宝胜

2018 年 1 月 16 日于浙江大学紫金港校区